高等职业院校铁道机车运用与维护专业教材

电力机车牵引控制技术

主　编　李秀超　　郑明明　　邵家良　　陈　龙
副主编　吴亚迪　　顾　贺　　陈　君
　　　　曲衍宁　　万　海

HX$_D$3D 型和 HX$_D$3C 型
电力机车 VR

HX$_D$3D 型和 HX$_D$3B 型
电力机车电路图

西南交通大学出版社
·成都·

图书在版编目（CIP）数据

电力机车牵引控制技术 / 李秀超等主编. -- 成都：西南交通大学出版社，2025.5. -- ISBN 978-7-5774-0441-7

Ⅰ. U264.3

中国国家版本馆 CIP 数据核字第 20258S5X15 号

Dianli Jiche Qianyin Kongzhi Jishu
电力机车牵引控制技术
主编　李秀超　郑明明　邵家良　陈　龙

策划编辑	罗俊亮　李芳芳
责任编辑	赵永铭
责任校对	左凌涛
封面设计	墨创文化
出版发行	西南交通大学出版社 （四川省成都市金牛区二环路北一段 111 号 　西南交通大学创新大厦 21 楼）
营销部电话	028-87600564　028-87600533
邮政编码	610031
网　　址	https://www.xnjdcbs.com
印　　刷	四川森林印务有限责任公司
成品尺寸	185 mm × 260 mm
印　　张	21
字　　数	523 千
版　　次	2025 年 5 月第 1 版
印　　次	2025 年 5 月第 1 次
书　　号	ISBN 978-7-5774-0441-7
定　　价	59.00 元

课件咨询电话：028-81435775
图书如有印装质量问题　本社负责退换
版权所有　盗版必究　举报电话：028-87600562

前 言

近年来，我国轨道交通行业迈入高质量发展新阶段，电力机车以其高效、环保、智能化的技术优势，成为现代铁路运输的主力装备。为满足教学改革与行业发展的双重需求，本书以电力机车牵引控制技术为核心，系统整合理论知识与运用实践，旨在为读者提供一套紧跟技术前沿、符合岗位需求的学习体系。

电力机车牵引控制系统历经直流牵引、交流牵引两个主要阶段。直流牵引控制系统受限于直流牵引电动机结构、容量等因素，已经不能满足现代列车牵引控制的需求，正逐渐被交流牵引控制系统所取代，交流牵引控制系统已经成为机车牵引动力的主流。我国主流的电力机车正从韶山系列过渡到和谐系列，乃至复兴系列。本书选取我国铁路交流牵引控制主型电力机车：HX_D3D 型客运电力机车和 HX_D3B 型货运电力机车，主要介绍两型电力机车的设备布置、电机电器、电气屏柜、电路网络、试验检查等内容，依照学习逻辑依次递进，由浅入深、由简入难。

编写过程中，编者采用基础理论到运用检修的递进式讲解方式，通过对照两型机车，帮助学生建立理论与实践的紧密联系。同时，教材融入了数字化仿真技术、智能运维等新兴领域知识，体现行业技术发展趋势。全书共分七个章节，详细介绍了我国电力机车发展、机车牵引控制原理、机车电气设备、机车电气系统、机车电气检查。全书内容完整易懂，结构简洁分明，并采用了大量真实、清晰的部件结构图和电路原理图，便于辅助教学。本书可作为高等职业教育铁道机车运用与维护、铁道机车车辆制造与维护等专业的教材，也可供从事铁路机务工作的工程技术人员学习与参考。

本书由辽宁铁道职业技术学院李秀超、辽宁铁道职业技术学院郑明明、中车大连电力牵引研发中心有限公司邵家良、中车大连机车车辆有限公司陈龙担任主编，辽宁铁道职业技术学院吴亚迪、辽宁铁道职业技术学院顾贺、辽宁铁道职业技术学院陈君、中国铁路设计集团有限公司曲衍宁、中国铁路呼和浩特局集团有限公司万海担任副主编，辽宁铁道职业技术学院崔重阳、杨佳澎参编。全书由李秀超统稿与定稿，第一章由曲衍宁编写，第二章由李秀超、吴亚迪编写，第三章由郑明明、陈龙、崔重阳编写，第四章由万海编写，第五章由万海、顾贺编写，第六章由邵家良、陈君、杨佳澎编写，第七章由顾贺编写。

由于编者水平有限，书中难免存在疏漏和不妥之处，恳切希望广大读者批评指正。

编 者

2025 年 1 月

目 录

第一章　电力机车概述 ··· 001
　第一节　我国电力机车 ··· 001
　第二节　牵引控制系统 ··· 023

第二章　HX$_D$3D 型电力机车电气设备 ······························ 032
　第一节　HX$_D$3D 型电力机车 ··· 032
　第二节　HX$_D$3D 型电力机车设备布置 ······························· 037
　第三节　HX$_D$3D 型电力机车电机 ····································· 048
　第四节　HX$_D$3D 型电力机车高压电器 ······························· 054
　第五节　HX$_D$3D 型电力机车电气屏柜 ······························· 082

第三章　HX$_D$3D 型电力机车电气原理 ······························ 113
　第一节　HX$_D$3D 型电力机车电气原理图 ····························· 113
　第二节　主电路 ·· 116
　第三节　辅助电路 ··· 127
　第四节　DC 600 V 列车供电电路 ······································· 143
　第五节　控制电路 ··· 148
　第六节　司机指令控制电路 ··· 157
　第七节　逻辑控制与保护电路 ·· 175
　第八节　制动系统控制电路 ··· 193
　第九节　机车行车安全综合信息监控电路 ···························· 201

第四章　HX$_D$3D 型电力机车电气试验 ······························ 206

第五章　HX$_D$3B 型电力机车电气设备 ……………………………………………… 211

第一节　HX$_D$3B 型电力机车 …………………………………………………… 211
第二节　HX$_D$3B 型电力机车设备布置 ………………………………………… 214
第三节　HX$_D$3B 型电力机车电机 ……………………………………………… 228
第四节　HX$_D$3B 型电力机车高压电器 ………………………………………… 232
第五节　HX$_D$3B 型电力机车电气屏柜 ………………………………………… 238

第六章　HX$_D$3B 型电力机车电气原理 ……………………………………………… 255

第一节　HX$_D$3B 型电力机车电气原理图 ……………………………………… 255
第二节　主电路 …………………………………………………………………… 258
第三节　辅助电路 ………………………………………………………………… 271
第四节　控制电路 ………………………………………………………………… 286
第五节　微机网络控制系统 ……………………………………………………… 314

第七章　HX$_D$3B 型电力机车电气试验 ……………………………………………… 326

参考文献 ……………………………………………………………………………………… 329

第一章　电力机车概述

第一节　我国电力机车

一、我国电力机车的发展

我国电力机车的发展可以追溯到 20 世纪 50 年代。当时，我国开始引进试制苏联电力机车 6Y1 型，并在国内建立了第一条电气化铁路——宝成铁路。随着国内经济的发展和铁路运输需求的增加，我国逐渐开始自主研发生产电力机车。20 世纪 70 年代，我国研制成功第一辆国产电力机车韶山 1 型，标志着我国电力机车制造的起步。随后，我国不断改进完善电力机车技术，提高电力机车性能与可靠性。

在改革开放以后，我国电力机车的发展进入了快车道。铁路部门加大对电力机车的投入，引进国外先进的技术和设备，并进行技术合作与转化。同时，我国自主研发能力也不断提升，推动了电力机车技术的进步。随着铁路网的不断扩建与更新改造，电力机车在我国铁路运输中的地位日益重要。

近年来，我国电力机车的发展趋势主要体现在提高能效、降低排放、智能化和自动化等方面。我国不断推进电力机车的技术创新和升级改造，加大对新能源、智能控制等方面的研发力度，努力实现电力机车的绿色、智能和可持续发展。同时，我国电力机车也在国际市场上逐渐崭露头角，走出国门，为世界铁路运输作出了重要贡献。

总的来说，我国电力机车经历了从引进到自主研发，再到创新的发展历程，取得了长足的进步，国产电力机车谱系如表 1.1 所示。未来，随着科技的不断进步和铁路运输需求的不断增长，我国电力机车的发展前景仍然十分广阔。按照各型机车的技术特点，我国电力机车可分为四代：

1. 第一代电力机车

在引进苏联 SL60 的 6Y1 型电力机车和法国阿尔斯通 6Y2 型电力机车的基础上，研制了韶山 1 型（SS_1）电力机车。

技术特点：调压开关调压、引燃管整流、直流牵引电机、交—直型传动。

代表车型：韶山 1 型、6Y1 型、6Y2 型。

2. 第二代电力机车

在引进法国阿尔斯通 6G 型电力机车的基础上，研制了韶山 3 型（SS_3）电力机车。

技术特点：级间相控调压、硅半导体整流、直流牵引电动机、交—直型传动。

代表车型：韶山 3 型、6G 型。

3. 第三代电力机车

在引进日本川崎三菱电机 6K 和五十赫兹集团 8K 电力机车的基础上，研制了韶山 4 改型

（SS₄G）电力机车。

技术特点：相控无级调压、可控硅整流、直流牵引电动机、交—直型传动。

代表车型：韶山4改型、韶山9型、6K型、8K型。

4. 第四代电力机车

中车株洲电力机车有限公司的和谐电1（HX$_D$1）系列、中车大同电力机车有限公司的和谐电2（HX$_D$2）系列、中车大连机车车辆有限公司的和谐电3（HX$_D$3）系列。

技术特点：IGBT牵引变流器、交流变频异步牵引电动机、交—直—交型。

代表车型：HX$_D$1系列、HX$_D$2系列、HX$_D$3系列、复兴系列。

表1.1　国产电力机车谱系

序号	电力机车系列	电力机车车型（代号）
1	韶山系列	SS₁、SS₃、SS₄（SS$_{4B}$、SS$_{4G}$）、SS₅、SS₆（SS$_{6B}$）、SS₇（SS$_{7B}$、SS$_{7C}$、SS$_{7D}$、SS$_{7E}$）、SS₈、SS₉（SS$_{9G}$）
2	和谐电系列	HX$_D$1（HX$_D$1B、HX$_D$1C、HX$_D$1D、HX$_D$1F、HX$_D$1G）、HX$_D$2（HX$_D$2B、HX$_D$2C、HX$_D$2D、HX$_D$2F、HX$_D$2G）、HX$_D$3（HX$_D$3B、HX$_D$3C、HX$_D$3D、HX$_D$3G）
3	复兴电系列	FX$_D$1、FX$_D$1B、FX$_D$2B、FX$_D$3
4	CR200J型动力集中动车组	动力车型FX$_D$1-J、FX$_D$3-J

二、我国电力机车车型

我国电力机车的研制始于1958年，原铁道部田心机车车辆工厂（现中车株洲电力机车有限公司）协助湘潭电机厂制造工矿电力机车的同时，开始设计并试制铁路干线电力机车。1958年初，原铁道部、原第一机械工业部组织考察团赴苏联考察学习。苏联当时基本定型的是使用20 kV工频单相交流制的VL60型电力机车，如图1.1所示，与我国决定采用的25 kV工频单相交流制不尽相同，于是我国对VL60型电力机车进行了大胆的技术改造，其中重大修改达78处。

图1.1　VL60型电力机车

1. 6Y1 型电力机车

1958年12月28日，我国第一台干线铁路电力机车，由田心机车车辆工厂试制成功，命名为6Y1型，如图1.2所示。其中"6"指机车有6根车轴（6对车轮），"Y"则是引燃管（一种整流方式）的"引"字汉语拼音首字母。机车持续功率3 410 kW，最高速度100 km/h。

图1.2　6Y1型0001号电力机车

2. 韶山1型电力机车

1968年，田心机车车辆工厂、株洲电力机车研究所（现中车株洲电力机车研究所有限公司）经过对6Y1型电力机车10年的研究改进，在我国半导体工业发展的条件下，将引燃管整流改为大功率半导体整流，试制出韶山1型，如图1.3所示，代号SS_1。1969年开始批量生产，到1988年止，共生产826台。机车持续功率3 780 kW，最高速度90 km/h，车长19 400 mm，轴式C_0-C_0，电流制为单相工频交流。韶山1型电力机车获全国科学大会奖。

图1.3　韶山1型249号电力机车

3. 韶山2型电力机车

1969年，株洲电力机车研究所、田心机车车辆工厂联合研制了韶山2型电力机车试验车，如图1.4所示，代号SS_2。主电路采用高压侧调压、硅半导体桥式整流集中供电线路。1971年和1974年又先后进行了两次重大技术改造，应用了大功率可控硅元件和电子技术，实现无级调速；同时采用他励牵引电动机等，从而大大改善了机车的牵引性能，为我国电力机车的发展积累了宝贵的经验。机车持续功率达到 4 620 kW，最高速度 100 km/h，车长 20 000 mm，轴式 C_0-C_0，电流制为单相工频交流。

图 1.4 韶山 2 型电力机车

4. 韶山 3 型电力机车

韶山 3 型客货两用干线电力机车如图 1.5 所示，代号 SS_3，由田心机车车辆工厂和株洲电力机车研究所联合研制，1989 年开始批量生产。机车采用大功率硅整流管和晶闸管组成的不等分三段桥式全波整流电路，晶闸管相控平滑调压和补偿绕组的脉冲串励四极牵引电动机。机车具有恒流起动、准恒速运行、加馈电阻制动、防滑防空转及轴重转移电气补偿等特性，起动平稳、加速度大、牵引性能好、制动特性优越、性能可靠，获国家科技进步奖二等奖、国家优质产品奖。机车功率持续 4 350 kW，最高速度 100 km/h，车长 20 200 mm，轴式 C_0-C_0，电流制为单相工频交流。

图 1.5 韶山 3 型 0637 号电力机车

5. 韶山 3B 型电力机车

韶山 3B 型重载货运电力机车如图 1.6 所示，代号 SS_{3B}，是株洲电力机车厂（现中车株洲电力机车有限公司）于 2002 年在韶山系列机车的设计平台上开发的一种 12 轴重载货运电力机车。机车由两节完全相同的 6 轴电力机车通过内重联环节连接组成，每节车为一完整系统，每节机车装有一台牵引变压器、两台整流器，每台整流器给三台并联的直流牵引电机供电。机车空气制动采用韶山系列电力机车使用的 DK-1 型电空制动机,动力制动采用加馈电阻制动。控制系统由列车总线和车辆总线两级网络构成,两节机车之间的重联控制及信息交换采用绞线式列车总线(WTB),双份冗余并自动转换,单节机车内部采用多功能列车总线(MVB),连接本节车内各控制单元。机车功率持续 2×4 350 kW,最高速度 100 km/h,车长 2×20 200 mm,轴式 2(C_0-C_0),电流制为单相工频交流。

图 1.6　韶山 3B 型 5190 号电力机车

6. 韶山 4 型电力机车

韶山 4 型干线货运电力机车如图 1.7 所示,代号 SS_4,是株洲电力机车工厂 1985 年设计试制的 8 轴货运电力机车。机车主电路采用四段经济半控桥,相控调压,具有恒压或恒流控制的牵引特性和恒速或恒励磁控制的电阻制动特性,空气制动采用 DK-1 型电空制动机。机车每节车有两个两轴转向架,采用抱轴悬挂式牵引电动机,垂直力传递系统由两系悬挂装置组成,其中第二系采用橡胶金属叠层弹簧,有较好的波动性能。机车牵引力传递系统则采用斜拉低位牵引杆,有较高的黏着性能,机车牵引及制动功率大、起动平稳、加速快、工作可靠、司机室工作条件良好、污染少、维修简便,获国家科技进步奖一等奖。机车功率持续 6 400 kW,最高速度 100 km/h,车长 2×15 200 mm,轴式 2(B_0-B_0),电流制为单相工频交流。

图 1.7　韶山 4 型 0006 号电力机车

7. 韶山 4B 型电力机车

韶山 4B 型干线货运电力机车如图 1.8 所示，代号 SS_{4B}，是株洲电力机车厂和株洲电力机车研究所共同研制的双机重联 8 轴大功率干线货运电力机车，在 SS_4 的基础上加以改进，技术参数与 SS_4 基本相同。

图 1.8 韶山 4B 型 0144 号电力机车

8. 韶山 4 改型电力机车

韶山 4 改型电力机车如图 1.9 所示，代号 SS_{4G}，由株洲电力机车厂、株洲电力机车研究所针对早期韶山 4 型电力机车的主要问题，从韶山 4 型 0159 号机车开始进行重大改进，研制的韶山 4 改型机车。该型机车的特点：采用三段不等分半控调压整流电路；采用转向架独立供电方式，且每台转向架有相应独立的相控式主整流器，可提高黏着力；电制动采用加馈制动，每台车四台牵引电机主极绕组串联，由一台励磁半桥式整流器供电；每节车有两个 B_0-B_0 转向架，采用推挽式牵引方式，固定轴距较短，电机悬挂为抱轴式半悬挂，一系采用螺旋圆弹簧，二系为橡胶叠层簧；空气制动机采用 DK-1 型制动机。机车功率持续 6 400 kW，最高速度 100 km/h，车长 2×15 200 mm，轴式 2（B_0-B_0），电流制为单相工频交流。

图 1.9 韶山 4 改型 6153 号电力机车

9. 韶山 5 型电力机车

韶山 5 型准高速电力机车如图 1.10 所示，代号 SS_5，由株洲电力机车厂和株洲电力机车研究所在消化吸收进口 8K 型电力机车先进技术的基础上设计、制造，并于 1990 年研制成功的国内第一种快速客运电力机车，为准高速铁路试制样车，仅生产两台。机车功率 3 200 kW，最高速度 140 km/h，车长 16 716 mm，轴式 $B_0\text{-}B_0$，电流制为单相工频交流。

图 1.10　韶山 5 型 0002 号电力机车

10. 韶山 6 型电力机车

韶山 6 型干线客货运电力机车如图 1.11 所示，代号 SS_6，由株洲电力机车厂、株洲电力机车研究所联合研制，是在继承韶山 3 型电力机车的传统设计和制造经验的基础上，结合进口 8K 型电力机车的部分先进技术而研制的客货通用电力机车。机车功率持续 4 800 kW，最高速度 100 km/h，车长 20 200 mm，轴式 $C_0\text{-}C_0$，电流制为单相工频交流。

图 1.11　韶山 6 型 0047 号电力机车

11. 韶山 7 型电力机车

韶山 7 型干线客货两用电力机车如图 1.12 所示，代号 SS_7，由大同机车厂（现中车大同电力机车有限公司）、株洲电力机车研究所于 1992 年研制成功，1996 年投入批量生产。该机车填补了我国山区小曲线区段线路客、货运电力机车的空白，荣获国家级科技进步奖二等奖及原铁道部科技进步奖一等奖。该车在采用国内相控电力机车成功经验的基础上，吸收进口机车的先进技术，在技术上有新的突破。它具有以下特点：增加了客车供电绕组，体积小，质量轻，性能稳定；全叠片复励牵引电机，低速转矩大，恒功范围宽，换向性能好，电机特性一致；采用晶闸管全控+半控两段桥他励无级调速特性控制技术；再生制动技术，机车制动力大，工作稳定，并可向电网反馈电能，反馈电能约为总消耗电能的3%，具有明显的节能效果。机车功率持续4 800 kW，货运最高速度100 km/h、客运最高速度135 km/h，车长20 200 mm，轴式 B_0-B_0-B_0，电流制为单相工频交流。

图1.12　韶山7型0085号电力机车

12. 韶山7B型电力机车

韶山7B型重载货运电力机车如图1.13所示，代号 SS_{7B}，是大同机车厂1996年设计完成，1997年试制成功的一种新型的重载货运电力机车，是韶山7型电力机车系列化产品之一。该型机车属于25 t轴重实验性车型，仅试制两台。机车功率持续4 800 kW，最高速度100 km/h，车长20 200 mm，轴式 B_0-B_0-B_0，电流制为单相工频交流。

图1.13　韶山7B型0002号电力机车

13. 韶山7C型电力机车

韶山7C型客运电力机车如图1.14所示，代号 SS_{7C}，由大同机车厂、株洲电力机车研究所、成都机车车辆厂（现中车成都机车车辆有限公司）于1998年研制成功。韶山7C型电力机车是在韶山7型电力机车的基础上,根据铁路客运提速需要改进设计而成的六轴客运电力机车。该车从牵引客车的实际出发,吸收国内外客运机车的成熟经验,对机车的牵引性能、动力学性能、主要电机电器性能等方面进行了专门设计,是韶山7型电力机车系列化产品之一。它具有以下特点:牵引性能优良,加速和高速性能匹配合理;轴重轻、簧下质量小,动力学性能在既有线路上表现良好;满足客车的用电、用风要求;运用可靠等。机车功率持续4 800 kW,最高速度120 km/h,车长20 200 mm,轴式B_0-B_0-B_0,电流制为单相工频交流。

图 1.14　韶山7C型0142号电力机车

14. 韶山7D型电力机车

韶山7D型客运电力机车如图1.15所示,代号SS_{7D},由大同机车厂、株洲电力机车研究所、成都机车车辆厂于1999年联合研制成功。该车采用了电机架承式全悬挂、轮对空心轴连杆传动、优化悬挂刚度等一系列先进技术,使机车既适应小半径曲线,又适应直线区段提速需要;采用微机控制与逻辑控制单元相结合,实现了机车状态显示、故障记忆及显示、应急操作显示、控制系统自检等功能;首次在交直传动机车上采用独立通风结构,降低了车内负压,减少了车内积尘,改善了车内电器的工作环境;采用不等分三段桥相控和他励控制技术,实现机车无级调速和无级磁场削弱;具有供列车取暖及空调的电源;具有双管制供风系统。机车功率持续4 800 kW,最高速度170 km/h,车长20 200 mm,轴式B_0-B_0-B_0,电流制为单相工频交流。

图 1.15　韶山7D型0011号电力机车

15. 韶山 7E 型电力机车

韶山 7E 型干线客运电力机车如图 1.16 所示，代号 SS_{7E}，由大同机车厂和大连机车车辆厂（现中车大连机车车辆有限公司）制造，是韶山 7 型电力机车系列化产品之一，其技术参数、性能与韶山 7D 基本相当。该型机车采用独立通风系统，微机+LCU（逻辑控制单元），辅助系统采用辅助变流器。机车功率持续 4 800 kW，最高速度 160 km/h，车长 20 200 mm，轴式 B_0-B_0-B_0，电流制为单相工频交流。

图 1.16　韶山 7E 型 0013 号电力机车

16. 韶山 8 型电力机车

韶山 8 型快速客运机车如图 1.17 所示，代号 SS_8，由株洲电力机车厂与株洲电力机车研究所共同研制。韶山 8 型电力机车是四轴准高速干线客运电力机车，曾创造了我国铁路机车当时最高运行速度 240 km/h。机车所用的牵引电动机为 ZD115 型脉流牵引电动机，它是带有补偿绕组的六级串励电机；采用全叠片，H/H 绝缘等先进技术；转向架采用轮对空心轴式六连杆弹性传动机构，架悬式传动，牵引装置为平拉杆结构；采用单边直齿传动。机车功率持续 3 600 kW，最高速度 107 km/h，车长 17 516 mm，轴式 B_0-B_0，电流制为单相工频交流。

图 1.17　韶山 8 型 0191 号电力机车

17. 韶山9型/韶山9改型电力机车

韶山9型/韶山9改型电力机车是我国最后一款研制的"韶山"系列电力机车，属于准高速干线客运用机车，由株洲电力机车有限公司制造。

韶山9型干线客运电力机车如图1.18所示，代号SS_9。该型机车的特点：主电路采用三段不等分半控桥整流电路，三台电机并联，无级磁场削弱及加馈电阻制动，实现了机车全过程的无级调速；机车内装有8 668 kV·A大容量主变压器，实现了六轴电力机车主变压器与平波电抗器及滤波电抗器的一体化；机车具有向列车供电的能力，供电电压DC 600 V、容量为2×400 kW；机车采用了轮对空心轴六连杆弹性传动机构和牵引电机架承式全悬挂三轴转向架，并装有全叠片机座机构的900 kW脉流牵引电动机；一、二系悬挂系统及基础制动系统等结构设计合理，能满足170 km/h运用的要求，动力学性能良好；机车进行了外形气动力学优化设计及轻量化设计，采用侧壁承载式全钢焊接结构的车体及各部件轻量化设计，满足了机车轴重21 t的要求；采用LCU逻辑控制单元及微机控制系统，使机车控制系统具有控制、诊断、监测功能。机车功率持续4 800 kW，最高速度170 km/h，车长22 216 mm，轴式$C_0\text{-}C_0$，电流制为单相工频交流。

图1.18 韶山9型0001号电力机车

韶山9改型机车是在原韶山9型电力机车的主要技术参数和牵引制动特性不变的基础上，开发的一种新型电力机车，如图1.19所示。其主要特点包括：采用独立通风系统、中央贯通走廊、屏柜化设备布置方式、标准化司机室、卧式主变压器，以及流线型车体外观等。原铁道部并未给予改进型机车新型号，但公司内部或铁路爱好者普遍称改进型机车为"韶山9G型"或"SS_{9G}"。

图1.19 韶山9改型0119号电力机车

18. 和谐 1 型电力机车

和谐 1 型电力机车（HX_D1）由株洲电力机车有限公司和西门子公司联合研制，是结合 DJ1 型电力机车在大秦铁路的运用经验而开发研制的干线货运八轴大功率交流传动电力机车，持续功率为 9 600 kW，最高运行速度为 120 km/h，如图 1.20 所示。

图 1.20　和谐 1 型 0004 号电力机车

19. 和谐 1B 型电力机车

和谐 1B 型电力机车（HX_D1B）由株洲电力机车有限公司和西门子公司联合研制，是在 HX_D1 型电力机车设计制造技术平台的基础上，为满足我国铁路重载货运需要而研发的大功率交流传动干线货运六轴电力机车，持续功率为 9 600 kW，最高运行速度为 120 km/h，如图 1.21 所示。

图 1.21　和谐 1B 型 0404 号电力机车

20. 和谐 1C 型电力机车

和谐 1C 型电力机车（HX_D1C）由株洲电力机车有限公司开发研制，是在 HX_D1、HX_D1B 型电力机车设计制造技术平台的基础上，为满足我国铁路重载货运需要而研发的大功率交流传动干线货运六轴电力机车，持续功率为 7 200 kW，最高运行速度为 120 km/h，如图 1.22 所示。

图 1.22 和谐 1C 型 0571 号电力机车

21. 和谐 1D 型电力机车

和谐 1D 型电力机车（HX_D1D），是我国铁路使用的交流电传动准高速干线客运电力机车，是我国铁路主力准高速客运电力机车之一，如图 1.23 所示。HX_D1D 型电力机车是干线客运六轴交流电传动电力机车，由株洲电力机车有限公司为适应我国铁路运输市场的需要而研制的主型机车，持续功率为 7 200 kW，最高运行速度为 160 km/h。

图 1.23 和谐 1D 型 0115 号电力机车

22. 复兴1型电力机车/和谐1G型电力机车

复兴1型电力机车（FX$_D$1）原名和谐1G型电力机车（HX$_D$1G），是我国铁路使用的一款八轴交流电传动高速干线客运电力机车，如图1.24和图1.25所示，是在国铁系统内营运的第二款200 km/h级别电力机车，国内首款采用永磁电机（PMSM）技术的机车。该型机车由中车株洲电力机车有限公司研制，机车轴功率为1 400 kW，整车装车功率为11 200 kW，是我国目前最大功率快速电力机车之一。

图1.24　原和谐1G型0002号电力机车

图1.25　复兴1型0002号电力机车

23. 复兴1B型电力机车/和谐1F型电力机车

复兴1B型电力机车（FX$_D$1B）原名和谐1F型电力机车（HX$_D$1F），是重载交流传动电力机车，如图1.26和1.27所示。该型机车由中车株洲电力机车有限公司研制，是为适应我国30 t

轴重重载铁路而设计的八轴货运电力机车。机车采用 IGBT 元件组成的大功率水冷变流器、大扭矩异步牵引电机、卧式牵引变压器、单轴控制、微机网络控制系统、电子控制的制动系统、独立通风冷却以及轮盘制动等先进技术。机车最高速度 100 km/h，持续速度 50 km/h，功率 9 600 kW。

图 1.26　原和谐 1F 型 0001 号电力机车

图 1.27　复兴 1B 型 0001 号电力机车

24. 和谐 2 型电力机车

和谐 2 型电力机车（HX_D2）是由大同电力机车有限责任公司和法国阿尔斯通交通运输股份有限公司联合研制的干线货运八轴大功率交流传动电力机车，如图 1.28 所示，最大功率为 10 000 kW，最高运行速度为 120 km/h。

图 1.28 和谐 2 型 1076 号电力机车

25. 和谐 2B 型电力机车

和谐 2B 型电力机车（HX$_D$2B）是由中车大同电力机车有限责任公司和法国阿尔斯通公司联合研制的大功率交流传动干线货运六轴电力机车，如图 1.29 所示，采用交—直—交流电传动、IGBT 水冷轴控牵引变流器、微机网络控制系统、变频异步牵引电动机，单轴功率为 1 600 kW，额定总功率为 9 600 kW，最高运行速度为 120 km/h。

图 1.29 和谐 2B 型 0117 号电力机车

26. 和谐 2C 型电力机车

和谐 2C 型电力机车（HX$_D$2C）是中车大同电力机车有限责任公司在和谐电 2 系列交流传动机车设计制造技术平台的基础上，为满足我国铁路重载货运需要而研发的大功率交流传动干线货运六轴电力机车，牵引系统采用交—直—交流电传动、水冷 IGBT 牵引逆变器、变频异步牵引电机、分布式网络控制系统,单轴功率 1 200 kW,额定总功率为 7 200 kW,能够在平原地区单机牵引 5 000 ~ 6 000 t 货物列车,最高运行速度为 120 km/h,如图 1.30 所示。

图 1.30　和谐 2C 型 0168 号电力机车

27. 和谐 2D 型电力机车

和谐 2D 型电力机车(HX_D2D)是用于我国铁路的交流电传动六轴干线客运电力机车,如图 1.31 所示。但目前一直未获准生产,故 HX_D2D 并不是正式型号,亦未正式量产。该型机车牵引功率 7 200 kW,运营速度为 160 km/h,采用和谐电 2 车系的技术。

图 1.31　和谐 2D 型 0001 号电力机车

28. 复兴 2B 型电力机车/和谐 2F 型电力机车

复兴 2B 型电力机车(FX_D2)原名和谐 2F 型电力机车(HX_D2F),为八轴大功率交流传动货运机车，如图 1.32 和图 1.33 所示，由中车大同电力机车有限责任公司制造，为我国第一代 30 t 轴重交流电力机车。机车最高速度 100 km/h，牵引功率 9 600 kW（2×4 800 kW），牵引能力比现有同功率和谐型电力机车高出大约 20%。

图 1.32　和谐 2F 型 0001 号电力机车

图 1.33　复兴 2B 型 0001 号电力机车

29. 和谐 3 型电力机车

和谐 3 型电力机车（HX_D3）如图 1.34 所示，早期被称为 SSJ3 型、DJ3 型和神龙 1 型，由中车大连机车车辆有限公司和日本东芝公司联合开发研制。该型机车是为满足我国铁路重载货运需要而研发的大功率交流传动干线货运六轴电力机车,采用交—直—交流电传动,持续功率为 7 200 kW,最高运行速度为 120 km/h。

图 1.34　和谐 3 型 0480 号电力机车

30. 和谐 3B 型电力机车

和谐 3B 型电力机车（HX_D3B）是我国铁路电力机车车型之一,由中车大连机车车辆有限公司和德国庞巴迪运输集团联合研制,是在 HX_D3 型电力机车设计制造技术平台的基础上,借鉴庞巴迪公司的 IORE 型电力机车,为满足我国铁路重载货运需要而研发的大功率交流传动干线货运六轴电力机车,持续功率为 9 600 kW,最高运行速度为 120 km/h,如图 1.35 和图 1.36 所示。

图 1.35　和谐 3B 型 0258 号电力机车

图 1.36　和谐 3B 型 1893 号电力机车

31. 和谐 3C 型电力机车

和谐 3C 型电力机车（HX_D3C）是由中车大连机车车辆有限公司开发研制，是在 HX_D3 型电力机车设计制造技术平台的基础上，借鉴 HX_D3B 型电力机车的成熟技术，开发研制而成的大功率交流传动干线客货运通用电力机车，持续功率为 7 200 kW，最高运行速度为 120 km/h，具有 600 V 直流电列车供电系统和双管供风装置，如图 1.37 所示。

图 1.37　和谐 3C 型 0323 号电力机车

32. 和谐 3D 型电力机车

和谐 3D 型电力机车（HX_D3D）如图 1.38 所示，是我国铁路的交流电传动干线准高速客运电力机车，主要担当直达及特快列车的牵引任务。该型机车是交流电传动六轴干线客运电力机车，由中车大连机车车辆有限公司研发及生产，总功率 7 200 kW，最高运营速度 160 km/h。

图 1.38　和谐 3D 型 0080 号电力机车

33. 复兴 3 型电力机车/和谐 3G 型电力机车

复兴 3 型电力机车（FX_D3）原名和谐 3G 型电力机车（HX_D3G），是中车大连机车车辆有限公司为我国铁路生产的八轴交流传动客用电力机车，如图 1.39 和图 1.40 所示，是在国铁系统内营运的第三款 200 km/h 级别电力机车。该型机车单轴功率为 1 400 kW，整车装车功率 11 200 kW，是我国目前大功率快速电力机车之一。

图 1.39　原和谐 3G 型 0001 号电力机车

图 1.40　复兴 3 型 0001 号电力机车

34. 复兴号 CR200J 型动车组

复兴号 CR200J 型动车组是我国铁路的一款运营速度为 160 km/h 的动力集中型动车组，如图 1.41 所示，是复兴号电力动车组系列当中唯一一款针对既有线设计的普速动车组，也是我国第一款实现量产的动力集中编组形式的准高速电力动车组。该型动车组由中国国家铁路集团有限公司牵头，并由中国中车旗下六家公司联合设计生产。自 2019 年 1 月问世以来，复兴号 CR200J 型动车组已有多个车型上线运营，包括电力驱动的标准型（含短编组、长编组）、鼓形车身改进型、高原型以及电力与内燃双源驱动的双源高原型等。此外，我国出口至老挝的澜沧号电力动车组亦是基于复兴号 CR200J 型动车组的鼓形车身改进型而设计研发的，如图 1.42 所示。

图 1.41　复兴号 CR200J 型动车组

图 1.42 磨万铁路"澜沧号"涂装 CR200J

运营速度 160 km/h 的 CR200J 型动力集中动车组是在中国铁路总公司（现更名为中国国家铁路集团有限公司，简称国铁集团）牵头推进"复兴号"品牌战略的背景下，为满足普速铁路开行动车组的需要，秉承"先进、可靠、成熟、经济、必须"的方针，借鉴既有我国铁路动力分散动车组发展的成功经验，利用既有机车、客车的技术平台及运用检修资源，在满足标准化、系列化、安全性和可靠性的基础上，由中国中车旗下中车大连机车车辆有限公司、中车株洲电力机车有限公司、中车南京浦镇车辆有限公司和中车唐山机车车辆有限公司与相关企业及高校联合设计制造的新型普速动车组。其中由中车株洲电力机车有限公司生产的动力车型号名为 FX_D1-J 型，由中车大连机车车辆有限公司生产的动力车型号名为 FX_D3-J 型。

第二节 牵引控制系统

在交通运输领域采用电动机驱动的电气传动系统，是以牵引电动机作为控制对象，通过开环或闭环等手段对牵引电动机的转速、转矩实施控制，达到对驱动对象的控制与调节的目的，这种电气传动控制系统称为牵引控制系统。根据牵引电动机工作电流的不同，牵引控制系统可分为直流牵引控制系统和交流牵引控制系统。

牵引控制系统作为电气传动控制系统的一个独立分支，其覆盖范围包括干线铁道牵引动力装置、城市轨道交通列车和非轨道电动车辆等领域的电气传动控制。干线铁道牵引动力装置主要有电力机车、电传动内燃机车和动车组，动车组主要有电力动车组和内燃动车组；城市轨道交通列车主要有地铁、轻轨、有轨电车及中低速磁悬浮列车等；非轨道电动车辆主要有无轨电车、混合动力汽车和电动汽车等。

干线铁道机车、动车组和城市轨道交通列车在牵引控制方式上具有相似性，一般将它们统称为轨道列车。轨道列车牵引控制系统是一个需要广调速的大功率传动系统，调速系统要保证列车在可运行速度范围内实现高效、平稳的速度调节，具有良好的静态、动态性能，满足列车牵引运行需要。

本书将以干线铁道电力机车为主线，系统分析 HX_D3D 型客运电力机车和 HX_D3B 型货运电力机车的牵引控制系统。

一、牵引控制系统的基本组成

牵引控制系统一般由能源供给单元、能源变换单元、动力输出单元和控制单元等几部分组成，如图 1.43 所示。能源供给单元为系统提供合适的工作能源，工作能源主要为电能或柴油，通过接触网线或柴油机供给。能源变换单元是将工作能源通过相应的装备变换控制单元成为负载所需要的电能，提供给动力输出单元。接触网线上的工作能源电能通过车载受电装置引入车内，经变流处理变换为合适的电能；柴油机将柴油的化学能转换为机械能，拖动牵引发电机组工作产生电能。动力输出单元主要由牵引电动机、传动装置和动力轮对组成，牵引电动机接收电能并将其转换为机械能从转轴上输出，通过传动装置带动车轮旋转，在轮轨之间产生牵引力，牵引列车运行。控制单元是牵引控制系统的中枢神经，承担着整个系统各单元内部及相互间的控制和通信任务。

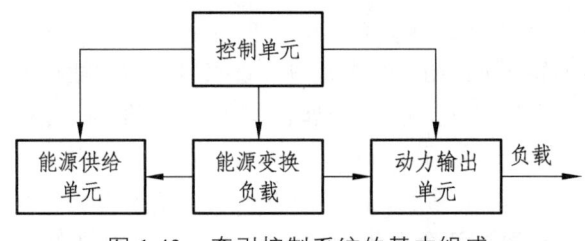

图 1.43 牵引控制系统的基本组成

二、牵引控制系统的分类

按照牵引电动机的工作电流性质不同，牵引控制系统可分为直流牵引控制系统和交流牵引控制系统。结合外供电源电压或牵引发电机输出电压的不同性质，电力传动系统可有多种组合形式。在单相交流供电制式下，电力机车、电力动车组的牵引控制系统可分为交—直流牵引控制系统和交—直—交流牵引控制系统；在直流供电制式下，城市轨道列车的牵引控制系统可分为直—直流牵引控制系统和直—交流牵引控制系统。

1. 直流牵引控制系统

直流牵引控制系统是以直流串励电动机作为牵引电动机的传动系统。轨道列车以直流串励电动机作为牵引电动机，主要由其优异的调速性能所决定。从电磁过程来看，直流牵引电动机是一个双端励磁的电动机，其磁场电流与电枢电流无耦合关系，可独立进行控制，其起动、调速性能和转矩控制特性符合牵引需要，动态性能良好。由于电源性质不同，直流牵引控制系统可分为直—直流和交—直流电力牵引控制系统两种模式。

（1）直—直流牵引控制系统。

直—直流牵引控制系统是由直流电源向直流牵引电动机供电的传动系统，在我国电气化铁路中没有采用过这种供电方式。在内燃机车中，直—直流牵引控制曾经是主要的传动形式，牵引发电机采用直流发电机，曾生产和进口了 DF_1、DF_2、DF_3 和 ND_1、ND_2 型内燃机车。直流牵引发电机因受换向条件、机车限界尺寸及轴重等因素限制，单机功率被限制在 2 200 kW 以下。直—直流牵引控制内燃机车工作原理如图 1.44 所示。在城轨列车牵引中，直—直流传动作为主要传动形式持续了很长时间。

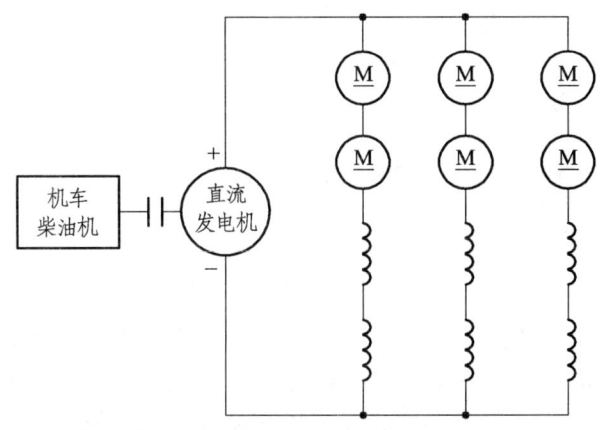

图 1.44　直—直流牵引控制内燃机车控制原理

（2）交—直流牵引控制系统。

交—直流牵引控制系统是由交流电源经整流后向直流牵引电动机供电的传动系统，是继直—直流牵引控制之后的又一直流牵引控制模式，作为轨道列车牵引控制系统的主要传动模式，至今仍在许多国家和地区使用。我国干线列车牵引机车是以交—直—交流牵引控制系统为主，但交—直流牵引控制机车保有量很大。尽管直流牵引控制系统具有理想的牵引性能，但不可否认，直流牵引电动机由于电枢结构复杂、惯量较大，存在接触式的机械换向器，换向过程复杂，运行中不可避免地会产生换向火花，很容易发生环火故障，这在一定程度上降低了牵引电动机运行的可靠性；同时，直流牵引电动机又受电枢机械强度的限制，其输出功率和最高转速都基本达到了极限值，使直流牵引系统遇到了不可逾越的障碍。至今直流牵引电动机的设计制造能力很难超过 1 000 kW，最高运行转速均在 3 000 r/min 以下，制约了直流传动机车功率的进一步增加。

交—直流牵引控制系统中，电力机车与内燃机车的电源均为交流电，但在性能上存在较大的差异。电力机车通过接触网获得单相高压交流电，需经牵引变压器降压；内燃机车采用三相同步发电机，输出电压较低、频率较高的三相交流电，额定频率一般为工频的 2 倍以上。

电力机车由接触网提供单相高压交流电能，通过车载受电弓将单相高压交流电引入车内牵引变压器原边绕组，经变压器降压后在副边绕组上输出 1 000 V 左右的单相交流电，供给可控整流器，进行相控调压，输出交流分量较大的脉动电压，经平波处理后送给直流（脉流）牵引电动机，完成机电能量转换，驱动列车装置运行。交—直流牵引控制电力机车的工作原理如图 1.45 所示。交—直流牵引控制电力机车曾经持续发展了许多年，技术非常成熟，成为许多国家客货运输的主型电力机车。我国生产的 $SS_{3B} \sim SS_{9G}$ 型机车都属于此类电力机车，仍在承担着繁重的客货运输列车的牵引任务。

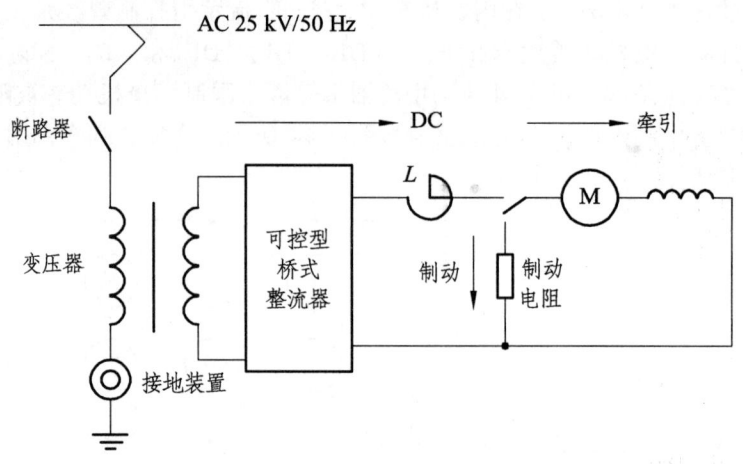

图 1.45　交—直流牵引控制电力机车工作原理

交—直流牵引控制内燃机车是由柴油机驱动三相同步发电机产生三相交流电，通过大功率硅整流器将三相交流电变换为直流电，供给各直流牵引电动机，其工作原理如图 1.46 所示。该型内燃机车既保留了直流牵引电动机，又采用交流牵引发电机与硅整流器取代了直—直流牵引控制系统中的直流牵引发电机，使得传动系统结构简单、运行可靠、省铜、维护保养简单。在同等功率条件下，交流牵引发电机的质量只有直流牵引发电机的 1/2。在总体布置限界范围内，交流牵引发电机的功率不受 2 200 kW 的限制，不再制约机车功率的增大。因此，交—直流牵引控制一度成为国内外大功率内燃机车的主要传动方式，曾研制生产了许多用途的内燃机车，保有量巨大，在许多国家至今仍为主型机车。

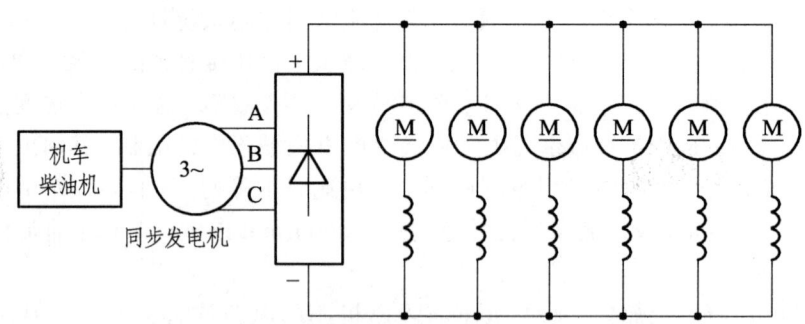

图 1.46　交—直流牵引控制内燃机车工作原理

交—直流牵引控制的内燃机车、电力机车，由于供电电源方面的差异，其电流变换、调压电路结构不同，供给牵引电机的电源品质差异较大，导致主电路结构不尽相同。牵引电动机同为直流（脉流）串励电动机，能够获得良好的牵引性能，但直流（脉流）牵引电动机固有的不足，诸如电枢结构复杂、换向问题及可靠性等，制约了其单机功率、转速的进一步提高，不能适应高速、重载运输对牵引动力的更高要求。解决这一问题，只有从提高牵引电动机的功率、转速着手，采用交流牵引电动机是最佳选择，所以采用交流牵引控制才是电力机车、内燃机车未来的发展。

2. 交流牵引控制系统

随着铁路运输向着高速化、重载化方向发展，对牵引动力装置也提出了更高要求，即提高牵引电动机单机功率与转速，这对直流牵引控制系统而言是难以实现的。

轨道列车交流牵引控制系统就是采用交流牵引电动机作为驱动电动机的牵引控制系统，其优点主要由交流牵引电动机的优点而体现出来。牵引电动机以三相异步牵引电动机为主，同步牵引电动机应用较少，永磁同步牵引电动机正在发展中。

目前，交流牵引电动机大都采用三相交流异步笼式转子电动机，其相对于直流牵引电动机而言，具有结构简单、惯量小、转速高、功率大和运行可靠等优点。因其没有换向器，故不存在换向问题，且单机功率大，可在更高转速下运转。因此，采用三相交流笼式转子异步电动机作为牵引电动机，可以很好地解决直流牵引电动机存在的问题，能满足现代列车牵引对高速、大功率的要求。从功率、转速上看，交流异步牵引电动机完全能够满足现代列车对速度、牵引力的需求；但从调速性能方面来看，交流异步牵引电动机实现平滑调速比较困难。交流异步电动机属于单端励磁的电动机，其工作所需的磁场及做功能量均需由定子绕组上输入，建立磁场的无功电流与对外输出机械功率的有功电流都来自定子同一电流，相互耦合在一起，不能对励磁电流与有功电流进行独立控制，使得平滑调速异常困难。改变频率调速是异步电动机实现平滑调速的唯一途径。与改变磁极对数调速和改变转差率调速有着本质上的不同，改变频率调速在高低速范围内都可以保持很小的转差率，具有调速范围大、效率高、调速精度高等优点，是交流异步电动机最理想的平滑调速方法。但这需要一套高性能的变频电源，即交流异步牵引电动机实现平滑调速的关键是变频电源，这也是交流电力传动技术发展的关键。

根据供电电源性质及变流方式的不同，交流牵引控制系统主要可分为交—交流、交—直—交流和直—交流三种形式。

（1）交—交流牵引控制系统。

交—交流牵引控制系统是将某一频率的交流电源直接经逆变器变换以后，获得频率可调的三相交流电源，供给交流牵引电动机。对于采用单相交流供电的系统，变频器只能改变频率提供单相变频电源，不能向三相交流牵引电动机供电，所以此交流牵引方式不适合作为电力机车的传动。对于三相交流电源而言，经过变频器可直接改变输出频率，为交流牵引电动机供电，从工作原理上看适合内燃机车的交流牵引。

在交—交流牵引控制系统中，变频器的输入频率与输出频率之间有着直接的关系，变频器的输出频率一般仅为输入频率的1/3。对于自备发电系统的牵引动力装置而言，当原动机的转速足够高时，交流同步发电机将输出频率较高的三相交流电，经直接变频后可获得调速所需的频率范围，满足牵引调速需要。因此，交—交流牵引控制系统适合于由高速原动机驱动的动力系统，如燃气轮机驱动的牵引动力系统——燃气轮机车等。以柴油机作为原动机的传统内燃机车，因柴油机额定转速较低，三相交流同步发电机的输出电压频率有限，使牵引电动机的最高运行转速很低，因此不能满足机车调速要求。也就是说，交—交流牵引控制系统不适合作为当前内燃机车的传动系统，至今也没有应用的范例。

（2）交—直—交流牵引控制系统。

交—直—交流牵引控制系统是具有中间直流环节的间接变流系统，输入的交流电源与输出的交流电源之间完全独立，在频率上没有任何关系，其变流过程由交—直流变换和直—交流变换两部分组成。交—直流变换是将输入交流电源通过变流器变换为直流电，此变换为整流过程;直—交流变换是将平直的直流电通过变流器转换为频率、电压均可调节的三相交流电,即VVVF,供给三相交流牵引电动机实现机电能量转换和对转速、转矩的控制,为列车运行提供动力,此变换为逆变过程。因此,交—直—交流牵引控制系统是由电源侧整流器、中间直流环节和负载侧逆变器组成的,逆变器直接从中间直流环节获得电能。

根据中间直流环节采用的滤波元件不同,其性能及逆变器的工作特性也不同。滤波元件采用电容器时,中间直流环节的电压始终维持稳定,相当于电压源,此时的逆变器称为电压型逆变器;滤波元件采用电感时,中间直流环节的电流始终维持稳定,相当于电流源,此时的逆变器称为电流型逆变器。电压型逆变器与电流型逆变器的工作过程和输出特性完全不同,电路结构差异很大。在交—直—交流牵引控制系统发展之初采用的是电压型逆变器,此传统一直延续至今。电压型逆变器更适合于异步电动机工作,故交—直—交流牵引控制系统基本都采用电压型逆变器。电流型逆变器电路结构相对简单一些,它更适合为同步电动机供电。

交—直—交流牵引控制系统的电力机车、电力动车组以及内燃机车都具有动力制动能力。电力机车、电力动车组采用再生回馈制动,将列车的惯性能量最终变换为电能,回送到接触网以供再利用;内燃机车只能采用电阻制动,将列车的惯性能量变换为直流电能,输入到车载制动电阻被消耗掉。

交—直—交流牵引控制系统的电力机车、电力动车组以及内燃机车一般采用架控方式或轴控方式供电。

交—直—交流牵引控制系统电力机车、电力动车组的工作原理相同,如图 1.47 所示。通过受电弓从接触网受电,将单相高压交流电源引入车内牵引变压器,经降压后输入到四象限脉冲整流器,完成交流到直流的变换,经中间直流环节的滤波、稳压处理,得到稳定的直流电压,供给逆变器,控制逆变器输出频率、电压可调的三相交流电,供给牵引电动机,对其转矩、转速进行控制,将电能转化成机械能产生牵引力。

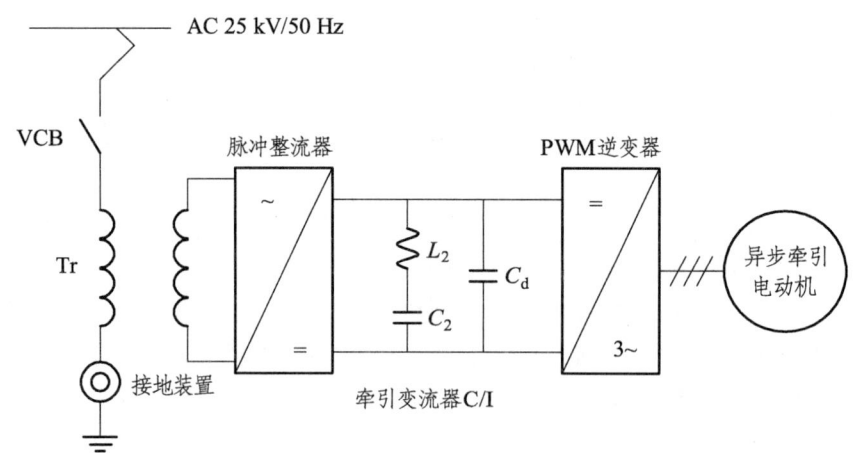

图 1.47 交—直—交流牵引控制系统电力机车、电力动车组工作原理

交—直—交流牵引控制系统内燃机车采用交流同步发电机和交流牵引电动机,同步发电机输出的三相交流电通过硅整流器整流为直流电,经稳压、滤波处理后,输入数台电压型逆变器,将稳定的直流电变换为频率、电压均可调的三相交流电,供给三相交流牵引电动机。牵引电动机将电能转换为机械能,产生牵引力,驱动机车运转。

（3）直—交流牵引控制系统。

直—交流牵引控制系统是指采用直流电网供电的交流牵引控制系统，主要应用于地铁、轻轨列车和中低速磁悬浮列车中。直流电源通过受电弓或第三轨从电网引入，经高速断路器、滤波电抗器等高压电器再接入逆变器。在传动控制单元的控制下，逆变器将输入的直流电能变换成频率、电压可调的三相交流电，供给异步牵引电动机，完成机电能量转换，产生牵引动力，实现对异步牵引电动机的转速与转矩控制。

地铁、轻轨列车直—交流牵引控制系统的工作原理如图 1.48 所示。直—交流牵引控制地铁、轻轨列车设置了再生制动和电阻制动，使用时，优先采用再生制动，电阻制动作为备用、补充。

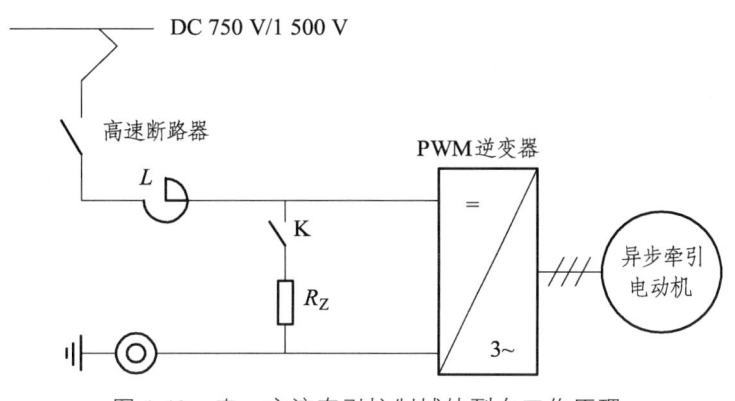

图 1.48　直—交流牵引控制城轨列车工作原理

三、交流牵引系统的组成模式

交流牵引系统都是以交流牵引电动机为驱动电动机的牵引控制系统，主要由牵引变流器、交流牵引电动机、微型网络控制单元等部分组成。根据电源的供给形式及电源性质，轨道列车交流传动系统有 3 种不同的组成模式，即电力机车、电力动车组交流牵引系统，内燃机车、内燃动车组交流牵引系统，城轨列车及中低速磁悬浮列车交流牵引系统。电力机车、电力动车组与内燃机车、内燃动车组均采用交—直—交流牵引，城轨列车及中低速磁悬浮列车采用直—交流牵引。

电力机车、电力动车组为外接能源的动力系统，其交流牵引系统主要由主变压器、牵引变流器、交流牵引电动机和控制单元等组成。牵引变压器承担电压变换与电能分配职能，为牵引变流器提供电压合适的交流电能。牵引变流器担负着交—直变换与直—交变换职能，由网侧变流器、中间直流环节和负载侧变流器组成。四象限脉冲整流器将单相交流电整流为直流电，经中间直流环节滤波处理，为逆变器提供稳定平直的直流电。逆变器将平直的直流电变换为三相交流电，为牵引电动机提供电压、频率均可调节的三相等效正弦电压，实现对其转矩、转速的控制。牵引电动机一般采用三相异步笼式电动机，将三相交流电能转换为机械能从转轴上输出，驱动动轴旋转，在轮轨间产生牵引力，驱动列车运行。电力机车、电力动车组交流牵引系统工作原理如图 1.49 所示。

牵引时，通过受电弓将单相高压交流电能从接触网引入车内，经主变压器降压后供给牵引变流器进行 AC→DC→3AC 变换，为牵引电动机提供三相 VVVF 电源。异步牵引电动机将电能转化成机械能产生牵引力。电气制动时，牵引电动机吸收列车蕴藏的惯性机械能并将其转换成三相交流电能，由变流器完成 3AC→DC→AC 变换。单相交流电通过主变压器升压后回馈到接触网，供其他列车使用。电力机车、电力动车组交流牵引系统工作过程如图1.50所示。

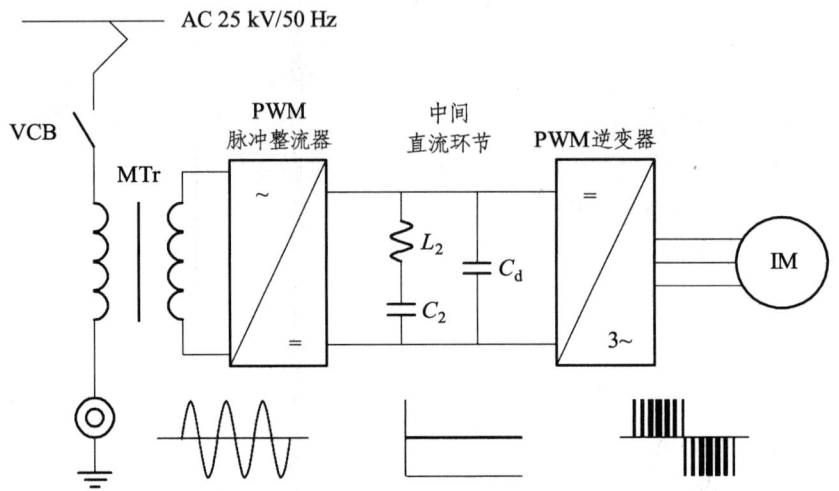

图1.49　电力机车、电力动车组交流牵引系统工作原理

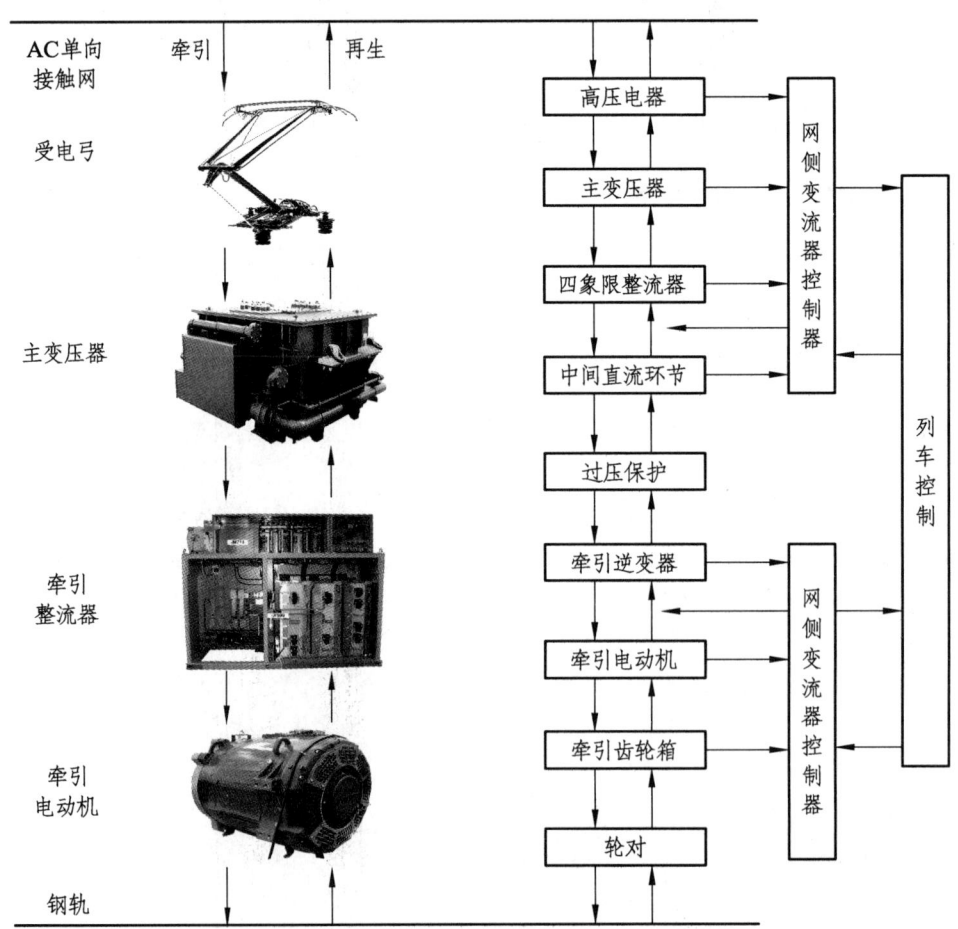

图1.50　电力机车、电力动车组交流牵引系统工作过程

电力机车、电力动车组交流牵引系统属于外供电能、恒电压供电的交—直—交流牵引系统，一般采用架控方式或轴控方式，采用TCN（列车通信网络）控制系统，功率因数接近于1。中间直流电压稳定、波动小。电气制动采用再生制动方式。

第二章 HX$_D$3D 型电力机车电气设备

第一节 HX$_D$3D 型电力机车

一、机车简介

HX$_D$3D 型交流传动快速客运电力机车(简称 HX$_D$3D 型电力机车)是在 HX$_D$3 型和 HX$_D$3B 型电力机车的基础上研制的六轴 7 200 kW 干线客运电力机车。

HX$_D$3D 型电力机车单轴功率 1 200 kW,最高运行速度 160 km/h。机车采用 PWM 矢量控制等新技术,同时能兼顾环境保护和维修保养。另外,机车能在 –40 ~ +40 ℃环境温度、2 500 m 以下海拔高度的地区运行,有优秀的环境适应性,还可实现 2 组机车重联控制运行。

HX$_D$3D 型电力机车是目前批量列装、用于我国铁路的交流电传动干线准高速客运电力机车车型,主要担当直达及特快列车的牵引任务,总功率 7 200 kW,最高运营速度 160 km/h。HX$_D$3D 型电力机车的列装缓解了全路准高速机车运用的紧张状况,使得既有提速铁路线大量增开特快列车,填补了我国交流传动大功率机车在准高速范围内实际运用的空白。

HX$_D$3D 型电力机车 2013 年批量生产,目前已配属沈阳局、西安局、兰州局、北京局、南昌局、昆明局、呼和浩特局、济南局、成都局和哈尔滨局集团有限公司。

二、机车特点

(1)机车轴列式为 C_0-C_0,传动方式为交—直—交电传动,采用 IGBT 水冷变流机组和 1 250 kW 大转矩异步交流牵引电动机,具有起动牵引力大、恒功率速度范围宽、黏着性能好、功率因数高等特点。

(2)机车辅助电气系统采用 2 组辅助变流器,能分别提供 VVVF 和 CVCF 三相辅助电源,对辅助机组进行分类供电。系统冗余性强,一组辅助变流器故障后可以由另一组辅助变流器对全部辅助机组供电。

(3)机车采用微机网络控制系统,能同时实现逻辑控制、自诊断、网络重联等诸多功能。

(4)机车采用高度集成化、模块化的设计思路,电气屏柜和各种辅助机组分功能斜对称布置在中间走廊的两侧。规范化司机室,更是有利于机车的安全运行。

(5)机车采用带有中梁的、整体承载的框架式车体结构,有利于提高车体的强度和刚度。

(6)机车转向架牵引电机使用二、三轴对称布置方式,驱动系统采用轮对空心轴、刚性架悬、承载式齿轮箱,牵引装置使用低位推挽牵引杆。

(7)机车采用下悬式安装方式的一体化多绕组变压器,具有高阻抗、质量轻等特点,并使用强迫导向油循环风冷冷却技术。

（8）机车从顶盖夹层进风，各系统独立通风冷却，同时兼顾司机室的换气和机械间的微正压。

（9）机车采用基于微处理器的电空制动控制系统，除了紧急制动作用的开始，所有逻辑都由微机控制；新型空气干燥器的使用，有利于减少制动系统阀件的故障率；基础制动装置采用轮盘制动。

三、机车主要技术指标（见表2.1）

表2.1　机车主要技术指标

机车用途	铁路干线客运牵引
电传动方式	交—直—交传动
额定功率	7 200 kW
轴式	C_0-C_0
轴重	21 t
机车质量	126 t
通过最小曲线半径	125 m
机车长度	22 989 mm
控制方式	轴控
起动牵引力	420 kN
调速方式	IEGT 水冷 VVVF 变流控制
持续速度	80 km/h
最高运用速度	160 km/h
电制动方式	再生制动
机车控制	分布式微机网络控制
受流电压	AC 25 kV，50 Hz
列车供电	DC 600 V，2×400 kW

四、机车设备缩写（见表2.2）

表2.2　机车设备缩写

缩　写	说　明
6A	机车车载安全防护系统
13CP	13 控制部分
16CP	16 控制部分
20CP	20 控制部分
ABDR	空气制动安全检测
ACCT	输入电流互感器
ADD	自动降弓装置

续表

缩　写	说　明
AFDR	防火监控
AGDR	高压绝缘监测
AK	充电接触器
APDR	列车供电监测
ATDR	走行部故障监测
ATP	列车自动保护系统
AVDR	视频监控及记录
BCCP	制动缸控制部分
BPCP	列车管控制部分
CHR	限流电阻
CI	主变流器单元
CIR	机车综合无线通信设备
CMD	中国机车远程监测与诊断系统
COV-CTR	整流侧控制单元
CTU、CTW	输出电流互感器
CVCF	恒压恒频
DBTV	空气制动阀
DCPT	直流电压传感器
DER	无动力回送装置
DMIS	列车运行信息传输设备
EB	回流接地装置
EBV	制动控制器
EPCU	电空控制单元
ERCP	均衡风缸模块
HCM	列供通信模块
HVB	高压套管
Hz	频率单位
IGBT	绝缘栅双极型晶体管
INV-CTR	逆变侧控制单元
IPM	制动系统控制单元
JKXS	集控插座
K	工作接触器
KM	接触器
LAIS	机车运行监测数据无线传输装置
LC	滤波柜

续表

缩 写	说 明
LCDM	制动显示屏
LDP	机车车载综合信息监测装置
LG	列车供电柜
LKJ	列车运行监控系统
LRU	现场可替换单元
M-CPU	主控制单元
Master	主系统
MMI	操作显示终端
MTUP	铁路移动数据传输统一平台
MVB	多功能车辆总线
NF	降噪滤波器
OVT	过电压放电单元
PG	受电弓
PCS	动力切除
PV	电压表
PS-1	压力保护开关
PSJB	供电接线盒
PSU	电源柜功率单元
PWM	脉冲宽度调制
QA	自动开关
VCB	主断路器
RIM/CJB	继电器接口模块
SA	转换开关
Slave	从系统
TA1	高压电流互感器
TA2	低压电流互感器
TAX	机车安全信息综合检测装置
TCMS	机车控制与监视系统
TM1	主变压器
TMIS	机车标签写入单元
TR-1	温控开关
TS-1	温度保护开关
UA（又称作 APU）	辅助变流器
UM	牵引变流器
VVVF	变频变压
XSA	列车供电连接器

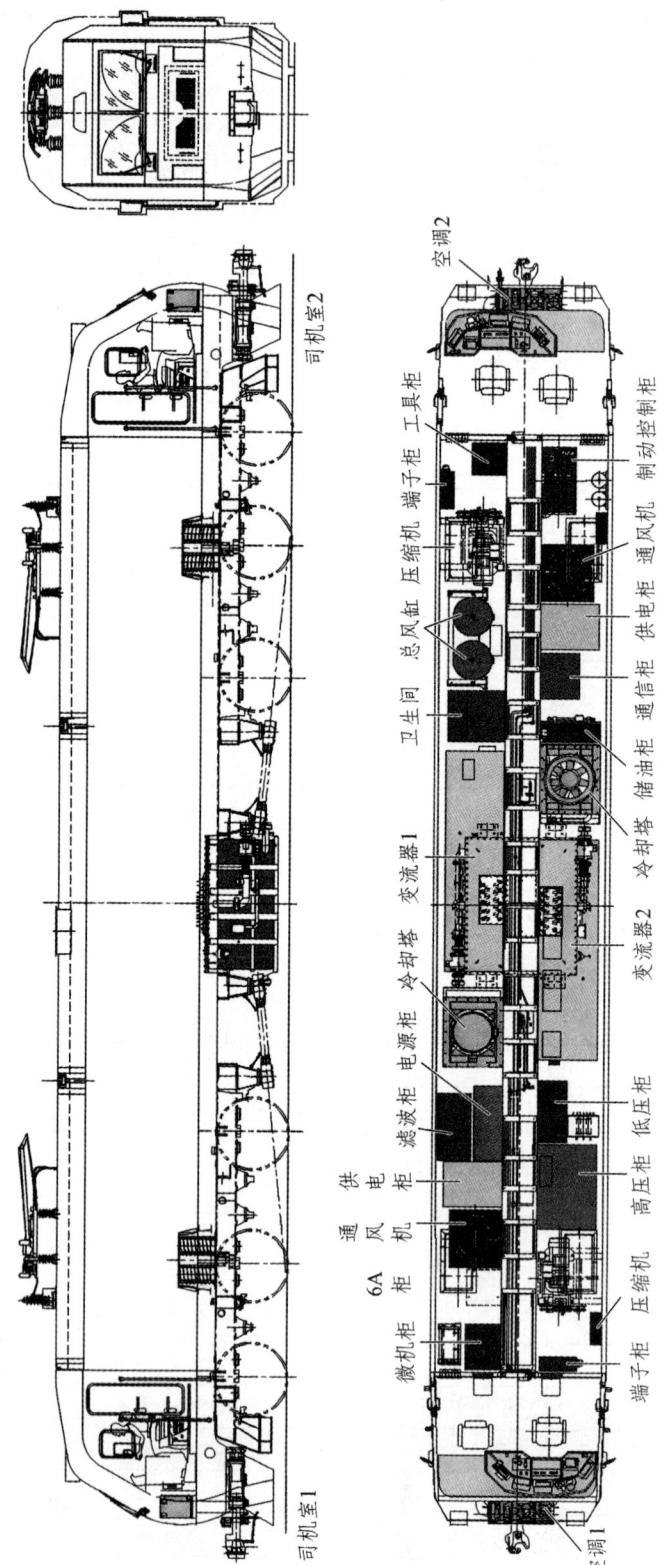

图 2.1 HX$_D$3D 型电力机车外形及设备布置图

第二节　HX$_D$3D 型电力机车设备布置

HX$_D$3D 型电力机车的外形及设备配置如图 2.1 所示。在机车的两端各设有一个司机室，两个司机室的中间是机械室。在机械室内设有 600 mm 宽的中央通道，在通道左右两侧设有主变流装置、通风机、空气压缩机等设备。在车体下设有 2 台 3 轴的转向架及主变压器，在顶盖上设有受电弓及避雷器。车内设备布置以平面斜对称布置为主，设备成套安装，有利于机车的重量分配及机车的制造、检修和部件的互换。

一、司机室设备

在司机室内设有操纵台、八灯显示器、司机座椅、紧急放风阀、灭火器等设备，如图 2.2 和图 2.3 所示。司机室操纵台前部设有空调装置，司机室顶部设有风扇、头灯、司机室照明等设备。司机室前窗采用电加热玻璃，窗外设有电动刮雨器，窗内设有电动遮阳帘，侧窗外设有机车后视镜。在操纵台上设有 TCMS 显示器、ATP 显示器、压力组合模块、司机控制器、制动控制器、扳键开关组、制动装置显示器、冰箱、暖风机、脚炉和膝炉，如图 2.4 所示。

图 2.2　司机室 3D 模型

图 2.3　司机室

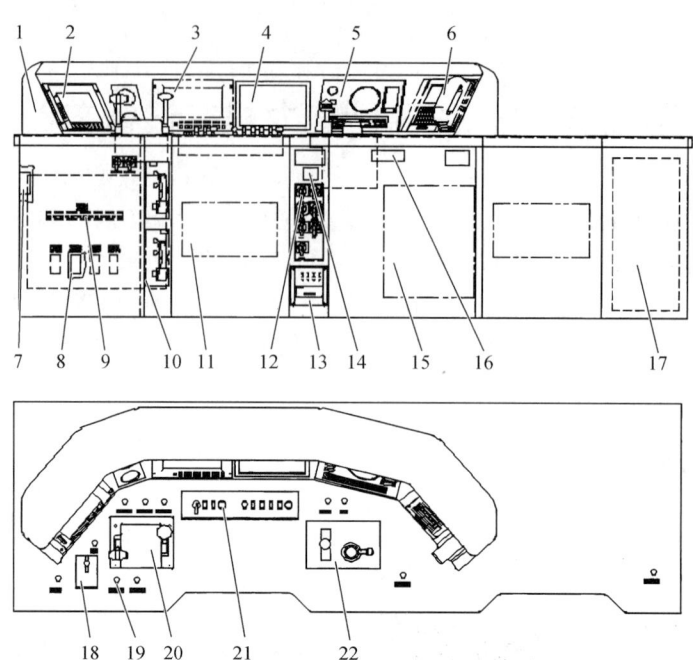

1—面板；2—制动显示屏；3—微机显示屏；4—监控显示屏；5—多功能状态仪表模块；6—无线通信装置；7—柜内照明灯；8—连接器；9—端子排；10—重联电话；11—膝炉；12—万转开关；13—打印机；14—刮雨器控制盒；15—冷藏箱（Ⅰ端）/微波炉（Ⅱ端）；16—烟灰盒；17—空调控制箱；18—备用制动阀；19—按钮；20—电子制动阀；21—扳键开关组；22—司机控制器。

图 2.4　操纵台设备布置

1. 操纵台面板设备（见表 2.3）

表 2.3　操纵台面板设备

序号	设备	代号（缩写）	型号与规格	数量	位置	备注
1	制动显示屏	LCDM1, 2		2	司机室操纵台	
2	总风压力表/列车管压力表	MR/BP		2	司机室操纵台	
3	制动缸的压力表	BC1, 2		2	司机室操纵台	
4	客车供风压力表			2	司机室操纵台	
5	监控显示屏	PS3, 4	TPX10E	2	司机室操纵台	
6	微机显示单元	PD41, 42	MBD059-B0	2	司机室操纵台	
7	网压表	PV1, 2		2	司机室操纵台	
8	控制电压表	PV41, 42		2	司机室操纵台	
9	速度表	P1, 2		2	司机室操纵台	
10	状态显示模块（状态指示灯）	PD43, 44		2	司机室操纵台	
11	微机复位按钮	SB61, 62		2	司机室操纵台	
12	紧急制动按钮	SA103, 104		2	司机室操纵台	
13	备用制动均衡压力表			2	司机室操纵台	
14	供电柜控制单元转换开关	SA25~28		4	司机室操纵台	
15	供电钥匙开关	SA105, 106		2	司机室操纵台	
16	电台操作显示终端 MMI	RD3, 4		2	司机室操纵台	

2. 操纵台台面设备（见表2.4）

表2.4 操纵台台面设备

序号	设备	代号（缩写）	型号与规格	数量	位置	备注
1	备用制动阀			2	司机室操纵台	
2	警惕解锁按钮	SB95, 96	S405M-Y	2	司机室操纵台	
3	高音风笛按钮	SB81, 82		2	司机室操纵台	
4	电子制动阀	EBV1, 2		2	司机室操纵台	
5	停车位置按钮	SB91, 92		2	司机室操纵台	
6	停放缓解按钮	SB101, 102		2	司机室操纵台	
7	停放制动按钮	SB99, 100	3A240-1/F特	2	司机室操纵台	
8	电钥匙	SA49, 50		2	司机室操纵台	
9	主断路器扳键开关	SB43, 44		2	司机室操纵台	
10	受电弓扳键开关	SB41, 42		2	司机室操纵台	
11	空压机扳键开关	SB45, 46		2	司机室操纵台	
12	前照灯扳键开关	SB55, 56		2	司机室操纵台	
13	辅照灯扳键开关	SB53, 54		2	司机室操纵台	
14	标志灯扳键开关	SB51, 52		2	司机室操纵台	
15	机械间灯开关	SB49, 50		2	司机室操纵台	
16	仪表灯开关	SB57, 58		2	司机室操纵台	
17	车底灯开关	SB17, 18		2	司机室操纵台	
18	司机室灯开关	SB47, 48		2	司机室操纵台	
19	过分相按钮	SB67, 68	S405-W	2	司机室操纵台	
20	定速按钮	SB69, 70	S405-L	2	司机室操纵台	
21	司机控制器	AC41, 42		2	司机室操纵台	
22	电笛按钮	SB89, 90		2	司机室操纵台	
23	高音风笛按钮	SB85, 86		2	司机室操纵台	
24	高音风笛按钮	SB87, 88		2	司机室操纵台	

3. 操纵台台下设备（见表2.5）

表2.5 操纵台台下设备

序号	设备	代号（缩写）	型号与规格	数量	位置	备注
1	重联电话	PS9, 10	CKT-11	2	司机室操纵台	
2	空调模式选择开关	SA76, 78		2	司机室操纵台	
3	空调温度调节开关	SA77, 79		2	司机室操纵台	
4	刮雨器水泵开关	SA61, 62		2	司机室操纵台	
5	车底灯开关	SB17, 18		2	司机室操纵台	
6	监控故障隔离开关	SA97, 98	4A012-1/F特	2	司机室操纵台	

续表

序号	设备	代号（缩写）	型号与规格	数量	位置	备注
7	低温预热开关	SA71	4A073-1/F 特	1	司机室操纵台	
8	司机室加热开关	SA11, 12, 21, 22		4	司机室操纵台	
9	微波炉开关	SA15	4A073-1/F 特	1	司机室操纵台	
10	电热玻璃开关	SA13, 14	4A073-1/F 特	2	司机室操纵台	
11	电风扇开关	SA63, 64		2	司机室操纵台	
12	撒砂脚踏开关	SA83, 84	5293S3	2	司机室操纵台	
13	警惕解锁脚踏开关	SA101, 102	S293S3	2	司机室操纵台	
14	低音风笛脚踏开关	SA85, 86	S293S3	2	司机室操纵台	
15	应急灯开关	SB1~4		4	司机室侧墙下部	

二、机械间设备

两个司机室的中间是机械间，机械间分成为I端设备室、II端设备室和中央设备室，其设备配置如图 2.1 所示。

I端设备室紧邻I端司机室，内部布置有牵引通风机、蓄电池充电装置、蓄电池柜、滤波装置、微机柜（TCMS 柜）、控制电器柜、空压机、干燥器、高压电器柜、列车供电柜、6A 柜，如图 2.5 所示。

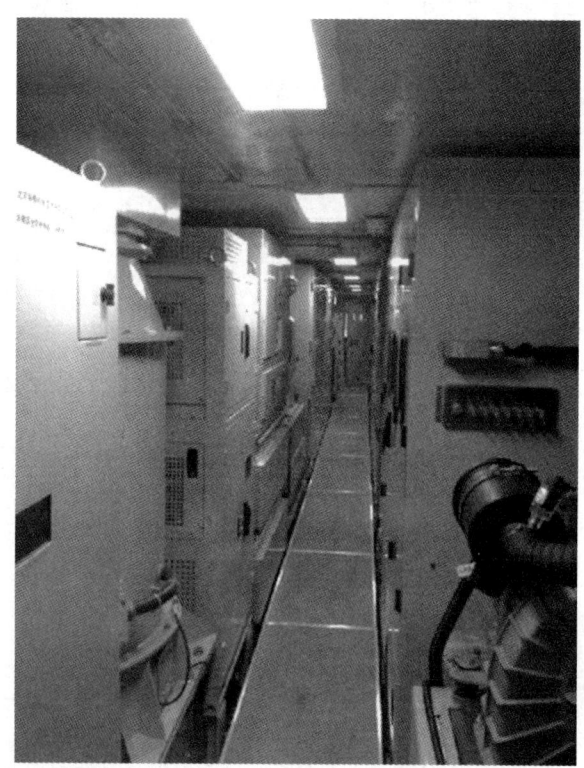

图 2.5　I端设备室

II端设备室紧邻II端司机室,内部布置有牵引通风机、卫生间、空压机、主风缸、辅助风缸、干燥器、制动屏柜、列车供电柜,如图2.6所示。

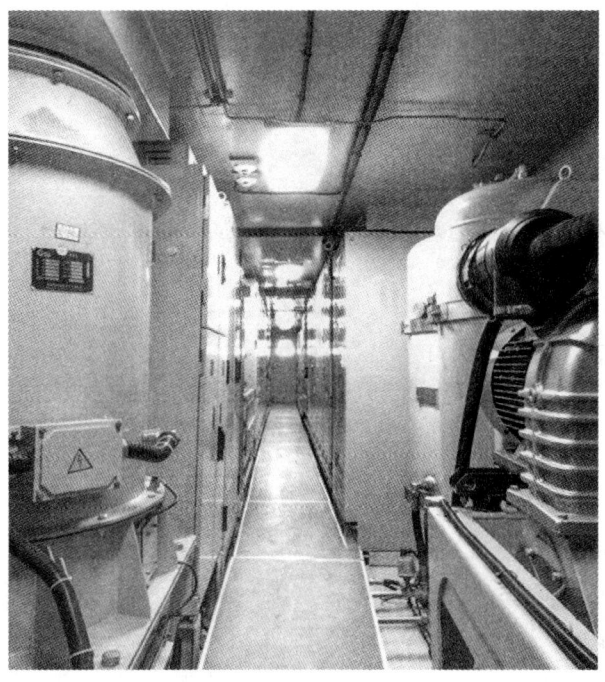

图2.6　II端设备室

在I端设备室和II端设备室之间设有中央设备室,室内布置有主变流装置、复合冷却器及复合冷却器通风机组,如图2.7所示。

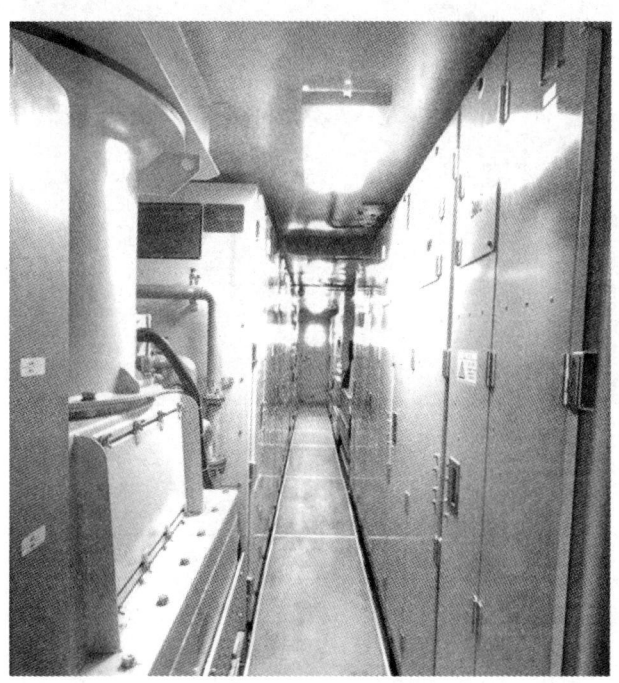

图2.7　中央机械室

三、车顶设备

车顶设备配置如图 2.8 和图 2.9 所示。顶盖由 3 个顶盖组成，I端顶盖、II端顶盖配置有受电弓，如图 2.10 所示，中央顶盖上配置有检修升降口，由此上车顶进行检修和维修作业（为确保安全，天窗设置钥匙联锁装置）。车顶具体设备参数如表 2.6 所示。

图 2.8　机车车顶

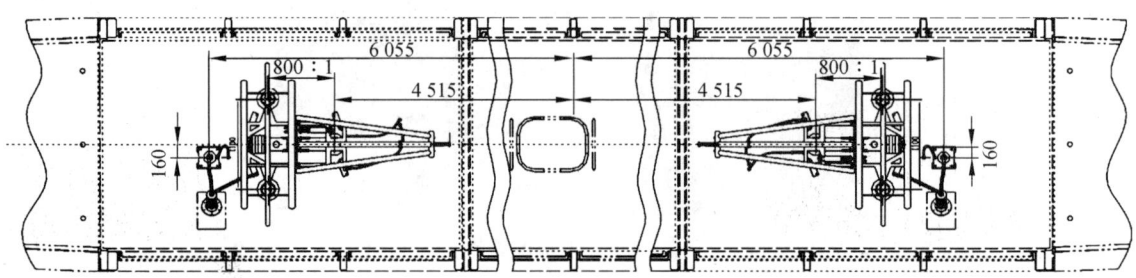

图 2.9　机车车顶

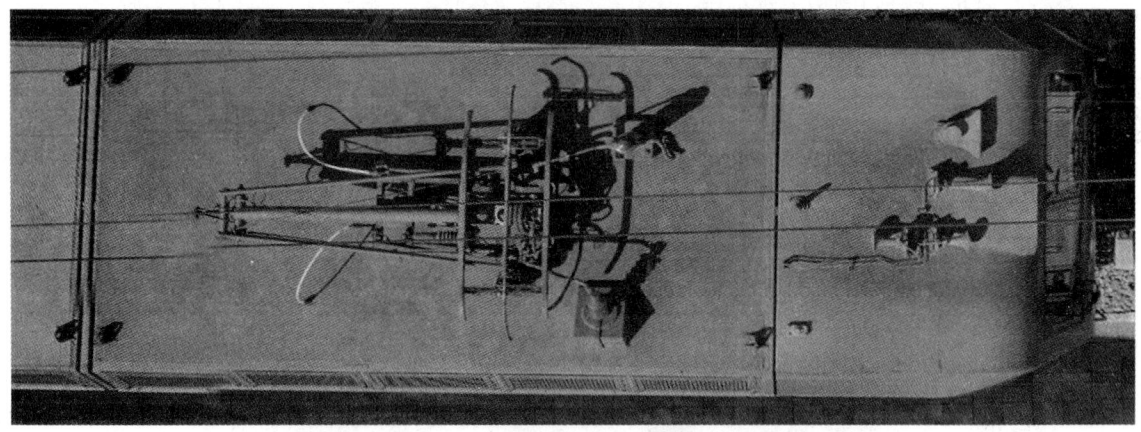

图 2.10　II 端顶盖

表 2.6　车顶设备参数

序号	设备	代号（缩写）	型号与规格	数量	位置	备注
1	受电弓	PG1、PG2	DSA200D	2	车顶	
2	高压套管	HVB1、HVB2		2	车顶	
3	车顶避雷器	F1、F2		2	车顶	

四、车下设备

车下设备如图 2.11 和表 2.7 所示。悬挂在机车中部的主变压器如图 2.12 所示，以变压器为中心对称布置 2 台转向架。在转向架上配置有牵引电机等设备，如图 2.13 和图 2.14 所示。另外，还配置了机车插座、辅助/控制电路外接电源插座、行灯插座、机车电子标签、速度传感器和轴温传感器等设备，如图 2.15 和图 2.16 所示。

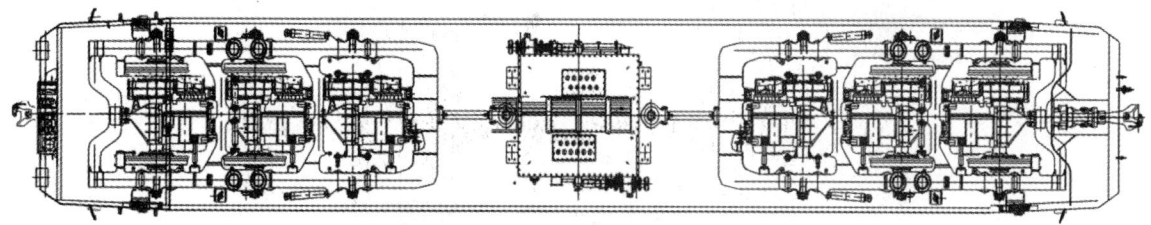

图 2.11 车下设备

表 2.7 车下设备参数

序号	设备	代号（缩写）	型号与规格	数量	位置	备注
1	主变压器	TM1	JQFP-10160/25	1	车下	
2	牵引电机	M1~6	YJ217A	6	转向架	
3	接地装置	EB1~6	JTGJ-003	6	轮对轴头	
4	主电路入库插座	XSM1，2		2	车体左右中间下部	
5	辅助电路入库插座	XSA1	JLG6K3ZY	1	车体左侧中间下部	
6	控制电路入库插座	XSC3	JL91K5ZY	1	车体右侧中间下部	

图 2.12 主变压器

图 2.13　转向架

图 2.14　三相交流异步牵引电动机

 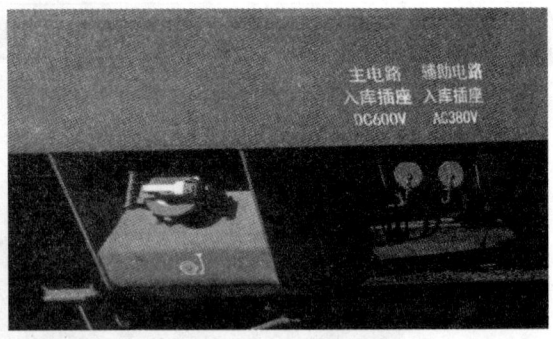

图 2.15　机车右侧主电路、控制电路入库插座　　图 2.16　机车左侧主电路、辅助电路入库插座

五、机车通风系统

HX$_D$3D 型电力机车通风系统的主要作用是对机车上需要进行强迫冷却的电气设备实施强迫通风冷却，以使它们的工作温升不超过允许值，保证电气设备正常、可靠地工作，如图 2.17 所示。

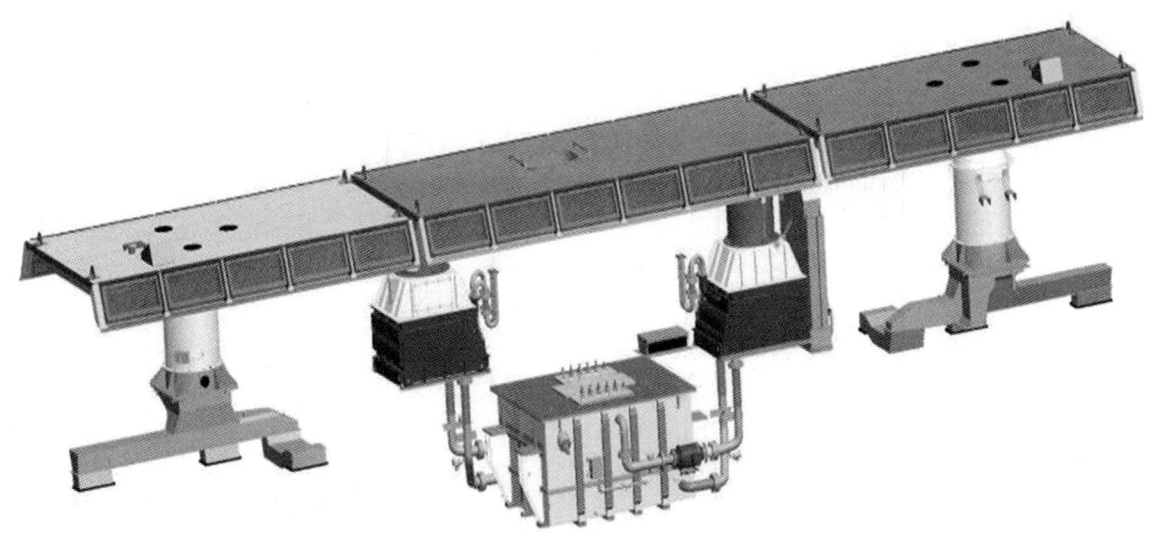

图 2.17 HX$_D$3D 型电力机车通风系统

另外,通风系统还有司机室空调、机械间换气、卫生间通风等装置,以给司乘人员提供一个舒适的工作环境。

HX$_D$3D 型电力机车通风系统主要特点如下:

(1)通风系统设计采用高度集成化、模块化的设计思路。根据机车总体对称布置的被冷却装置的要求,采用独立通风冷却技术,具有结构简单、进风面积大、风阻小、各通风支路风量分配均匀、互不干扰等特点。

(2)通过安装在顶盖处的过滤器组对冷却空气进行过滤。如牵引电机通风冷却系统采用离心沉降式过滤器+棕纤维过滤器的二级过滤方式对吸入的空气进行过滤。冷却空气过滤效果好,阻力小,电气部件少积灰尘,提高了工作可靠性。

(3)主变压器油冷却和牵引变流器水冷却,使用油、水复合冷却器。采用这种"复合冷却"技术,使机车主要部件减少了油、水连接管路,减小了流阻,提高了冷却性能,减轻了质量,使得机车总体设计更加合理。

(4)通风系统采用性能较好的轴流通风机组。它们所采用的滚动轴承是进口单列深沟球轴承,密封方式为双面密封,具有较高的密封性,且防尘性能好,平时不需加润滑脂,日常维护方便,运用寿命长。

HX$_D$3D 型电力机车通风冷却系统主要包括牵引电动机通风、主变压器与牵引变流器冷却的复合冷却通风、列车供电柜通风、司机室通风、空气压缩机通风和机械间通风等通风系统。

机车的通风系统采用独立通风系统,按机车纵向中心线斜对称布置在机车中间走廊两侧。司机室通风系统布置在两端司机室内。各通风系统有各自相对独立的通风部件和管道,各通风系统相互不影响,进风量均匀,不需进行风量再分配。机车通风冷却系统流量分配如图 2.18 所示。

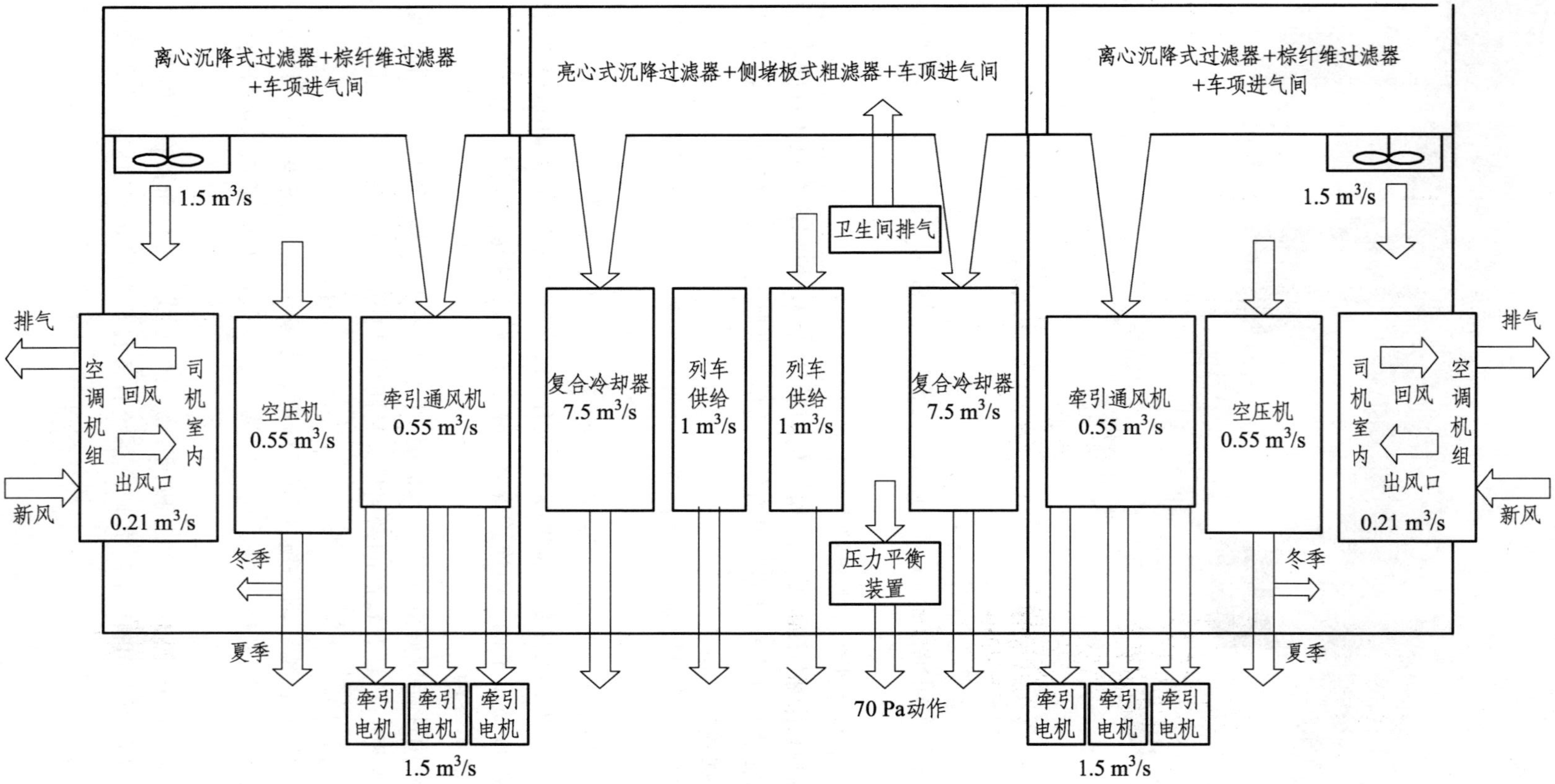

图 2.18 HX$_D$3D 型电力机车通风冷却系统流量分配示意图

1. 牵引电动机通风冷却系统

牵引电动机通风系统由两台按机车纵向中心线斜对称布置在机车中间走廊两侧的通风机来完成，每一台通风机分别用来冷却三台牵引电动机，室外空气经过离心沉降式过滤器、棕纤维过滤器、车顶进气间、通风机、通风道并分成三个通风道（其中第三电机采用对置布置，风道需要穿过底梁），分别通过软管和牵引电动机的入口相连接。冷却空气送入牵引电动机冷却电机，以此降低其发热材料的温升，并排向车外。

牵引电动机通风系统示意图如图 2.19 所示。每组牵引电动机通风支路空气走向如下：

车外大气（5.5 m³/s）→离心沉降式过滤器→棕纤维过滤器→车顶进气间→通风机→风机底座→车体风道→连接软管→牵引电机→大气。

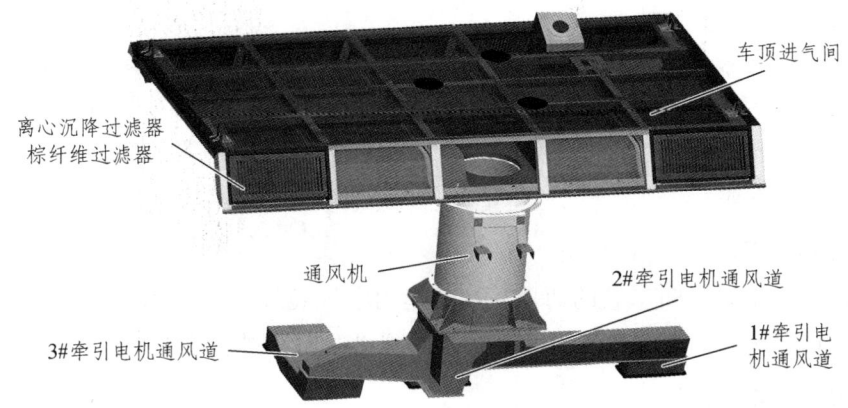

图 2.19　牵引电动机通风系统示意图

2. 复合冷却通风冷却系统

为减小体积和质量，简化机车冷却系统，将主变压器的冷却油和牵引变流器的冷却水（纯水和乙二醇混合液）共用一套具有强制通风冷却的复合冷却系统。每台机车安装有 2 台复合冷却系统，对称布置在机车中心线的两侧。每台复合冷却系统负责对一台牵引变流器的水和主变压器的一半油进行冷却，复合冷却器通风系统示意图如图 2.20 所示。

图 2.20　复合冷却器通风系统示意图

每台复合冷却通风支路的冷却空气走向如下：

车外空气（7.5 m³/s）→离心沉降式过滤器→侧墙板式粗滤器→车顶进气间→复合冷却器风机组→异径风道→复合冷却器→车底大气。

3. 列车供电柜通风系统

列车供电柜通风支路的作用是采用强迫风冷方式对供电柜的功率开关器件和电抗器等发热电器件进行冷却。全车共有 2 个列车供电柜，由于供电柜不允许冷却空气中含有水珠及灰尘，故采用机械间内进气方案。

每台列车供电柜通风支路的冷却空气走向如下：

机械间进气（约 1 m³/s）→列车供电柜→车体底架→大气。

4. 司机室通风系统

司机室内的循环空气由空调机组内的通风机组经过装有滤尘网的回风道吸入，并与外界的新鲜空气混合，在通过空调机组内的蒸发器后，冷空气经过出风口处的可调出风栅送入司机室内。制冷系统连续工作，使车内温度逐渐降低，从而达到制冷、除湿的目的，车内空气温度由控制器自动进行控制。

5. 卫生间通风系统

机车内设有一个卫生间。它的通风系统是车内空气经过卫生间侧壁的电动排风扇进入卫生间内，再经过卫生间顶部的格栅将空气排到车顶进气间并排出车外。

6. 空压机通风散热系统

空压机通风散热采用机械间进气，冷却空压机后，冬季热空气排到车内，并由车体排气口排出车外；夏季热空气直接通过风道排出车外。

7. 机车机械间通风系统

在机械间顶部布置了两个车体通风机，分别往机械间吹风，其主要作用，首先是保证机械间始终有一正压，约为 70 Pa；其次是保证提供空气压缩机、卫生间等所需的清洁空气；第三带走机械间电器设备所散发的热量。

风扇吹入机械间的风量约 3 m³/s，通过车体底架排出约 1 m³/s。机械间内有一压力平衡装置，当机械间压力超过 70 Pa 时，在压力作用下自动打开平衡装置的排气门，从而降低车内压力。

第三节　HX$_D$3D 型电力机车电机

电力机车电机主要有牵引电机、辅助电机和其他电机三类。HX$_D$3D 型电力机车牵引电机使用的是 YJ217A 型三相交流异步牵引电机，辅助电机有牵引通风机电机、冷却塔通风机电机、空气压缩机电机、主变压器油泵电机和车体通风机电机，其他电机有列车供电柜冷却风机、变流器水泵、辅助压缩机、司机室风扇、刮雨器水泵、冷藏箱、空调压缩机、空调冷凝风机、空调通风机等电机（见表 2.8）。

表 2.8 HX_D3D 型电力机车电机参数

序号	设备	代号（缩写）	型号与规格	数量	位置	备注
1	牵引电机	M1~6	YJ217A	6	转向架	
2	牵引通风机电机	MA11,12	YPBD200L2-2	2	牵引通风机	
3	复合冷却器通风机电机	MA13,14	YFDL200	2	复合冷却器	
4	空气压缩机电机	MA19,20		2	空气压缩机	
5	主变压器油泵电机	MA21,22	B2/148/100	2	主变压器	
6	车体通风机电机	MA23,24	TFJ-HXD3D	2	车体通风机	
7	列车供电柜冷却风机	BM		1	列车供电柜	
8	变流器水泵	WP		2	变流柜	
9	辅助压缩机	AMD		1	空气管路柜	
10	司机室风扇	MD4750	USUB3-AZ	4	司机室	
11	刮雨器水泵	MD41~44		4	机车前后端面	
12	冷藏箱	MD51	JB-30/BP-1	1	司机室	
13	空调压缩机	CP		2	空调	
14	空调冷凝风机	CF		2	空调	
15	空调通风机	EF		2	空调	

一、牵引电动机

YJ217A 型三相交流异步牵引电机由中车永济电机有限公司研制生产，采用单绝缘轴承、薄板式联轴器输出结构形式，此传动方式可有效降低牵引电机轴承所承受的载荷，同时采用绝缘轴承避免轴电流对轴承的电蚀，从而提高轴承的使用寿命。其结构简单，维护方便，同时能满足机车的牵引运行要求，该型电机已批量用于 HX_D3D 型电力机车，运行安全可靠，如图 2.21 所示。

图 2.21 YJ217A 型三相交流异步牵引电动机

1. 牵引电机技术参数（见表2.9）

表2.9 牵引电机技术参数

型号名称	YJ217A异步牵引电动机
额定功率	1 250 kW
额定电压	2 150 V
额定电流	390 A
恒功转速范围	1 333～2 782 r/min
最高转速	2 815 r/min
恒功频率范围	45～91 Hz
额定转速	1 333 r/min
额定转矩	8 940 N·m
启动转矩	11 380 N·m
额定频率	45 Hz
额定效率	95%
功率因数	0.9
绕组连接	Y
极数	4极
绝缘等级	200级
冷却方式	强迫外通风，风量为1.6 m/s
电机质量	2 325 kg
对地耐压	1分钟3 240 V（AC 50 Hz）
最高试验转速	3 378 r/min
电机转向	顺时针（从传动端看）
齿轮比	3.769（98/26）

2. 牵引电机结构

（1）整机结构。

电机采用架悬结构安装，单端联轴节输出，电机带速度传感器和定子温度传感器（PT100双重传感器）；电机采用单轴承结构，非传动端装用绝缘圆柱滚子轴承，采用耐高温润滑脂润滑。电机采用轴向强迫通风方式，冷却风从传动端进风口进入，经过转子通风孔、定转子间的气隙、定子通风孔，从非传动端端盖轴向排出；电机端盖为铸钢结构，在非传动端端盖处均设有注油口和注油标牌，定量补充润滑脂。

（2）定子。

定子无传统的框架式机座，采用硅钢片叠压而成，两端压圈压紧后用整体圆弧板焊接相连；定子采用矩形开口槽；定子槽内垫有槽绝缘，绕组为双层硬绕组，定子三相绕组Y形连接，通过铜排引入绝缘接线盒，三相引出线和接地线采用机车专用电缆；绕组采用聚酰亚胺薄膜带熔敷的导线二根并绕而成；定子绕组端部设置端箍，端箍通过支架与定子压圈固定；定子整体经过真空压力浸漆（VPI）；电机的绝缘耐热等级为200级。定子外形如图2.22所示。

图 2.22　定子外形

（3）转子。

转子鼠笼为池槽式对接结构，由高强度铬镐铜导条与端环通过感应钎焊而成。导条打入槽后，用专用工装将导条张紧；为提高端环的强度，端环的内圆用转子压板支撑；转子组装联轴节后要求动平衡校正，避免高速旋转时不平衡导致的振动。转子外形如图2.23所示。

图 2.23　转子外形

（4）轴承。

电机采用单轴承结构，传动端采用联轴节与主动齿轮轴相连，在电机非传动端设置圆柱滚子轴承，考虑到定位轴承在齿轮箱内安装导致的配件公差积累较大，选择内圈宽系列的NUB型圆柱滚子轴承。为了完全防止电腐蚀，轴承采用外圈绝缘轴承。如果轴承有任何异常，如断裂、凹痕、裂纹等损伤，应同时更换相同型号的滚柱轴承的内圈、外圈。

（5）速度传感器。

速度传感器由速度传感器本体和齿轮构成，检测牵引电机的转速，将控制车辆的速度用的矩形脉冲信号输送到控制装置。通过两个脉冲信号的交错，牵引电机的旋转方向（前进后退）也同时进行检测。因此，速度传感器在车辆行驶中起着非常重要的作用。双脉冲式速度传感器安装在非传动端的端面处。因为这个速度传感器将 2 个传感元件内置在 1 个传感器本体中，结构极为简单，速度传感器只安装在安装底座上，不需要进行缝隙调整等操作。进行机车整体耐压试验时，拔下速度传感器用连接插头，不要给速度传感器施加电压。速度传感器由于长期使用会造成机能降低，应进行定期检查，在确定速度传感器机能降低后，需更换速度传感器，速度传感器安装位置如图 2.24 所示。

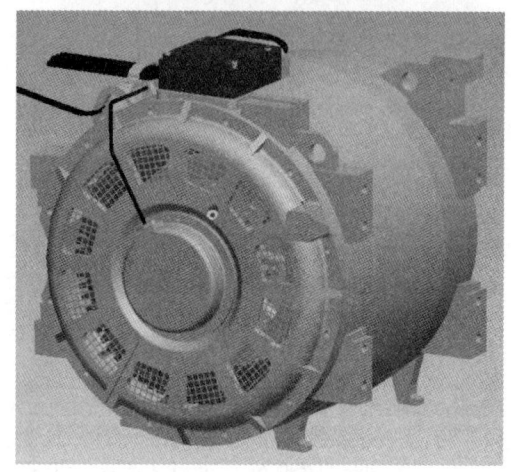

图 2.24　速度传感器安装位置

二、牵引通风机组电机

牵引通风机安装在电力机车机械室内，用来冷却牵引电动机。风从顶盖的通风窗处进入，再送入牵引通风机中，然后由牵引通风机经通风道将风送入牵引电动机中进行冷却，最后排到大气中。

HX_D3D 型电力机车的 6 台牵引电动机采用 2 台牵引通风机组进行冷却。牵引通风机组电机使用鼠笼式三相异步电动机，由机车辅助变流装置变压变频 VVVF 供电。该通风机组有 2 种型号，分别为 BAF-80A 型（分别装有 YPBD200L2-2、FVF180M2-2 型电机）和 THTF8.0 型（装有 JD200 型电机）通风机，通风机组的构造见图 2.25 和图 2.26，性能参数见表 2.10。

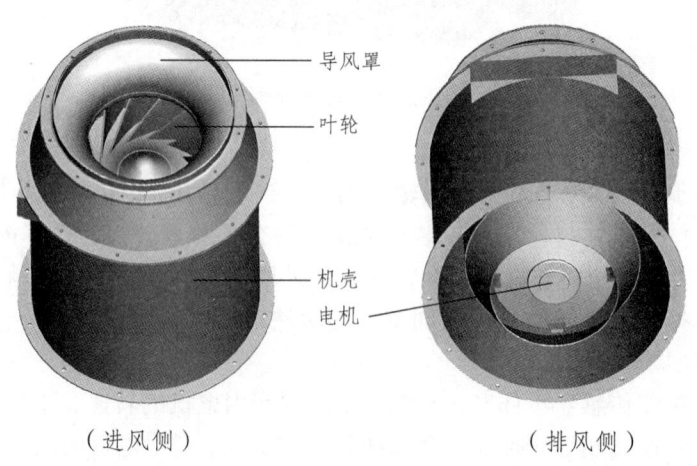

（进风侧）　　　　　　　　　　（排风侧）

图 2.25　牵引通风机组构造　　图 2.26　牵引通风机组构造

表 2.10　性能及参数

电动机		通风机	
方式	三相鼠笼型异步电动机	方式	离心式叶轮
通风方式	全封闭外冷式	风量	5.5 m³/s
相数	3		
极数	2P		
工作制	S1	转速	2 950 r/min
输出功率	35 kW	静压	3 600 Pa
电压	380 V	轴承型号	YPBD200L2-2： 负荷侧：6312-2RS1/C3 LHT23 非负荷侧：6310-2RS1/C3 LHT23
电压变动范围	380 V −5 % ~ +5 %		
电流	68 A		

三、复合冷却器通风机组电机

复合冷却器安装在电力机车机械室内，用来冷却主变压器和主变流器。风从顶盖的通风窗处进入，再送入复合冷却器通风机中，然后由复合冷却器通风机经风道送至水冷却器和油冷却器中，对其中循环的水和油进行冷却，最后排到大气中。

HX_D3D 型电力机车复合冷却器通风机组安装在机械室内，冷却主变压器和主变流器，2 台复合冷却器采用 2 台复合冷却器通风机组进行独立冷却。复合冷却器通风机组采用鼠笼式三相异步电动机，由机车辅助变流装置变压变频 VVVF 供电。通风机组由 RPF-67B（TZTF6.7）型通风机和 TIKK-FCKW8 型电机组成。通风机组的构造见图 2.27 和图 2.28，性能参数见表 2.11。

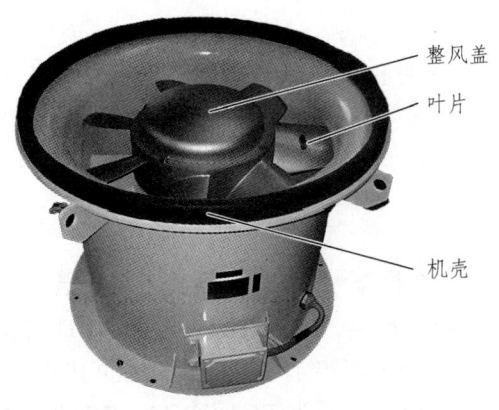

图 2.27　通风机组构造（进风侧）

图 2.28　电机

表 2.11　性能及额定值

电动机			送风机	
型号		TIKK-FCKW8	型号	RPF-67B/TZTF6.7
方式		鼠笼型电动机	方式	轴流型
外罩及通风方式		全封闭扇形	风量/（m³/s）	7.5
相数		3		
极数		2	静压/Pa	1 495
额定值	种类	连续		
	输出/kW	20.0		
	电压/V	380		
	电流/A	38.5	工作允许温度 -25～40℃	
	频率/Hz	50	存放温度 -40～40℃	
	转速/min⁻¹	2 930		
	绝缘种类	F		
轴承	负荷侧	6309VVC3		
	反负荷侧	6309VVC3		
总质量/kg			约 289	

第四节　HX$_D$3D 型电力机车高压电器

一、受电弓

受电弓是电力机车从接触网获得电能的重要电气部件，通过支持绝缘子安装在机车车顶上。受电弓弓头升起后使碳滑板与接触网导线接触，从接触网上集取电流，并将电流通过车顶母线传送到车内供机车使用。

（一）受电弓概况

HX$_D$3D 型电力机车采用 DSA200D 型单臂受电弓，在机车一、二端车顶盖上各安装一台。该型号受电弓采用气囊驱动方式升弓，主要用于干线电力机车，配备有阻尼器和 ADD 自动降弓装置。DSA200D 受电弓与 DSA200 受电弓相比，在底架上多出 1 个电源接线点（共 4 个），其他设计要求两者基本相同。机车电气线路原理图中受电弓代号为 PG1、PG2，DSA200D 受电弓如图 2.29 所示，其技术参数见表 2.12。

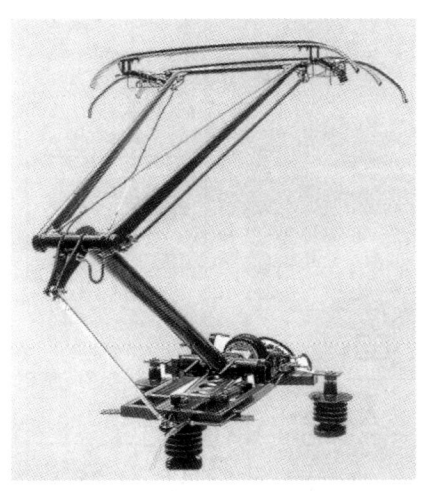

图 2.29 DSA200D 受电弓

表 2.12 DSA200D 型受电弓主要技术参数

环境温度	−40~+70 ℃
额定速度	200 km/h
额定电压	25 kV
额定电流	1 000 A
静态接触压力（调整量±10 N）	70 N
升高到 2 m 的升弓时间	≤5.4 s
从 2 m 高度落下的降弓时间	≤4 s
紧急降弓时间（下降 200 mm 的时间）	<2 s
工作空气压力	400~1 000 kPa
正常工作压力	360~380 kPa
降弓保持力	≥120 N
弓头垂向移动量	60 mm
弓头总长度	（1 950±10）mm
弓头宽度	（580±2）mm
滑板工作长度	1 250 mm
支持绝缘子高度	400 mm
落弓位高度（自绝缘子安装面）	669 mm（693 mm 上臂最高处）
最大工作高度（自绝缘子安装面）	3 081 mm
质量（不含支持绝缘子）	约 130 kg

（二）受电弓气路

受电弓升降由升弓装置气囊充排气完成驱动，为升弓装置气囊提供压缩空气的气路便是受电弓气路。受电弓气路由总风缸、制动柜、升弓控制阀板和升弓装置气囊四部分组成，受电弓气路如图 2.30 所示。

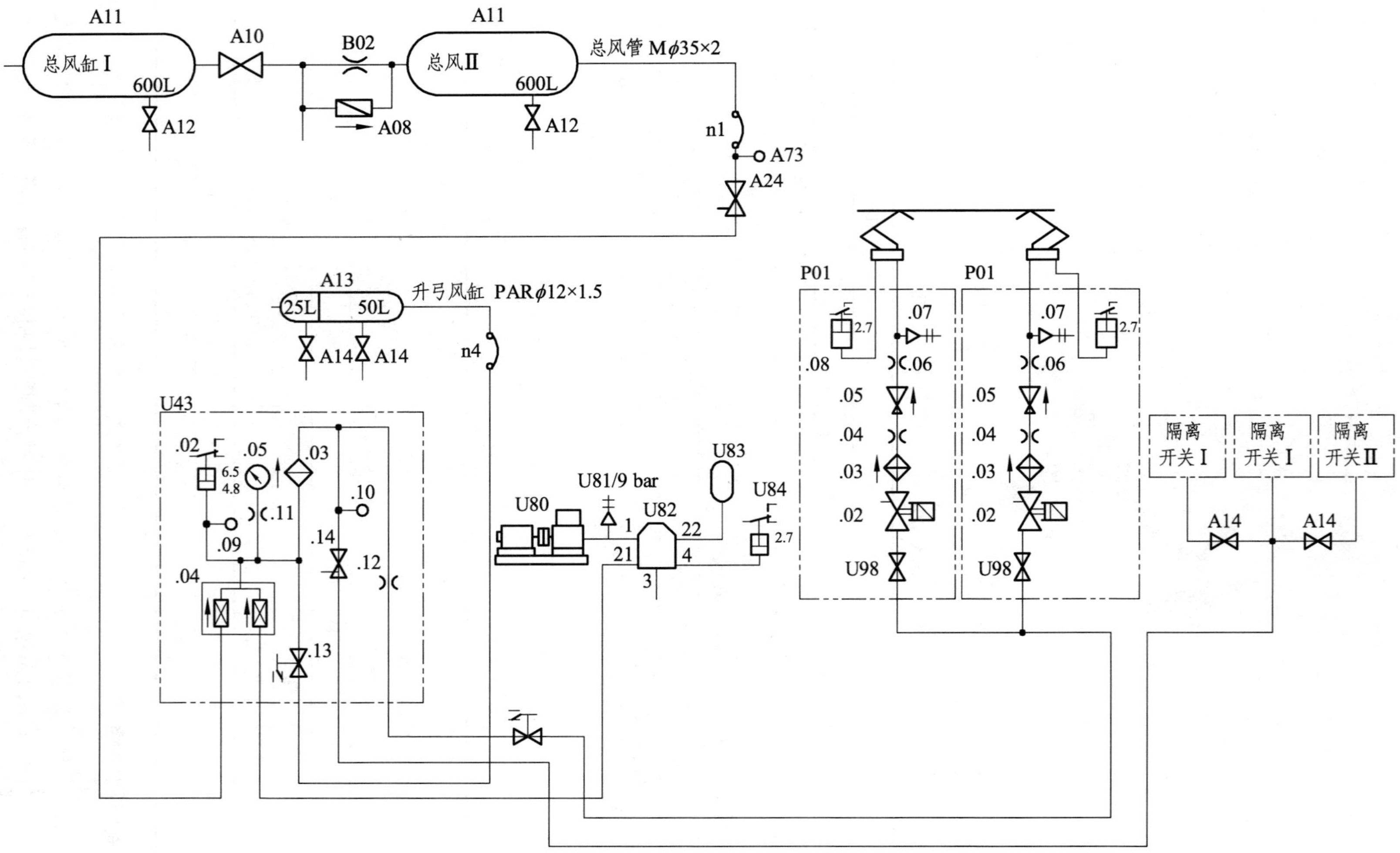

图 2.30　受电弓气路图

1. 总风气路

总风气路由总风缸Ⅰ、总风缸Ⅱ、截断塞门、排水塞门、单向阀和限流缩堵等组成，总风气路和总风缸如图 2.31 和图 2.32 所示，总风气路设备名称代号见表 2.13。

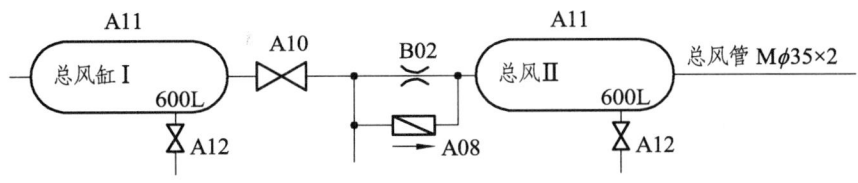

图 2.31　总风气路图

表 2.13　总风气路设备名称及代号

序号	名称	代号	序号	名称	代号
1	第一总风缸	A11	2	第二总风缸	A15
3	截断塞门	A10	4	排水塞门	A12
5	单向阀	A08	6	限流缩堵	B02

图 2.32　总风缸

2. 制动柜升弓气路

制动柜升弓气路（见图 2.33）由升弓控制模块（见图 2.34）、辅助压缩机组、升弓钥匙阀和升弓风缸组成（见图 2.35），制动柜升弓气路设备名称及代号见表 2.14。

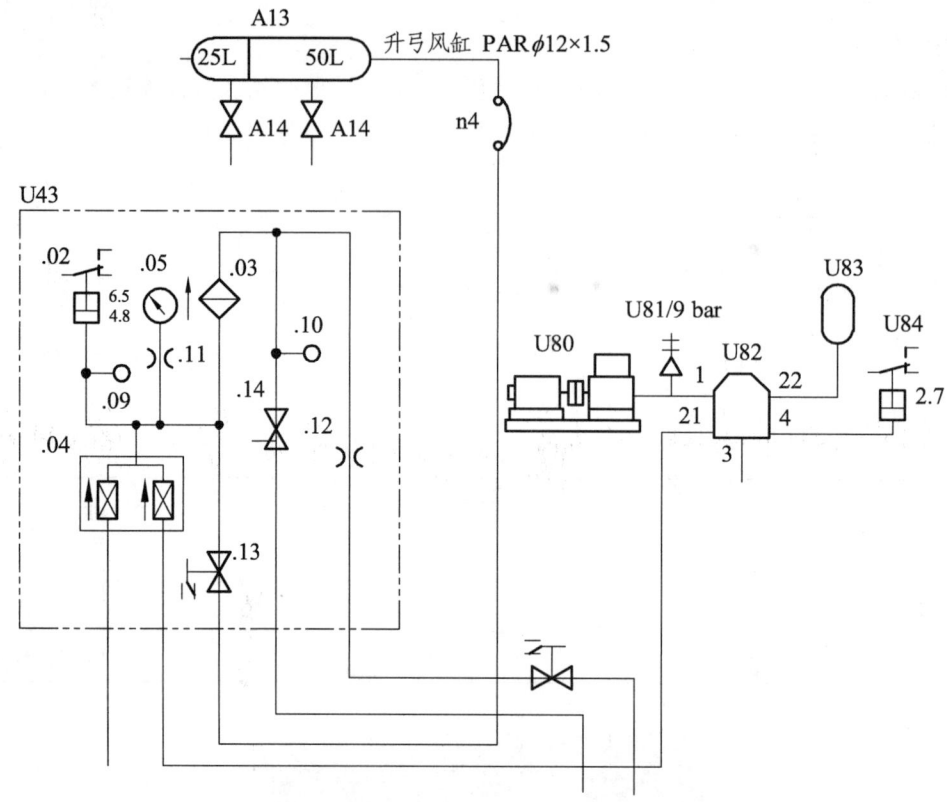

图 2.33 制动柜升弓气路

图 2.34 升弓控制模块

图 2.35 停放风缸和升弓风缸

表 2.14 制动柜升弓气路设备名称及代号

序号	名称	代号	序号	名称	代号
1	升弓控制模块	U43	2	辅助压缩机	U80
3	辅助压缩机用干燥器	U82	4	干燥风缸	U83
5	辅助压缩机干燥器压力开关	U84	6	升弓风缸	A13
7	升弓钥匙阀	U99	8	排水塞门	A14
9	升弓风缸压力开关	U43.02	10	双逆止阀	U43.04
11	机械压力表	U43.05	12	过滤器	U43.03
13	升弓风缸塞门	U43.13	14	主断塞门	U43.14
15	缩堵	U43.11	16	缩堵	U43.12
17	测试接口	U43.09	18	测试接口	U43.10

3. 升弓控制阀板气路

升弓控制阀板气路（见图 2.36）由升弓电磁阀、过滤器、升弓节流阀、调压阀、降弓节流阀、排气阀和压力开关组成（见图 2.37）。升弓控制阀板气路设备名称及代号见表 2.15。

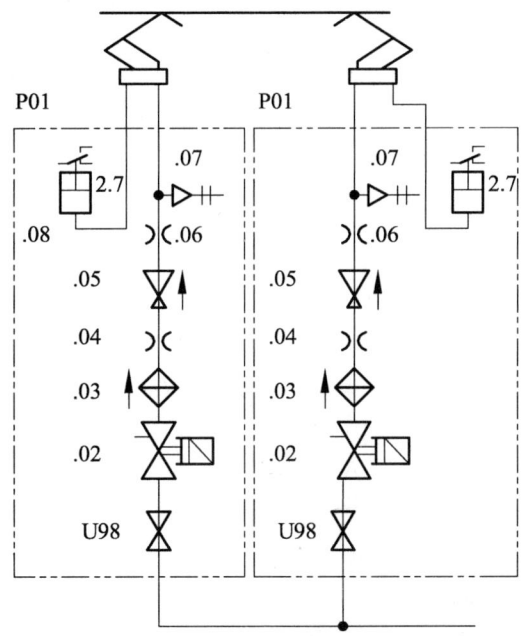

图 2.36 升弓控制阀板气路

表 2.15 升弓控制阀板气路设备名称及代号

序号	名称	代号	序号	名称	代号
1	升弓控制阀板	P01	2	受电弓塞门	U98
3	升弓电磁阀	P01.02	4	过滤器	P01.03
5	升弓节流阀	P01.04	6	调压阀	P01.05
7	降弓节流阀	P01.06	8	排气阀	P01.07
9	受电弓压力开关	P01.08			

升弓控制阀板安装在机车内，用于调节受电弓升、降弓时间和静态接触压力等参数及实现自动降弓功能。空气过滤器（1）可提高升弓气源的质量。单向节流阀（升弓）（2）用于调整升弓时间。精密调压阀（3）用于调节受电弓工作压力，调压范围为0.01~0.8 MPa，精确度为±2 kPa，每10 kPa的压力变化将导致10 N的接触力变化。压力表（4）显示受电弓的工作压力。单向节流阀（降弓）（5）可以限制降弓速度。如果精密调压阀出现故障，安全阀（6）具有保护气路的作用。压力开关（7）用于弓网故障出现漏风时向机车微机发送高电平信号，保证机车先断主断再降受电弓，防止受电弓带负荷脱离接触网线。

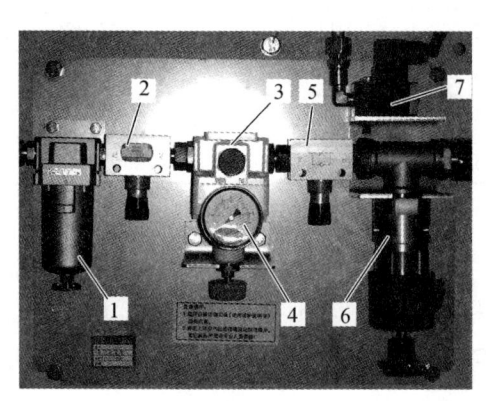 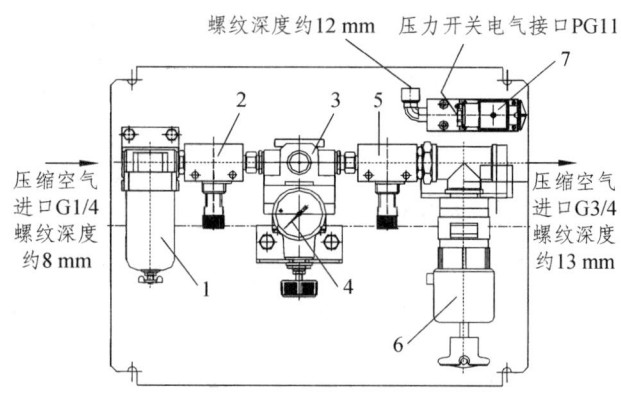

1—空气过滤器；2—单向节流阀（升弓）；3—调压阀；4—压力表；5—单向节流阀（降弓）；
6—安全阀（排气阀）；7—压力开关。

图 2.37 升弓控制阀板

4. 升弓气路

正常运行时，受电弓扳键开关SB41（SB42）置于"升"位，若升弓风缸A13压力不低于480 kPa时，总风缸供风升弓。

库停后，受电弓扳键开关SB41（SB42）置于"升"位，若升弓风缸A13压力低于480 kPa，则为辅助压缩机供风升弓，这时压力开关U43.02动作发出指令，辅助压缩机自动投入工作，当升弓风缸压力高于735 kPa时，压力开关U84动作发出指令，辅助压缩机U80自动停止工作，同时干燥风缸U83中的干燥空气将干燥器中的水和油污排出。如果通过按钮手动控制辅助压缩机起动，压力开关U84将不再对压缩机的起停进行控制。

（1）正常运行时的总风缸供风气路。

总风缸的压缩空气直接进入升弓控制模块，通过双逆止阀U43.04左侧的逆止阀后压缩空气分为两路，其中一路进入升弓风缸A13，将压缩空气存储起来，另一路通过过滤器U43.03，又将压缩空气分为两路，其中一路通过塞门U43.14为主断路器提供风源，另一路通过升弓钥匙U99进入升弓控制阀板为受电弓提供风源。具体通路如下：

总风缸→双逆止阀U43.04→升弓风缸塞门U43.13→升弓风缸A13→过滤器U43.03→
缩堵U43.12→升弓钥匙U99→受电弓塞门U98→升弓电磁阀P01.02→过滤器P01.03→
升弓节流阀P01.04→调压阀P01.05→降弓节流阀P01.06→排气阀P01.07→
受电弓升弓装置气囊→受电弓压力开关P01.08。

(2)库停后使用辅助压缩机供风升弓气路。

启动辅助压缩机 U80,压缩空气通过干燥器 U82,进入升弓控制模块,通过双逆止阀 U43.04 右侧的逆止阀后压缩空气分为两路,其中一路进入升弓风缸 A13,将压缩空气存储起来,另一路通过过滤器 U43.03,又将压缩空气分为两路,其中一路通过塞门 U43.14 为主断路器提供风源,另一路通过升弓钥匙 U99 进入升弓控制阀板为受电弓提供风源。具体通路如下:

辅助压缩机 U80→干燥器 U82→双逆止阀 U43.04→升弓风缸塞门 U43.13→
升弓风缸 A13→过滤器 U43.03→缩堵 U43.12→升弓钥匙 U99→受电弓塞门 U98→
升弓电磁阀 P01.02→过滤器 P01.03→升弓节流阀 P01.04→调压阀 P01.05→
降弓节流阀 P01.06→排气阀 P01.07→受电弓升弓装置气囊→受电弓压力开关 P01.08。

(三)受电弓结构

DSA200D 型受电弓主要由底架、铰链机构、弓头部分、升弓装置及气路组装等部分构成。升弓装置安装在底架上,通过钢丝绳作用于下臂。上臂和弓头由较轻的铝合金材料结构设计而成,受电弓结构如图 2.38 所示。

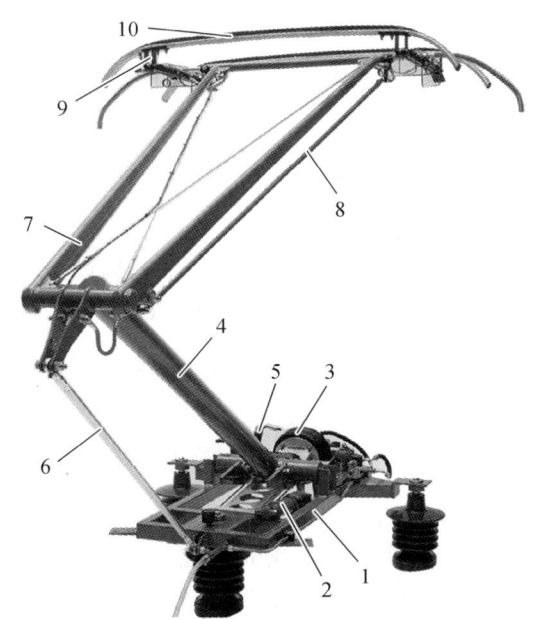

1—底架;2—阻尼器;3—升弓装置;4—下臂;5—弓装配;6—下导杆;7—上臂;
8—上导杆;9—弓头;10—滑板。

图 2.38 DSA200D 型受电弓总成

1. 底 架

受电弓底架由型钢组焊而成,是整个受电弓的基座部分,结构如图 2.39 所示。受电弓通过支持绝缘子和安装座固定在车顶上。底架上有 4 个电源引线连接点和升弓用气路,还装有自动降弓用快速排气阀、ADD 试验阀和 ADD 关闭阀。快速降弓阀用于检测气路压力,当滑板发生破裂时,快速降弓阀将排出受电弓升弓装置中的空气,实现自动降弓。ADD 试验阀可以人为检测自动降弓装置是否有效。当自动降弓装置本身发生故障时,可通过 ADD 关闭阀停止该装置的运行。另外。在底架上焊有升弓装置、下臂、下导杆、支持绝缘子、管路等支座。

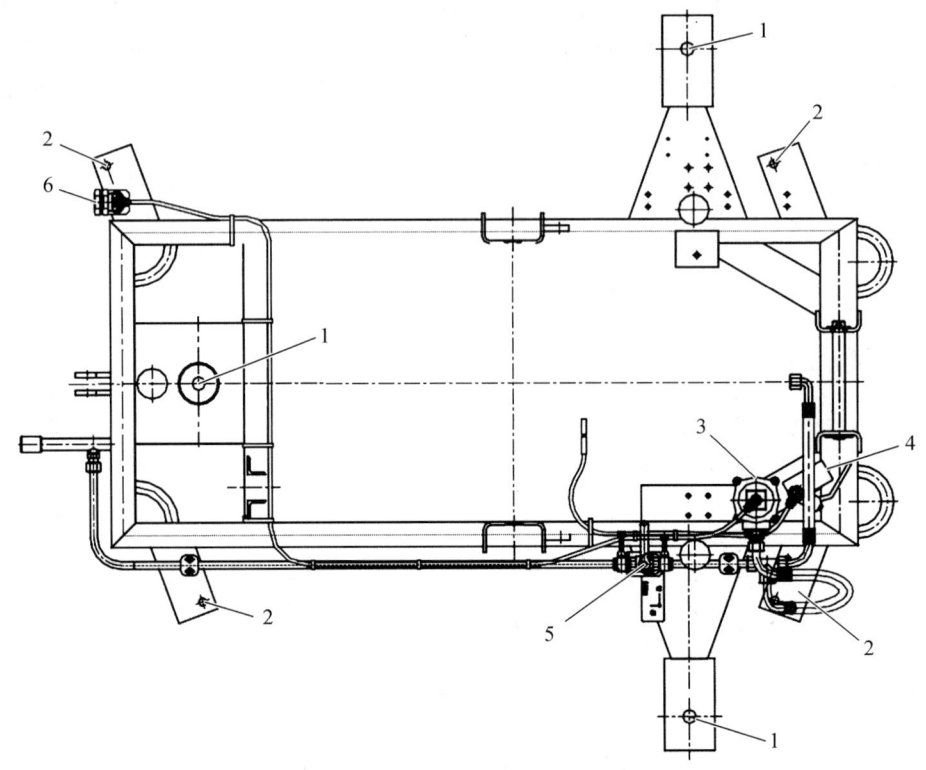

1—安装座；2—电源引线连接点；3—快速降弓阀；4—ADD试验阀；5—ADD关闭阀；
6—ADD管接头。

图2.39 DSA200受电弓底架结构

2. 铰链机构

铰链机构是实现受电弓弓头升降运动的机构。

DSA200D型受电弓由两个四铰链机构组成。下部四铰链机构由下臂、上臂的T形部分、下导杆和底架组成，其作用是当下臂转动 φ 角时使弓头上升或下降，并保持其运动轨迹基本上为一铅垂线。上部四铰链机构由上臂框架部分、上导杆及弓头支架组成，其作用是使滑板在整个运动高度保持水平状态。

下臂为钢管，支承受电弓上臂和弓头重量，传递升降弓力矩，其长度决定了受电弓的工作高度。下臂管上、下端焊接轴套（连接器），轴套上焊有连线板、阻尼器支架，并在下轴套上有线导板。下轴套通过轴承、轴与底架相连，上轴套通过铰链和上臂相连。其上有钢索导轨，可以通过钢索和升弓机械装置相连，在升弓机械装置的带动下下臂绕轴转动。下臂结构如图2.40所示，内有空气管路，通过管接头和软管连接，作为自动降弓装置的空气通路。

上臂为铝合金框架，用于支承弓头重量，传递向上的压力，保证受电弓的工作高度。在上臂框架内装有张紧绳，框架下焊有下导杆支架和连线板。弓头与通过框架上管的轴、止动器、控制杆、左右支架连接。上臂下端通过连接器、连接板与下臂相连。上臂下端与上导杆相连，上导杆上端与弓头支架相连。下臂下端与下导杆相连，下导杆与底架相连。

连接各主要构件的铰链座都装有滚动轴承,并采用金属软导流线进行短接,以避免轴承的电腐蚀。

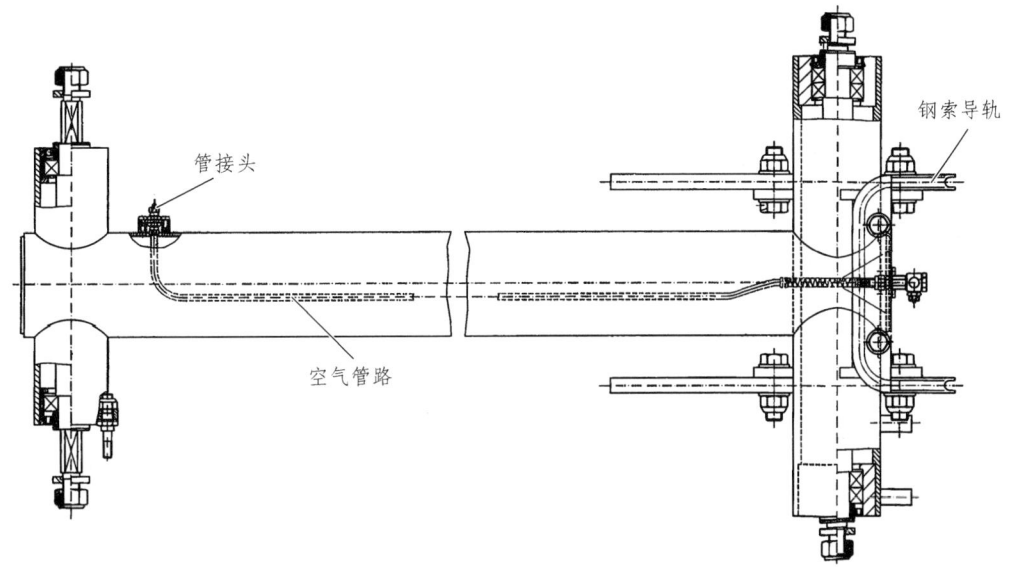

图 2.40　下臂结构

3. 弓头部分

弓头是直接与接触网导线接触受流的部分。DSA200D 型受电弓弓头由弓头支架装置、滑板组成。弓头结构如图 2.41 所示。

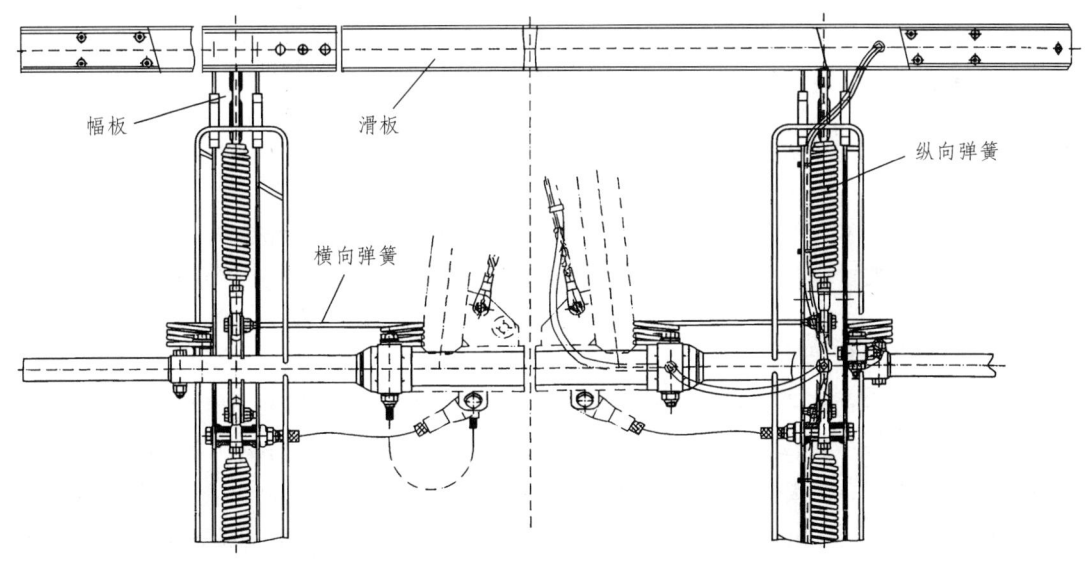

图 2.41　弓头结构

弓头支架通过两个横向弹簧与上臂相连,以保证横向弹性。在支架与上臂间装有四个纵向弹簧,以保证纵向弹性。滑板用螺栓与弓头支架相连。弓头的这种结构使滑板在机车运行方向上移动灵活,而且能够吸收各方向上的冲击,达到保护滑板与接触网线的目的。

滑板中有气腔并通有压缩空气，是自动降弓装置的一部分。如果滑板出现磨损到限或断裂时，自动降弓装置启动工作保护，受电弓迅速自动降下。更换滑板后，自动降弓装置要重新启动。

动态接触压力（随速度变化增加或减少）可以通过安装弓头翼片来对不同速度等级的机车进行调节。

4. 升弓装置和气路组装

升弓装置是受电弓的动力装置，由气囊式气缸和导盘组成，其结构如图 2.42 所示。导盘通过钢索连接在下臂钢索轨道上。进气时气囊胀大，推动导盘向其前方运动，导盘和钢索轨道间拉紧的钢索带动下臂绕轴向上转动，受电弓升起。排气时气囊式气缸回缩，受电弓降弓。

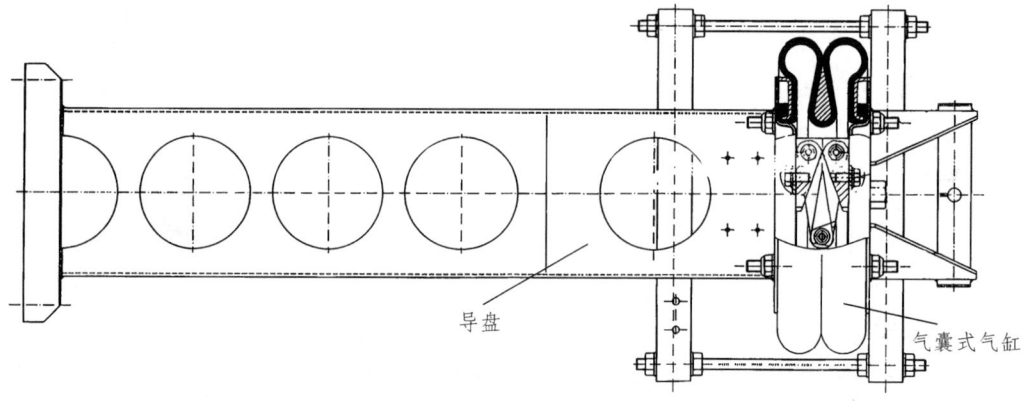

图 2.42　升弓装置的结构

气路组装是为受电弓提供压缩气体的管路系统，其一端与升弓装置的气囊连接，为受电弓提供工作气压，另一端通过绝缘软管连接到车内的供风设备，实现受电弓的升、降弓控制。受电弓与车顶盖连接的绝缘软管，也起到将接触网电压与车顶盖高压绝缘的作用。

5. 阻尼器

阻尼器装在底架和下臂轴套之间，它使得机车运行速度变化大时受电弓和接触网压力变化不大。阻尼器主要由阻尼装置、防护套、防尘盖、锁紧螺母、安装座等组成。

（四）自动降弓装置

受电弓上装有自动降弓装置（缩写 ADD），其气路如图 2.43 所示。当滑板破裂、磨损到限或管路泄漏时，受电弓自动降弓装置气路的压力下降，快速降弓阀 11 打开通往大气的通路，受电弓压力快速下降，导致受电弓快速降弓；与此同时，压力开关 8 由于气压下降而动作发送电信号（高电平）给机车，由机车微机系统发出分断主断路器指令，以保证在受电弓降弓之前，机车能够先行切断机车电源，避免受电弓带电拉弧。

ADD 试验阀 13 接在 ADD 关闭阀 12 后面，用于检测受电弓自动降弓装置的功能是否完好。ADD 关闭阀置"闭"位时，将切断试验阀功能和通往滑板的气路。机车正常运行时，ADD 关闭阀置"开"位，ADD 试验阀置"工作状态"位。

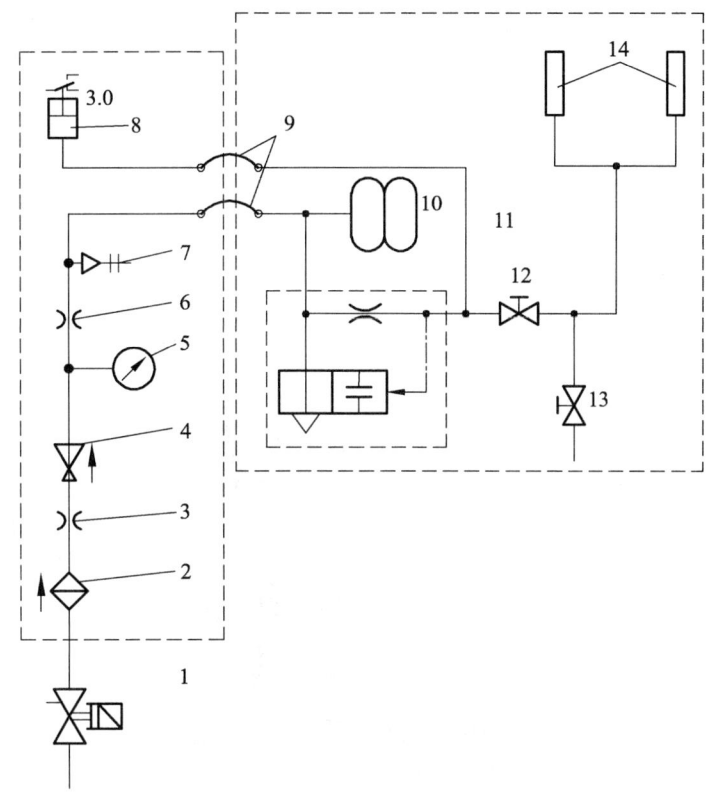

1—升弓电空阀；2—空气过滤器；3—升弓节流阀；4—调压阀（含快排阀及消音器）；
5—压力表；6—降弓节流阀；7—安全阀；8—压力开关；9—空气绝缘软管；10—气囊；
11—快速降弓阀；12—ADD 关闭阀；13—ADD 试验阀；14—碳滑板。

图 2.43　受电弓自动降弓气动原理图

（五）升弓操作

确认控制电器柜上的试验开关 SA75 在正常位，将受电弓扳键开关 SB41（SB42）置于"升"位一次，如果机车升弓风缸 A13 压力低于 480 kPa，即压力开关 KP58（压力开关 U43.02）在断开状态，则机车辅助压缩机自动开始打风，待风压达到 735 kPa 时，辅压机停止打风，将受电弓扳键开关 SB41（SB42）置于"降"位一次后，再次置"升"位一次，受电弓升起；如果压力开关 KP58（压力开关 U43.02）在闭合状态，则受电弓直接升起。当受电弓升起后，操作台上的网压表 PV1（PV2）可显示当前原边网压，同时微机显示屏上也有原边网压显示和受电弓升起指示。

注意：当辅助风缸压力不满足升弓要求时，也可在发出升弓指令之前，直接到空气管路柜前按下 SB97 按钮，使 KMC1 闭合，辅助压缩机 U80 直接启动，对升弓风缸 A13 进行打风。

二、主断路器

真空断路器是电力机车的一个重要电气部件，是将触头装在一个真空管中来开断电流，以真空作为绝缘介质和灭弧介质，利用真空状态下的高绝缘强度和电弧扩散能力形成的去游离作用进行灭弧的断路器。主断路器是整车与接触网之间电气连通、分断的总开关，也是机车上最重要的保护设备，当机车上的电器设备或电路发生短路故障时，能迅速、可靠、安全地切断机车总电源，从而保护电力机车。

（一）主断路器概况

HX$_D$3D 型电力机车采用 22CBDP1 型真空主断路器，如图 2.44 所示。机车电气线路原理图中主断路器代号为 QF1。该断路器与 35KSDP1 型接地开关直接装配，安装在车内高压电器柜中，机车电气线路原理图中接地开关代号为 QS10，如图 2.45 所示。

图 2.44　真空主断路器

图 2.45　22CBDP1 型真空主断路器与 35KSDP1 型接地开关直接装配

22CBDP1 型真空主断路器是以真空作为绝缘介质和灭弧介质，利用真空状态下的高绝缘强度和电弧扩散能力形成的去游离作用进行灭弧，其结构特点为单断口直立式，直动式气缸传动，电空控制，是一种新型的电力机车主断路器，适用于干线交流 25 kV 各类型电力机车。与空气断路器相比，它具有结构简单、工作可靠、动作速度快、绝缘强度高、维修方便等优点。采用真空断路器可以彻底避免以往空气断路器灭弧室瓷瓶爆炸、非电性电阻瓷瓶爆炸、隔离开关轴折断主阀卡位、漏风、控制线圈烧损等惯性故障，减少了机车事故，保证铁路运输安全。

同时可延长主断路器的检修周期，减少维修工作量，降低检修成本。22CBDP1型真空主断路器主要技术参数见表2.16。

表2.16　22CBDP1型真空主断路器主要技术参数

工作环境温度	−40～+70℃
标称电压	25 kV
额定电压	30 kV
最大工作电压	31.5 kV
额定频率	50 Hz
额定电流	1 000 A
额定工频耐受电压	75 kV/1 min
额定冲击耐受电压（U1.2/50μs）	170 kV
额定短路接通能力	40 kA（峰值）
额定短路开断能力	20 kA（有效值）
额定容量	500 MV·A
固有分闸时间	≤40 ms
合闸时间	≤100 ms
合闸功率	18 W
保持功率	14 W
额定控制电压	DC 110 V
控制回路气压	450～1 000 kPa
辅助触头	3常开/4常闭
电气寿命	2万次（1 000 A）/30次（分断短路电流）
机械寿命	25万次
质量	115 kg

（二）主断路器结构

22CBDP1型真空管断路器的结构如图2.46所示。两个陶瓷绝缘子（1）和（2）垂直安装，一个安装在另一个上，然后通过铸铝基座安装在固定框架上。空气进气接头（22）和连接器（24）安装基座侧面。由主开关触头和外壳装置组成的真空开关管（3）与断路器上绝缘子（2）用硅橡胶浇注成一体。上、下铜铬铸造法兰浇注在上绝缘子上，它们不仅用作主电流接线端子（23和24），而且支撑着接地开关（35KSDP1）的接地触头。上接线端子（23）用于25 kV高压电输入连接，下接线端子（24）连接主变压器原边的输入高压电缆。

真空开关管（3）的操作装置通过传动杆（4）与活塞（15）连接。真空开关管动触头与压紧环（7）连接，电流通过软连线（14）从动触头连接到下接线端子（24）。真空开关管内部是真空的，因此由于环境压力，压紧环（7）会向上移动。弹簧座借助弹簧（11和12）的反弹力使真空开关管动触头保持断开状态。

真空断路器的控制和监测设备（控制阀、压力开关、辅助触头等）安装在基座中。

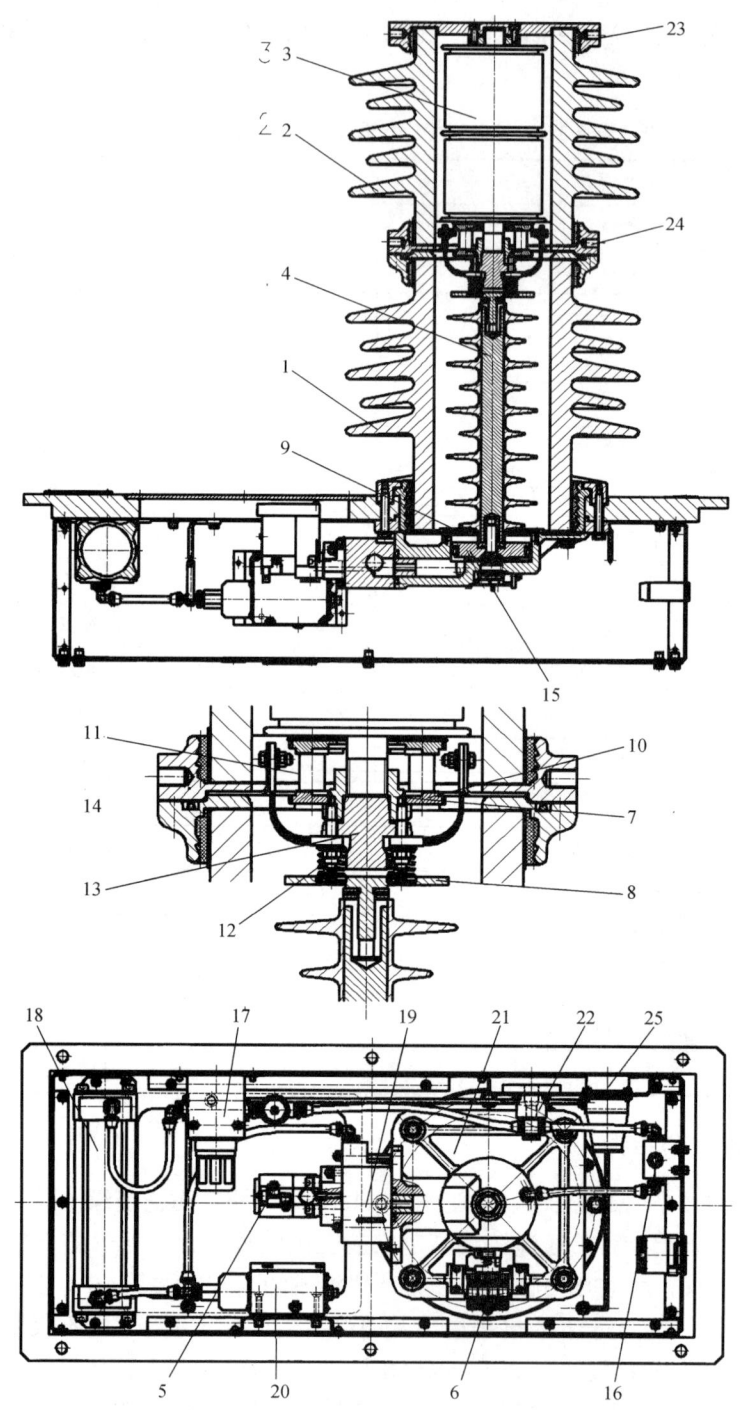

1—下绝缘子；2—上绝缘子；3—真空开关管；4—传动杆；5—电磁阀；6—辅助触头；7—压紧环；8—传动盘；9—活塞限位环；10—弹簧座；11—主弹簧；12—恢复弹簧；13—连接块；14—软连线；15—活塞；16—节流阀；17—调压阀；18—储气缸；19—转换阀；20—压力开关；21—气缸；22—进气接头；23—上接线端；24—下接线端；25—电连接器。

图 2.46　22CBDP1 型真空主断路器结构

(三) 主断路器工作原理

主断路器工作原理如图 2.47 所示,干燥的压缩空气通过进气接头(22)进入断路器后分为两路:一路通过调压阀(17)进入储气缸(18);另一路经过节流阀(16)进入下绝缘子内腔中起到吹扫作用,保证下绝缘子内腔的干燥及清洁,确保断路器安全工作(断路器正常工作时,在断路器基座中,始终会听到压缩空气排出的声音,属于正常现象)。压缩空气经过调压阀后,将气压调节到 483~497 kPa。

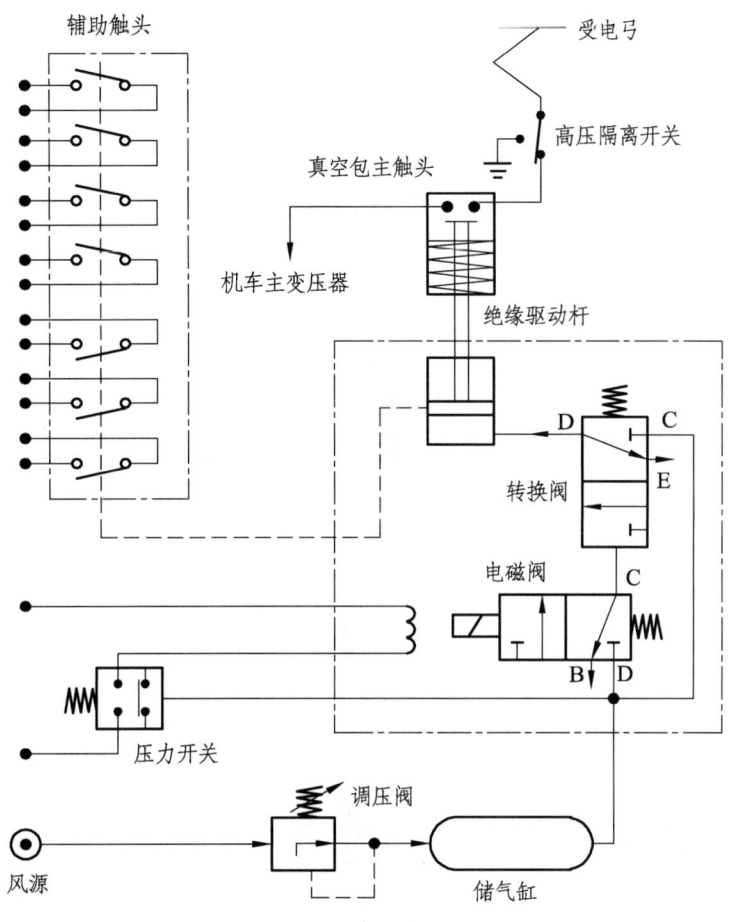

图 2.47 真空主断路器工作原理图

闭合主断路器时,电磁阀(5)线圈得电,打开电磁阀,储气缸中的压缩空气一路经电磁阀进入转换阀(19)的控制腔,打开转换阀,另一路通过转换阀送入风缸,驱动活塞、绝缘推动杆和主断路器的动触头上移,使真空断路器闭合。断开主断路器时,电磁阀线圈失电,电磁阀和转换阀均在弹簧的作用下复位,将风缸内的压缩空气释放掉,绝缘推动杆和主断路器的动触点在机械装置弹力作用下,向下移动,在小于 40 ms 的时间内将真空断路器的主触头断开。

压力开关(20)与电磁阀(5)在电气上串联,当压缩空气压力下降到 345~358 kPa 时,压力开关打开,电磁阀线圈失电,主断路器自动断开。要想重新闭合主断路器,压缩空气压力必须超过 390~420 kPa。

为了确保断路器主触头闭合,电磁阀必须一直处于得电状态。当断路器活塞移动时,辅助触头(6)装配的凸轮板也随之运动,使断路器的 7 组辅助触头正常开闭。

(四)接地开关

接地开关的主要功能是在受电弓降下、主断路器断开状态下,将主断路器两侧的车顶高压设备回路和主变压器原边接地,与主断路器配套使用。接地开关保证了机车的安全操作,当工作人员进行机车检查或维护时,消除故障或进行修理时,保证工作人员的人身安全。

HX_D3D 型电力机车采用的是与 22CBDP1 型真空断路器配套的 35KSDP1 型接地开关。35KSDP1 型接地开关的外形如图 2.48 所示。35KSDP1 型接地开关主要技术参数见表 2.17。

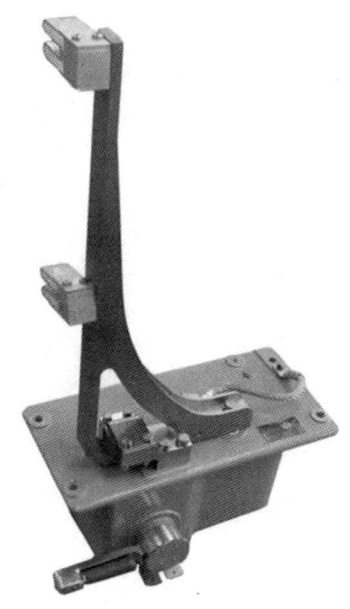

图 2.48　35KSDP1 型接地开关

表 2.17　35KSDP1 型接地开关主要技术参数

标称电压	25 kV
额定电压	30 kV
额定电流	400 A
峰值耐受电流	20 kA
短时耐受电流	8 kA/1 s
机械寿命	20 000 次
辅助触点	2 常开/2 常闭
操作方式	手动
工作温度	−40~+70 °C
质量	约 26 kg

接地开关的结构如图 2.49 所示。其主要部件有接地夹、接地臂、箱体、转轴、锁组装、手柄组装、转盘、连接杆组成、转套、微动开关（1）、微动开关（2）、AMP 连接器、凸轮等。

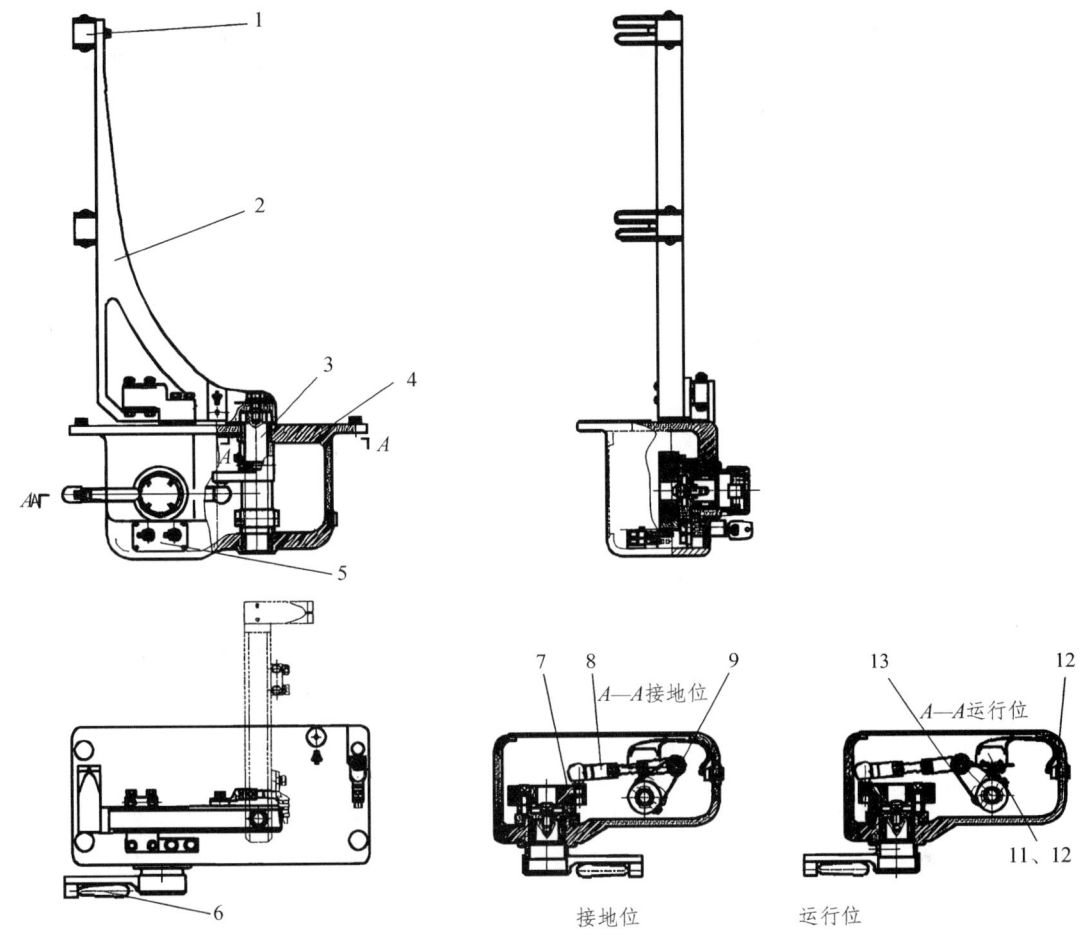

1—接地夹；2—接地臂；3—箱体；4—转轴；5—锁组装；6—手柄组装；7—转盘；8—连杆组成；
9—转套；10—微动开关（1）；11—微动开关（2）；12—AMP 连接器；13—凸轮。

图 2.49　接地开关的结构

转动手柄，可以带动由转盘、连接杆组成、转套、转轴组成的传动机构动作，从而带动转臂转动，最后实现接地夹与真空断路器的接地触头的连接与分离。手柄组装从一端旋转 180°到另一端时，转臂也相应从"运行"位旋转 90°到"接地"位或者从"接地"位旋转 90°到"运行"位。而控制是否能够转动的是锁组装。锁组装共有两个锁，一个供蓝钥匙使用，另一个供黄钥匙使用，如图 2.50 所示。仅在蓝钥匙插入蓝色锁后，手柄组装才能从"运行"位旋转到"接地"位，旋转到"接地"位后，就可把黄钥匙从黄色锁中取出，同时联锁机构就被黄色锁所在"接地"位。手柄组装位于"接地"位时，凸轮将微动开关（1）的滑轮压下，微动开关（2）的滑轮松开，AMP 连接器 1、2 点导通，3、4 点不导通；手柄组装位于"运行"位时，凸轮将微动开关（1）的滑轮松开，微动开关（2）的滑轮压下，AMP 连接器 1、2 点不导通，3、4 点导通。

图 2.50　接地开关锁组装

（五）主断路器操纵

将主断路器扳键开关 SB43（SB44）置于"合"位一次，可听到主断路器闭合声，此时操纵台上的状态模块显示灯"主断分"灭，微机显示屏上同时显示主断闭合。

主断路器闭合后，辅助变流器 APU2 采用软启动方式投入运行，并以定频定压方式向空气压缩机、油泵、水泵、车体通风机、列供风机、辅助加热等装置开始供电。

PSU 电源装置检测到 DC 750 V 直流输入电压后，自动启动，向机车提供 DC 110 V 控制电源。

三、主变压器

主变压器是交流电力机车上的一个重要部件，用来把接触网上取得的 25 kV 高压电压变换为供给牵引电机及其他电机、电器工作所适合的电压，把馈电电源变换为适当的主电路电源和辅助电路电源。主变压器是电力牵引系统中电压等级变换和电源分配的重要设备，也是电力机车中质量和体积较大、价格较贵的单台电器设备。

（一）主变压器概况

HX_D3D 型客运电力机车采用 JQFP1-10160/25 型主变压器，如图 2.51 所示。机车电气线路原理图中主变压器代号为 TM1。主变压器是采用下悬式安装方式的一体化多绕组变压器，冷却方式采用强迫导向油循环风冷。变压器进行轻量、小型化设计，降低了部件质量，优化了冷却油道、提升了变压器功率，结构紧凑、合理。

图 2.51　JQFP1-10160/25 型主变压器

JQFP1-10160/25 型主变压器设有的 6 组牵引绕组和 2 组辅助绕组,分别与 2 组变流柜相连,实现对机车牵引系统、辅助系统的供电。另外,主变压器还设有 2 组列车供电绕组,分别与 2 组列车供电柜相连,实现对列车供电系统的供电。主变压器设有温度传感器、压力释放阀、油流继电器以及储油柜布置布赫继电器,实现对主变压器的温度、压力的监测保护。QFP1-10160/25 型主变压器主要技术参数见表 2.18。

表 2.18 QFP1-10160/25 型主变压器主要技术参数

原边绕组额定容量	10 166 kV·A
额定电压	25 kV
额定电流	407 A
牵引绕组额定容量	8 400 kV·A
额定电压	1 450 V
额定电流	6×965 A
短路电压	46%
短路损耗(总损耗)	295 kW
辅助绕组额定容量	606 kV·A
额定电压	401 V
额定电流	2×756 A
短路阻抗	17%
供电绕组额定容量	1 160 kV·A
额定电压	860 V
额定电流	2×675 A
短路阻抗	5.90%
额定频率	50 Hz
通风量	27 000 m^3/h
油流量	48 m^3/h
总质量	13 t

QFP1-10160/25 型主变压器的特点:

(1)采用下悬式安装,强迫导向油循环风冷方式,内装一台主变压器,总质量 13 t,主变压器与冷却装置分开布置。

(2)变压器采用心式卧放结构,A 级绝缘,矿物油;变压器及油循环系统均采用真空注油。

(3)高阻抗绕组结构,使变压器内部空间磁场很强,大量采用无磁结构件。

(4)油箱采用磁屏蔽的方式,避免漏磁干扰外部信号。

(5)线圈导线采用 Nomex 纸绝缘,具有耐热等级高、机械强度大的特点。

(6)全铝板翅式冷却器,两路油循环系统。

(二)主变压器结构

1. 主变压器接线原理

牵引变压器高压绕组(AX)从受电弓处接收25 kV高压电,利用电磁感应原理,6个1 450 V的牵引绕组(a1x1~a6x6)用于两套主变流器(UM1、UM2)的供电,2个399 V的辅助绕组(a7x7、a8x8)用于辅助变流器(UA11、UA12)的供电,2个860 V的供电绕组(a9x9、a10x10)用于列供柜(LG1、LG2)的供电。其接线原理如图2.52所示。

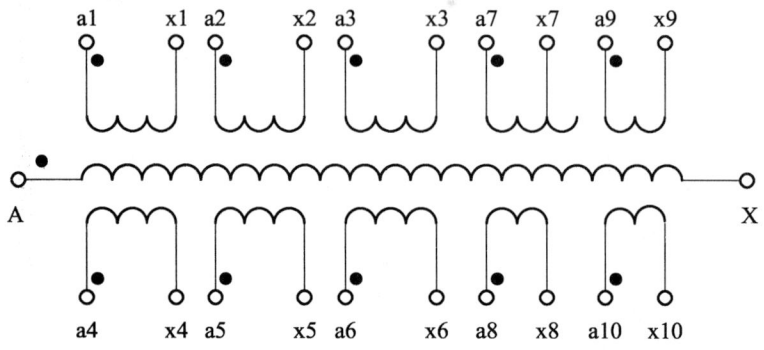

图2.52 JQFP1-10160/25型主变压器接线原理

2. 主变压器结构

JQFP1-10160/25型主变压器结构外形如图2.53、图2.54所示。

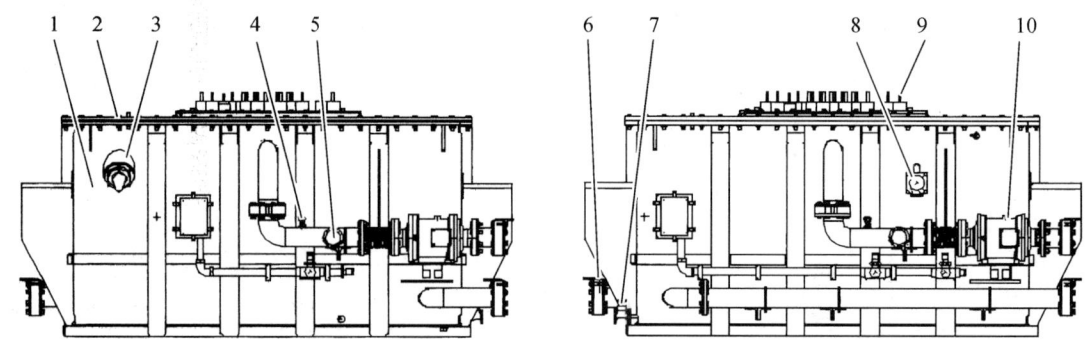

1—油箱;2—箱盖;3—高压端子;4—温度传感器;5—油流继电器;6—Dn100真空偏心蝶阀;
7—Dn15波纹管阀;8—压力释放阀;9—低压端子;10—油泵。

图2.53 主变压器外部结构布置

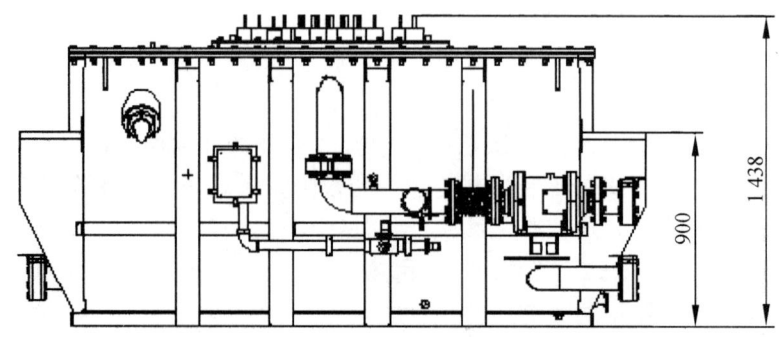

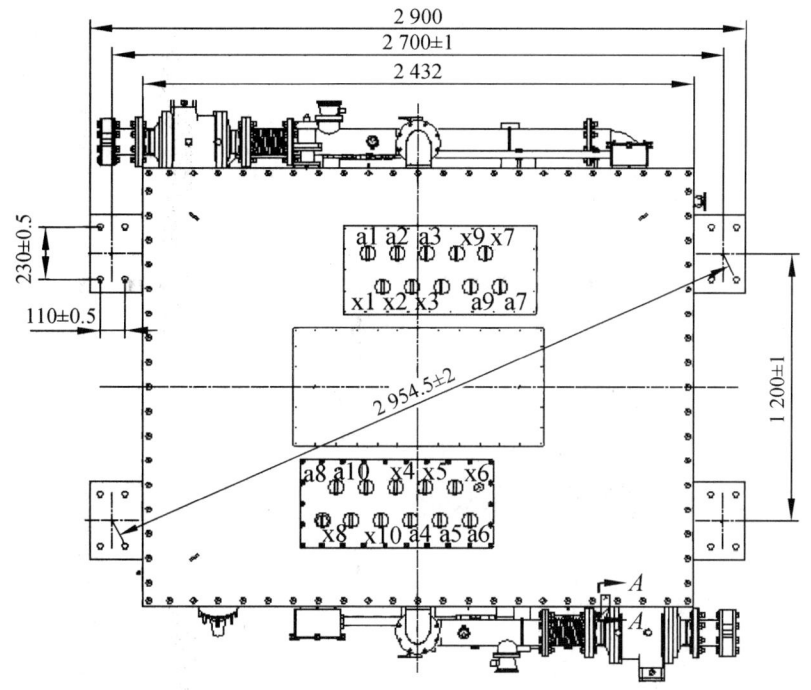

图 2.54 主变压器外形尺寸及接线端子布置

3. 主变压器循环冷却系统

主变压器有两个油循环回路。主变压器油箱内部被隔板分隔成两个区：一端为进油区，另一端为出油区。出油区的热油被油泵抽出，经蝶阀、油流继电器送入油冷却器，通过散热翅片与冷却空气进行热交换后，油管和蝶阀由油箱进油侧进入线圈，通过挡油圈、撑条、垫块、围屏导向在线圈内部流动、冷却，由线圈排油侧流出到油箱的出油区，如此往复循环，如图 2.55 所示。

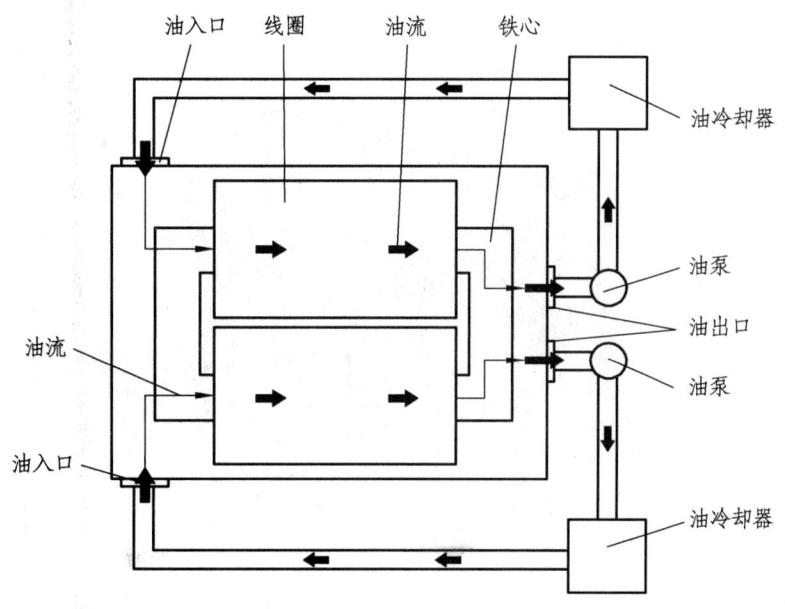

图 2.55 循环原理图

4. 主变压器部件

（1）储油柜。

变压器在机车车体内设有 1 个储油柜，布置在 2#复合冷却装置旁边，如图 2.56 所示。储油柜材质采用不锈钢，容积为 430 L。上面装有吸湿器、布赫继电器、平板油位计等附件。油位计指示范围为 40~100 ℃。

图 2.56 主变压器储油柜及布赫继电器

布赫继电器通过检查变压器故障时产生的气体和油流冲动，对变压器匝间层间短路、铁心故障、套管内部故障、绕组内部断线、绝缘劣化和油面下降等故障进行监测，并通过控制单元实施跳主断保护。

HX_D3D 型电力机车的布赫继电器安装在主变压器与储油柜间，用来检测主变压器有循环系统中是否存在由于密封不严、放电等情况产生的气体。报警分为两级：① 当气体体积达到 200~300 mL 时，一级保护动作，在微机显示屏上显示故障信息；② 当气体流速达到 1 m/s 时，二级保护动作，机车分断主断路器。当以上故障发生时，需要将布赫继电器的排气阀打开，通过观察将布赫继电器内的气体排除（观察到有排气阀处有少量油渗出时为止），再将排气阀关闭，按下装置上的复位按钮后，升弓、合主断，维持机车运行，机车回段后进行处理。

（2）接线端子。

① 高压端子［见图 2.57、2.58（a）］。

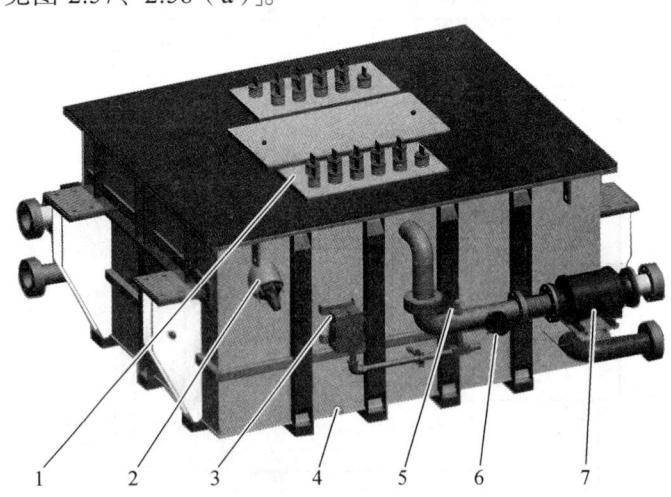

1—低压端子；2—高压端子；3—接线箱；4—油样活门；5—温度传感器；6—油流继电器；7—油泵。

图 2.57 主变压部件

型号：M400AR-3；

额定电压：26 kV；

最高工作电压：36 kV；

额定电流：630 A。

② 低压端子［见图 2.57、2.58（b）］。

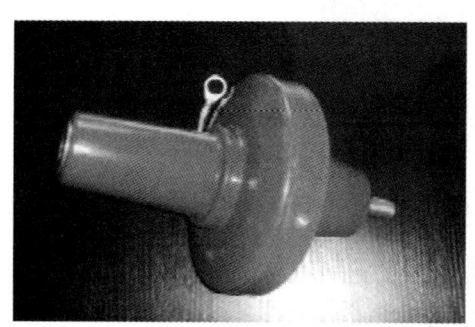 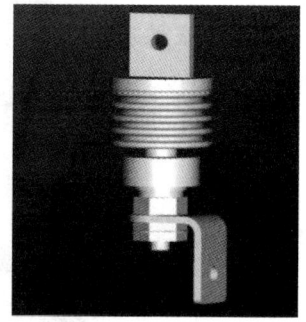

（a）高压端子　　　　　　　　　　　　　（b）低压端子

图 2.58　接线端子

（3）温度传感器。

主变压器上安装有 3 个 PT100 温度传感器，如图 2.59 所示，用于监测变压器顶部和两个油流出口处的温度，并将信号送入机车控制系统。主变压器的温度高于 90 ℃ 时，牵引变流器开始线性降低功率，微机显示屏报出油温高限制功率输出故障，油温为 100 ℃ 时，降为额定功率的 70%；当油温超过 100 ℃ 时机车实施牵引封锁，微机显示屏报出油温高禁止牵引故障，辅助功率仍然有效；当油温超过 105 ℃ 时机车跳主断，微机显示屏报出油温高分断主断路器。油温高于 90 ℃ 降功运行后，直至油温低于 88 ℃ 时，牵引变流器重新恢复额定功率运行。

（4）油流继电器。

主变压器具有两路油循环冷却支路，各设有 1 个油流继电器对油流情况进行监测，如图 2.60 所示。如果 1 个油流继电器检测到无油循环，则该冷却支路对应的 3 组牵引变流器和 1 组辅助变流器禁止功率输出，机车的牵引功率下降 50%。如果两个油流继电器都检测到无油循环，则断开主断路器。

图 2.59　PT100 温度传感器　　　　　图 2.60　油流继电器

（5）压力释放阀。

主变压器安装有压力释放阀，如图 2.61 所示。当变压器内部压力达到（70±15）kPa 时，压力释放阀动作，释放压力，同时在微机显示屏上显示。

图 2.61　压力释放阀

四、高压电压互感器

JDZX18-25D 型高压电压互感器是全封闭式电压互感器，为 HX_D3D 型电力机车配套使用，如图 2.62 所示，机车电气线路原理图中高压电压互感器代号为 TV1。互感器是户外环氧树脂浇注绝缘支柱式结构，适用于交流频率 50～60 Hz、额定电压 25 kV 的电力机车电网中作为电压测量或继电保护使用，具有耐机械冲击能力强、质量轻、便于安装、不易损坏、维护周期长的特点。JDZX18-25D 型高压电压互感器的尺寸如图 2.63 所示，主要技术参数见表 2.19。

图 2.62　JDZX18-25D 型高压电压互感器

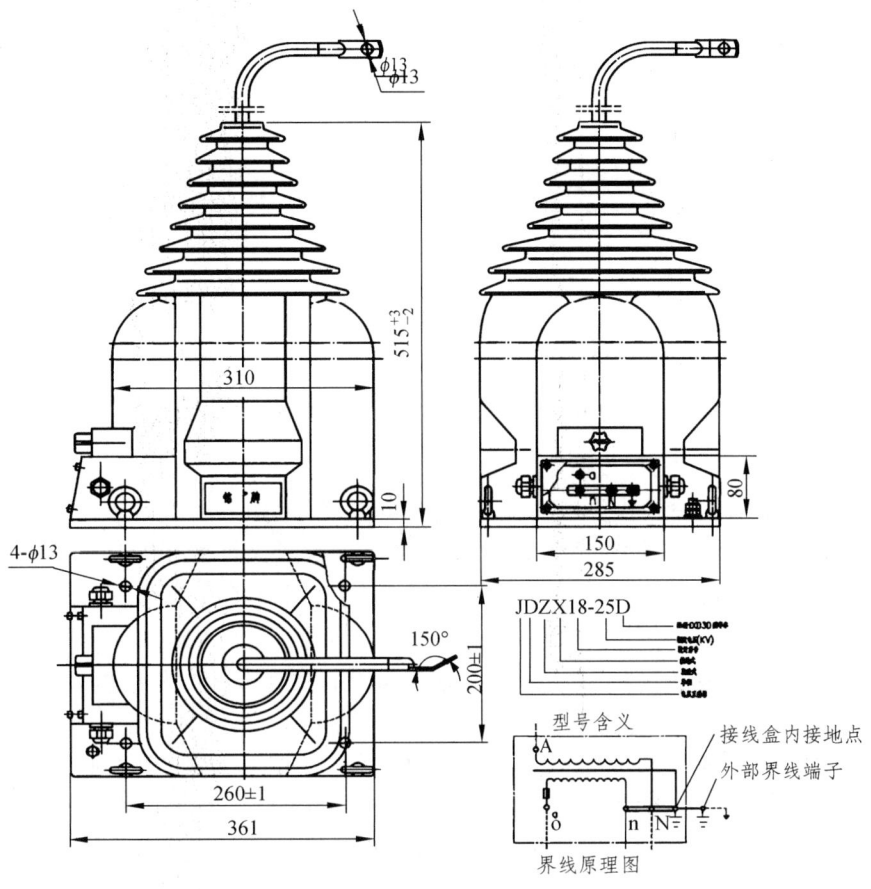

图 2.63　JDZX18-25D 型高压电压互感器尺寸

表 2.19　JDZX18-25D 型高压电压互感器主要技术参数

变压比	25 000 V/100 V
最高工作电压	31 kV
额定工频耐受电压	85 kV
额定冲击耐受电压	200 kV
额定容量	30 V·A
极限输出	400 V·A
额定电压因数	1.9（8 h）
二次侧熔断器规格	ϕ 5×25 mm/5 A
爬电距离	≥925 mm
电气间隙	≥408 mm
功率因数	$\cos\phi = 0.8 \cos\phi = 0.8$（滞后）
绝缘等级	F 级
温升限值	100 K
精确等级	1 级
质量	61 kg

1. 接线原理

JDZX18-25D 型高压电压互感器接线原理如图 2.64 所示。

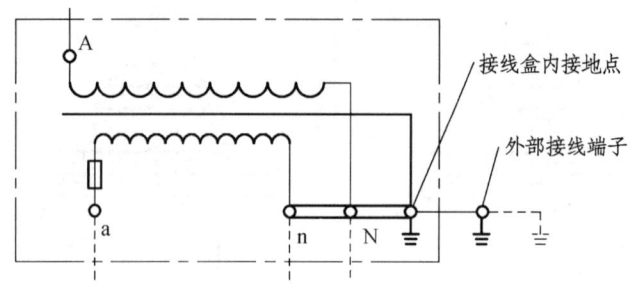

图 2.64 JDZX18-25D 型高压电压互感器接线原理

2. 维护及检修

在正常运行时不需维护和检修,在机车检修期间,需做如下维护检修:

(1)外观检查表面是否有损伤,如表面完好,可用洁净水或普通洗洁精清洁表面并擦拭干净,达到表面清洁、无积尘或污垢,不可用尖锐物体刮刺表面,也不得用强酸强碱等腐蚀剂擦拭。

(2)检查紧固一次、二次引线连接件是否有松动及表面氧化接触不良现象,必要时清除氧化层,涂抹导电膏,达到接线端子无氧化层,连接可靠;检查二次熔断器相关紧固件是否已按要求紧固。

(3)检查安装板是否有松动现象,必要时用专用工具重新紧固,达到安装牢固,运行时无松动。

(4)绝缘电阻检测:一次绕组对二次绕组及地≥1 000 MΩ,二次绕组间及对地≥100 MΩ。

(5)工频耐压试验:一次绕组对二次绕组及地 3 000 V,1 min;二次绕组间及对地 3 000 V,1 min。

(6)感应耐压试验:采用 150 Hz 频率,从二次施加电压 340 V,一次绕组应感应到 85 kV 电压,耐压时间不少于 40 s。

五、高压电流互感器

LMZB-25C 型高压电流互感器为电力机车高压侧专用电流互感器,其采用支柱穿心母线环氧树脂浇注绝缘式结构,适用于交流 50 Hz、额定电压为 25 kV 的 HX_D3D 型电力机车内高压侧作继电保护使用,如图 2.65 所示,其尺寸如图 2.66 所示。

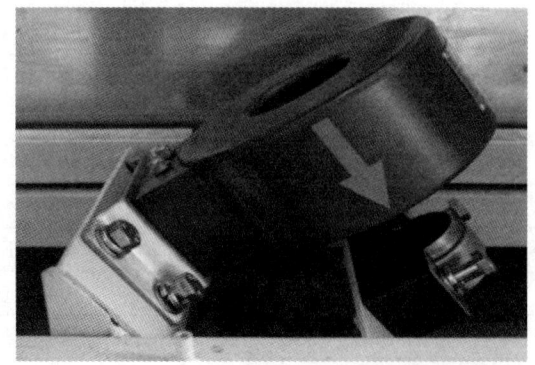

图 2.65 LMZB-25C 型高压电流互感器

机车电气线路原理图中高压电流互感器代号为 TA1。LMZB-25C 型高压电流互感器技术参数见表 2.20。

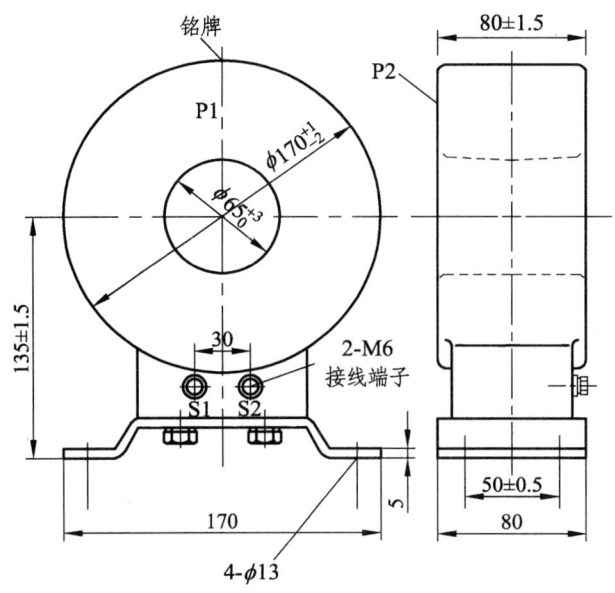

图 2.66　LMZB-25C 型高压电流互感器尺寸

表 2.20　LMZB-25C 型高压电流互感器技术参数

一次额定电压	25 kV
一次工作电压	17.5～31.5 kV
额定频率	50 Hz
额定二次电流	5 A
变比	400 A/5 A
额定二次输出	25 V·A
额定绝缘水平	0.5/3 kV
负荷功率因数	$\cos\phi = 0.8 \cos\phi = 0.8$（滞后）
铁心温升限值	50 K
准确等级	5P5 级
质量	≤9 kg

在正常运行时不需维护和检修，在机车检修期间，需做如下维护和检修：

（1）外观检查表面是否有损伤，若表面完好，可用洁净水或普通洗洁精洁表面并擦拭干净，达到表面清洁、无积尘或污垢。其表面不得用强酸强碱等腐蚀剂擦拭。

（2）检查紧固二次引线连接件是否有松动及表面氧化接触不良现象，必要时清除氧化层，涂抹导电膏，达到接线端子无氧化层，保证连接可靠。

（3）检查紧固夹件及安装接线盒的螺钉是否有松动现象，并加以紧固。

第五节　HX$_D$3D 型电力机车电气屏柜

HX$_D$3D 型电力机车在机械间内布置有高压柜、控制电器柜、电源柜、变流柜、微机柜、6A 柜、第三方设备柜、滤波柜、列车供电柜、制动柜等电气屏柜，如图 2.1 所示。

一、高压电器柜

HX$_D$3D 型电力机车的高压柜布置在机械间内，将真空主断路器、高压接地开关、高压隔离开关、避雷器、高压电压互感器、高压电流传感器等高压电器集成在柜内，从而极大地降低雾、雪、粉尘等条件下的高压设备的故障率，提高了机车的可靠性，其结构如图 2.67 所示，内部电器有如图 2.68、图 2.69、图 2.70、图 2.71 所示，主要设备见表 2.21。

图 2.67　高压柜背面（去盖板）

表 2.21　HX$_D$3D 型电力机车的高压柜主要设备

序号	设备	代号（缩写）	型号与规格	数量	位置	备注
1	真空主断路器	QF1	22CBDP1	1	高压柜	
2	高压接地开关	QS10	35KSDP1	1	高压柜	
3	高压隔离开关	QS1、QS2	2PIS	2	高压柜	
4	高压电压互感器	TV1	JDZX18-25（D）	1	高压柜	
5	高压电流互感器	TA1	LMZB-25C	1	高压柜	
6	车内避雷器	F3		1	高压柜	
7	高压联锁钥匙箱			1	高压柜侧面	
8	高压电缆			2	高压柜外接	

图 2.68 真空主断路器和高压接地开关

图 2.69 高压隔离开关

图 2.70 高压电压互感器

图 2.71 高压电流互感器

二、控制电器柜

控制电器柜是将牵引主回路的主库用转换开关、辅助供电回路电路内的三相自动开关、三相接触器、辅助库用转换开关及控制回路内的各类直流负载自动开关等各类电器部件进行集成，可以实现机车三相辅助回路、库用回路、单相交流 AC 220 V/110 V 回路及直流 DC 110 V 电源等回路的供电及短路过载保护，另外还实现原边过流保护及电能计量等功能。控制电器柜（正面、背面）如图 2.72、图 2.73 所示，控制电器柜设备（正面、背面）布置如图 2.74、图 2.75 所示。控制电器柜正面和背面主要设备分别见表 2.22、表 2.23。

控制电器柜正面分上下两部分，上部集中放置断路器、万转开关、电度表，外部采用整体外罩，留有开关操作部分，电度表可视窗。下部分是双开门结构，其中设置了 8 个对外连接用的辅助连接器，用于车上辅机和辅助加热设备的电气连接。由于柜内下部放置了主辅电路库用转换装置，为了安全，设置联锁装置和开启用的连杆锁。在控制电器柜背面上部，配置了 4 个对外控制电路的双侧固定 46 芯连接器。外部用两横两竖四个盖板将柜子后部用螺丝把紧。检修后部时，可拆卸相应部分盖板。

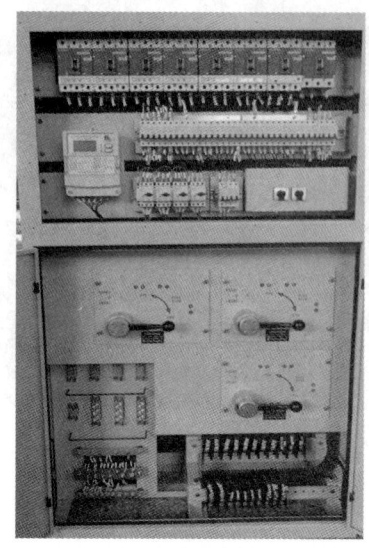

图 2.72 控制电器柜（正面）

图 2.73 控制电器柜（背面）

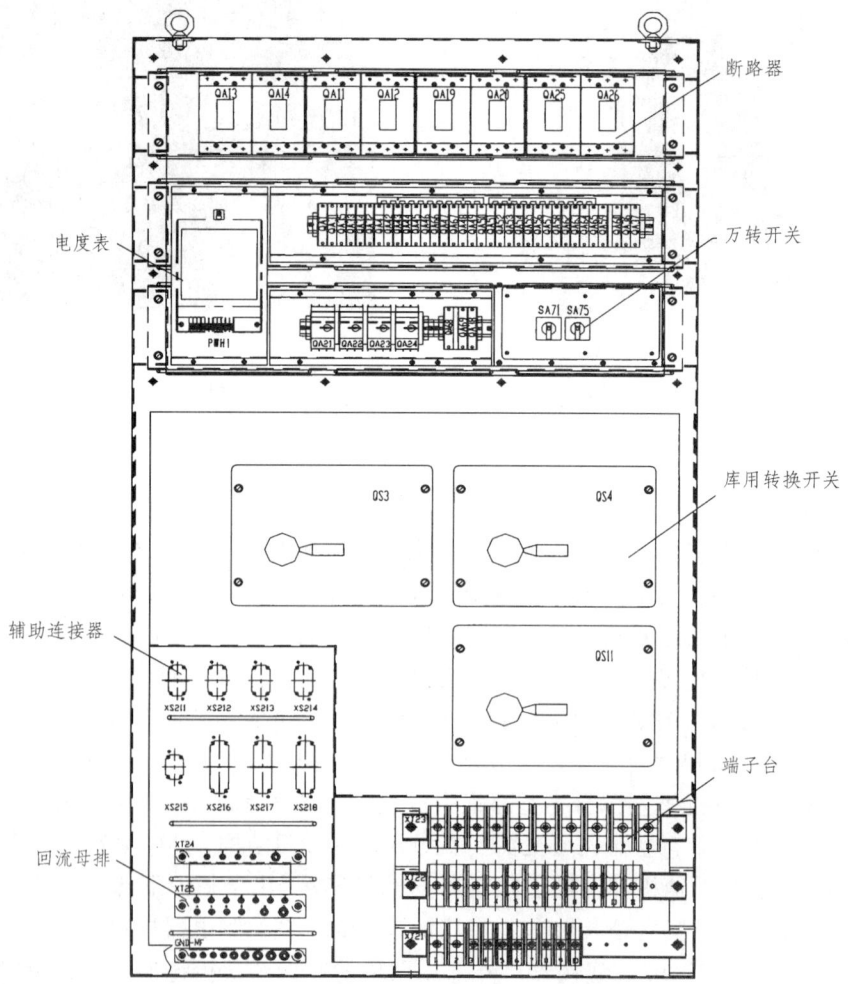

图 2.74 控制电器柜正面（开柜门）

表 2.22 控制电器柜正面主要设备

序号	设 备	代号（缩写）	型号与规格	数量	位 置	备注
1	冷却塔通风机用自动开关	QA13	400VAC, 63A	1	控制电器柜正面第1排	
2	冷却塔通风机用自动开关	QA14	400VAC, 63A	1	控制电器柜正面第1排	
3	牵引通风机用自动开关	QA11	400VAC, 100A	1	控制电器柜正面第1排	
4	牵引通风机用自动开关	QA12	400VAC, 100A	1	控制电器柜正面第1排	
5	空气压缩机用自动开关	QA19	400VAC, 100A	1	控制电器柜正面第1排	
6	空气压缩机用自动开关	QA20	400VAC, 100A	1	控制电器柜正面第1排	
7	辅助加热用自动开关	QA25	400VAC, 100A	1	控制电器柜正面第1排	
8	交流预热用自动开关	QA26	400VAC, 20A	1	控制电器柜正面第1排	
9	电度表	PJ1（PWH1）	JTDB1-C	1	控制电器柜正面第2排	
10	原边电压自动开关	QA1	5SJ4 1037	1	控制电器柜正面第2排	
11	侧墙暖风机用自动开关	QA31	230VAC, 50A	1	控制电器柜正面第2排	
12	脚炉膝炉用自动开关	QA35	230VAC, 25A	1	控制电器柜正面第2排	
13	微波炉用自动开关	QA33	230VAC, 20A	1	控制电器柜正面第2排	
14	电热玻璃用自动开关	QA34	230VAC, 20A	1	控制电器柜正面第2排	
15	后墙暖风机用自动开关	QA32	230VAC, 50A	1	控制电器柜正面第2排	
16	微机控制I自动开关	QA41	110VDC, 10A	1	控制电器柜正面第2排	
17	微机控制II自动开关	QA42	110VDC, 10A	1	控制电器柜正面第2排	
18	司机控制I自动开关	QA43	110VDC, 10A	1	控制电器柜正面第2排	
19	司机控制II自动开关	QA44	110VDC, 10A	1	控制电器柜正面第2排	
20	机车控制自动开关	QA45	110VDC, 20A	1	控制电器柜正面第2排	
21	主变流器I自动开关	QA46	110VDC, 10A	1	控制电器柜正面第2排	
22	主变流器II自动开关	QA66	110VDC, 10A	1	控制电器柜正面第2排	
23	辅助变流器I自动开关	QA47	110VDC, 10A	1	控制电器柜正面第2排	
24	辅助变流器II自动开关	QA67	110VDC, 10A	1	控制电器柜正面第2排	
25	列车供电I自动开关	QA48	110VDC, 10A	1	控制电器柜正面第2排	
26	列车供电II自动开关	QA49	110VDC, 10A	1	控制电器柜正面第2排	
27	制动柜自动开关	QA50	110VDC, 20A	1	控制电器柜正面第2排	
28	前照灯自动开关	QA51	110VDC, 10A	1	控制电器柜正面第2排	
29	自动过分相自动开关	QA52	110VDC, 10A	1	控制电器柜正面第2排	
30	司机室照明自动开关	QA53	110VDC, 10A	1	控制电器柜正面第2排	
31	机械间照明自动开关	QA54	110VDC, 10A	1	控制电器柜正面第2排	
32	车外照明自动开关	QA55	110VDC, 10A	1	控制电器柜正面第2排	
33	监控系统自动开关	QA56	110VDC, 10A	1	控制电器柜正面第2排	
34	信号系统自动开关	QA57	110VDC, 10A	1	控制电器柜正面第2排	
35	机车电台自动开关	QA58	110VDC, 10A	1	控制电器柜正面第2排	

续表

序号	设　　备	代号（缩写）	型号与规格	数量	位置	备注
36	辅助设备自动开关	QA62	110VDC, 20A	1	控制电器柜正面第2排	
37	电源装置自动开关	QA63	110VDC, 10A	1	控制电器柜正面第2排	
38	直流备用自动开关	QA64	110VDC, 10A	1	控制电器柜正面第2排	
39	6A系统自动开关	QA65	110VDC, 25A	1	控制电器柜正面第2排	
40	接地检测自动开关	QA59	110VDC, 10A	1	控制电器柜正面第2排	
41	直流加热自动开关	QA60	110VDC, 20A	1	控制电器柜正面第2排	
42	撒砂加热用自动开关	QA36	230VAC, 8A	1	控制电器柜正面第2排	
43	空气压缩机预热自动开关	QA37	230VAC, 16A	1	控制电器柜正面第2排	
44	变压器油泵用自动开关	QA21	400VAC, 12.5A	1	控制电器柜正面第3排	
45	变压器油泵用自动开关	QA22	400VAC, 12.5A	1	控制电器柜正面第3排	
46	车体通风机用自动开关	QA23	400VAC, 6.3A	1	控制电器柜正面第3排	
47	车体通风机用自动开关	QA24	400VAC, 6.3A	1	控制电器柜正面第3排	
48	电空制动自动开关	QA68	110VDC, 8A	1	控制电器柜正面第3排	
49	制动微机自动开关	QA69	110VDC, 10A	1	控制电器柜正面第3排	
50	交流备用自动开关	QA38	230VAC, 16A	1	控制电器柜正面第3排	
51	低温预热开关	SA71		1	控制电器柜正面第3排	
52	库内试验开关	SA75		1	控制电器柜正面第3排	
53	主电路库用开关	QS3	SF-1A-03C	1	控制电器柜正面第4排	
54	主电路库用开关	QS4	SF-1A-03C	1	控制电器柜正面第4排	
55	辅助电路库用开关	QS11		1	控制电器柜正面第4排	
56	辅助连接器	XS211		1	控制电器柜正面下部	
57	辅助连接器	XS212		1	控制电器柜正面下部	
58	辅助连接器	XS213		1	控制电器柜正面下部	
59	辅助连接器	XS214		1	控制电器柜正面下部	
60	辅助连接器	XS215		1	控制电器柜正面下部	
61	辅助连接器	XS216		1	控制电器柜正面下部	
62	辅助连接器	XS217		1	控制电器柜正面下部	
63	辅助连接器	XS218		1	控制电器柜正面下部	
64	汇流母排	XT24		1	控制电器柜正面下部	
65	汇流母排	XT25		1	控制电器柜正面下部	
66	汇流母排	GND-MF		1	控制电器柜正面下部	
67	端子台	XT23		1	控制电器柜正面下部	
68	端子台	XT22		1	控制电器柜正面下部	
69	端子台	XT21		1	控制电器柜正面下部	

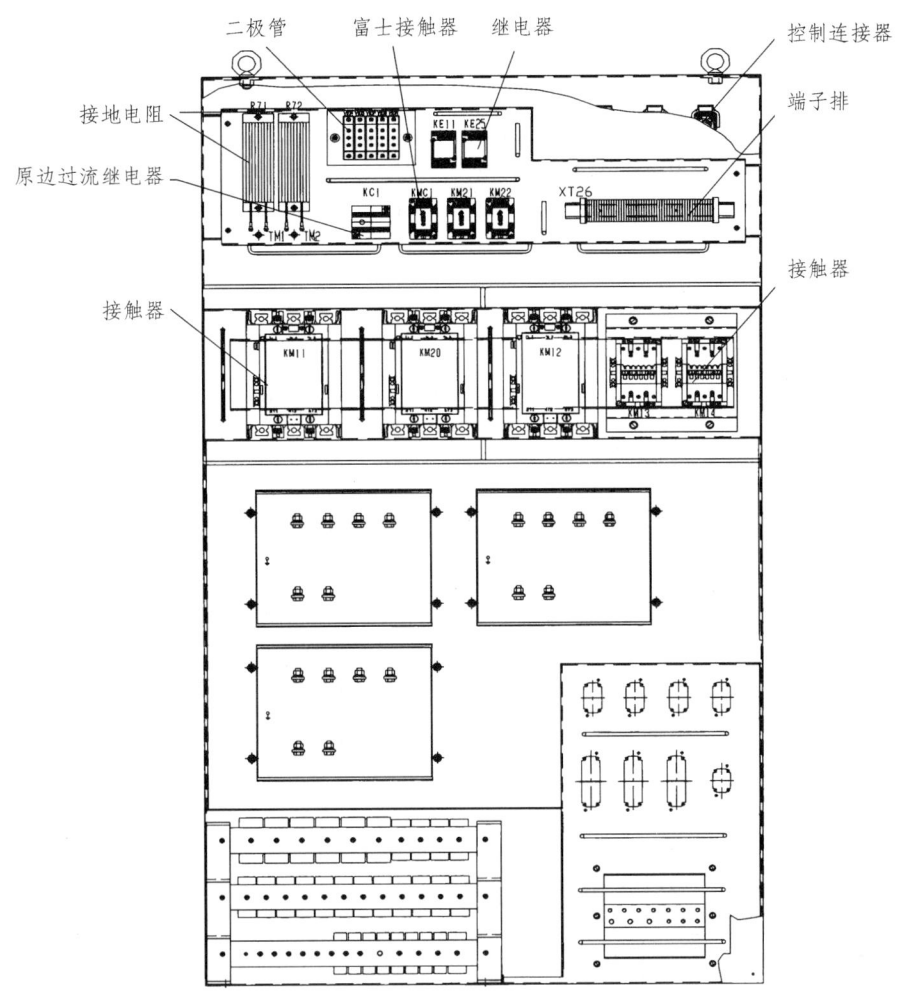

图 2.75 控制电器柜背面（去盖板）

表 2.23 控制电器柜背面主要设备

序号	设备	代号（缩写）	型号与规格	数量	位置	备注
1	接地电阻	R71	RXG28	1	控制电器柜背面第1排	
2	接地电阻	R72	RXG28	1	控制电器柜背面第1排	
3	预热中间继电器	KE11	D-U305-KLC	1	控制电器柜背面第1排	
4	重联继电器	KE25	D-U204-KLC	1	控制电器柜背面第1排	
5	原边过流继电器	KC1	CMP4-12A	1	控制电器柜背面第2排	
6	辅助压缩机用接触器	KMC1	SC-N2/G	1	控制电器柜背面第2排	
7	交流预热用接触器	KM21	SC-N2/G	1	控制电器柜背面第2排	
8	直流预热用接触器	KM22	SC-N2/G	1	控制电器柜背面第2排	
9	端子排	XT26		1	控制电器柜背面第2排	
10	辅助供电接触器	KM11	AF400-30-11	1	控制电器柜背面第3排	
11	辅助供电接触器	KM20	AF400-30-11	1	控制电器柜背面第3排	

续表

序号	设备	代号（缩写）	型号与规格	数量	位置	备注
12	辅助供电接触器	KM12	AF400-30-11	1	控制电器柜背面第3排	
13	空气压缩机用接触器	KM13	AF100-30-11	1	控制电器柜背面第3排	
14	空气压缩机用接触器	KM14	AF100-30-11	1	控制电器柜背面第3排	

三、电源柜

DC 110 V 电源装置与蓄电池柜组成机车的控制电源。DC 110 V 电源装置与蓄电池柜采用分体结构，二者安装在一起，DC 110 V 电源装置在上蓄电池柜在下，组成机车电源柜，电源柜正面如图 2.76 所示，电源柜正面（开柜门）如图 2.77 所示，电源柜背面如图 2.78 所示，电源柜主要设备见表 2.24。在机车升弓合主断路器之前由蓄电池组向机车控制系统提供电源；升弓合主断路器之后，DC 100 V 电源装置开始工作，向机车控制系统提供控制电源同时向蓄电池组充电。控制电源通过控制电器柜上的自动开关分配给机车各个用电设备。

电池组选用 DM170 型（2 V/170 Ah/10 hr）阀控式密封铅酸电池，安装在蓄电池箱内，并设有通风回路，保证机车运行时蓄电池的通风和冷却。蓄电池安装分上下两层共计 48 节。蓄电池组通过开关 QA61 接入到控制电源系统，机车没有升弓合主断时由蓄电池组为机车控制系统供电。DC 110 V 电源装置 PSU 以辅助变流器中间直流环节作为输入，通过互锁接触器 PCTT1 与 PCTT2 来选择从辅助变流器 1 或辅助变流器 2 作为输入，保证在一个辅助变流器故障时控制电源装置 PSU 仍正常运行。

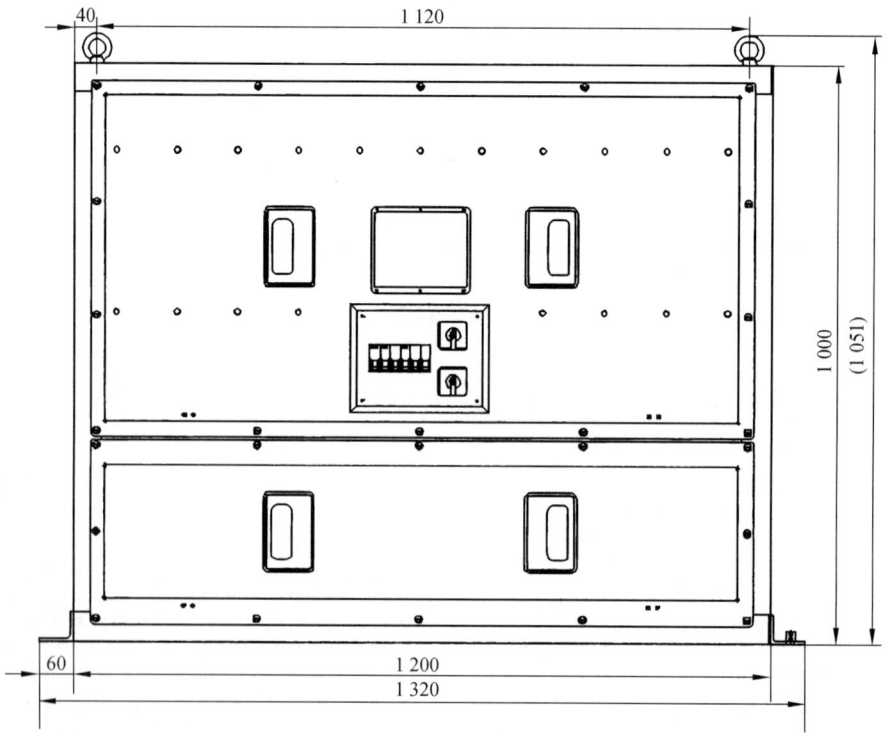

图 2.76　电源柜正面

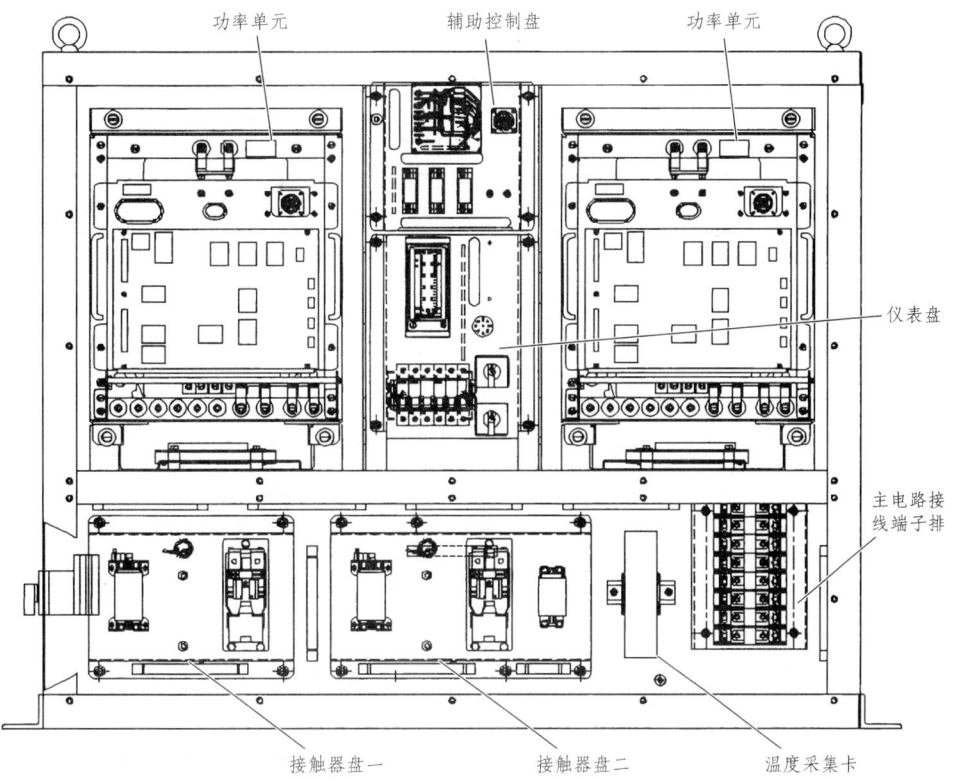

图 2.77 电源柜正面（开柜门）

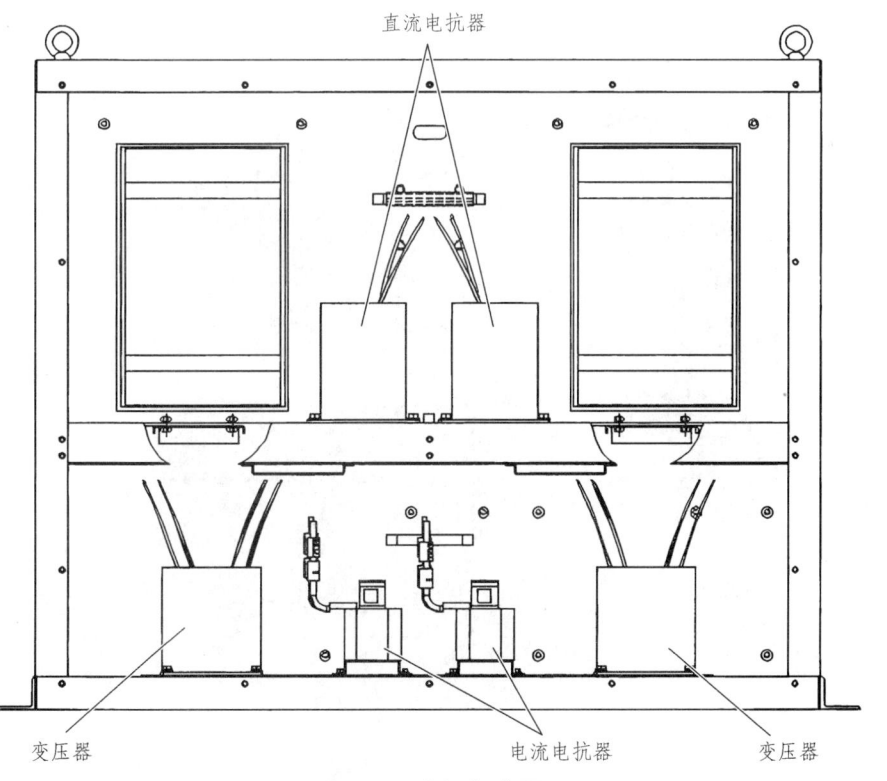

图 2.78 电源柜背面

表 2.24　电源柜主要设备

序号	设备	代号（缩写）	型号与规格	数量	位置	备注
1	蓄电池自动开关	QA61	120 V DC, 80 A	1	电源柜柜门	
2	车梯灯应急自动开关	QA82		1	电源柜柜门	
3	电源柜冷却风扇自动开关	QA99		1	电源柜柜门	
4	充放电电流表	PA71		1	电源柜柜门	
5	控制电压表	PV71		1	电源柜柜门	
6	DC 110 V 电源装置	PSU1，2	BC10-I	2	电源柜	
7	蓄电池组	GB41	DM170	1	蓄电池柜	
8	温度传感器	ST1	PT100	1	蓄电池柜	

蓄电池组选用 DM170 型（2 V/170 Ah/10 hr）阀控式密封铅酸电池，安装在蓄电池箱内，并设通风回路，保证机车运行时蓄电池的通风和冷却。蓄电池安装分上下两层共计 48 节。为使蓄电池拆卸方便，在蓄电池的正面设计了合页式的门。蓄电池箱如图 2.79 所示。

蓄电池采用每 5 个集中固定方式，所以以 5 个为单位，能够从机车拆卸下来。蓄电池对外的引线在箱体的左下部，配线图如图 2.80 所示。

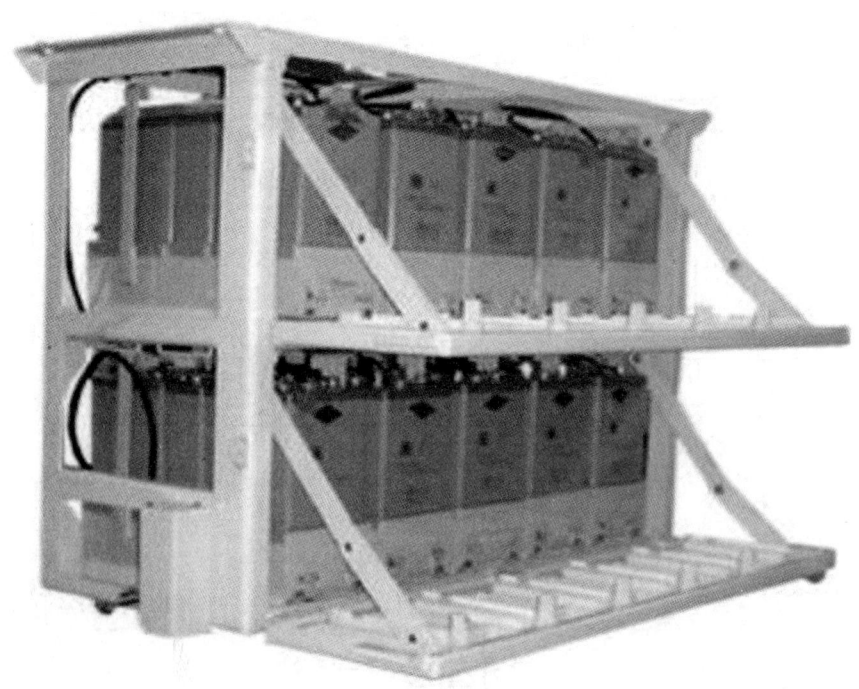

图 2.79　蓄电池箱

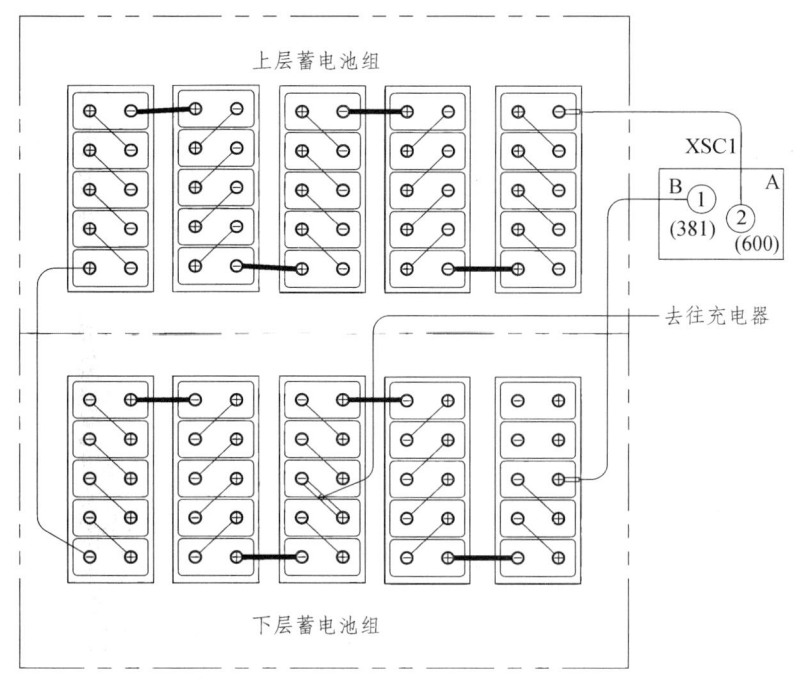

图 2.80 蓄电池组配线图

四、变流柜

变流柜内设有主变流装置（简称 MPU）和辅助变流装置（简称 APU），机车机械间内装有 2 台变流柜，变流柜如图 2.81、图 2.82、图 2.83、图 2.84 所示，变流柜主要设备见表 2.25。变流装置内的元件冷却采用强制循环水冷方式，实现装置的小型化以及提高冷却性能。冷却水为乙二醇纯水溶液，确保机车在 −40℃ 时的牵引性能。另外，变流柜冷却水和主变流器冷却油通过冷却塔一体化热交换器进行强制风冷。

主变流装置 MPU 整流器单元使用了模块化的 IGBT 元件，实现 PWM 变频式 2 级电压型控制。通过错开高次谐波开关与各群的控制载波的相位，来降低高次谐波、提高功率因数。主变流装置 MPU 逆变器单元同整流器单元一样，使用了同样的 IGBT 元件，实现单元的标准化。通过高速演算控制装置的配合进行高速矢量控制，提高了电机转矩控制响应速度，实现高黏着控制和高速的空转惯性补偿控制。

由于辅助变流装置 APU 向电动鼓风机和压缩机的辅助机器供给 3 相交流电，具有可变电压、可变频率的 VVVF 控制和固定电压、固定频率的 CVCF 控制的两种机能。根据机车的状况，为了确保提供足够的冷却风量和降低运转噪声，2 台冷却塔鼓风机和 6 台电动鼓风机设定为 VVVF 控制模式。

每辆机车装载有 2 组辅助变流装置 APU，正常时一组控制 VVVF，另一组控制 CVCF。辅助变流装置 APU 把主变压器 3 次线圈供电的交流电，通过由 IGBT 元件构成的 PWM 整流器单元转换为恒定电压的直流电，供给由 IGBT 元件构成的逆变器单元，通过逆变单元转换为三相交流电。但是当某一辅助变流装置 APU 出现故障时，其余良好的辅助变流装置 APU 满负载投入，以 CVCF 控制方式提供电能。

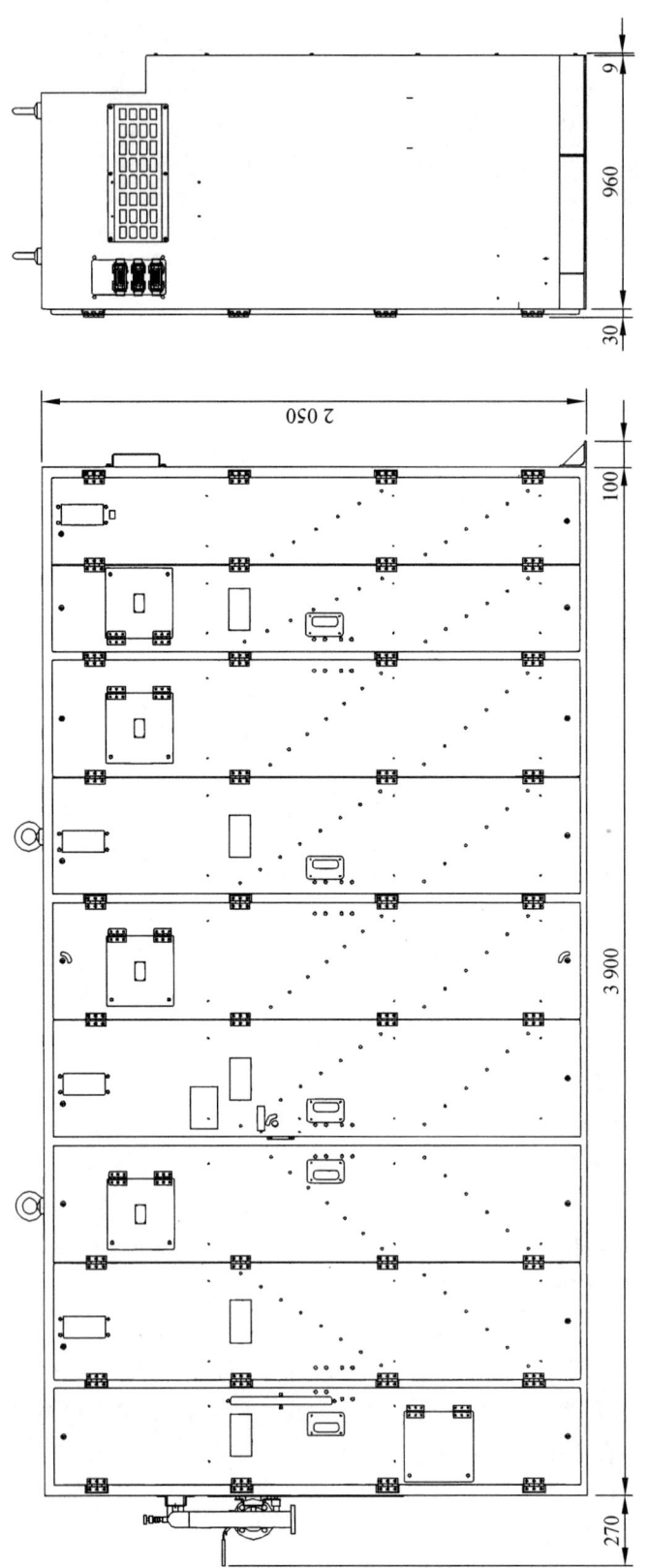

图 2.81 变流柜

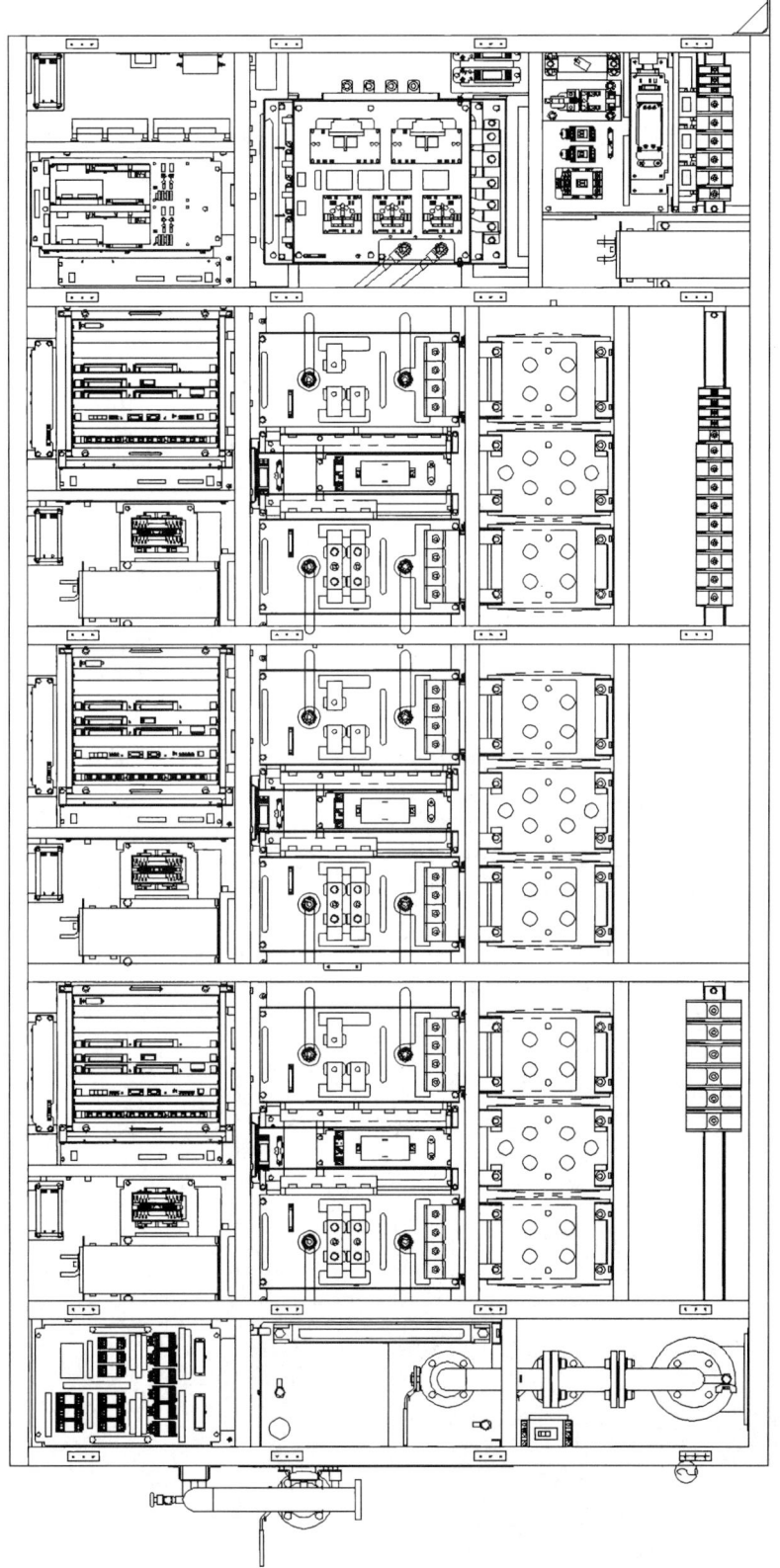

图 2.82 变流柜（去盖板）

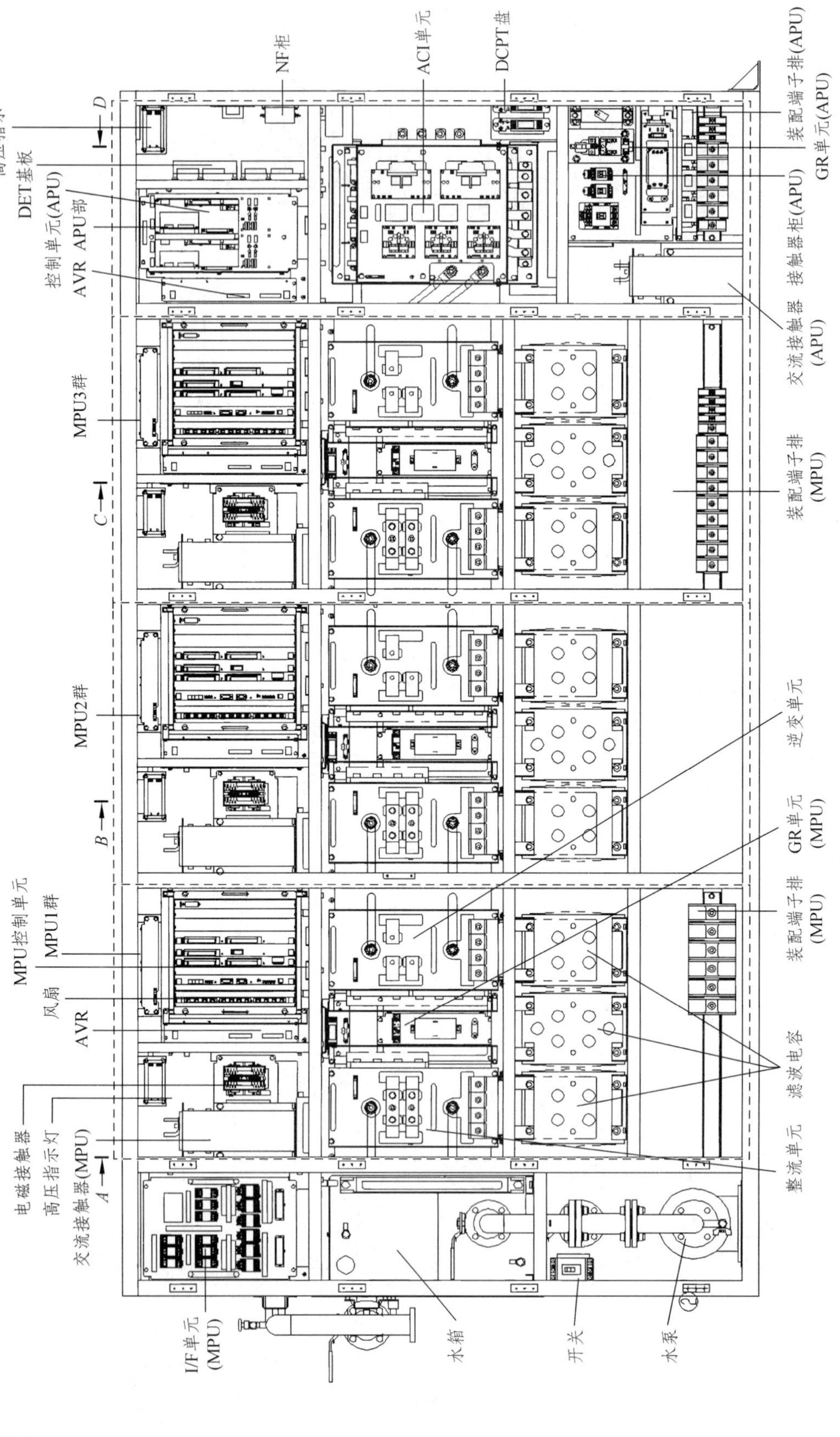

图 2.83 变流柜内电器

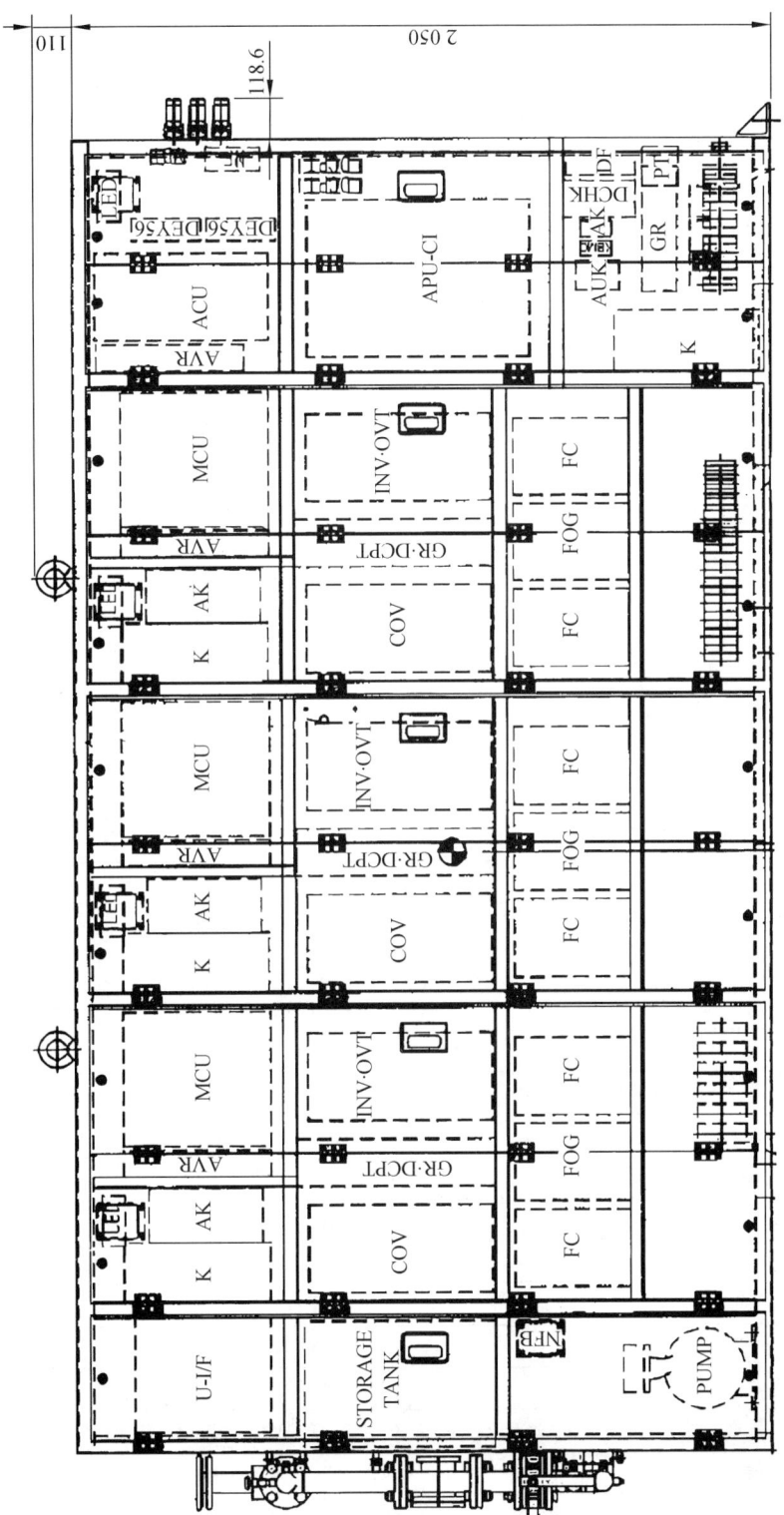

图 2.84 变流柜内模块

表 2.25 变流柜主要设备

序号	设备	代号（缩写）	数量	位置	备注
1	整流单元	COV1, COV2, COV3	3	变流柜	
2	逆变单元	INV1, INV2, INV3	3	变流柜	
3	ACI 单元〔APU 功率单元〕	ACI	1	变流柜	
4	交流接触器（MPU，APU）	K1, K2, K3, K	4	变流柜	
5	电磁接触器（MPU）	AK1, AK2, AK3	3	变流柜	
6	电源单元（AVR）	AVR1, AVR2, AVR3, AVR4	4	变流柜	
7	MPU 控制单元	CI-CTR1, CI-CTR2, CI-CTR3	3	变流柜	
8	APU 控制单元	APU-CTR	1	变流柜	
9	DCPT 单元（MPU）	P-DCPT1, P-DCPT2, P-DCPT3	3	变流柜	
10	DCPT 单元（APU）	P-DCPT4, P-DCPT5	2	变流柜	
11	GR 单元（MPU）〔接地单元〕	P-GR1, P-GR2, P-GR3	3	变流柜	
12	GR 单元（APU）〔接地单元〕	P-GR4	1	变流柜	
13	I/F 单元（MPU）	U-I/F	1	变流柜	
14	接触器单元（APU）	DF, DCHK, AUK, AK, KBMC	5	变流柜	
15	DET 基板（APU）〔故障检测基板〕	DET561, DET562	2	变流柜	
16	噪声过滤柜（APU）	VDT, NF2	2	变流柜	
17	三相变压器（APU）	PT	1	变流柜	
18	滤波电容（MPU）	FC11, FC12, FC21, FC22, FC31, FC32	6	变流柜	
19	滤波电容（MPU）	FCG1, FCG2, FCG3	3	变流柜	
20	滤波电容（APU）	FC1, FC2	2	变流柜	
21	充电电阻器（MPU）	P-CHRe1, P-CHRe2, P-CHRe3	3	变流柜	
22	OVR 单元〔过电压电阻器〕	P-OVR1, P-OVR2, P-OVR3	3	变流柜	
23	放电电阻器（MPU）	P-DCHR1, P-DCHR2, P-DCHR3	3	变流柜	
24	放电电阻器（APU）	P-DCHR（CHR, DCHR）	2	变流柜	
25	均压电阻高压指示灯串联电阻单元	P-DSR（LR, DSR）	1	变流柜	
26	风扇	P-FAN1, P-FAN2, P-FAN3	3	变流柜	
27	加热单元	P-HT1, P-HT2, P-HT3, P-HT4	4	变流柜	
28	高压指示灯	LED1, LED2, LED3, LED4	4	变流柜	
29	开关	WPNFB	1	变流柜	
30	水泵	WP	1	变流柜	
31	水箱	ST-TANK	1	变流柜	
32	电流检测器（MPU）	ACCT1, ACCT2, ACCT3	3	变流柜	
33	电流检测器（MPU）	CTU1, CTU2, CTU3, CTW1, CTW2, CTW3	6	变流柜	
34	电流检测器（APU）	ACCT, CTU, CTW	3	变流柜	
35	装配端子排（MPU）	CITB1, CITB2	2	变流柜	
36	装配端子排（APU）	APUTB1	1	变流柜	

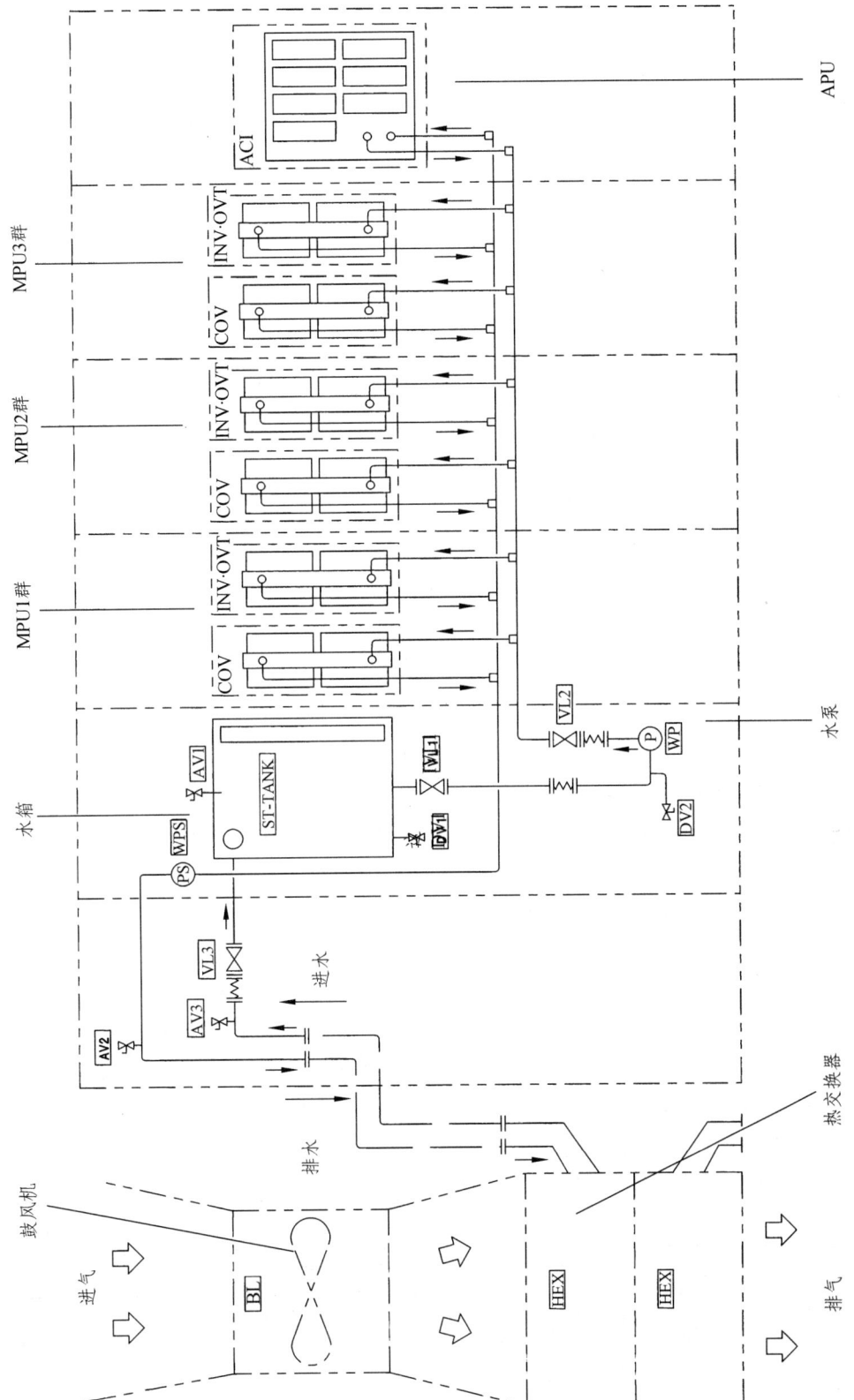

图 2.85 变流柜冷却系统

变流柜冷却系统如图 2.85 所示，冷却水使用设置在变流柜内的水泵（WP）进行循环，通过进水配管按单元体并列分配给 MPU1~3 群的整流单元、逆变单元以及 APU 的 ACI 单元后，被加热的冷却水再次集中到 1 个排水配管，进到变流柜外部冷却塔热交换器中，经热交换器冷却的冷却水回到进水配管，再次进到变流柜内，返到水箱。像这样反复循环，对半导体元件进行冷却。冷却方式为强制循环水冷方式；冷却水为纯水 45%-乙二醇。

五、微机柜

微机柜由上下两层构成，微机柜设备布置如图 2.86 所示，装有 TCMS 装置、网关、12 V 电源转换单元、CT 电流传感单元和自动过分相主机。柜体正面通过合页形成了可开闭，上下独立的平开门。打开上半部分的平开门后，有 TCMS 装置的控制单元主体和继电器盘下层装有网关、自动过分相主机、12 V 电源转换单元和 CT 电流传感单元，其余空间预留。柜体背面是螺栓固定的背板，打开背板后，三块 TCMS 接口板上下配置。配线用的连接器装在柜体背面上部，共计 9 个，均为 46 芯连接器。微机与网关、自动过分相主机、12 V 电源转换单元和 CT 电流传感单元的部分配线，不通过微机柜上部的 9 个连接器，而是直接接线。

六、第三方设备柜

第三方设备柜共有 6 层构成，第三方设备柜设备布置如图 2.87 所示，其中从上面数，第一层装有数模转换盒及调车灯显接口盒；第二层装有总线扩展盒、LKJ 功能扩展盒；第三层装有 LAIS 车载主机、本/补切换装置；第四层装有信号主机、TAX2 主机；第五层装有 LKJ2000 监控主机、GPS2000 控制盒、通信接线盒；第六层装有 CIR 主机。

七、滤波柜

滤波柜中装有交流滤波器，滤波柜设备布置如图 2.88 所示，交流滤波器是和变流器内的 APU 逆变器及 APU 顺变器共用的，通过交流电抗器和交流电容器，将从 APU 输出 PWM 波形整形成正弦波的交流-交流变换装置。交流电抗器和交流电容器代号见表 2.26。

表 2.26 交流电抗器和交流电容器代号

序号	设备	代号（缩写）	型号与规格	数量	位置	备注
1	交流电抗器	ACL1、ACL2		2	滤波柜	
2	交流电容器	ACC1、ACC2		2	滤波柜	

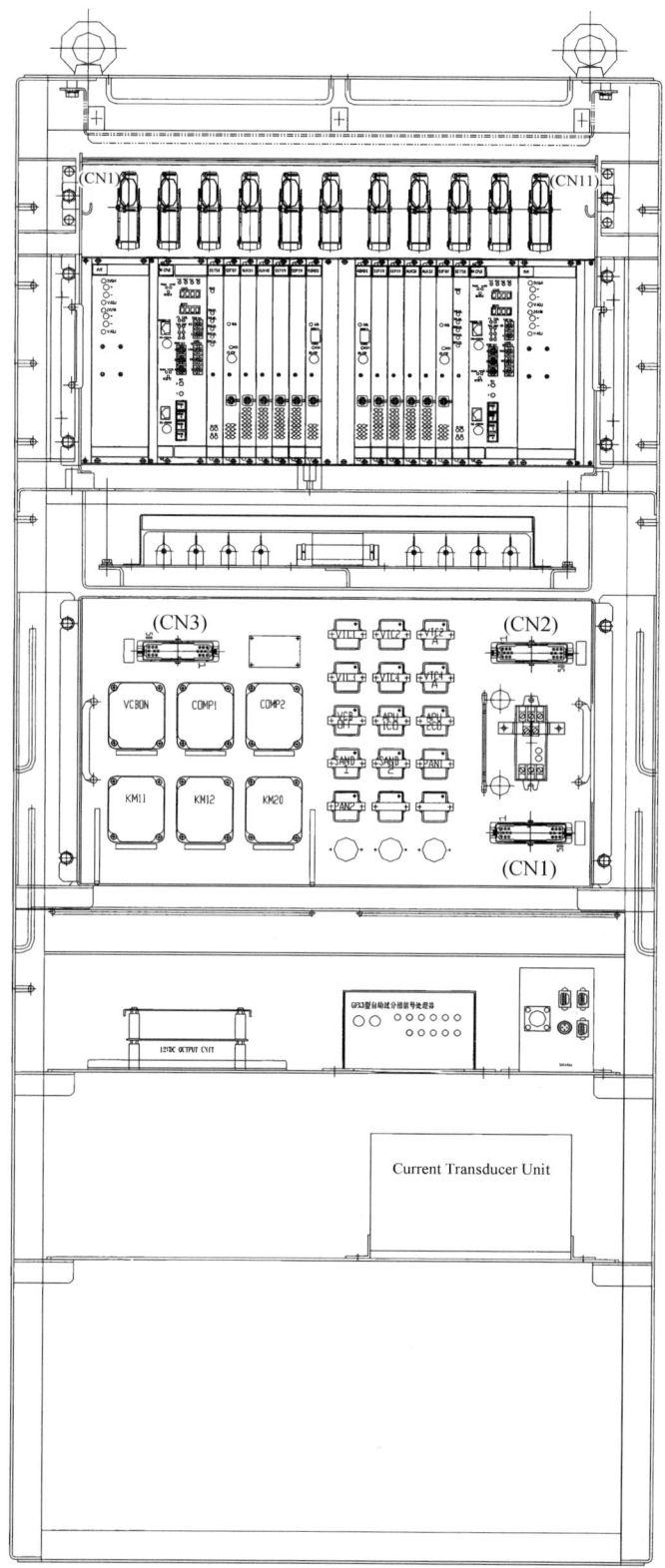

图 2.86 微机柜设备布置

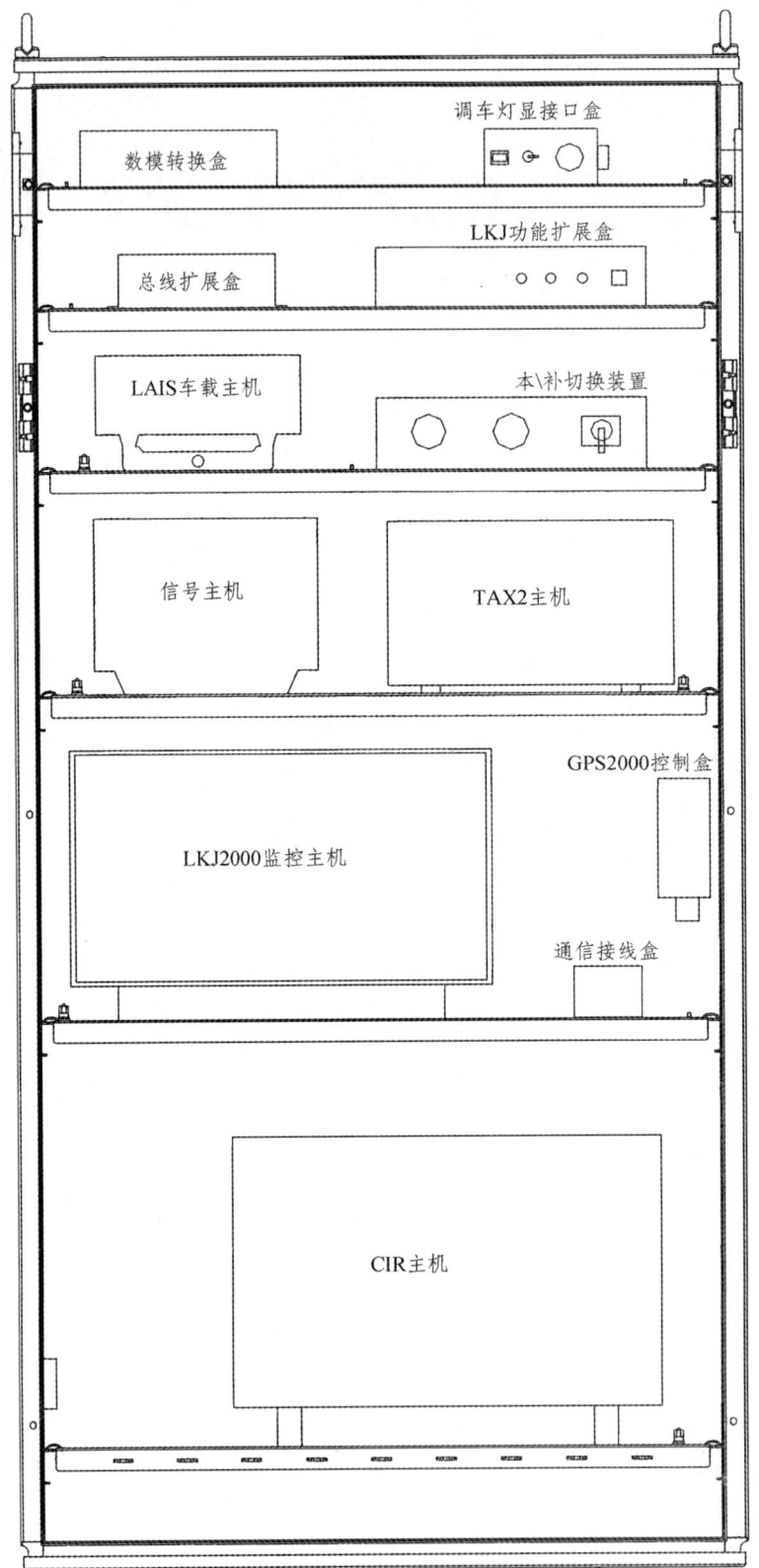

图 2.87 第三方设备柜

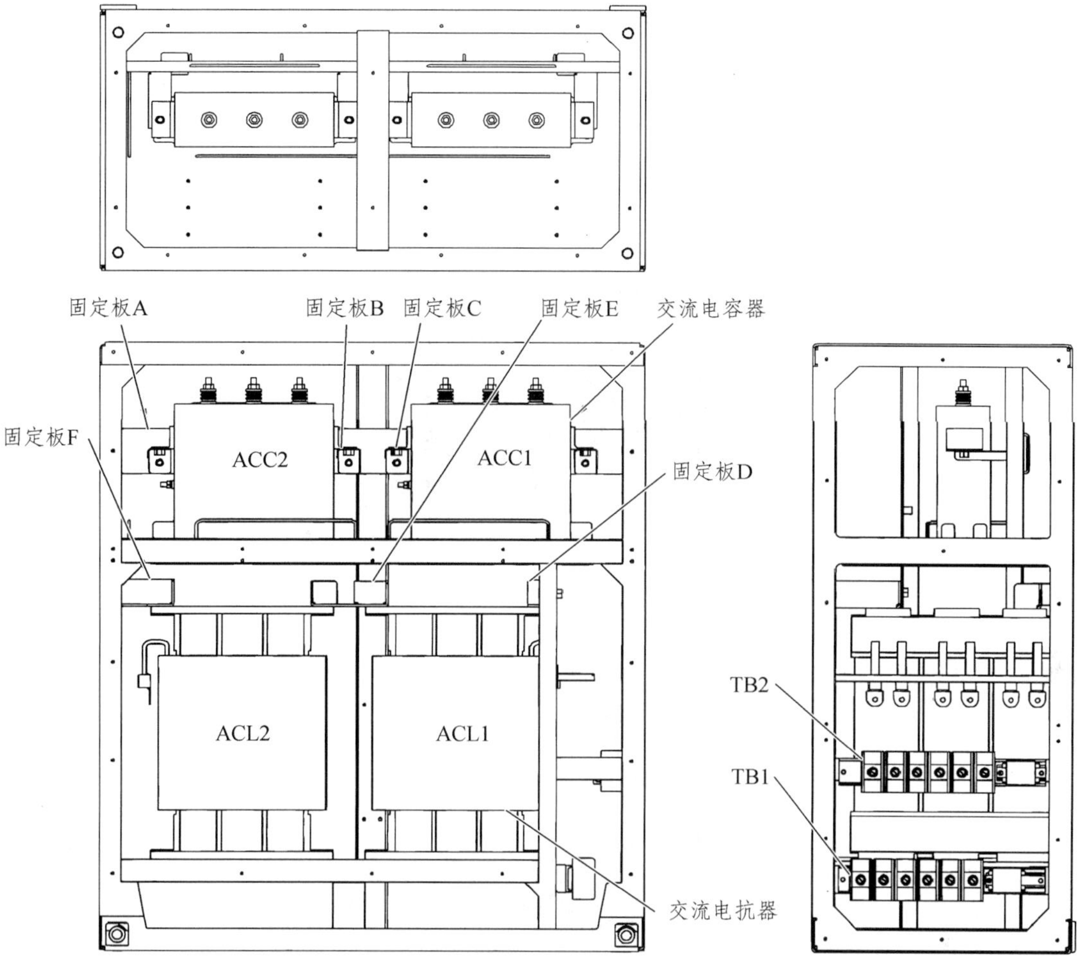

图 2.88 滤波柜设备布置

八、列车供电柜

机车设有 2 个完全相同的 TGF76 型列车供电柜,如图 2.89 所示。

图 2.89 列车供电柜

列车供电柜将供电绕组的单相交流电通过相控整流变换为稳定的 DC 600 V 直流电源，供给旅客列车，供电功率为 2×400 kW。当一组故障时，另一组可以维持供电，以提高可靠性。列车供电柜内部设备如图 2.90～图 2.92 所示。列车供电柜主要设备见表 2.27。

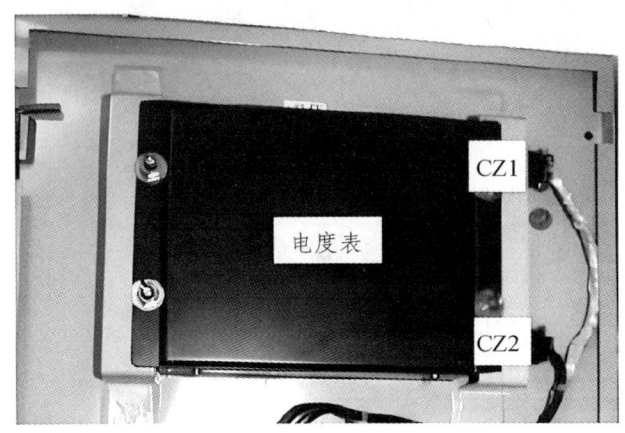

图 2.90　列供电度表

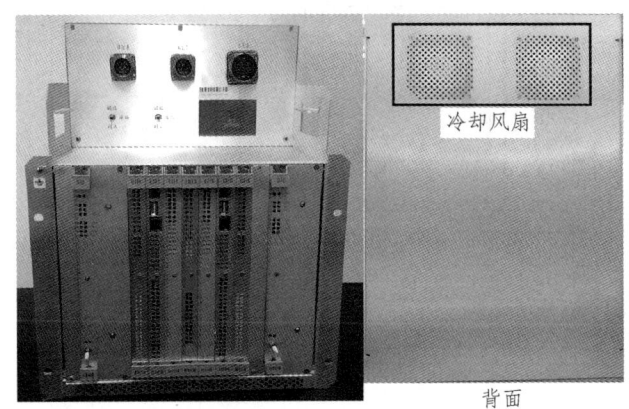

图 2.91　列供控制箱

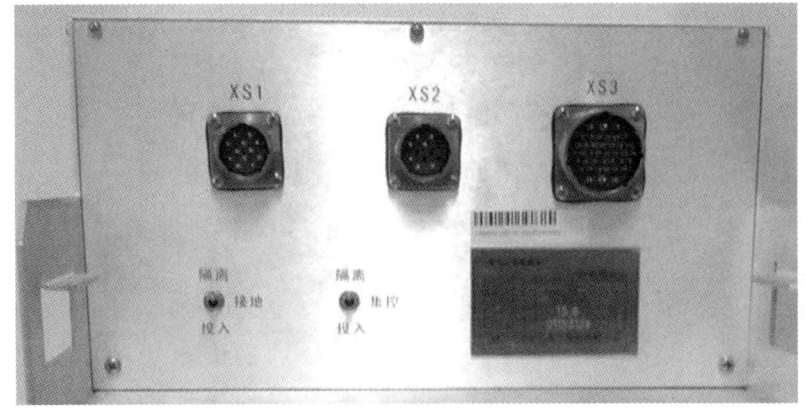

图 2.92　列供控制箱插头

表 2.27 列车供电柜主要设备

序号	设备	代号（缩写）	型号与规格	数量	位置	备注
1	列车供电柜	LG1, 2		2	机械间	
2	列车供电连接器	XSA2～5	KC20D	4	机车车头	
3	列车供电柜冷却风机	BM		1	列车供电柜	
4	真空接触器	13KM		2	列车供电柜	
5	快速熔断器	11FU		2	列车供电柜	
6	滤波电抗器	13L		2	列车供电柜	
7	滤波电容器	19C		2	列车供电柜	
8	过电压吸收电阻	21R1, 2		4	列车供电柜	
9	过电压吸收电容	31C		2	列车供电柜	
10	同步变压器	TBK1		2	列车供电柜	
11	空载电阻	5R1, 2		2	列车供电柜	
12	检测用电流传感器	11SC		2	列车供电柜	
13	接地分压电阻	1R1, 2		4	列车供电柜	
14	接地电压传感器	13SV		2	列车供电柜	
15	电压传感器	11SV、12SV		2	列车供电柜	
16	单相整流桥二极管	V1, 2		4	列车供电柜	
17	单相整流桥晶闸管	V3, 4		2	列车供电柜	
18	RC 吸收器	RC		8	列车供电柜	
19	列供电度表	U2		1	列车供电柜	
20	列供电度表插头	CZ1, 2		2	列车供电柜	
21	控制箱插头	XS1～3		3	列车供电柜	

九、制动柜

制动系统是机车及列车安全行车中必不可少的装置，同时为了提高铁路的通过能力，也必须有动作灵敏、控制精确、制动能力强的制动系统。

CCB-Ⅱ制动系统是基于网络的微机控制电空制动机，它以 26-L 制动机为基础，为满足干线客、货运机车的运用要求而设计，可以满足机车车辆的配套使用。CCB-Ⅱ制动系统控制部分及辅助功能控制部分集成在制动柜中，制动柜如图 2.93 所示。制动柜主要设备见表 2.28 所示。

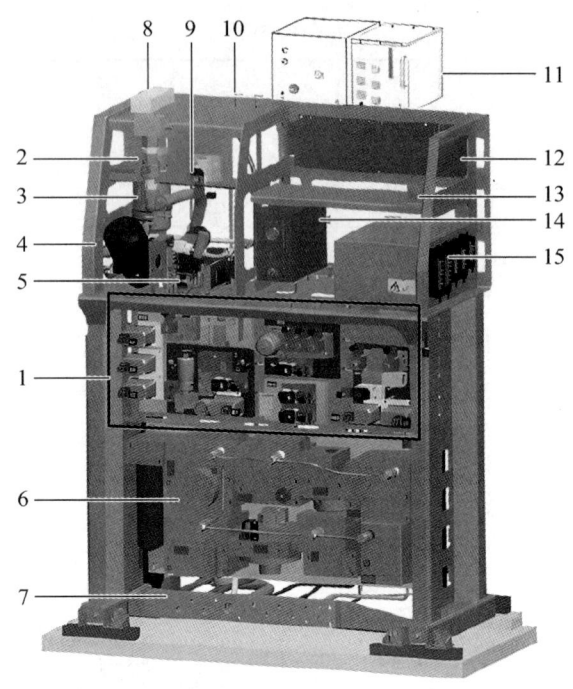

图 2.93 制动柜布置图

表 2.28 制动柜主要设备

序号	名称	代号	序号	名称	代号
1	辅助控制模块		9	升弓钥匙塞门	B01U99
2	总风截断塞门	B01A24	10	气路接口	
3	干燥风缸	B01U83	11	防滑装置	
4	辅助干燥器	B01U82	12	I/O 模块	
5	辅助压缩机	B01U80	13	辅助压缩机按钮	B01U86
6	电空控制单元	B01B20	14	微处理器	B01B46
7	气路接口		15	电器接口	B01B47
8	监控传感器接口				

(一) 辅助风源

该装置采用克诺尔公司的 LP115 型辅助压缩机组作为辅助风源,外形如图 2.94 所示,将其和升弓控制模块、升弓风缸及风表相连。辅助空压机组的控制开关在电器控制柜上,点动开关后,辅助空压机开始工作,当风压达到 (735±20) kPa 时,自动切断辅助压缩机的电源。

为保证压缩空气和管路的清洁,辅助压缩机配有小型的单塔干燥器和再生风缸。

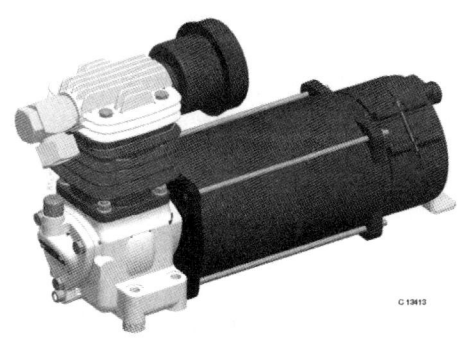

图 2.94　辅助压缩机 LP115

（二）防滑装置

在机车空气制动状态下，制动力超过了黏着限制，车轮转速急剧下降甚至停转而车速降得很慢，这叫"滑行"或"抱死轮"。为了消除机车运用过程中的这一现象，制动系统采用了防滑装置。

制动系防滑装置可以避免黏着性差的情况下车轮擦伤，并使制动距离最优化。各轴防滑装置均独立工作。每个轴都有各自的速度传感器（见图 2.95）和防滑阀（见图 2.96），防滑阀由防滑控制单元（见图 2.97）控制，从而控制机车制动缸压力，即车轮即将发生滑行时，防滑阀会及时动作，快速排出制动缸的压力空气而不排空，使制动力迅速降至小于黏着力即可，目的是防止车轮滑行、恢复轮轨的黏着状态。而且，在黏着恢复后，还要使制动缸及时再充风，尽量恢复较大的制动力。

图 2.95　速度传感器

图 2.96　防滑阀

图 2.97　防滑控制单元

（三）微处理器（IPM）

微处理器是 CCB-II 制动机的中央处理器，如图 2.98 所示，进行各制动功能的软件运算，并对各部分软件状态进行检测和维护。它处理所有与制动显示屏（LCDM）有关的接口任务，并通过 LON 网络传送制动命令给电空控制单元（EPCU）。

微处理器也通过继电器接口模块（RIM）与机车控制系统（TCMS）和安全装置（ATP）进行通信。

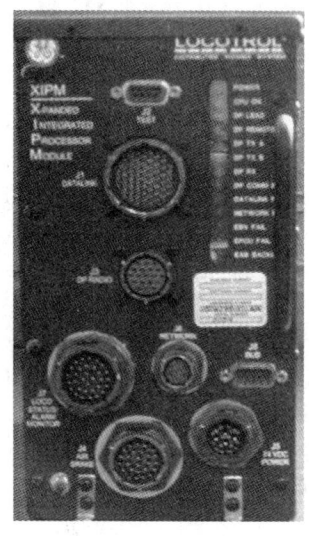

图 2.98　微处理器 B-IPM

微处理器前端设有 9 个指示灯，用来提供制动系统状态的反馈信息。若制动系统处于正常工作状态，微处理器顶端两个绿色的指示灯处于指示状态，而其他指示灯没有指示信息。各指示灯具体含义见表 2.29。

表 2.29　各指示灯具体含义

指示灯	含义
POWER	绿色表示微处理器已得电
CPU OK	绿色表示微处理器工作状况良好
DP LEAD	绿色表示该机车处于动力分散主控机车模式
DP REMOTE	绿色表示该机车处于动力分散从控机车模式
DP TX A	黄色表示该机车电台 A 正在传输无线信息
DP TX B	黄色表示该机车电台 B 正在传输无线信息
DP RX	绿色表示该机车正接收无线信息
DP COMM INT	红色表示该机车无线通信故障
DATALINK FA	红色表示该微处理器与机车控制系统、电空控制单元或制动显示屏通信失败
NETWORK FA	红色表示 CCB-II 系统内部通信失败
EBV FAIL	红色表示 CCB-II 系统电子制动阀失效
EPCU FAIL	红色表示 CCB-II 系统电空控制单元失效
EAB BACKUP	红色表示 CCB-II 系统已进入备份模式

（四）继电器接口模块（RIM/CJB）

继电器接口模块位于机车制动柜，如图 2.99 所示，是微处理器（IPM）与机车间进行通信的继电器接口。

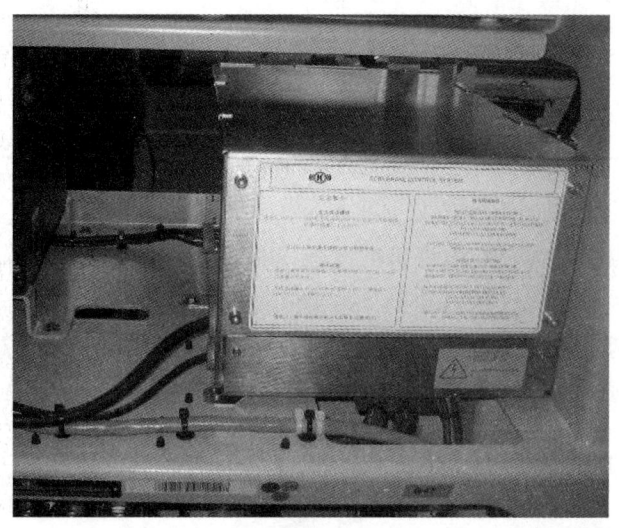

图 2.99 继电器接口模块

信号输入部分包括：由安全装置（ATP）产生的惩罚制动和紧急制动、再生制动投入信号、MREP 压力开关工作状态信号、机车速度信号。

信号输出部分包括：紧急制动信号、动力切除（PCS）信号、撒砂开关动作信号、再生制动切除信号、制动系统故障信号。

（五）辅助控制模块

辅助控制模块（见图 2.100、表 2.30）可以改善机车的运行条件，确保机车安全。该模块包括升弓控制模块（U43）、停放制动模块（B40）、撒砂控制模块（F41）、警惕装置（Z10）、停放制动辅助控制模块（R30）、踏面清扫控制模块、防滑行控制系统、鸣笛控制和辅助风源等部分。

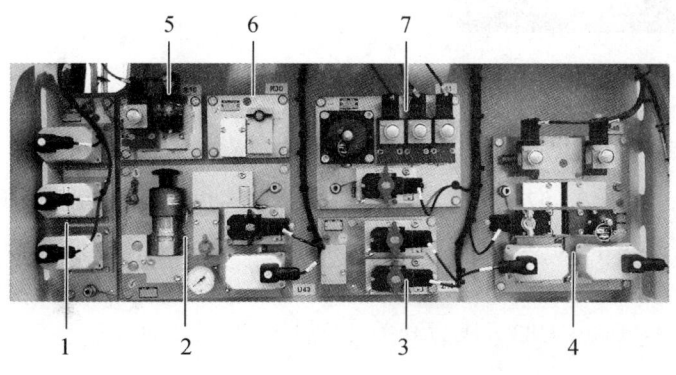

图 2.100 辅助控制模块布置

表 2.30　辅助控制模块主要模块

序号	名称	代号	序号	名称	代号
1	调压器模块	B01P50	5	紧急放风控制模块	B01S10
2	升弓控制模块	B01U43	6	停放制动辅助控制模块	B01R30
3	制动缸切除模块	B01Z10	7	撒砂控制模块	B01F41
4	停放制动模块	B01B40			

1. 停放制动模块（B40）

停放制动模块（见图 2.101）接收司机控制指令，从而控制机车走行部弹簧停车制动缸压力。当弹簧停车制动缸中的空气压力达到 480 kPa 时，弹簧停车制动装置缓解，允许机车牵引；机车停车后，将弹簧停车制动缸中的压力空气排空，弹簧停车装置动作，闸瓦压紧轮对，避免机车因重力或风力的原因溜车。

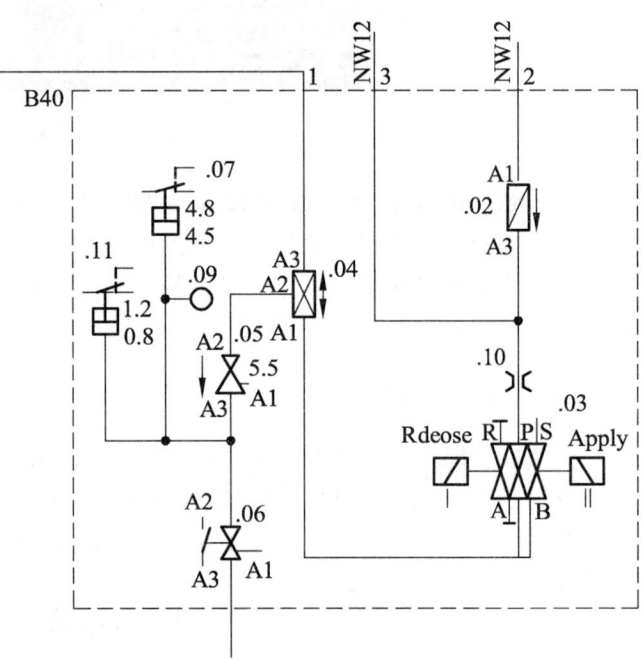

图 2.101　停放制动模块及原理图

2. 升弓控制模块（U43）

升弓控制模块（见图 2.102）为受电弓和主断路器提供干燥、稳定的压缩空气。此模块包括双逆止阀（.04）、安全阀（.06）、压力开关（.02）、机械压力表（.05）、过滤器（.03）、塞门（.13、.14）、缩堵（.11、.12）和测试接口（.09、.10），它和辅助压缩机（U80）、辅助压缩机用干燥器（U82）、干燥风缸（U83）压力开关（U84）、升弓风缸（U76）以及升弓塞门（U98、U99）等部件共同工作。

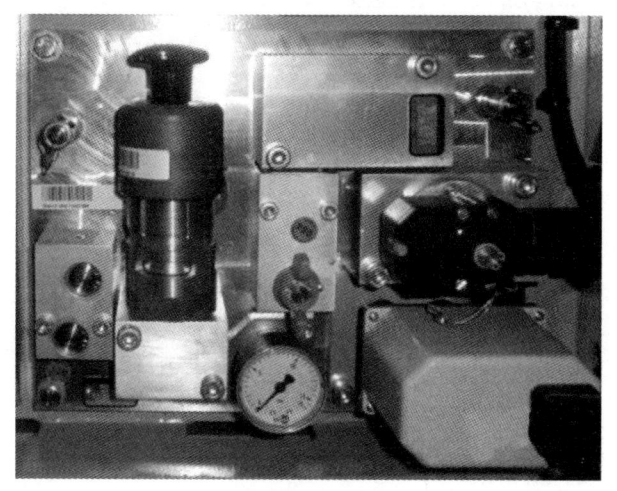
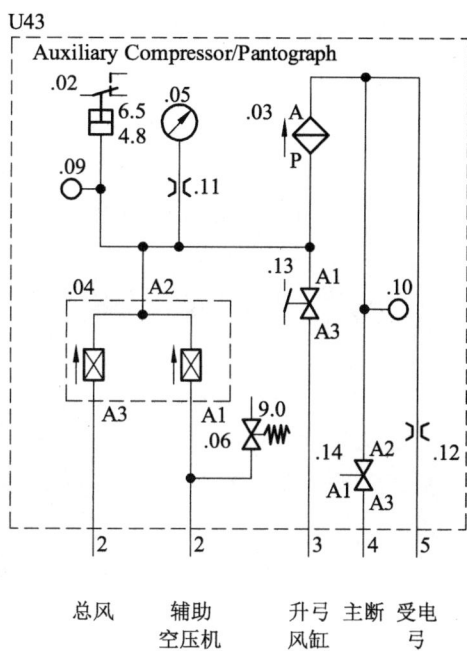

图 2.102 升弓控制装置及原理图

3. 撒砂控制模块（F41）

撒砂控制模块（见图 2.103）由撒砂塞门（.02）、减压阀（.03）、加热电磁阀（.04）、撒砂电磁阀（.05）、撒砂电磁阀（.06）等控制部件组成。

机车设有四个砂箱和撒砂装置，车体两端各两个砂箱，容积均为 30 L，撒砂量可在 0.3～0.5 L/min 范围内调节。撒砂动作与司机脚踏开关、紧急制动、防空转、防滑行等功能配合使用，撒砂方向与机车实际运行方向一致。

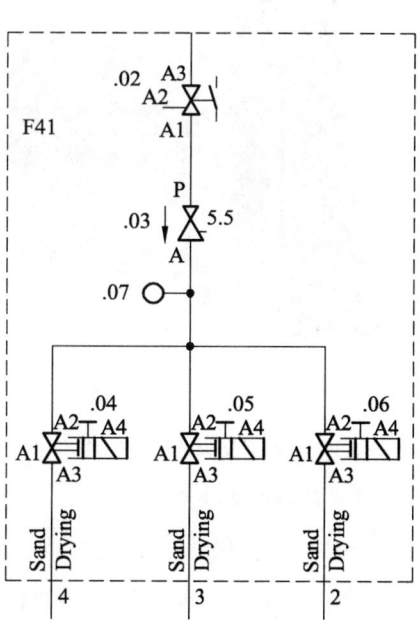

图 2.103 撒砂控制模块及原理图

4. 停放制动辅助控制模块（R30）

停放制动辅助控制模块（见图 2.104）用于在机车总风缸（A11/A15）和停放风缸（A13）均无风压情况下，可用其他机车列车管的压力来实现弹簧停车制动的快速缓解，无须在走行部的弹停风缸上进行手动缓解。该装置提高了机务段的调车作业效率，减小了劳动强度。

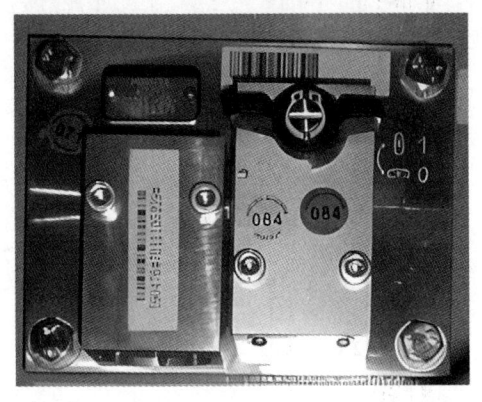
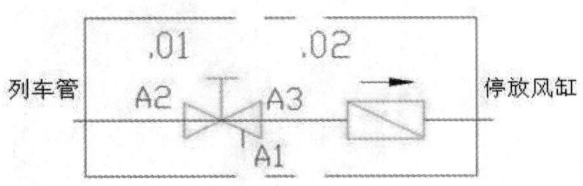

图 2.104　停放制动辅助控制模块及原理图

（六）电空控制单元 EPCU

电空控制单元（EPCU）由电空阀和空气阀组成来控制机车空气管路的压力，是制动系统的执行部件，所有电空阀和空气阀集成到八个线路可更换的模块（LRU）中（见图 2.105）。

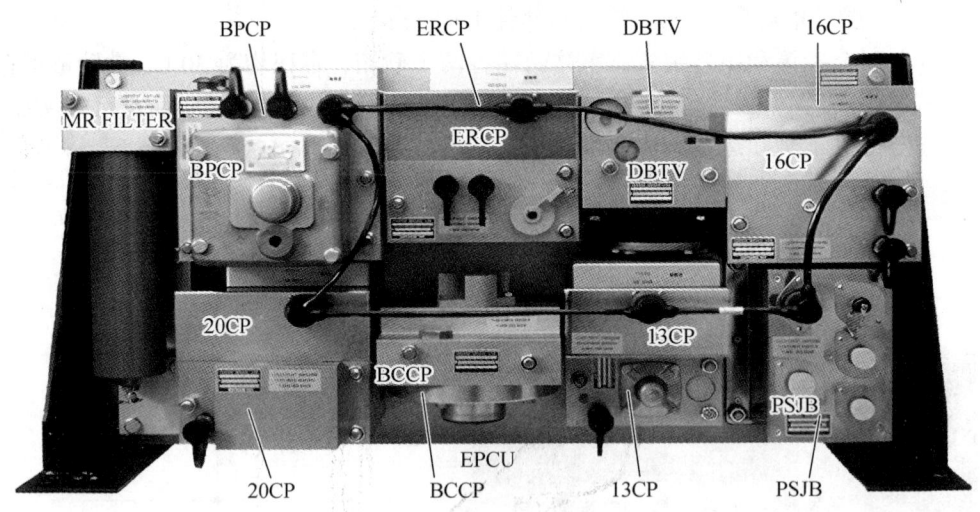

图 2.105　电空控制单元（EPCU）

其中五个 LRU 是"智能的"，可以通过软件进行自检并通过 LON 网络和 EBV、IPM 进行通信，其功能简述如下：

1. 均衡风缸控制部分（ERCP）

通过改变均衡风缸压力产生制动管控制压力。其功能类似 JZ-7 制动机中自动制动阀内调整阀，以及 DK-1 制动机中电空制动控制器和缓解电磁阀、制动电磁阀联合的作用。

2. 制动管控制模块（BPCP）

BPCP 模块接收来自 ERCP 模块控制的均衡风缸的压力，由内部 BP 作用阀响应其变化并快速地产生与均衡风缸具有相同压力的制动管的压力，从而完成列车的制动、保压和缓解。它的作用相当于 JZ-7 或 DK-1 系统中中继阀的作用。

3. 13 控制部分（13CP）

实现单独缓解机车制动缸压力的功能。

4. 16 控制部分（16CP）

响应列车管的减压量、平均管压力、单缓指令，来产生制动缸管的控制压力；功能类似 JZ-7 系统的分配阀或 DK-1 系统中分配阀主阀部的作用。

5. 20 控制部分（20CP）

通过响应列车管减压和辅助制动阀及单缓指令产生平均管压力；其作用类似 JZ-7 或 DK-1 系统中的重联阀，但平均管的控制压力来源不同。

EPCU 也包括纯空气控制阀。

6. 制动缸控制部分（BCCP）

响应 16CP 压力的变化，产生机车制动缸压力。

7. DB 三通阀（DBTV）部分

响应制动管的减压量，产生制动缸管的控制压力，可以作为 16CP 的备份模块。

8. 电源接线盒（PSJB）

PSJB 内置电源，为 CCB-II 制动机供电（将 110 V 转换到 24 V），在外部具有多个接插件，允许 EPCU、EBV、B-IPM 和 RIM 相互连接。

十、高压安全互锁装置

高压接地开关与机车钥匙箱联锁控制，可以实现机车的高压安全互锁，如图 2.106 所示。高压接地开关上配有一个蓝色锁芯、一个黄色锁芯和一把黄色钥匙。当升弓气路阀被关闭时，蓝色钥匙（位于空气管路柜内）才能拔出，待其插入到高压接地开关后，高压接地开关才可以打至接地位，此时主断路器主触点 QF1 的两端及高压隔离开关通过高压接地开关与车体地相连；高压接地开关上的黄色钥匙只有当接地开关打至接地位时才能拔出，插入到机车钥匙箱后，钥匙箱上的其他白色钥匙才能解除联锁，从而确保只有在网侧回路完全接地的情况下才可打开机车的其他电器柜门，实现高压安全互锁。反之亦然，只有当所有柜门关闭上锁，绿色钥匙全部插入到机车钥匙箱中，黄色钥匙才可拔出，插入到高压接地开关上，高压接地开关才可打至正常运行位，此时蓝色钥匙才能拔出，插入升弓气路阀后，开启升弓气路，为起机做好准备。

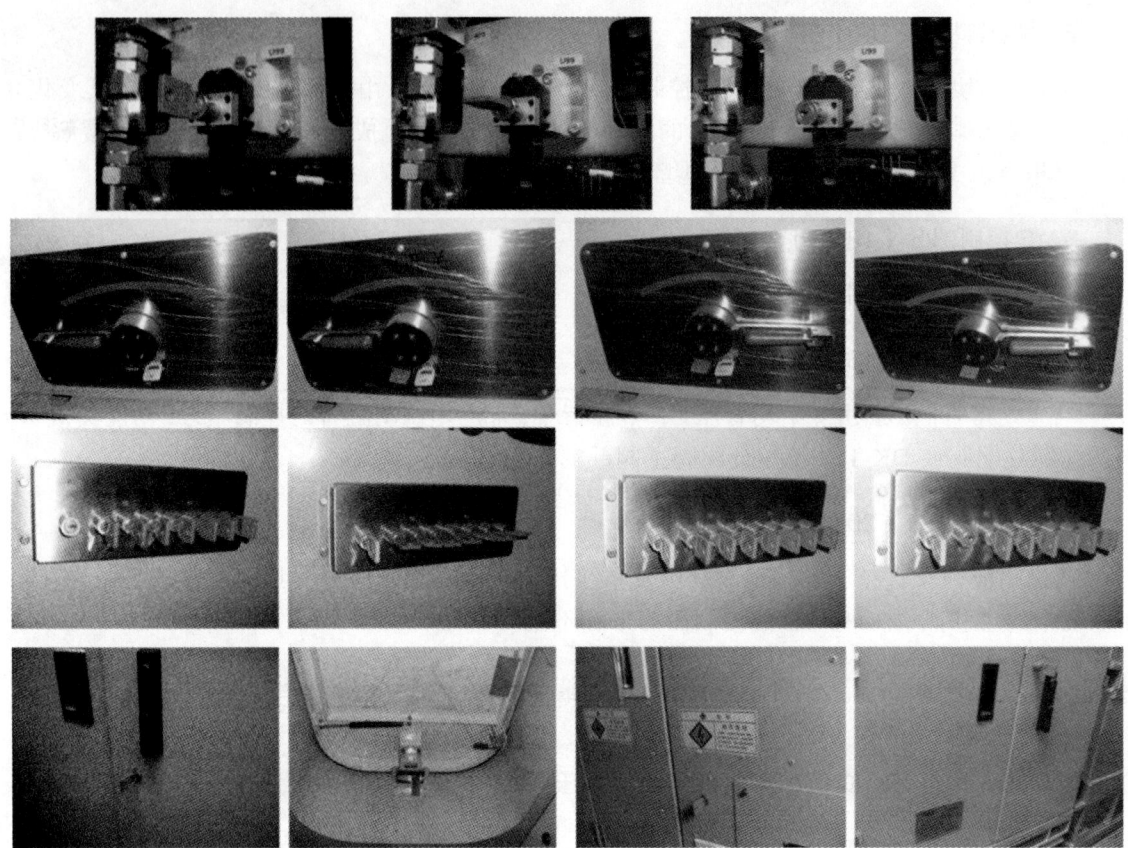

图 2.106　高压安全互锁

第三章　HX$_D$3D 型电力机车电气原理

HX$_D$3D 型客运电力机车的电气线路主要由主电路、辅助电路、DC 600 V 列车供电电路、控制电路、制动系统控制电路和机车行车安全综合信息监控电路组成。

第一节　HX$_D$3D 型电力机车电气原理图

一、电气线路原理图

HX$_D$3D 型电力机车为交流传动客运电力机车,其电气线路原理图按功能主要分为主电路、辅助系统电路、控制电路、制动控制电路、第三方设备电路及车载安全防护系统电路。

HX$_D$3D 型电力机车电气线路原理图共 35 页,其中第 1～2 页为电气线路图说明,第 3 页为网侧电路,第 4 页为主电路,第 5～7 页为辅助系统电路,第 8 页为压缩机预热电路,第 9 页为控制电源电路,第 10～11 页为司机室控制电路,第 12 页为机车控制电路,第 13～14 页为变流器控制,第 15 页为机车重联控制电路,第 16 页为列车供电控制,第 17 页为空调控制电路,第 18 页为自动过分相和辅照灯、标志灯控制,第 19～20 页为照明及其他辅助设备,第 21～25 页为制动控制电路,第 26～27 页为第三方设备,第 28～29 页为机车车载安全防护系统,第 30 页是主电路设备明细,第 31 页是辅助系统设备明细,第 32 页是控制设备明细,第 33～34 页是照明电路及制动系统明细,第 35 页是第三方设备及车载安全防护系统明细。

二、电气线路原理图结构

HX$_D$3D 型电力机车电气线路原理图每页均分为三部分:标题栏、坐标栏、绘图区,如图 3.1 所示。

标题栏确定图样名称、图样编号、张次和有关人员签名等内容的栏目,相当于电气线路原理图的"铭牌";坐标栏横坐标以 1～8 标定,纵坐标以字母 A～F 标定,横纵坐标一起确定位置,在电气线路原理图里用"图号-坐标"表示具体位置;绘图区主要由电器、电机、导线等元素组成,是电气线路原理图最重要的区域。

1. 电气符号

电气线路原理图绘图区的电器和电机都有自己的电气符号,电气符号的组成:基本文字符号+辅助文字符号+顺序号。

(1) 基本文字符号。

基本文字符号用来表示电路中的设备、装置和元器件的代号,一般采用单字母或双字母符号,见表 3.1。

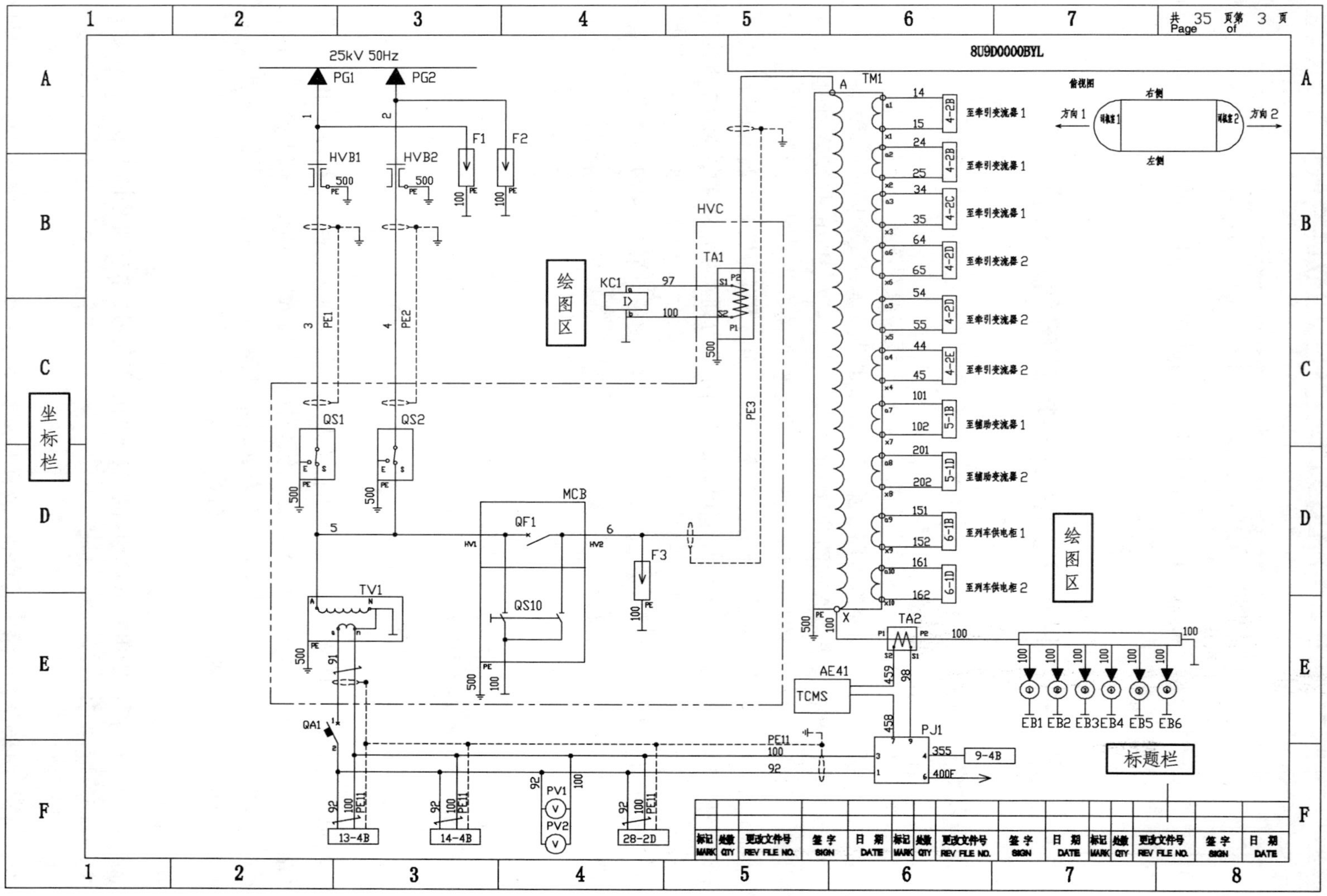

图 3.1 电气线路原理图结构

表 3.1　基本文字符号

序号	基本文字符号	含义	序号	基本文字符号	含义
1	E	杂项,如照明装置、加热装置	7	Q	隔离开关、自动开关
2	F	避雷器、熔断器	8	S	开关、按钮、转换器
3	H	指示灯	9	T	变压器、互感器、传感器
4	K	接触器、继电器	10	X	端子、插头、插座
5	M	电机	11	Y	电磁阀
6	P	电动仪表			

（2）辅助文字符号。

辅助文字符号用于表示电气设备、装置和元器件的功能、状态和特征,见表3.2。

表 3.2　辅助文字符号

序号	辅助文字符号	含义	序号	辅助文字符号	含义
1	PA	电流表	1	KM	接触器
2	PV	电压表	2	KE	控制继电器
3	PJ	电度表	3	KP	压力继电器
4	PG	受电弓	4	KT	延时继电器
5	PD	显示单元	5	KC	过流继电器
1	QA	自动开关	1	TM	变压器
2	QF	断路器	2	TA	电流互感器
3	QS	隔离开关	3	TV	电压互感器
1	M	牵引电机	1	SA	非自复式开关
2	MA	辅助电机	2	SB	自复式开关
3	MD	其他电机			

（3）顺序号。

顺序号用以区别同类型电气设备、装置和元器件的文字符号。电气符号顺序号在电气原理图中的分配：主电路系统1~10、辅助电路系统11~40、控制电路系统41~100,见表3.3。

表 3.3 顺序号

序号	顺序号	含义	位置	序号	顺序号	含义	位置
1	M1~6	牵引电机	主电路系统	1	QA1	原边电压自动开关	主电路系统
2	MA11, 12	牵引通风机电机	辅助电路系统	2	QA11, 12	牵引通风机自动开关	辅助电路系统
3	MA13, 14	冷却塔通风机	辅助电路系统	3	QA13, 14	冷却塔通风机自动开关	辅助电路系统
4	MA19, 20	空气压缩机电机	辅助电路系统	4	QA19, 20	空气压缩机自动开关	辅助电路系统
5	MA21, 22	主变压器油泵电机	辅助电路系统	5	QA21, 22	主变压器油泵自动开关	辅助电路系统
6	MA23, 24	车体通风机电机	辅助电路系统	6	QA23, 24	车体通风机自动开关	辅助电路系统
7	MD41~44	刮雨器水泵	控制电路系统	7	QA41~42	微机控制自动开关	控制电路系统
8	MD47~50	司机室风扇	控制电路系统	8	QA43~44	司机控制自动开关	控制电路系统
9	MD51	冷藏箱	控制电路系统	9	QA45	机车控制自动开关	控制电路系统

2. 导 线

电气线路原理图导线的线号在电气原理图中划分为：主电路 1~100，辅助电路 101~300，控制电路 301~800，空气电路 801~900，行车安全电路 901~1 000。

第二节 主电路

机车主电路主要由网侧电路、主变压器、主变流器及牵引电动机等组成。

一、网侧电路

网侧电路由受电弓 PG1、PG2，高压套管 HVB1、HVB2，高压隔离开关 QS1、QS2，高压电压互感器 TV1，真空断路器 QF1，高压接地开关 QS10，避雷器 F1、F2、F3，高压电流互感器 TA1，低压电流互感器 TA2，原边过流继电器 KC1，原边电压自动开关 QA1，网压表 PV1、PV2，智能型电度表 PJ1，主变压器原边绕组 AX 及接地装置 EB1~6 等组成，如图 3.2 所示。网侧电路主要设备和说明见表 3.4、表 3.5。

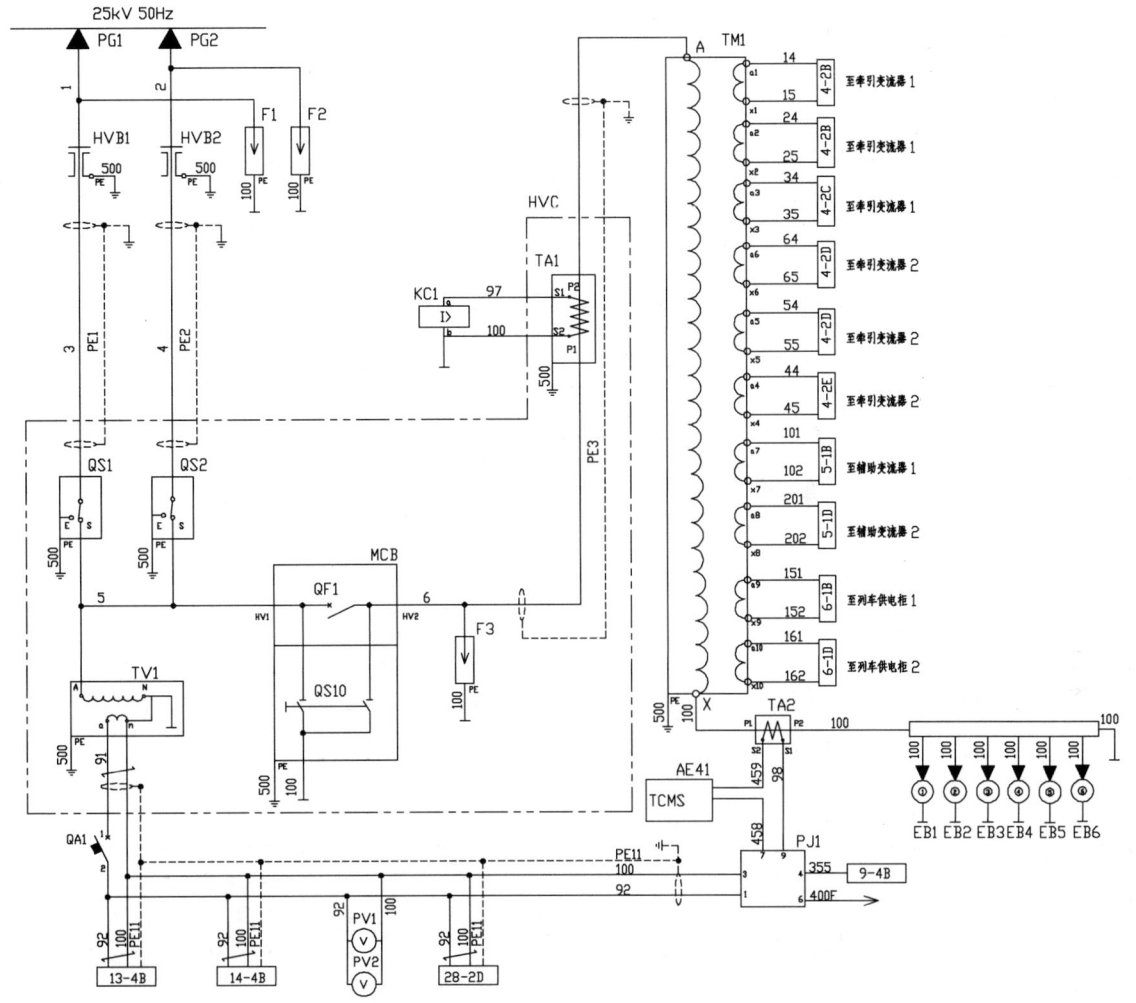

图 3.2 网侧电路

表 3.4 网侧电路主要设备

序号	设备	代号	型号	数量	位置	备注
1	受电弓	PG1、PG2	DSA200D	2	车顶	
2	高压套管	HVB1、HVB2		2	车顶	
3	高压隔离开关	QS1、QS2	2PIS	2	高压柜	
4	高压电压互感器	TV1	JDZX18-25（D）	1	高压柜	
5	真空主断路器	QF1	22CBDP1	1	高压柜	
6	高压接地开关	QS10	35KSDP1	1	高压柜	
7	车顶避雷器	F1、F2		2	车顶	
8	车内避雷器	F3		1	高压柜	
9	高压电流互感器	TA1	LMZB-25C	1	高压柜	
10	低压电流互感器	TA2	LMZJW-0.5	1	高压柜	
11	原边过流继电器	KC1	CMP4-12A	1	控制电器柜（背面）	

续表

序号	设备	代号	型号	数量	位置	备注
12	原边电压自动开关	QA1		1	控制电器柜（正面）	
13	网压表	PV1、PV2		2	I/II端司机室	
14	智能型电度表	PJ1	JTDB1-C	1	控制电器柜（正面）	
15	主变压器	TM1	JQFP-10160/25	1	车下	
16	接地装置	EB1~6	JTGJ-003	6	轮对轴头	

表3.5 网侧电路主要设备电路及其说明

序号	电路	说 明
1	受电弓 PG1、PG2	采用两架适用于200 km/h以下的DSA200D型单臂受电弓，受电弓采用气囊驱动方式升弓，配备有阻尼器和ADD自动降弓装置
2	高压隔离开关 QS1、QS2	采用两台电空控制方式的高压隔离开关。当高压隔离开关处于隔离位时，动触头端自动接地，确保故障端受电弓可靠接地，同时保证高压柜内部安全可靠
3	高压电压互感器 TV1	原边电压互感器为干式高压电压互感器，其变比为25 000 V/100 V，并联于高压隔离开关和主断路器之间，其次边输出通过原边电压自动开关QA1后分别送往四个位置： ① 送到主变流器UM1和UM2的控制单元，作为主变流器控制的同步信号使用； ② 驱动操纵台上的网压表PV1和PV2； ③ 为电度表PJ1的计量提供电压输入； ④ 送至车载安全防护系统中，用于车顶高压设备的绝缘检测
4	主断路器 MCB	主断路器MCB采用22CBDP1型真空断路器，除接通和开断机车的总电源外，当机车发生原边过流、主/辅变流器故障或司机按下紧急按钮时，主断路器的主触点QF1迅速断开，起机车最后一级保护作用

续表

序号	电路	说　明
5	车顶避雷器 F1、F2	避雷器 F1 和 F2 属于车顶避雷器,分别并联于受电弓和高压隔离开关之间,可以抑制机车外部的雷击过电压和电网过电压,保护车顶和车内的高压电器
6	车内避雷器 F3	避雷器 F3 属于车内避雷器,并联于主断路器和高压原边电流传感器之间,它主要抑制主断路器开闭时产生的操作过电压,避免对机车内部的控制电器产生过电压侵害
7	高压电流互感器 TA1	高压电流互感器 TA1 主要用作短路电流的检测,是保护用互感器,用于驱动过电流继电器 KC1 动作,因而对其饱和度有较高要求,对其检测精度要求比测量用互感器低
8	低压电流互感器 TA2	低压电流互感器 TA2 是为电度表的计量提供电流输入,为机车微机控制系统提供原边电流信号,用于原边电流显示,属于测量用互感器,要求有较高的测量精度
9	高压接地开关 QS10	35KSDP1 型高压接地开关集成在主断路器 MCB 内,具有高压电路接地保护功能,并处于机车高压安全联锁系统中,它只能在降弓并且切断受电弓气源之后才能操作
10	电度表 PJ1	机车装有一块电度表,通过采集高压电压互感器 TV1 提供的电压信号和低压电流互感器 TA2 提供的电流信号来实现机车牵引、再生电能的计量。电度表设有屏显窗口和切换按钮,通过按钮切换,可以显示正、反向有功计量以及电压和电流值

序号	电路	说 明
11	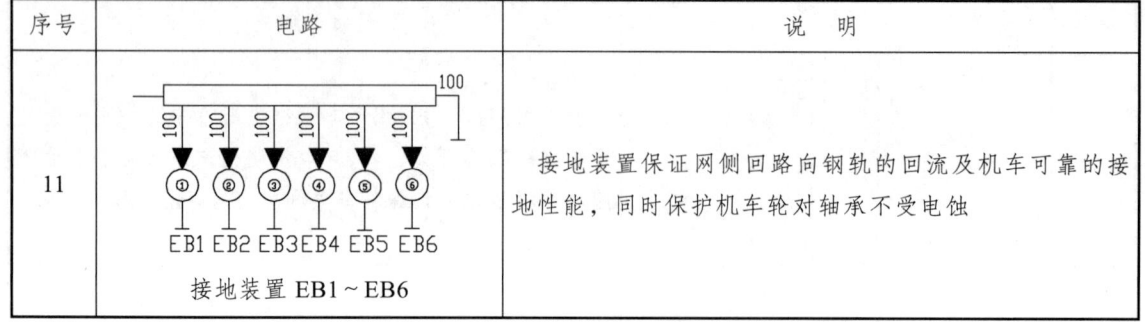 接地装置 EB1~EB6	接地装置保证网侧回路向钢轨的回流及机车可靠的接地性能，同时保护机车轮对轴承不受电蚀

接触网电流通过受电弓 PG1 或 PG2 进入机车，经 25 kV 高压电缆进入高压柜，并经柜内的高压隔离开关 QS1 或 QS2 和主断路器的主触点 QF1 相连，穿过高压电流传感器 TA1 与主变压器 TM1 的原边绕组 A 端子相连，经过主变压器原边绕组后，从 X 端子流出，再穿过低压电流传感器 TA2 后，通过 6 个并联的接地装置 EB1~6，经轮对回流至钢轨，线路为：

接触网→受电弓 PG1、PG2→高压套管 HVB1、HVB2→高压隔离开关 QS1、QS2→主断路器 MCB→高压电流互感器 TA1→主变压器原边绕组 AX→低压电流互感器 TA2→接地装置 EB1~6→轮对→钢轨。

受电弓 PG1、PG2 和车顶避雷器 F1、F2 位于机车顶盖上，6 个接地装置 EB1~6 安装于车轴轴头，其余的网侧高压电器均安装于车内高压柜 HVC 中，从而可以避免高压电器由于雨雪、风沙、粉尘等侵蚀、污染而引起的闪络击穿，降低了维修成本，提高了机车的可靠性。

二、主变压器电路

主变压器高压绕组（AX）从受电弓处接受 25 kV 高压电，利用电磁感应原理输出，6 个 1 450 V 的牵引绕组（a1x1~a6x6）用于两套主变流器（UM1、UM2）的供电，2 个 399 V 的辅助绕组（a7x7、a8x8）用于辅助变流器（UA11、UA12）的供电，2 个 860 V 的供电绕组（a9x9、a10x10）用于列供柜（LG1、LG2）的供电，如图 3.3 所示。主变压器 TM1 电路及其说明见表 3.6。

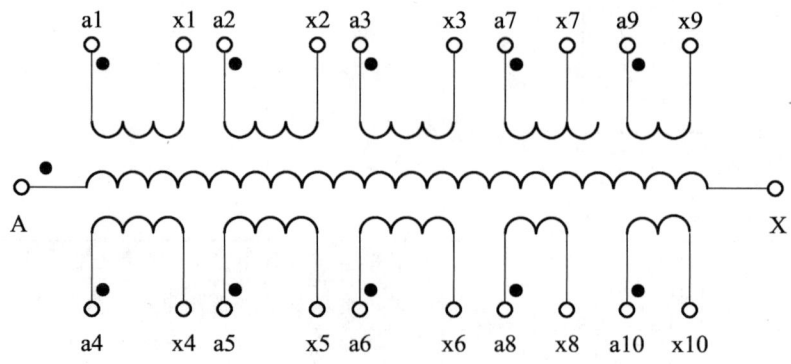

图 3.3　主变压器原理图

表 3.6 主变压器 TM1 电路及其说明

电路	说明
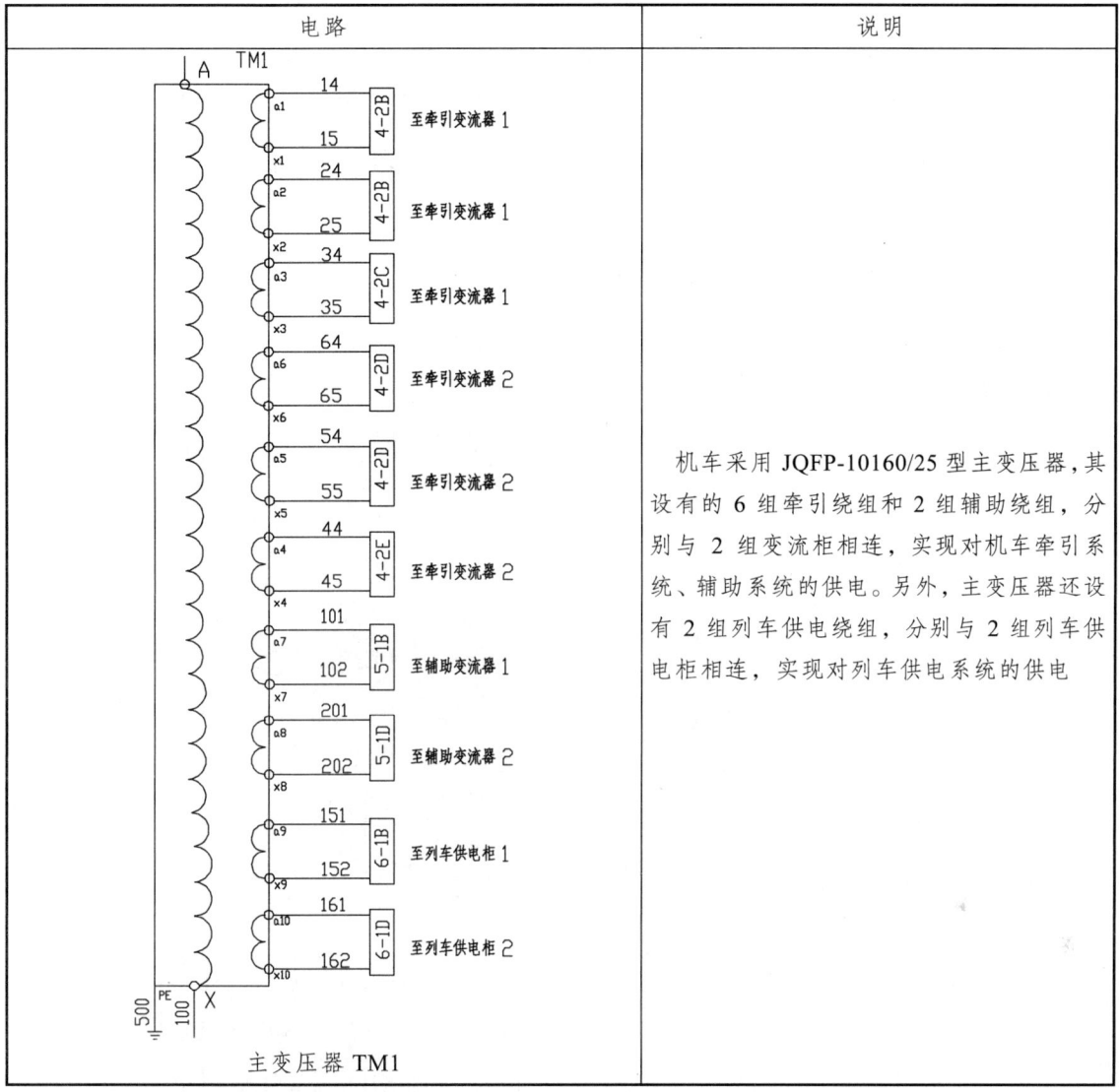 主变压器 TM1	机车采用 JQFP-10160/25 型主变压器,其设有的 6 组牵引绕组和 2 组辅助绕组,分别与 2 组变流柜相连,实现对机车牵引系统、辅助系统的供电。另外,主变压器还设有 2 组列车供电绕组,分别与 2 组列车供电柜相连,实现对列车供电系统的供电

主变压器的主要技术参数见表 3.7。

表 3.7 主变压器的主要技术参数

参　数	高压绕组（AX）	牵引绕组（a1x1~a6x6）	辅助绕组（a7x7、a8x8）	供电绕组（a9x9、a10x10）
额定容量/(kV·A)	10 166	8 400	606	1 160
额定电压/V	25 000	1 450×6	401×2	860×2
额定电流/A	407	965×6	756×2	675×2

主变压器内还设有温度传感器、压力释放阀、油流继电器以及储油柜布置布赫继电器,实现对主变压器的温度、压力的监测保护。

三、主变流器与牵引电机电路

机车安装有 2 组主变流器 UM1 和 UM2，分别由主变压器的牵引绕组（a1x1～a6x6）供电，2 组主变流器将电源变换后，分别给牵引电动机 M1、M2、M3 和 M4、M5、M6 供电，如图 3.4 所示。

每组主变流柜内部可以看成由 3 个独立的"整流—中间电路—逆变"环节（称为牵引变流器）构成。每组牵引变流器的主要设备包括：2 个接触器、1 个输入电流互感器、1 个充电电阻、1 个四象限整流器、1 个中间电路、1 个 PWM 逆变器和 2 个输出电流互感器。

机车 6 组牵引变流器的主电路和控制电路相对独立，分别为 6 个牵引电动机提供交流变频电源。当其中一组或几组发生故障时，可通过 TCMS 微机显示屏，利用触摸开关将故障的牵引变流器切除，剩余单元仍可继续工作，实现整车的冗余控制。

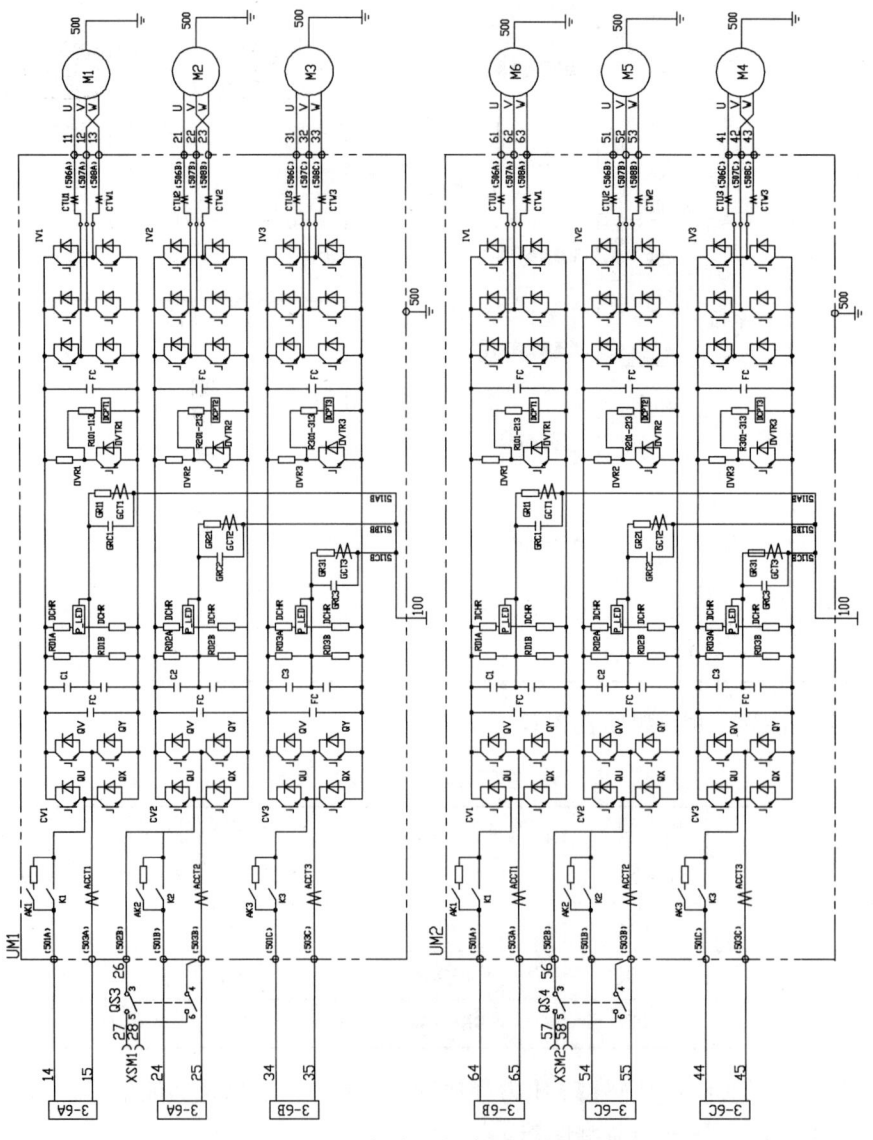

图 3.4 主变流器与牵引电机电路

1. **四象限整流器**

四象限整流器是一个脉宽调制变流器,它将输入的交流电压,通过脉冲宽度调制,控制中间直流电压的幅值和流入变流器的交流电流相位,使交流电流的波形尽量接近正弦,使得交流侧的基波电压和基波电流的相位差接近于 0,这样既限制了谐波电流分量,又提高了机车功率因数。四象限整流器 CV1～CV3 电路及其说明见表 3.8。

表 3.8 四象限整流器 CV1～CV3 电路及其说明

电 路	说明(参数)
四象限整流器 CV1～CV3(含 QU、QV、QX、QY)	额定输入电压:1 450 V AC/50 Hz 额定输入电流:965 A 中间电路标称电压:DC 2 800 V

对于 160 km/h 客运电力机车而言,6 组四象限整流器的调制波相位是一致的,但载波的相位不一致,依次相差 30°,从而达到消除谐波的目的,通过这样做还可以保证等效干扰电流 $I_p \leqslant 2.5$ A。

2. **中间直流环节**

中间直流环节是四象限整流器和 PWM 逆变器之间的中间环节。中间直流电路主要由中间电压支撑电容、瞬时过电压限制电路和主接地保护电路组成。瞬时过电压限制电路由 IGBT 和限流电阻组成。中间直流环节电路及其说明见表 3.9。

表 3.9 中间直流环节电路及其说明

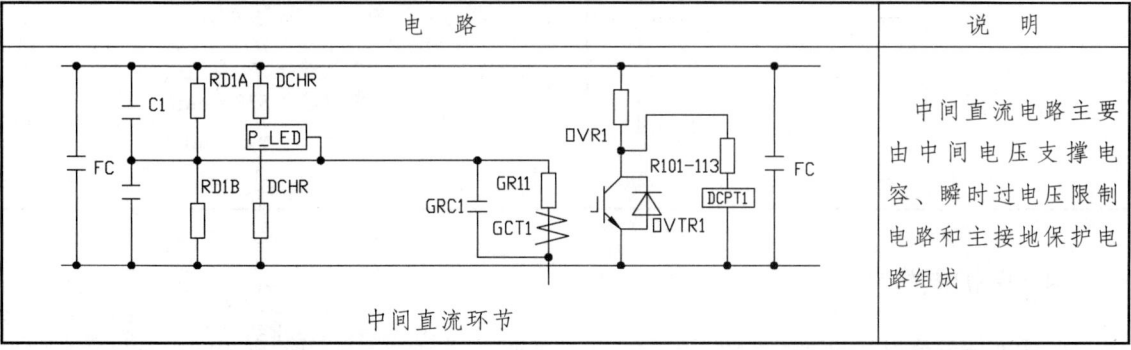

电 路	说 明
中间直流环节	中间直流电路主要由中间电压支撑电容、瞬时过电压限制电路和主接地保护电路组成

主接地保护电路由跨接在中间回路的两个串联电容和一个接地信号传感器组成。每台主变流器含有三套独立的接地保护电路,分别对 3 组牵引变流器进行主回路接地监测和保护。接地检测信息送至 TCMS,实现故障信息的显示。

3. **PWM 逆变器**

PWM 逆变器由中间直流环节供电,输出三相变压变频(VVVF)电源供给牵引电机。根据控制指令，PWM 逆变器能够平稳快速地从牵引工况转换到制动工况，反之亦然。机车的 6 个 PWM 逆变器分别向 6 台牵引电机供电。PWM 逆变器采用了最新的控制策略，使得在整个速度范围内力矩的波动最小，并且在轨面状态不好的情况下能够获得最大限度的黏着利用。由于整车采用轴控方式，当整台机车的 6 个轴的轮径差、轴重转移及空转等可能引起的负载分配不均匀时，均可以通过 PWM 逆变器的控制进行适当的补偿，以实现最大限度地发挥机车牵引力。PWM 逆变器 IV 电路及其说明见表 3.10。

表 3.10　PWM 逆变器 IV 电路及其说明

电　路	说明（参数）
PWM 逆变器 IV	额定输入电压：DC 2 800 V 额定输出电压：AC 2 150 V 额定输出电流：390 A 最大输出电流：520 A 输出频率：0～120 Hz

4. 牵引电动机

牵引电动机前设有输出电流互感器 CTU、CTW，对牵引电机过载及牵引电机三相不平衡起控制和监视保护作用。牵引电动机 M1～M6 电路及其说明见表 3.11。

表 3.11　牵引电动机 M1～M6 电路及其说明

电　路	说明（参数）
牵引电动机 M1～M6	额定输出功率：1 250 kW 额定电压：2 150 V 额定电流：390 A 极数：4 额定转速：1 333 r/min 最高转速：2 782 r/min 额定效率：0.95

四、保护电路

1. 主变压器牵引绕组过流保护

在每组牵引变流器的输入回路中，设有 1 个输入电流互感器 ACCT，用于监测变流器充电电流及牵引绕组短路电流。当保护发生时，四象限脉冲整流器和逆变器的门极均被封锁，输入回路中的工作接触器 K1 断开，同时向微机控制系统发出跳主断信号。通过操纵台上的复位开关可进行故障恢复。若这种故障在 3 分钟内连续发生两次，故障将被锁定，必须重启变流柜的控制系统，才能恢复正常。主变压器牵引绕组过流保护电路及其说明见表 3.12。

表3.12 主变压器牵引绕组过流保护电路及其说明

电　路	说　明
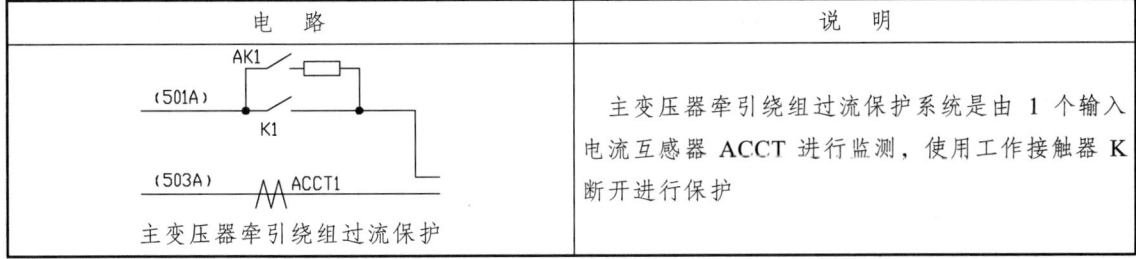 主变压器牵引绕组过流保护	主变压器牵引绕组过流保护系统是由1个输入电流互感器ACCT进行监测，使用工作接触器K断开进行保护

2. 主接地保护电路

主回路正常时，由于只有1点接地，接地保护电路中流过的电流为零，接地信号检测传感器无信号输出。

当保护发生时，四象限脉冲整流器和逆变器的门极均被封锁，输入回路中的工作接触器K断开，同时向微机控制系统发出跳主断信号。此时司机可将故障支路的变流器切除，机车还剩5/6的牵引动力，继续维持机车运行。主接地保护电路及其说明见表3.13。

表3.13 主接地保护电路及其说明

电　路	说　明
主接地保护电路	当主电路中有某一点接地时，接地检测回路有故障电流流过，传感器GCT输出信号，使保护装置动作

3. 牵引电动机过流保护

在每组牵引变流器的输出回路中，设有输出电流互感器CTU、CTW，对牵引电机过载及牵引电机三相不平衡起控制和监视保护作用。当保护发生时，四象限脉冲整流器和逆变器的门极均被封锁，输入回路中的工作接触器K断开，同时向微机系统TCMS发出CI过流信息，实施跳主断。牵引电动机过流保护及其说明见表3.14。

表3.14 牵引电动机过流保护及其说明

电　路	说　明
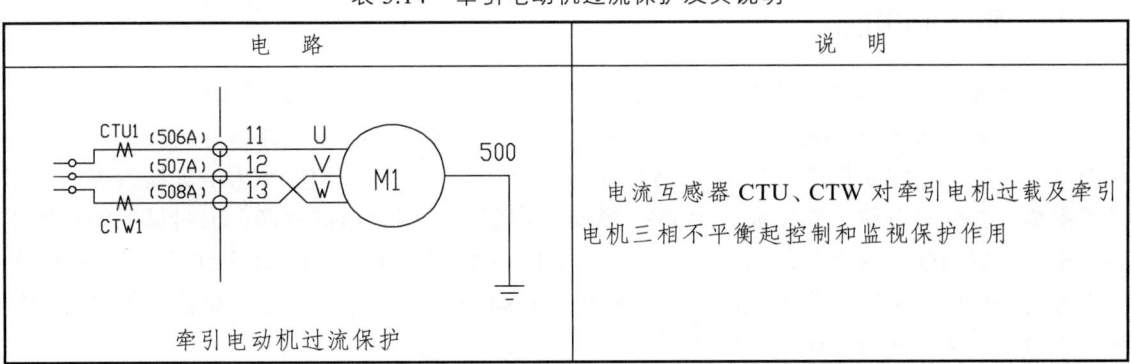 牵引电动机过流保护	电流互感器CTU、CTW对牵引电机过载及牵引电机三相不平衡起控制和监视保护作用

4. 原边电压保护

当原边网压高于 32 kV 且持续 10 ms 或者是高于 35 kV 且持续 1 ms 时，CI 实施保护，四象限脉冲整流器和逆变器的门极均被封锁，输入回路中的工作接触器断开，同时向微机控制系统发出原边过电压信息。

当原边网压低于 16 kV 且持续 10 ms 时，CI 实施保护，四象限脉冲整流器和逆变器的门极均被封锁，输入回路中的工作接触器断开，同时向微机控制系统发出原边欠压信息。

5. 瞬时过电压保护

在机车出现空转、滑行或者受电弓离线造成的网压中断等情况时，牵引变流器的中间回路上可能出现瞬时过电压，为了防止这种过电压对变流器造成损坏，在中间直流回路设有瞬时过电压限制电路，由 IGBT 和限流电阻组成。中间直流电压由电压传感器 DCPT 来监测，当过电压存在时，过压保护电路中的 IGBT 将导通，直流回路能量限流电阻 OVR2 释放，消除过电压。这是一种多次重复方式的保护。中间直流环节电路及其说明见表 3.15。

表 3.15 中间直流环节电路及其说明

电路	说明
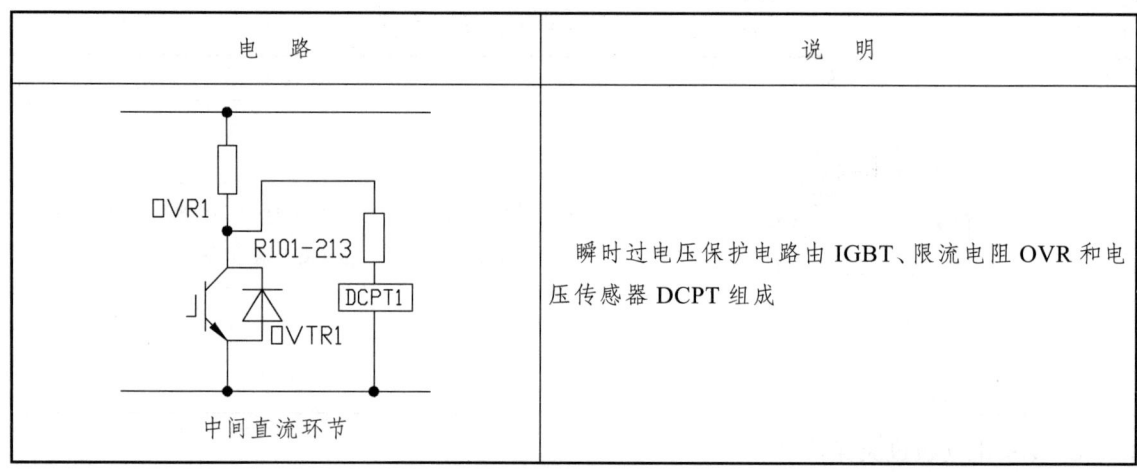	瞬时过电压保护电路由 IGBT、限流电阻 OVR 和电压传感器 DCPT 组成

当中间回路电压大于等于 3 200 V 时，瞬时过电压保护环节动作，四象限脉冲整流器和逆变器的门极均被封锁，输入回路中的工作接触器 K 断开。

此外，当中间回路电压小于等于 2 000 V 时，中间回路低电压保护环节动作，四象限脉冲整流器和逆变器的门极均被封锁，输入回路中的工作接触器 K 断开（库内动车时除外）。

五、库内动车电路

库内电源通过单相插座送入牵引变流器中，进行库内动车作业，如图 3.5 所示。库内动车电路及其说明见表 3.16。机车共设置 2 个主电路入库插座和 2 个主电路入库转换开关，方便库内动车需要。当需要用牵引电动机 M2 动车时，在主电路入库插座 XSM1 处接入库内动车电源引线，并将主电路入库转换开关 QS3 转至库用位，再闭合地面电源，通过操纵司机控制器机车便可以向前、后移动；当需要用牵引电动机 M5 动车时，在主电路入库插座 XSM2 处接入库内动车电源引线，将主电路入库用换开关 QS4 转至库用位，再闭合地面电源，通过操纵司机控制器机车便可以向前、后移动。

图 3.5 机车右侧主电路入库插座

表 3.16 库内动车电路及其说明

电 路	说 明
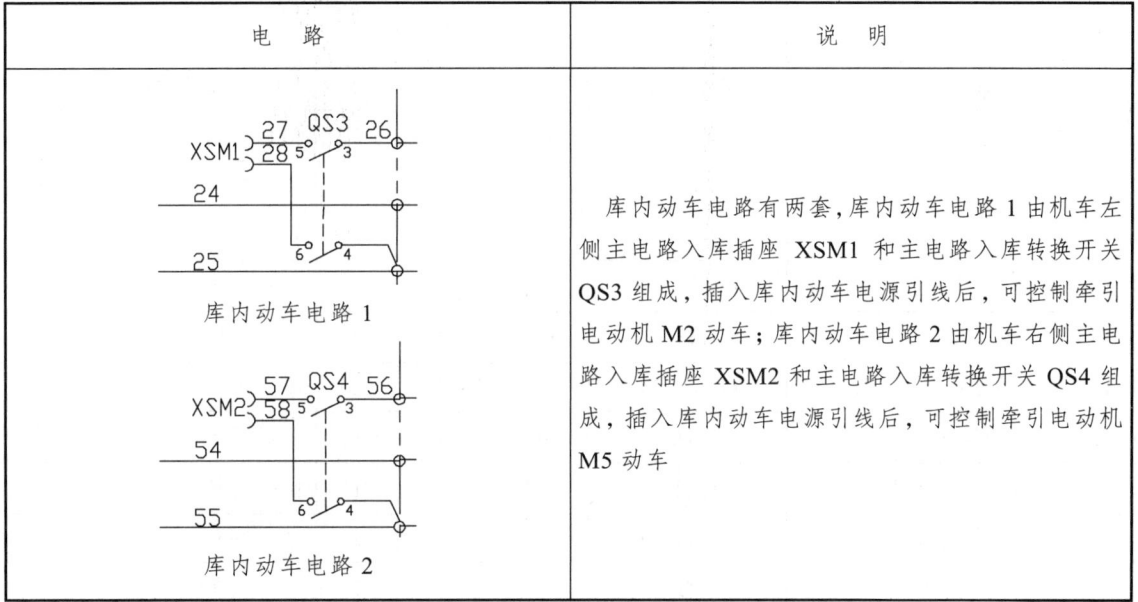	库内动车电路有两套,库内动车电路 1 由机车左侧主电路入库插座 XSM1 和主电路入库转换开关 QS3 组成,插入库内动车电源引线后,可控制牵引电动机 M2 动车;库内动车电路 2 由机车右侧主电路入库插座 XSM2 和主电路入库转换开关 QS4 组成,插入库内动车电源引线后,可控制牵引电动机 M5 动车

第三节 辅助电路

机车辅助电路从功能上可以分成相对独立的三部分电路:三相辅助电动机供电电路、辅助加热电路和库用电源电路。

一、三相辅助电动机供电电路

机车设有两组独立的三相辅助电源,每组电源由辅助变流器、辅助滤波装置、接触器、自动开关及辅助电动机等构成（见表3.17），为三相辅助电动机供电，如图3.6所示。当一组辅助电源故障时，另一组辅助电源仍可保证机车辅助系统的正常工作，实现冗余控制。

表3.17 三相辅助电动机供电电路主要设备

序号	设备	代号（简称）	型号与规格	数量	位置	备注
1	辅助变流器	UA11, 12		2	变流柜	
2	辅助滤波柜	LC		1	电源柜后面	
3	输出接触器	KM11, 12	AF400-30-11	2	控制电器柜（背面）	
4	故障转换接触器	KM20	AF400-30-11	2	控制电器柜（背面）	
5	牵引通风机电机	MA11, 12	YPBD200L2-2	2	牵引通风机	
6	牵引通风机自动开关	QA11, 12	400VAC, 100A	2	控制电器柜（正面）	
7	复合冷却器通风机	MA13, 14	YFDL200	2	复合冷却器	
8	复合冷却器通风机自动开关	QA13, 14	400VAC, 63A	2	控制电器柜（正面）	
9	空气压缩机电机	MA19, 20		2	空气压缩机	
10	空气压缩机接触器	KM13, 14	AF100-30-11	2	控制电器柜（背面）	
11	空气压缩机自动开关	QA19, 20	400VAC, 100A	2	控制电器柜（正面）	
12	主变压器油泵电机	MA21, 22	B2/148/100	2	主变压器	
13	主变压器油泵自动开关	QA21, 22	400VAC, 12.5A	2	控制电器柜（正面）	
14	车体通风机电机	MA23, 24	TFJ-HXD3D	2	车体通风机	
15	车体通风机自动开关	QA23, 24	400VAC, 6.3A	2	控制电器柜（正面）	
16	辅助电路库用插座	XSA1	JLG6K3ZY	1	车体中下方	
17	辅助电路库用开关	QS11	SF-1A-03D	1	控制电器柜（正面）	
18	变流器水泵	WP		2	变流柜	
19	三相交流变压器	PT		2	变流柜	

1. 辅助变流器

机车有2组辅助变流器UA11和UA12，分别位于2组主变流柜中，都有变频变压（VVVF）和定频定压（CVCF）两种工作方式。正常状态下，辅助变流器UA11工作在VVVF方式，辅助变流器UA12工作在CVCF方式。每一台辅助变流器的额定容量是按照独立带整车辅机负载的工况设计的，因此正常情况下，辅助变流器UA11、UA12基本上以50%的额定容量工作。

当某一组辅助变流器发生故障时，不需要切除任何辅助电动机，另一组辅助变流器可以承担机车全部的辅助电动机负载。此时，工作的辅助变流器以CVCF方式运行，辅助电动机按全功率运行，从而确保机车辅助电动机供电系统的可靠性。该工况下只有操纵端的空气压缩机可以投入工作。辅助变流器的故障转换控制由机车微机控制系统（TCMS）自动完成。辅助变流器电路及其说明见表3.18。

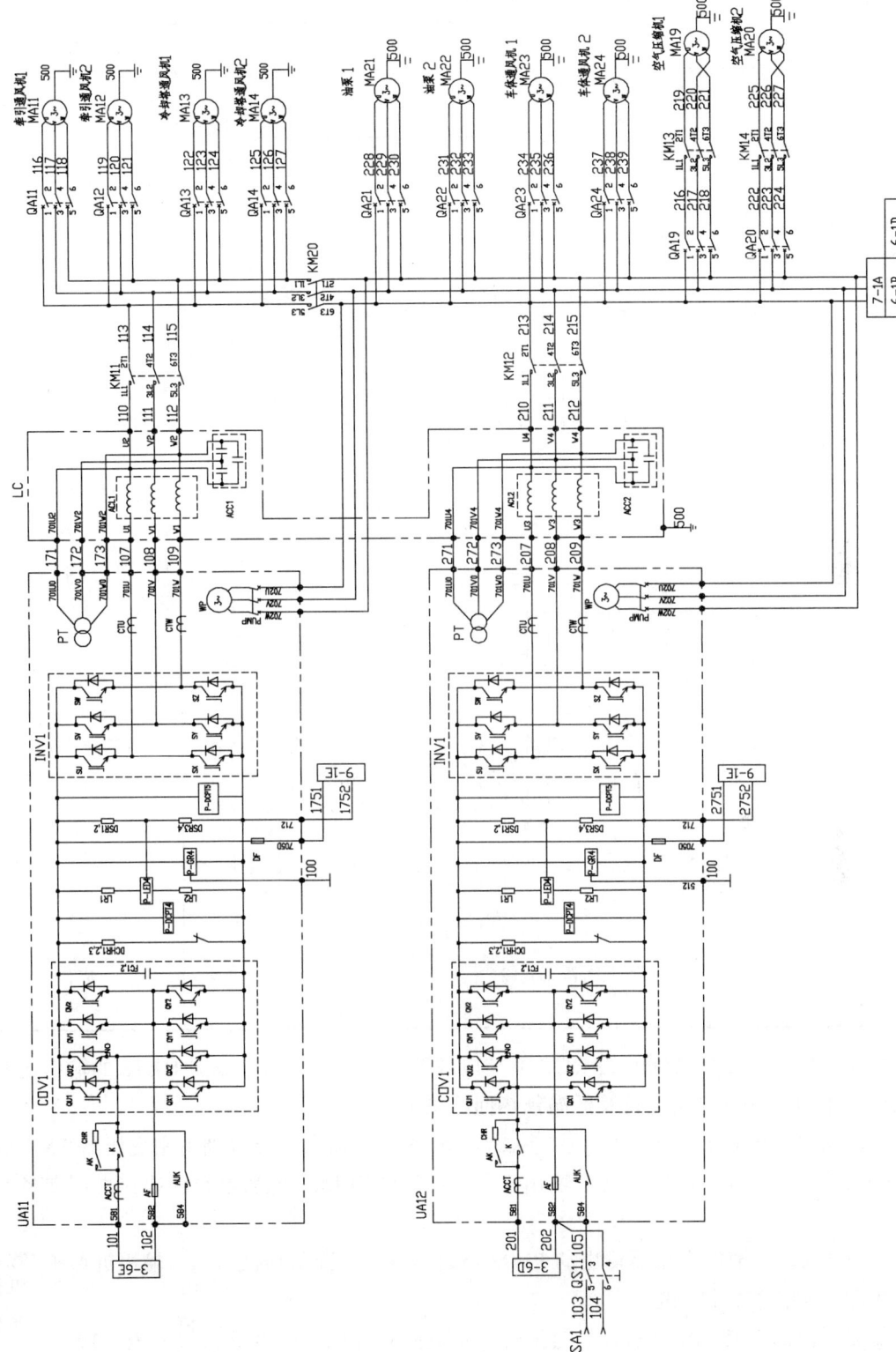

图 3.6 三相辅助电动机供电电路

表3.18 辅助变流器电路及其说明

电 路	说明（参数）
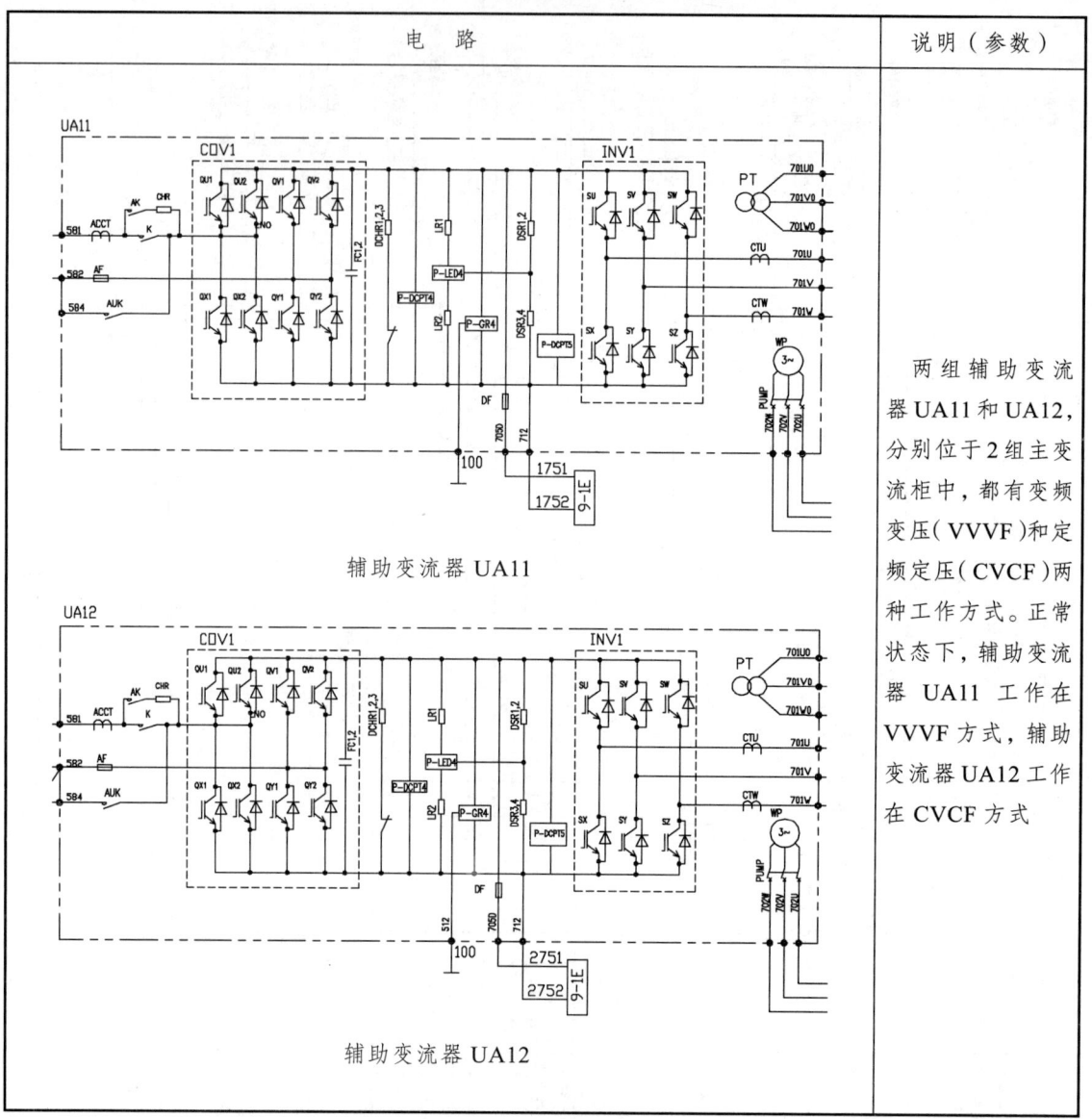 辅助变流器 UA11 辅助变流器 UA12	两组辅助变流器 UA11 和 UA12，分别位于2组主变流柜中，都有变频变压（VVVF）和定频定压（CVCF）两种工作方式。正常状态下，辅助变流器 UA11 工作在 VVVF 方式，辅助变流器 UA12 工作在 CVCF 方式

辅助变流器中间直流回路同时给 DC 110 V 电源装置供电。辅助变流器 UA12 的输出还经隔离变压器，给司机室各加热设备及低温预热回路供电。

辅助变流器采用最新的 IGBT 元件（1.7 kV/1 200 A），其输入电源分别由主变压器 TM1 的两个辅助绕组（a7-x7）、（a8-x8）供电，输出送入辅助滤波柜 LC，然后经过输出接触器向各类辅机供电。

辅助滤波柜 LC 对辅助变流器输出的 PWM 波进行滤波，降低谐波含量，输出近似正弦波的三相交流电，向各类辅机供电。

辅助变流器内部设有元器件过压、过流等保护电路。辅助变流器的参数见表3.19。

表3.19 辅助变流器的参数

辅助变流器	参 数
每台机车数量	2
额定输入电压	401 V（AC）（单相）
额定输入频率	50 Hz
直流中间回路电压	750 V（DC）
调制方式	四象限整流（输入）+PWM（输出）
恒频恒压变流器输出容量	230 kV·A
输出电压	380 V（AC）
输出频率	50 Hz
变频变压变流器输出容量	230 kV·A
频率控制范围	0.2~50 Hz
电压控制范围	2~380 V（AC）

2. 辅助电动机供电电路

机车两组三相辅助电源，向各类辅助负载供电。考虑机车牵引力、功率和各个电机的温度等因素的影响，辅助电源1的输出电压和频率将根据冷却系统的实际情况进行调整，采用变压变频方式工作，如图3.7所示；辅助电源2主要针对泵类负载供电，因此采用定频定压方式工作，如图3.8所示。通过这些措施，能够最大限度地减小辅助设备的能量消耗，有效地降低风机噪声，最大限度地延长风机轴承的寿命。

（1）UA11辅助电源1供电辅机电路。

正常情况下辅助电源1工作在变频变压模式，其输出电压技术参数见表3.20。

表3.20 辅助电源1技术参数

	辅助电源1	参 数
1	输出电压（可变）	2~380 V
2	输出频率（可变）	0.2~50 Hz

辅助变流器UA11的输出，经过辅助滤波器LC，通过输出接触器KM11给牵引风机电动机MA11、MA12和冷却塔风机电动机MA13、MA14供电。

（2）UA12辅助电源2供电辅机电路。

正常情况下辅助电源2工作在定频定压模式，其输出电压技术参数见表3.21。

表3.21 辅助电源2技术参数

	辅助电源2	参 数
1	输出电压	380 V
2	输出频率	50 Hz

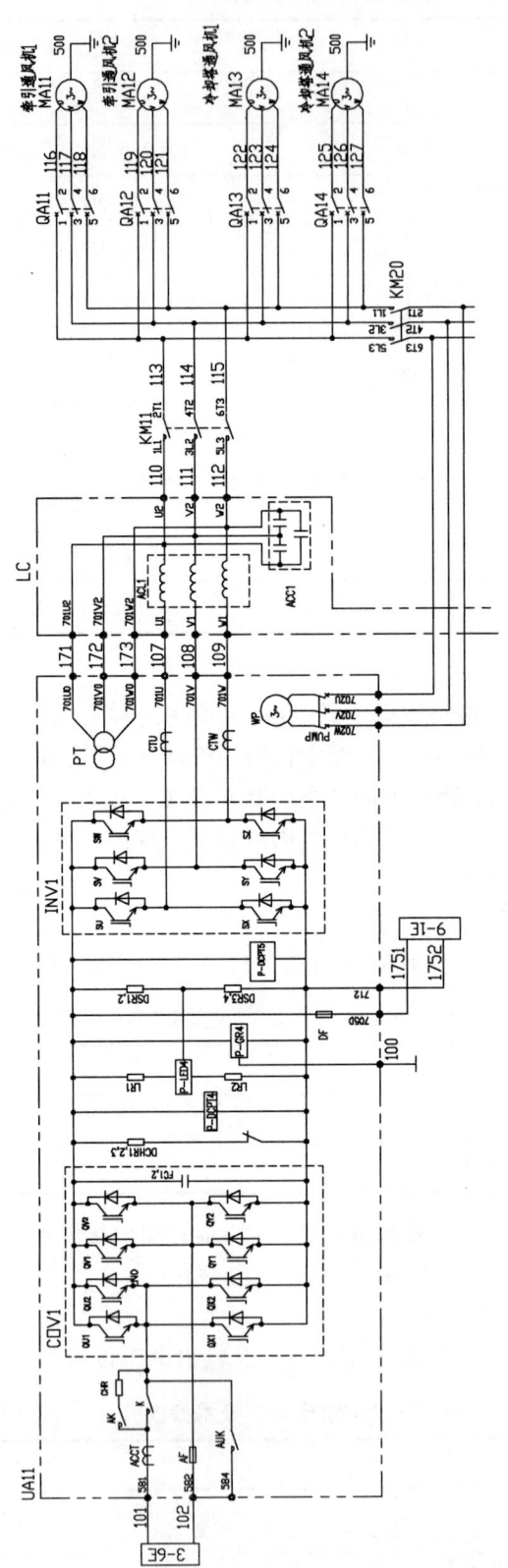

图 3.7 UA11 辅助电源 1 供电辅机电路

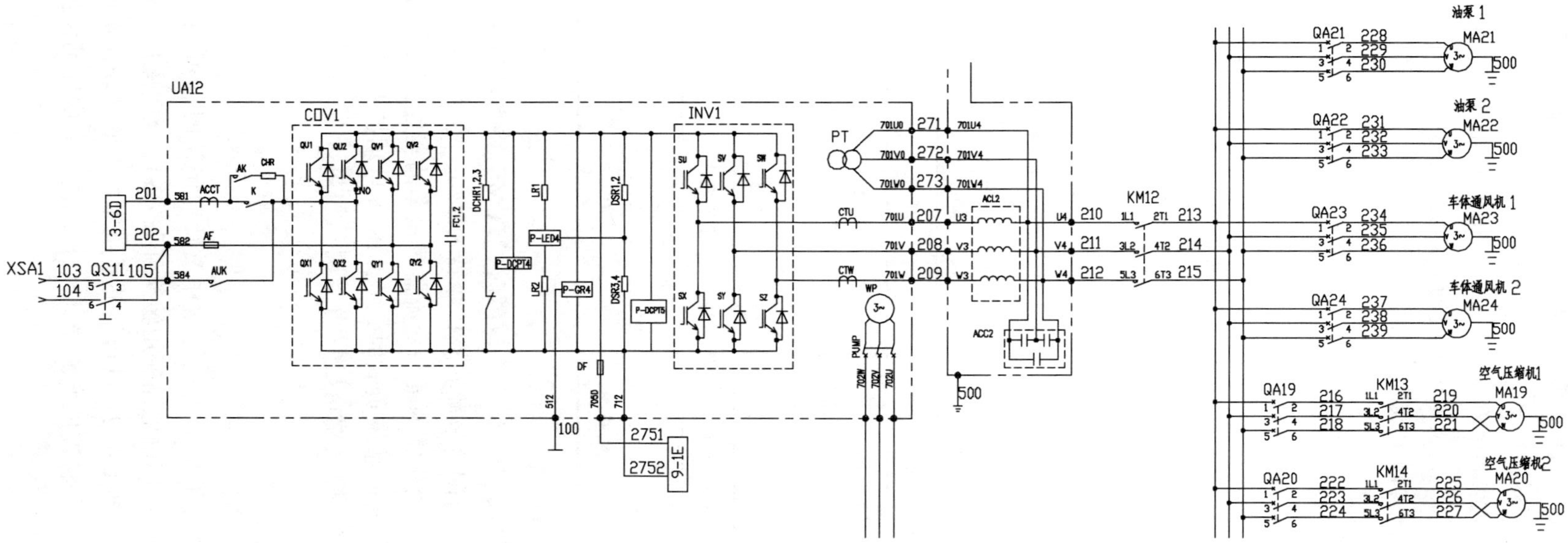

图 3.8 UA12 辅助电源 2 供电辅机电路

辅助变流器 UA12 的输出，同样经过辅助滤波器 LC，通过输出接触器 KM12 给空气压缩机电动机 MA19、MA20，主变压器油泵 MA21、MA22，车体通风机 M23、M24，主变流器内部的水泵 WP1、WP2，司机室空调 EV11、EV12，列供柜风机 BM1、BM2 供电，同时 UA12 还经过 AT1 隔离变压器，分别向司机室内的辅助加热设备、卫生间及压缩机加热回路和低温预热设备提供 AC 220 V 和 AC 110 V 交流电源。

（3）机车辅助变流器正常时负载分配。

机车辅助变流器正常时负载分配如表 3.22 所示。

表 3.22 正常时机车辅助负载分配

辅助电源	负载	额定容量/kW	合计功率/kW
辅助电源 1	冷却塔通风机 1	20	110
	冷却塔通风机 2	20	
	牵引通风机 1	35	
	牵引通风机 2	35	
辅助电源 2	主压缩机 1	25	112.4
	主压缩机 2	25	
	主变油泵 1/2	4×2	
	机械间通风机 1/2	2×2	
	水泵 1/2	4.7×2	
	列供柜通风机 1/2	1.5×2	
	空调 1/2	4×2	
	辅助加热装置供电	30	

（4）辅助变流器故障运行模式。

辅助电源 1 和辅助电源 2 中任何一个故障时，TCMS 将自动断开其相应的输出接触器 KM11 或输出接触器 KM12，再闭合故障转换接触器 KM20，将发生故障的辅助变流器的负载切换到另一套辅助变流器上，由正常的辅助变流器对全车的辅助负载供电。

当一组辅助电源供全车辅助系统负载时，TCMS 将自动控制操纵端压缩机处于工作状态。同时，司乘人员应关闭非操纵端司机室内空调和加热设备，以防止辅助变流器超功率运行。

3. 库内辅助电源电路

当在库内需要对机车的辅助电动机进行动作及转向确认时，可通过辅助电路库用插座 XS11 引入 DC 600 V 电源。操作辅助电路库用转换开关 QS11 至"库用"位，然后连接库用电源，将库内电源引入辅助变流器 UA12，进行辅助系统库内 600 V 动作试验。为了确保所有辅机均可工作，应通过微机显示屏将辅助变流器 UA11 隔离。库内辅助电源电路及其说明见表 3.23。

表 3.23 库内辅助电源电路及其说明

电　路	说明（参数）
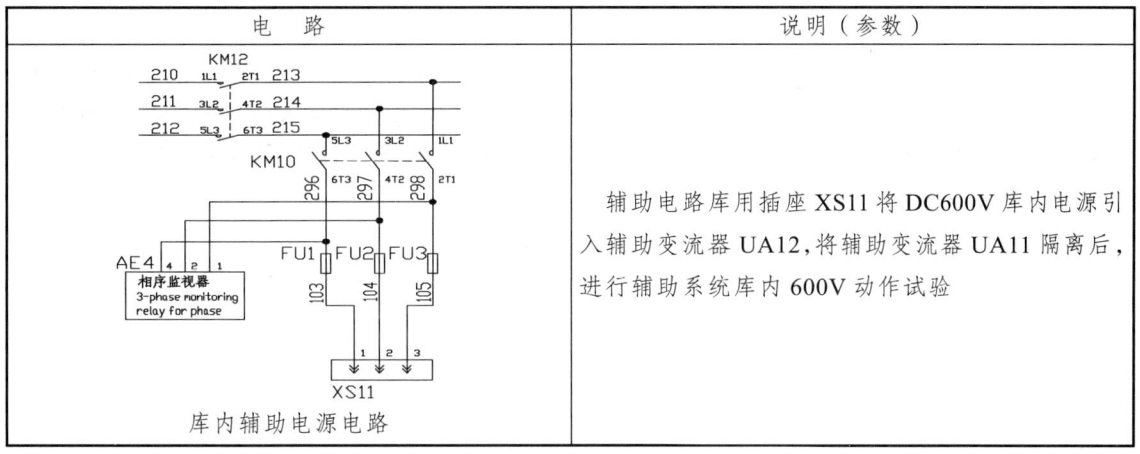 库内辅助电源电路	辅助电路库用插座 XS11 将 DC600V 库内电源引入辅助变流器 UA12，将辅助变流器 UA11 隔离后，进行辅助系统库内 600V 动作试验

4. 辅助电动机电路

机车上的各辅助电动机均通过各自的自动开关与辅助变流器连接，除 2 台空气压缩机外，均不设电磁接触器。当辅助变流器采用软启动方式进行启动，除空气压缩机电动机外，其他辅助电动机也随之启动。空气压缩机的启动受电磁接触器的控制，电磁接触器受机车空压机扳键开关和总风缸空气压力继电器的控制。辅助电动机电路及其说明见表 3.24。

表 3.24 辅助电动机电路及其说明

电　路	说明（参数）
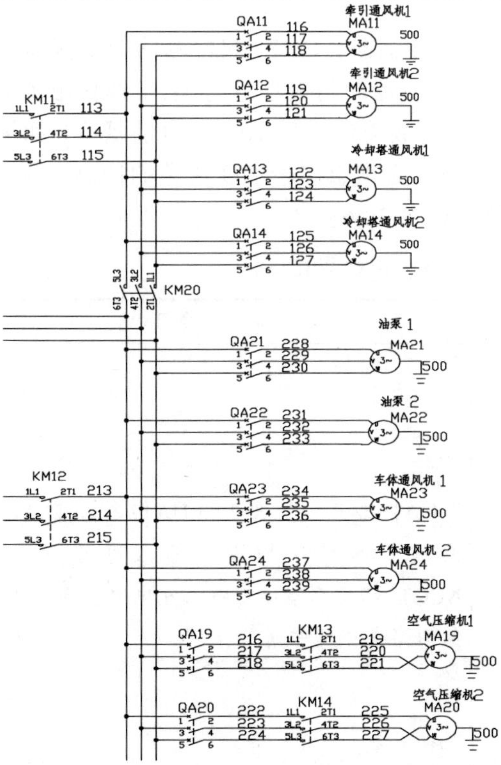 辅助电动机电路	牵引通风机电机 MA11、MA12 分别通过自动开关 QA11、QA12，冷却塔通风机电机 MA13、MA14 分别通过自动开关 QA13、QA14，由 UA11 辅助电源 1 供电。 空气压缩机电机 MA19、MA20 分别通过自动开关 QA19、QA20 和接触器 KM13、KM14，油泵电机 MA21、MA22 分别通过自动开关 QA21、QA22，车体通风机电机 MA23、MA24 分别通过自动开关 QA23、QA24，由 UA12 辅助电源 2 供电

5. 辅助电动机电路的保护系统

（1）辅助变流器接地保护。

辅助变流器 UA11、UA12 内部，分别设有 1 套接地保护装置，进行辅助系统主电路的接地保护。当对应辅助变流器内部发生接地故障时，该辅助变流器实施保护，可将该故障的辅助变流器切除，机车转由另一组辅助变流器对全部辅机供电。辅助变流器接地保护电路及其说明见表 3.25。

表 3.25　辅助变流器接地保护电路及其说明

电　路	说明（参数）
	UA11 辅助变流器 1 和 UA12 辅助变流器 2 中分别设有 1 套接地保护装置，进行辅助系统主电路的接地保护

辅助变流器接地保护

（2）辅助变流器的过流和过载保护。

在每一组辅助变流器的输入回路中，设有输入电流互感器 ACCT，起检测辅助变流器充电电流及辅助绕组短路电流的作用。保护发生时，四象限整流器的门极均被封锁，工作接触器 K、AK 均断开，同时向微机控制系统发出跳主断的信号，该故障消除后 10 s 内自动复位，如果此故障在 2 分钟内连续发生两次，该辅助变流器将被锁死，必须重启辅助变流器的控制电源，才可解锁。辅助变流器输入回路过流保护电路及其说明见表 3.26。

表 3.26　辅助变流器输入回路过流保护电路及其说明

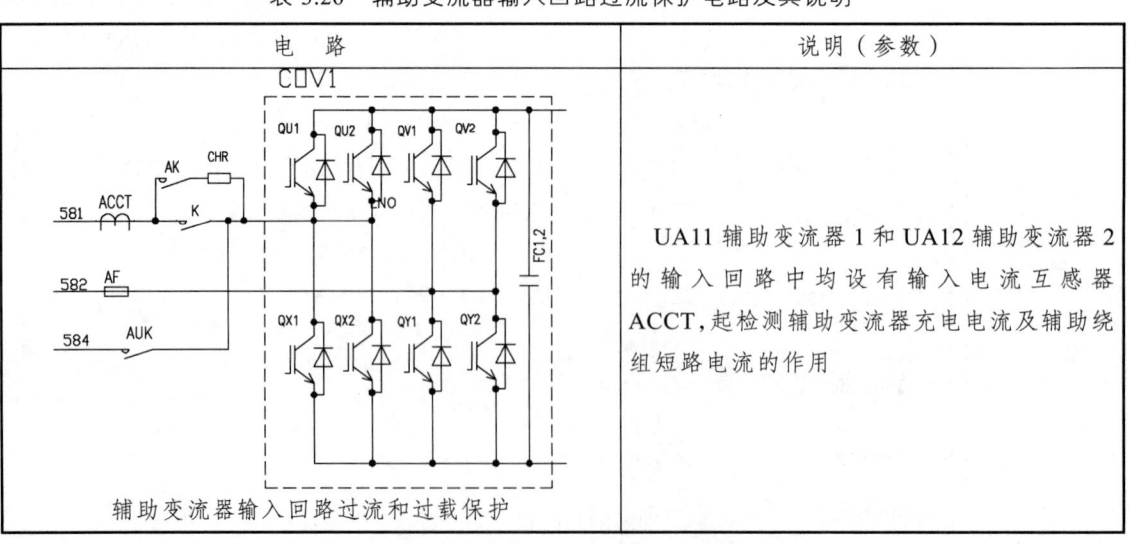

电　路	说明（参数）
	UA11 辅助变流器 1 和 UA12 辅助变流器 2 的输入回路中均设有输入电流互感器 ACCT，起检测辅助变流器充电电流及辅助绕组短路电流的作用

辅助变流器输入回路过流和过载保护

在每一组辅助变流器的输出回路中，设有输出电流互感器 CTU 和 CTW，对辅助电动机回路过载及短路保护作用。保护发生时，逆变器的门极均被封锁，同时向微机控制系统发出跳主断的信号。该故障消除后 10 s 内自动复位，如果此故障在 2 分钟内连续发生 6 次，该辅助变流器将被锁死，必须重启辅助变流器的控制电源，才可解锁。辅助变流器输出回路过载保护电路及其说明见表 3.27。

表 3.27　辅助变流器输出回路过载保护电路及其说明

电　路	说明（参数）
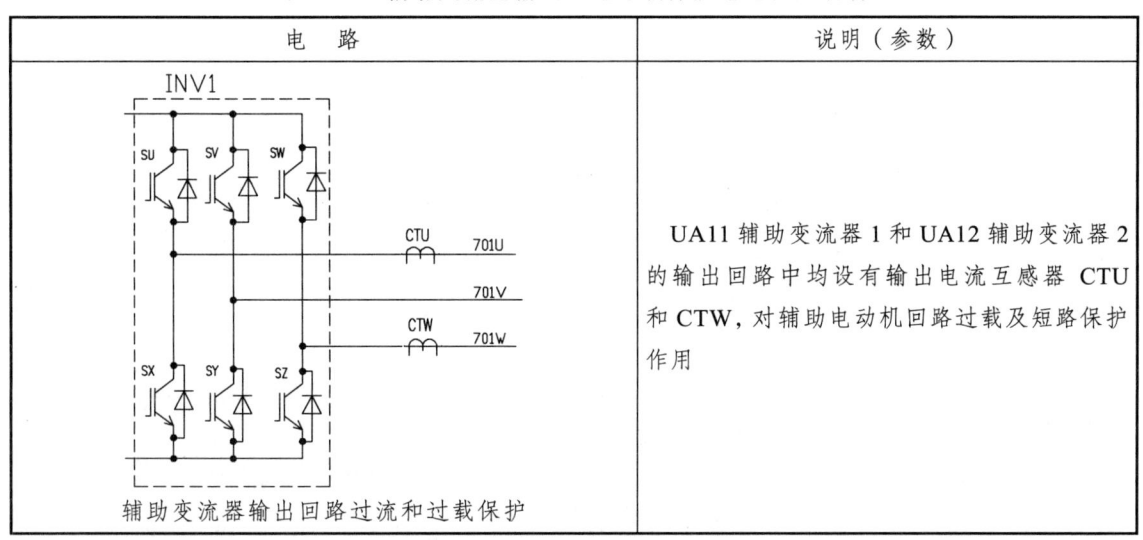 辅助变流器输出回路过流和过载保护	UA11 辅助变流器 1 和 UA12 辅助变流器 2 的输出回路中均设有输出电流互感器 CTU 和 CTW，对辅助电动机回路过载及短路保护作用

（3）辅助变流器中间直流回路电压保护。

辅助变流器中间直流回路设有两组电压监测环节，其中 DCPT4 是用于四象限整流器的控制，DCPT5 是用于逆变器的控制：当 DCPT5 监测到中间回路电压大于等于 825 V 或小于等于 580 V 时，中间回路电压保护环节动作，逆变器门极被封锁，逆变器停止输出；当 DCPT4 监测到中间回路电压大于等于 825 V 或小于等于 270 V 时，四象限整流器门极被封锁，四象限整流器停止输出。辅助变流器中间直流回路电压保护电路及其说明见表 3.28。

表 3.28　辅助变流器中间直流回路电压保护电路及其说明

电　路	说明（参数）
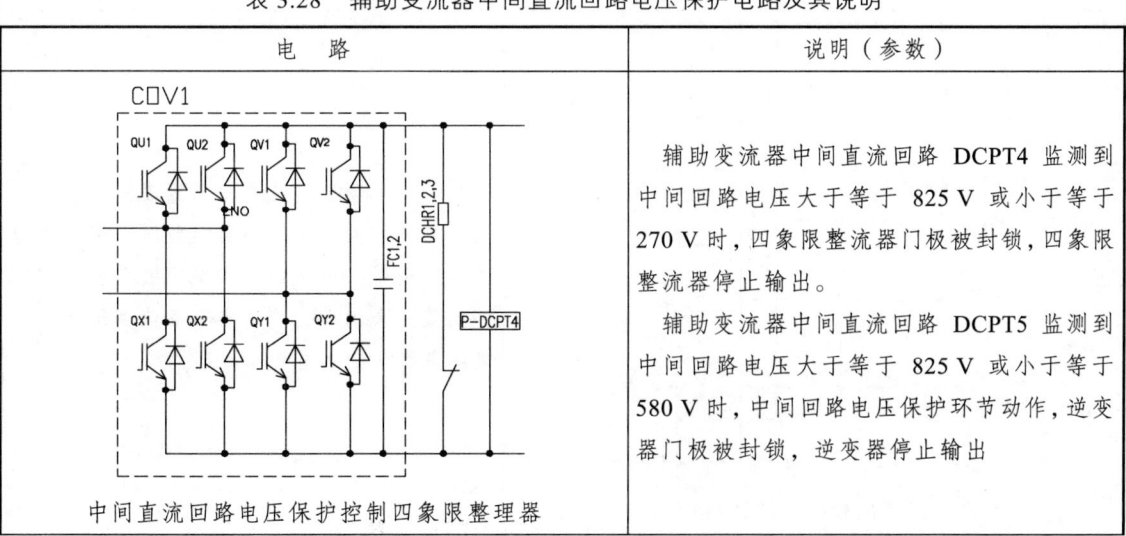 中间直流回路电压保护控制四象限整理器	辅助变流器中间直流回路 DCPT4 监测到中间回路电压大于等于 825 V 或小于等于 270 V 时，四象限整流器门极被封锁，四象限整流器停止输出。 辅助变流器中间直流回路 DCPT5 监测到中间回路电压大于等于 825 V 或小于等于 580 V 时，中间回路电压保护环节动作，逆变器门极被封锁，逆变器停止输出

电　　路	说明（参数）
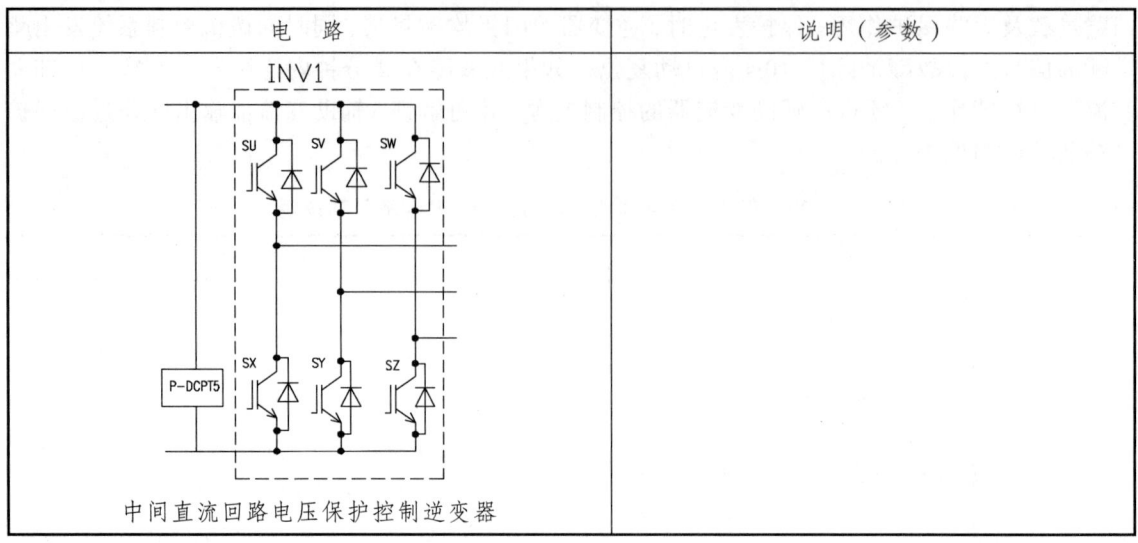 中间直流回路电压保护控制逆变器	

（4）辅助变流器输入电压的保护。

当网压低于 17.5 kV 时，当辅助变流器的低压保护环节动作，四象限整流器门极被封锁，工作接触器 K、AK 断开，四象限整流器停止输出。

当网压高于 31 kV 时，辅助变流器的过压保护环节动作，四象限整流器的门极被封锁，工作接触器 K、AK 断开，四象限整流器停止输出。

（5）控制电源装置的输入电源短路过载保护。

每组辅助变流器，均可向控制电源装置提供 DC 750 V 电源，输出电源回路通过熔断器 DF 进行短路过载保护。当 DF 出现熔断后，辅助变流器将通知微机控制系统 TCMS，并行电源装置输入电源的转换，由非故障的辅助变流器向电源装置提供直流电源，同时微机显示屏也进行相应故障显示和记录。控制电源装置的输入电源短路过载保护电路及其说明见表 3.29。

表 3.29　控制电源装置的输入电源短路过载保护电路及其说明

电　　路	说明（参数）
控制电源装置的输入电源短路过载保护	当某一个辅助变流器中间直流回路输出到控制电源的电路出现短路过载时，控制电源输入熔断器 DF 熔断，微机控制系统 TCMS 控制某一个辅助变流器中间直流回路转换为电源装置的输入电源

二、辅助加热装置电路

机车辅助加热装置主要有电热玻璃EH11~14、侧墙暖风机EH15~18、后墙暖风机EH19~22、脚炉EH23~26、膝炉EH27~30、低温预热回路、卫生间预热以及电水壶、微波炉等（见表3.30），它们均由辅助变流器UA12通过隔离变压器AT1进行供电，如图3.9所示。

表3.30 辅助加热装置电路主要设备名称及代号

序号	设备	代号（简称）	型号与规格	数量	位置	备注
1	控制电源装置	PSU		1	机械间	
2	TCMS 微机控制系统	AE41（TCMS）		1	机械间	
3	牵引变流器	MPU1, 2		2	机械间	
4	辅助变流器	APU1, 2		2	机械间	
5	卫生间	WR		1	机械间	
6	辅助加热用自动开关	QA25	400VAC, 100A	1	控制电器柜（正面）	
7	空调装置	EV11, 12	TTK21-5.4DL	2	司机室	
8	辅助变压器	AT1	SG-40	1	辅助滤波柜	
9	交流预热用自动开关	QA26	400VAC, 20A	1	控制电器柜（背面）	
10	预热中间继电器	KE11	D-U305-KLC	1	控制电器柜（背面）	
11	直流预热用接触器	KM22	SC-N2/G	1	控制电器柜（背面）	
12	交流预热用接触器	KM21	SC-N2/G	1	控制电器柜（背面）	
13	低温预热开关	SA71	4A073-1/F 特	1	司机室	
14	司机室加热开关	SA11, 12, 21, 22		4	司机室	
15	微波炉开关	SA15	4A073-1/F 特	1	司机室	
16	电热玻璃开关	SA13, 14	4A073-1/F 特	2	司机室	
17	交流备用自动开关	QA38	230VAC, 16A	1	控制电器柜（正面）	
18	空压缩机预热用自动开关	QA37	230VAC, 16A	1	控制电器柜（正面）	
19	撒砂加热用自动开关	QA36	230VAC, 8A	1	控制电器柜（正面）	
20	脚炉膝炉用自动开关	QA35	230VAC, 25A	1	控制电器柜（正面）	
21	电热玻璃用自动开关	QA34	230VAC, 20A	1	控制电器柜（正面）	
22	微波炉用自动开关	QA33	230VAC, 20A	1	控制电器柜（正面）	
23	后墙暖风机用自动开关	QA32	230VAC, 50A	1	控制电器柜（正面）	
24	侧墙暖风机用自动开关	QA31	230VAC, 50A	1	控制电器柜（正面）	
25	电源插座	XS21~23	AC220V	3	司机室、机械间	
26	微波炉	EH33	5UBO106	1	司机室	
27	沙箱加热器	EH35A~H	WBL-HXD3D	8	转向架	
28	电热玻璃	EH11~14	QCBL-HXD3D	4	司机室	
29	膝炉	EH27~30	QDNFJ-HXD3D	4	司机室	
30	右脚炉	EH25~26	JL-HXD3D-2	2	司机室	
31	左脚炉	EH23~24	JL-HXD3D-1	2	司机室	
32	后墙暖风机	EH19~22	HQNFJ-HXD3D	4	司机室	
33	侧墙暖风机	EH15~18	CQNFJ-HXD3D	4	司机室	

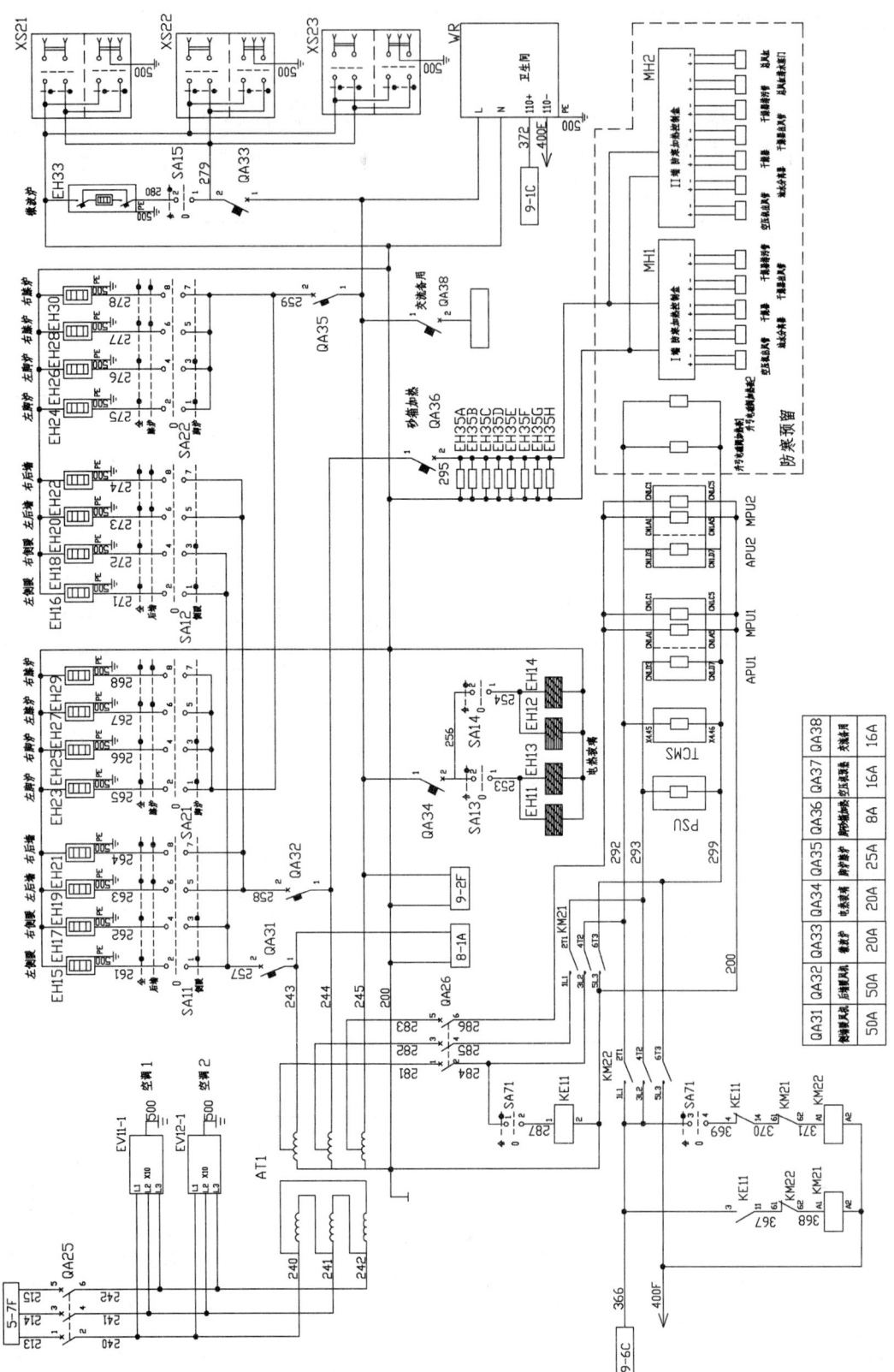

图 3.9 辅助加热装置电路

在电热玻璃支路上设置了功能转换开关 SA13、SA14，进行投入和切除转换，并设置了自动开关 QA34 进行过流保护。电热玻璃电路及其说明见表 3.31。

表 3.31　电热玻璃电路及其说明

电　路	说明（参数）
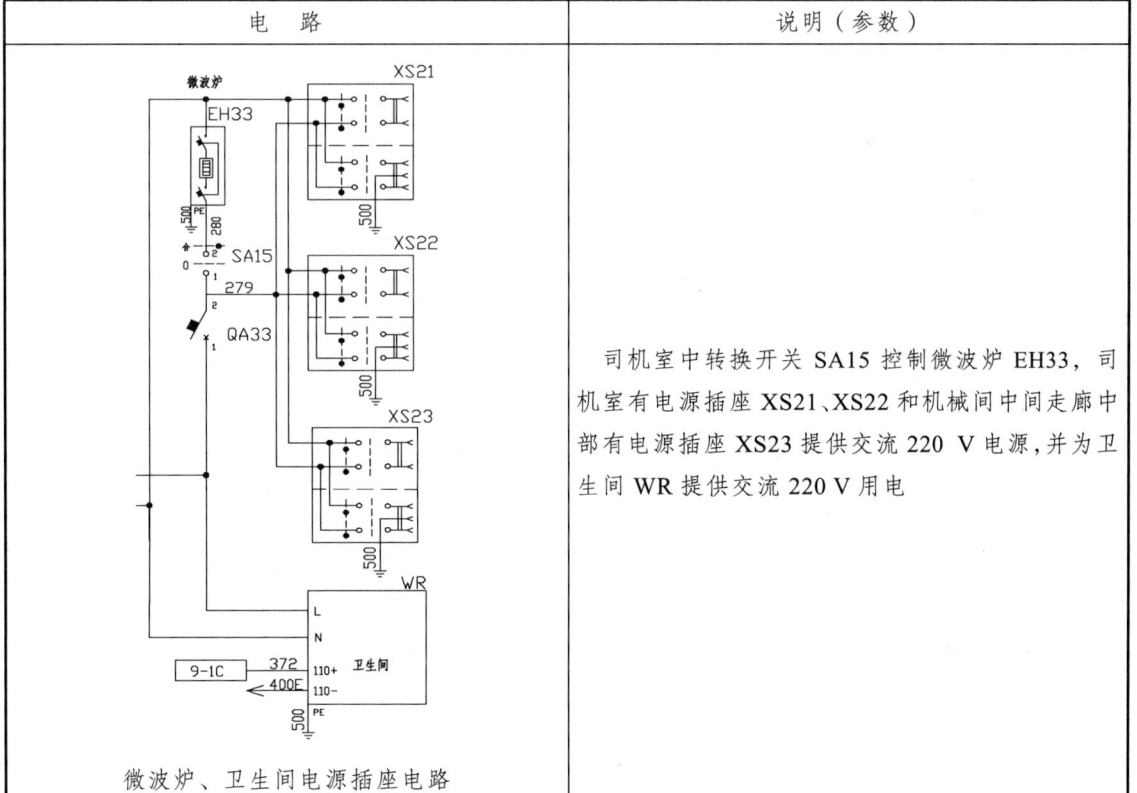 电热玻璃电路	I 端司机室电热玻璃 EH11、EH13，II 端司机室电热玻璃 EH12、EH14，通过司机室中转换开关 SA13、SA14 进行控制，并通过控制电器柜上自动开关 QA34 对电热玻璃进行过流保护

在微波炉 EH33 支路上设置了功能转换开关 SA15，进行投入和切除转换，并设置了空气自动开关 QA33 进行过流保护。另外，分别在 2 个司机室设置了电源插座 XS21、XS22 和在机械间中间走廊中部设置了 1 个电源插座 XS23，提供 220 V 交流电源。微波炉、卫生间电源插座电路及其说明见表 3.32。

表 3.32　微波炉、卫生间电源插座电路及其说明

电　路	说明（参数）
微波炉、卫生间电源插座电路	司机室中转换开关 SA15 控制微波炉 EH33，司机室有电源插座 XS21、XS22 和机械间中间走廊中部有电源插座 XS23 提供交流 220 V 电源，并为卫生间 WR 提供交流 220 V 用电

机车辅助加热回路中，还设有低温预热回路，最初采用 DC 110 V 低温预热，机车一旦可以升弓合主断，辅助变流器工作后，就转由 AC 110 V 进行低温预热。当机车需要低温预热时，首先闭合自动开关 QA60、QA26，然后将低温预热开关 SA71 打至"开"位，接触器 KM22 闭合，采用 DC 110 V 低温预热方式，对辅助变流器 APU1/2、牵引变流器 MPU1/2、控制电源装置 PSU、微机系统 TCMS 等进行加热。预热一定时间，微机可以升弓合主断，当辅助变流器正常工作后，继电器 KE11 闭合，导致接触器 KM21 闭合，接触器 KM22 断开，转由 AC 110 V 进行低温预热，对相关设备进行加热。低温预热回路电路及其说明见表 3.33。

表 3.33 低温预热回路电路及其说明

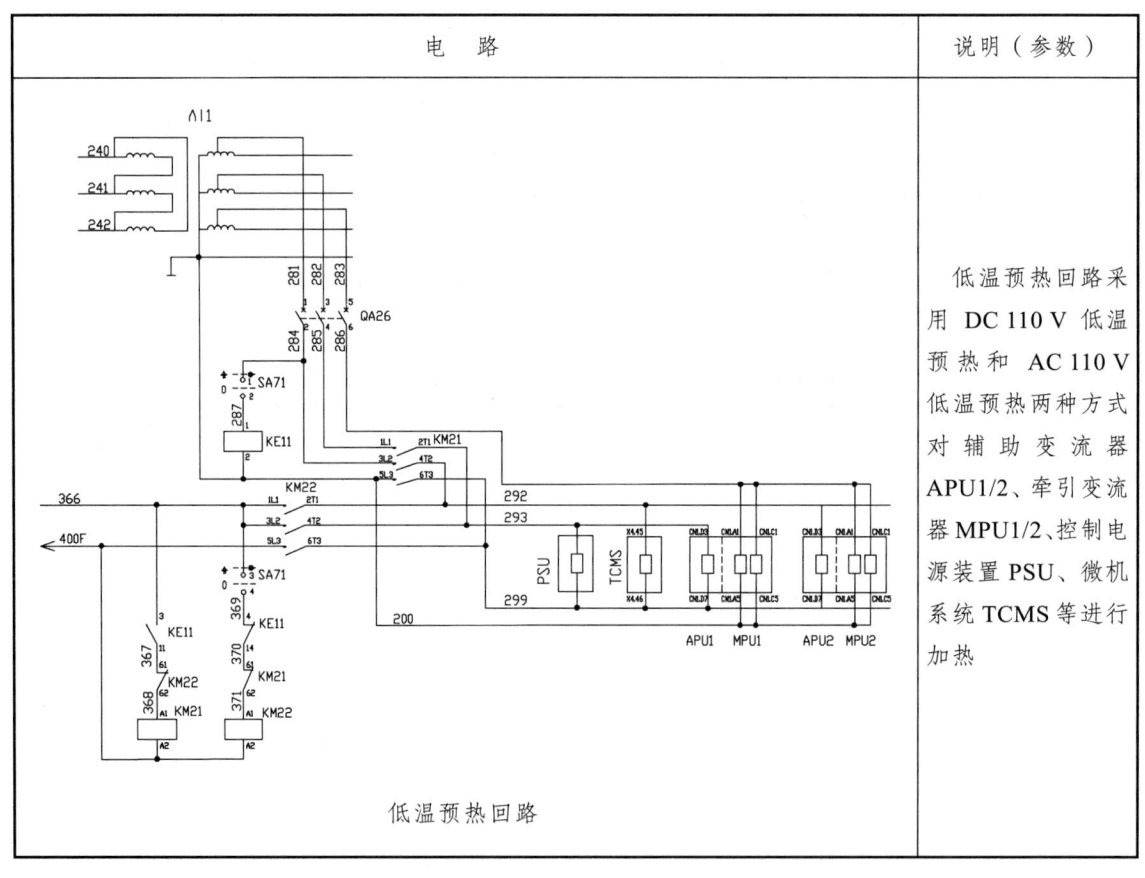

通过闭合自动开关 QA36，可以对砂箱进行加热。

闭合自动开关 QA37，可以对压缩机进行低温加热。通过温控开关 TR-1，可以实现压缩机低温加热的自动投入和切除，当压缩机进行低温加热时压缩机不能工作。在压缩机的控制回路里，还设有温度保护开关 TS-1 和压力保护开关 PS-1，通过其常闭联锁，实现对压缩机的安全保护。

第四节　DC 600 V 列车供电电路

为满足机车牵引客运车辆的需要，机车设有 DC 600 V 供电电路。该电路主要由 2 个 DC 600 V 电源柜 LG1、LG2 和供电连接器 XSA2~XSA5 组成。列车供柜的输入电源分别由主变压器 TM1 的两个供电绕组（a9-x9）、（a10-x10）提供，经过柜内整流单元整流后，向客车车辆输出 DC 600 V 电源。DC 600 V 列车供电电路如图 3.10 所示，主要设备见表 3.34。

列车供电柜的电路分为主电路、辅助电路和控制电路 3 个部分。

表 3.34　DC 600 V 列车供电电路主要设备

序号	设备	代号（简称）	型号与规格	数量	位置	备注
1	列车供电柜	LG1,2		2	机械间	
2	列车供电连接器	XSA2~5	KC20D	4	机车车头	
3	列车供电柜冷却风机	BM		2	列车供电柜	
4	真空接触器	13KM		2	列车供电柜	
5	快速熔断器	11FU		2	列车供电柜	
6	滤波电抗器	13L		2	列车供电柜	
7	滤波电容器	19C		2	列车供电柜	
8	过电压吸收电阻	21R1,2		4	列车供电柜	
9	过电压吸收电容	31C		2	列车供电柜	
10	同步变压器	TBK1		2	列车供电柜	
11	空载电阻	5R1,2		2	列车供电柜	
12	检测用电流传感器	11SC		2	列车供电柜	
13	接地分压电阻	1R1,2		4	列车供电柜	
14	接地电压传感器	13SV		2	列车供电柜	
15	电压传感器	11SV、12SV		2	列车供电柜	
16	单相整流桥二极管	V1,2		4	列车供电柜	
17	单相整流桥晶闸管	V3,4		2	列车供电柜	
18	RC 吸收器			8	列车供电柜	

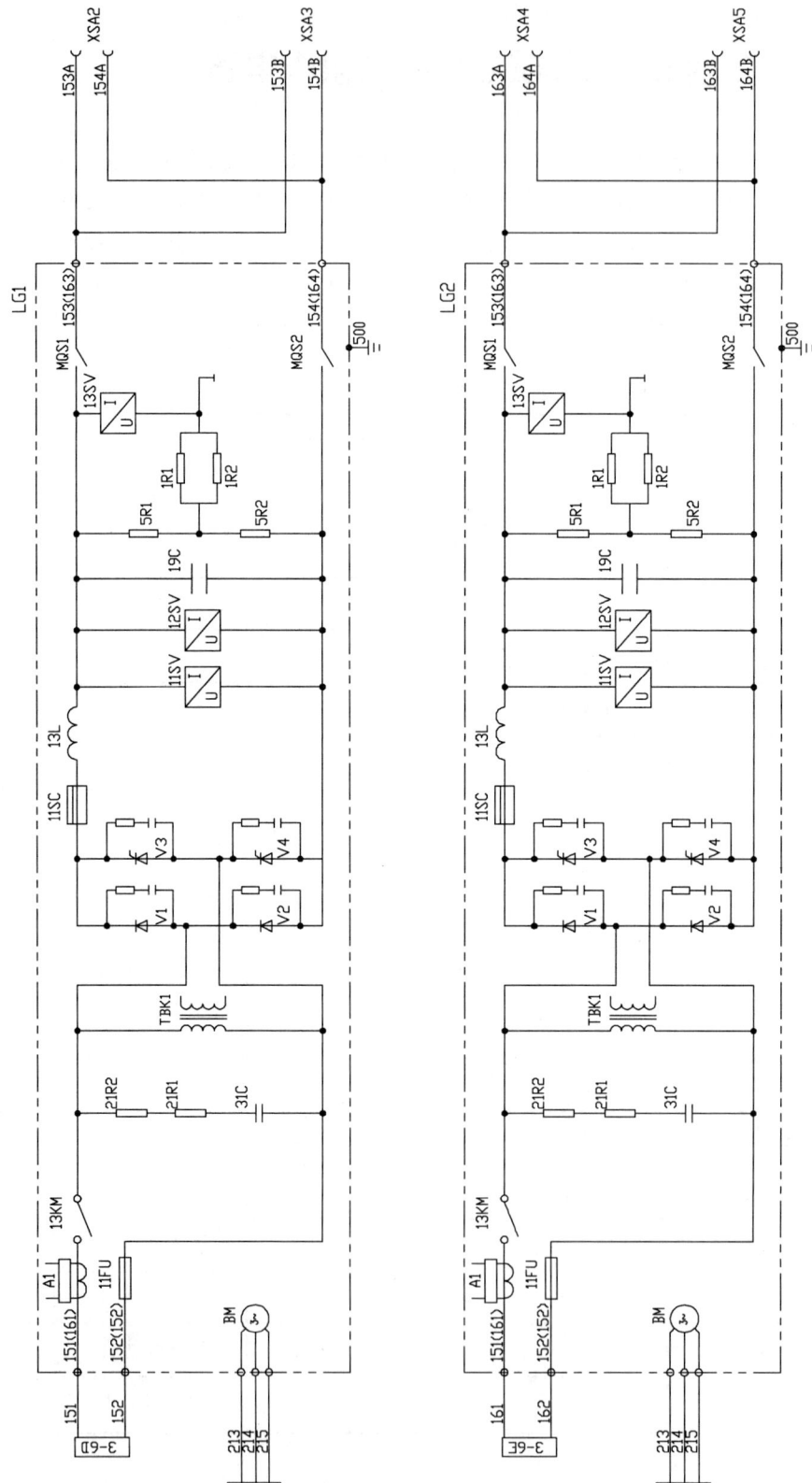

图 3.10 列车供电柜主电路、辅助电路一、列供主电路

一、列供主电路

额定交流电压从 151（161）、152（162）端输入，经真空接触器 13KM 与快速熔断器 11FU 到单相整流桥，整流后通过滤波电抗器 13L 和滤波电容器 19C 输出直流电压 600 V。

列车供电参数见表 3.35。

表 3.35　列车供电参数

额定输出功率	400 kW
额定直流输出电压	600 V
额定直流输出电流	670 A
过载直流电流	750 A

单相整流桥交流侧并联了由电阻、电容组成的过电压吸收电路和控制用同步变压器。同时，在交流侧有元件击穿短路时，快速熔断器能进行快速熔断保护，分断主电路，避免故障的进一步扩大。整流桥内各元件两端并联 RC 用于吸收元件的换相过电压。单相整流桥交流侧电路及其说明见表 3.36。

表 3.36　单相整流桥交流侧电路及其说明

电　路	说明（参数）
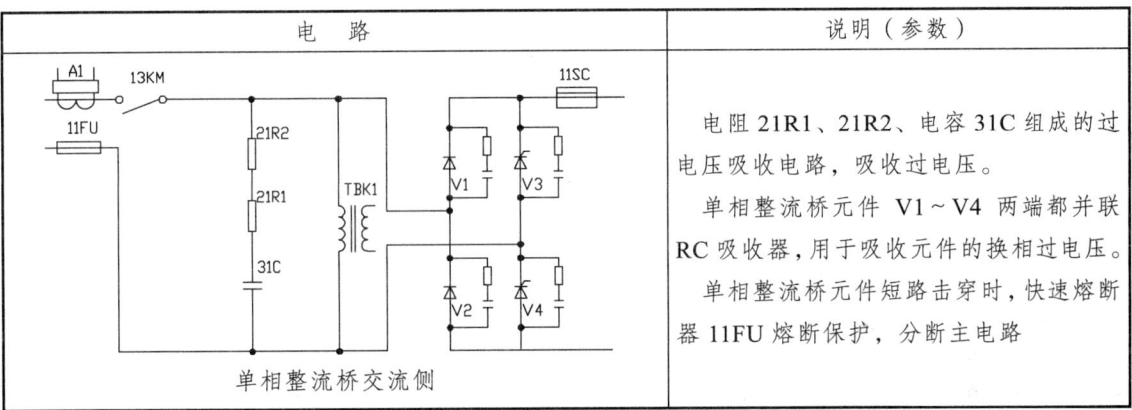	电阻 21R1、21R2、电容 31C 组成的过电压吸收电路，吸收过电压。 单相整流桥元件 V1~V4 两端都并联 RC 吸收器，用于吸收元件的换相过电压。 单相整流桥元件短路击穿时，快速熔断器 11FU 熔断保护，分断主电路

单相整流桥直流侧有空载电阻与检测用电流传感器，接地分压电阻 1R1、1R2，电压传感器 13SV 用于接地保护。电压传感器 11SV、12SV 分别为控制箱 A、B 组提供电压反馈信号。单相整流桥直流侧电路及其说明见表 3.37。

表 3.37　单相整流桥直流侧电路及其说明

电　路	说明（参数）
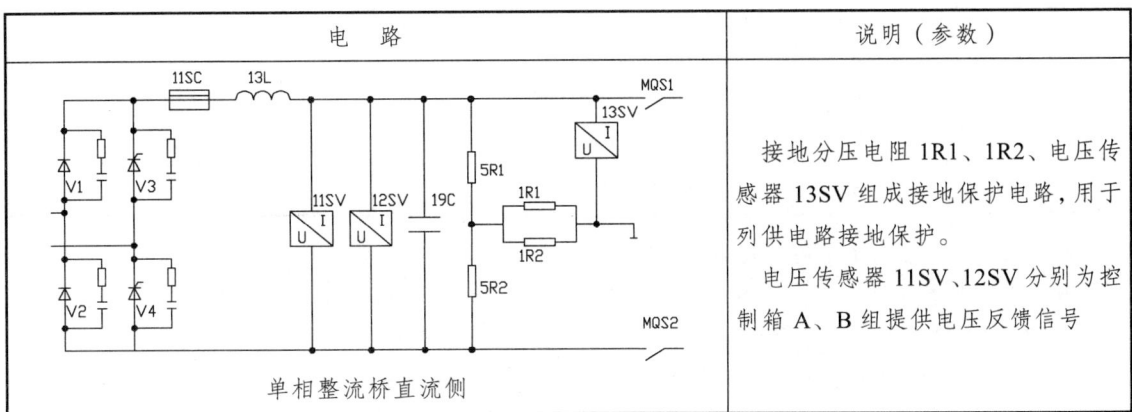	接地分压电阻 1R1、1R2、电压传感器 13SV 组成接地保护电路，用于列供电路接地保护。 电压传感器 11SV、12SV 分别为控制箱 A、B 组提供电压反馈信号

二、列供辅助电路

列车供电柜采用了功率元件整流及直流负载电阻与交流阻容保护,工作时会产生热量,此时需要进行冷却通风。柜内设置有一台三相交流 380 V 通风机,对柜内发热元件进行强制风冷。当通风机断路器未闭合时,不允许列车供电柜投入工作,以免损坏器件。列车供电柜冷却风机电路及其说明见表 3.38。

表 3.38 列车供电柜冷却风机电路及其说明

电 路	说明(参数)
(列车供电柜冷却风机电路图)	列车供电柜 LG 设置有一台三相交流 380 V 冷却通风机 BM,对柜内单相整流桥功率元件、直流负载电阻、交流阻容等发热元件进行强制风冷

三、列供控制电路

供电柜的控制电路由集控插座 JKXS1/2,控制箱 A、B 组,通信模块以及电度表等组成,如表 3.39、图 3.11 所示。

表 3.39 供电柜的控制电路主要设备

序号	设备	代号(简称)	型号与规格	数量	位置	备注
1	列车供电柜	LG1,2		2	机械间	
2	集控插座	JKXS1,2		2	列车供电柜	
3	控制箱 A、B			2	列车供电柜	
4	电度表			2	列车供电柜	
5	机车控制监视系统	AE41(TCMS)		2	微机柜	
6	供电钥匙	SA105,106		2	司机室	
7	供电柜控制单元转换开关	SA25~28		4	司机室	

列车供电柜输出 DC 600 V 电源时需满足以下条件:
(1)机车与客车通信正常:客车供电申请、客车 110 V 电源以及机车供电允许等信号正常;
(2)输入电源正常:机车升弓、合主断正常,APU2 正常工作,并发出允许供电柜工作信号;
(3)供电指令:操纵台上供电钥匙 SA105/SA106 打到"合"位。

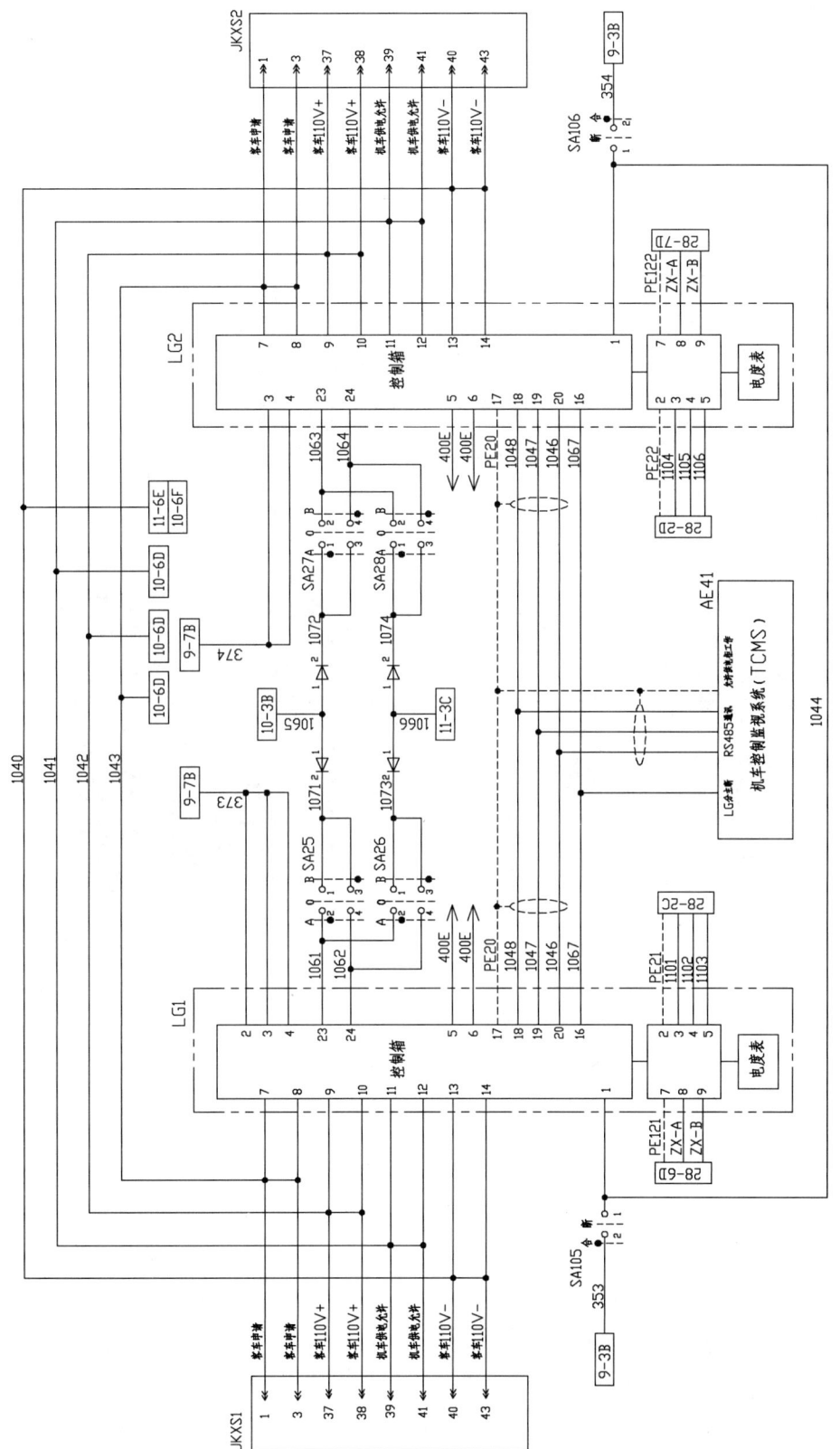

图 3.11 列车供电柜控制电路

每个供电柜内分别设置有一块电度表，用来测量和记录列车供电柜输往客车的电能。转换开关 SA25～SA28 位于两端操纵台上，用于供电柜控制单元的选择。通过该开关可以选择供电柜的控制单元，例如：当控制单元 A 组出现故障时，可以通过该开关，转换至 B 组，维持供电柜正常运行。

控制箱中设置有通信单元，通过 RS485 网络与 TCMS 实时通信，传送列供柜的状态信息和故障信息，如图 3.12 所示。

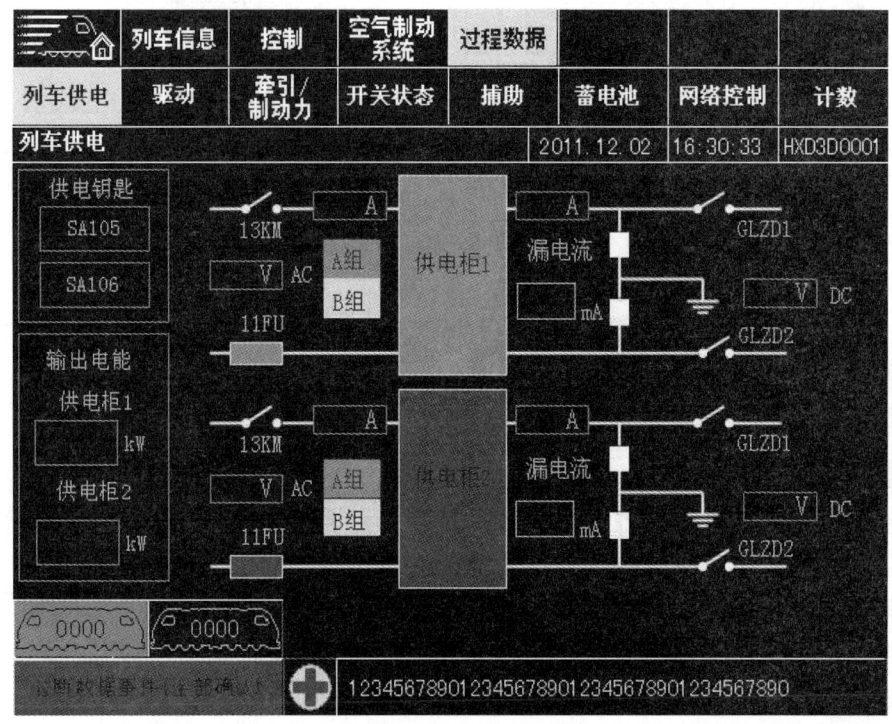

图 3.12　微机显示屏列车供电

第五节　控制电路

一、控制系统概述

机车的控制系统是以机车控制与控制监视系统（简称 TCMS）为核心，结合目前国内现有的机车行车安全综合信息监控系统和克诺尔的 CCB-II 电控制动系统，配以机车外围电路来进行设计的，如图 3.13 所示。TCMS 主要功能是实现机车特性控制、逻辑控制、故障监视和诊断，并将有关信息送到司机操纵台上的微机显示屏。TCMS 主要包括 1 个控制主机和 2 个显示单元，其中控制主机采用冗余设计，设有两套热备冗余的控制单元，一套为主控制单元（Master），一套为从控制单元（Slave）。当主控制单元发生故障时，从控制单元立即自动投入工作。

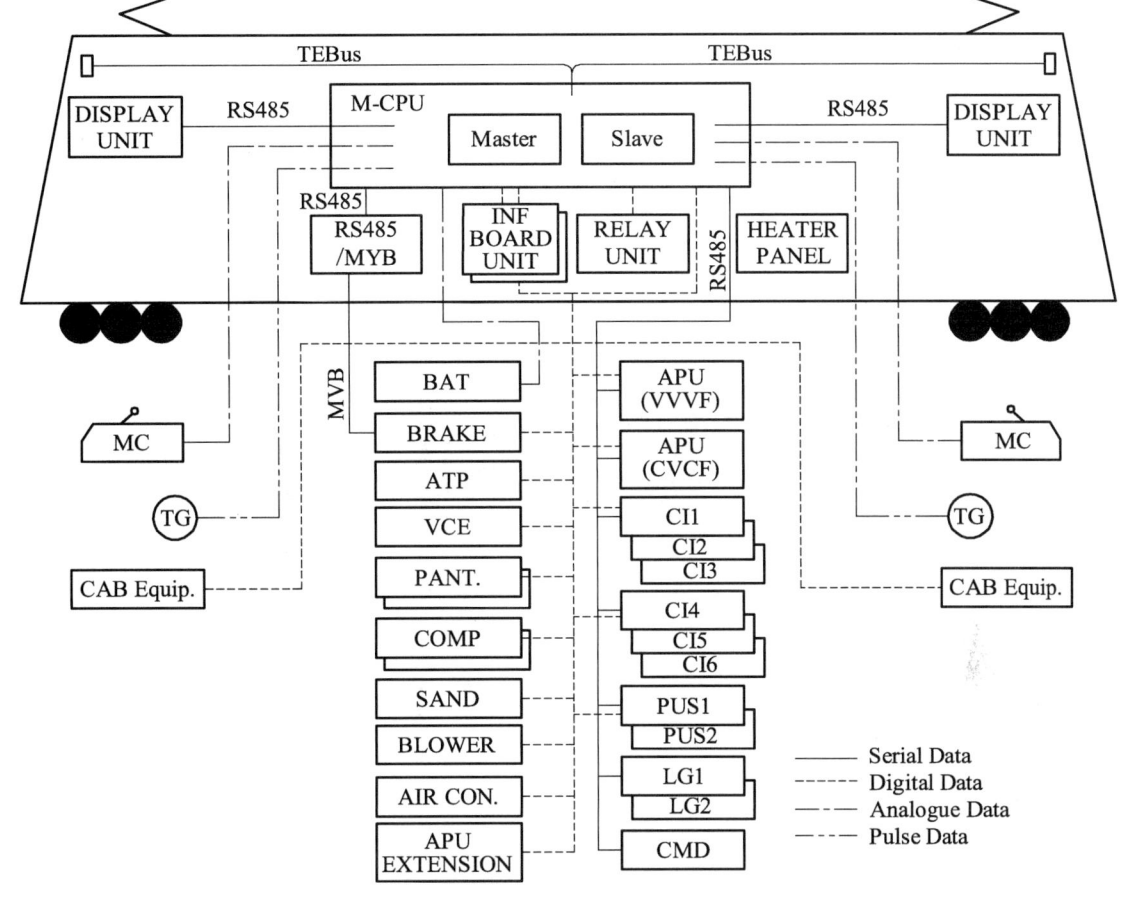

图 3.13 机车控制与控制监视系统 TCMS

机车控制系统主要完成下列功能：

（1）顺序逻辑控制：如升、降受电弓，分、合主断路器，机车的换向、牵引、制动，辅助电动机的逻辑控制，机车库内动车逻辑控制，主辅变流器库内试验逻辑控制等。

（2）机车特性控制：采用恒牵引力/制动力+准恒速特性控制，实现对机车的控制要求；

（3）定速控制：根据机车运行速度，可以实现牵引工况下机车恒定速度控制。

（4）辅助电动机的控制：除空气压缩机外，机车各辅助电动机根据机车准备情况，在外部条件具备的前提下，由 TCMS 发出指令，与辅助变流器同时启动、运行。空气压缩机则根据总风缸压力情况，通过控制接触器的分合来实现控制。

（5）CCB-II 制动系统的电空网络控制。

（6）机车黏着控制：包括防空转、防滑行控制、轴重转移补偿控制。

（7）故障诊断、显示与保护：通过设在司机室的微机屏显示机车正常运行的状态信息，如网压、原边电流、机车工况、级位、机车牵引力、机车速度等；设备的工作状态，如主变流器、辅助变流器的状态等；开关状态，如主断路器、辅助接触器、各种故障转换开关的状态；还能够实时显示机车发生的故障信息，发生故障的设备、故障处理的方法等，并记录故障发生时的有关数据。

（8）机车重联控制：可以实施同型号的 2 台机车重联。

二、控制电源电路

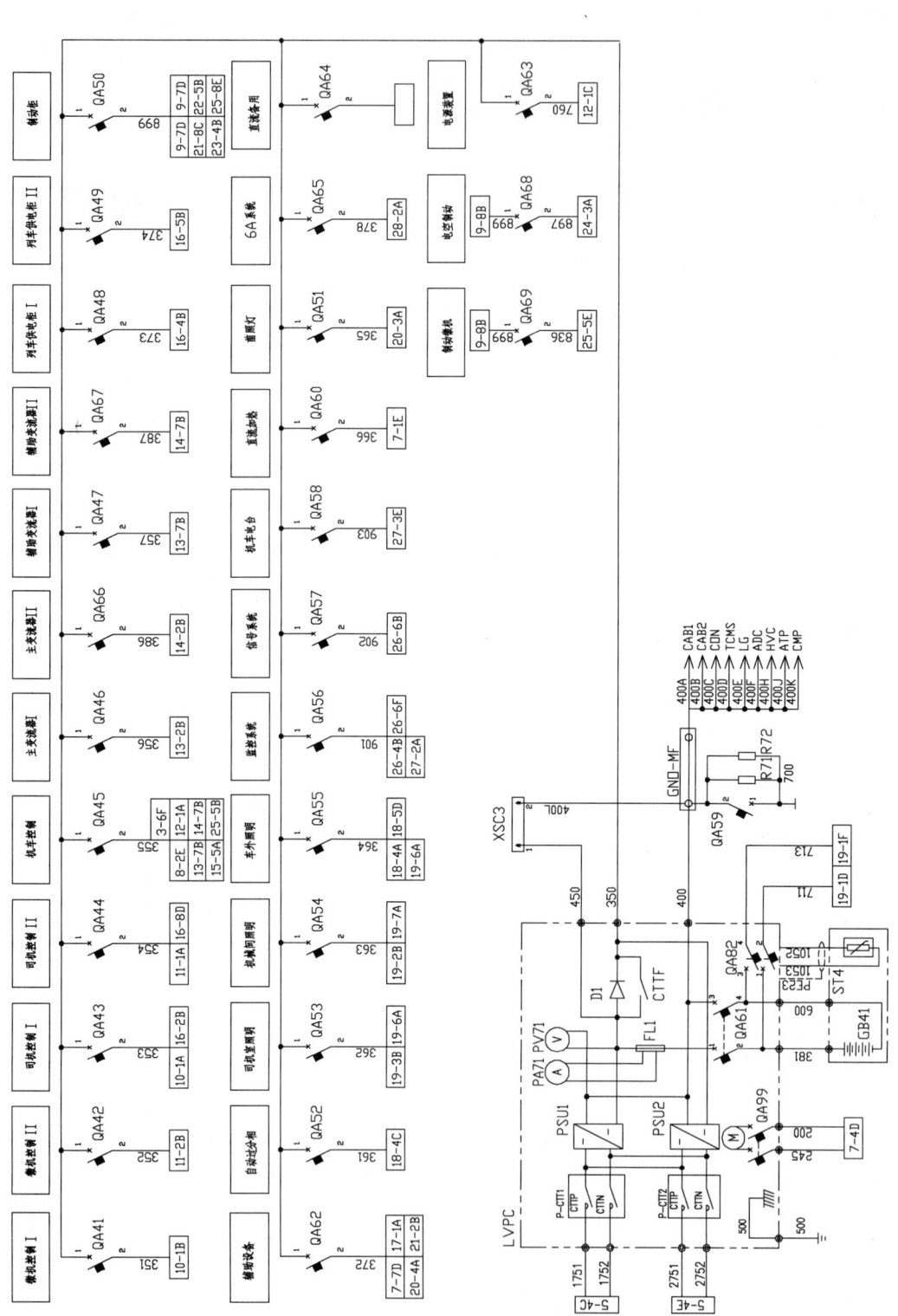

图 3.14 控制电源电路

表 3.40　控制电源电路主要设备

序号	设备	代号（简称）	型号与规格	数量	位置	备注
1	低压电源柜	LVPC		1	机械间	
2	DC 110 V 电源装置	PSU1, 2	BC10-I	2	电源柜	
3	充放电电流表	PA71		1	电源柜	
4	控制电压表	PV71		1	电源柜	
5	蓄电池组	GB41	DM170	1	蓄电池柜	
6	控制电路库用插座	XSC3	JL91K5ZY	1	车体右侧中间下部	
7	温度传感器	ST1	PT100	1	蓄电池柜	
8	电源柜冷却风扇自动开关	QA99		1	电源柜	
9	车梯灯应急自动开关	QA82		1	电源柜	
10	蓄电池自动开关	QA61	120VDC, 80A	1	电源柜	
11	接地检测自动开关	QA59	110VDC, 10A	1	控制电器柜正面	
12	低压电源负极汇流母排	GND-MF		1	控制电器柜正面	
13	接地电阻	R71, 72	RXG28	2	控制电器柜背面	
14	控制电源电压表	PV41, 42		2	司机室	
15	制动微机自动开关	QA69	110VDC, 10A	1	控制电器柜正面	
16	电空制动自动开关	QA68	110VDC, 8A	1	控制电器柜正面	
17	辅助变流器Ⅱ自动开关	QA67	110VDC, 10A	1	控制电器柜正面	
18	主变流器Ⅱ自动开关	QA66	110VDC, 10A	1	控制电器柜正面	
19	6A 系统自动开关	QA65	110VDC, 25A	1	控制电器柜正面	
20	直流备用自动开关	QA64	110VDC, 10A	1	控制电器柜正面	
21	电源装置自动开关	QA63	110VDC, 10A	1	控制电器柜正面	
22	辅助设备自动开关	QA62	110VDC, 20A	1	控制电器柜正面	
23	蓄电池自动开关	QA61	120VDC, 80A	1	电源柜	
24	直流加热自动开关	QA60	110VDC, 20A	1	控制电器柜正面	
25	接地检测自动开关	QA59	110VDC, 10A	1	控制电器柜正面	
26	机车电台自动开关	QA58	110VDC, 10A	1	控制电器柜正面	
27	信号系统自动开关	QA57	110VDC, 10A	1	控制电器柜正面	
28	监控系统自动开关	QA56	110VDC, 10A	1	控制电器柜正面	
29	车外照明自动开关	QA55	110VDC, 10A	1	控制电器柜正面	
30	机械间照明自动开关	QA54	110VDC, 10A	1	控制电器柜正面	
31	司机室照明自动开关	QA53	110VDC, 10A	1	控制电器柜正面	
32	自动过分相自动开关	QA52	110VDC, 10A	1	控制电器柜正面	

续表

序号	设备	代号（简称）	型号与规格	数量	位置	备注
33	前照灯自动开关	QA51	110VDC, 10A	1	控制电器柜正面	
34	制动柜自动开关	QA50	110VDC, 20A	1	控制电器柜正面	
35	列车供电Ⅱ自动开关	QA49	110VDC, 10A	1	控制电器柜正面	
36	列车供电Ⅰ自动开关	QA48	110VDC, 10A	1	控制电器柜正面	
37	辅助变流器Ⅰ自动开关	QA47	110VDC, 10A	1	控制电器柜正面	
38	主变流器Ⅰ自动开关	QA46	110VDC, 10A	1	控制电器柜正面	
39	机车控制自动开关	QA45	110VDC, 20A	1	控制电器柜正面	
40	司机控制Ⅱ自动开关	QA44	110VDC, 10A	1	控制电器柜正面	
41	司机控制Ⅰ自动开关	QA43	110VDC, 10A	1	控制电器柜正面	
42	微机控制Ⅱ自动开关	QA42	110VDC, 10A	1	控制电器柜正面	
43	微机控制Ⅰ自动开关	QA41	110VDC, 10A	1	控制电器柜正面	

1. 低压电源柜

机车设有一个低压电源柜（含 DC 110 V 电源装置 PSU 和蓄电池柜）提供机车所需的 DC 110 V 控制电源，同时控制电源柜中的功率单元还完成向蓄电池组充电，如图 3.15 所示。主断路器合闸前由蓄电池组 GB41 为机车提供控制电源，如图 3.16 所示；主断路器合闸后，控制电源装置 PSU1、PSU2 为机车提供 DC 110 V 控制电源，并给蓄电池组 GB41 充电，如图 3.17、图 3.18 所示。

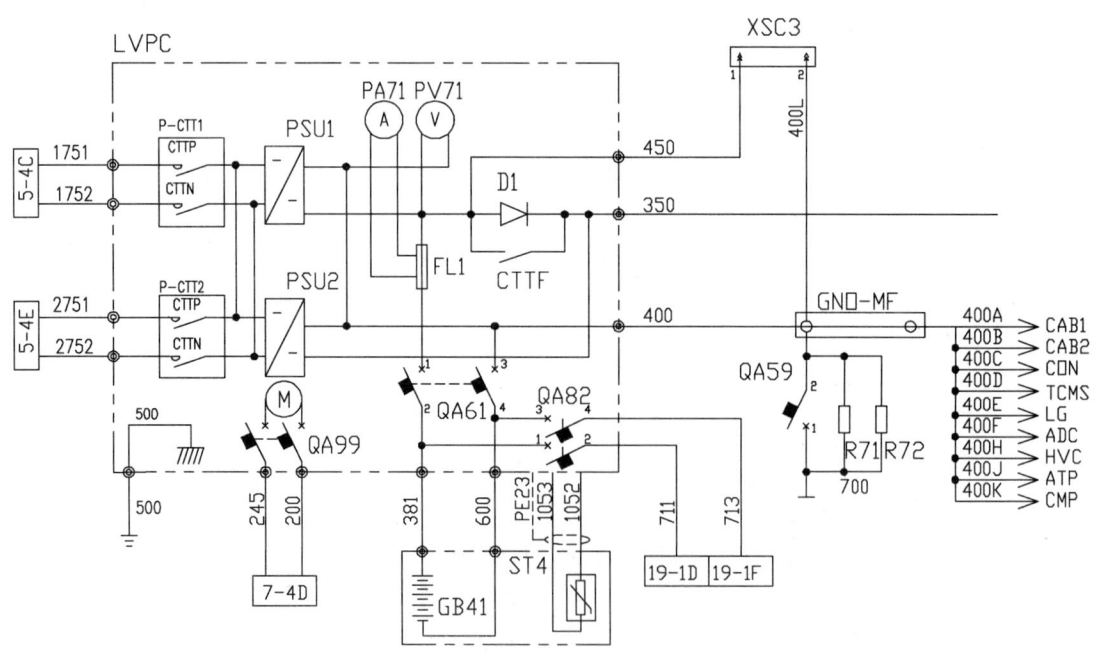

图 3.15 低压电源柜电路

控制电源柜的输入电源来自辅助变流器 UA11 和 UA12 的中间回路，两组输入电源都能向两个控制电源装置 PSU，提高了控制电源柜的运行可靠性。正常时，控制电源装置 PSU 同时工作，当其中任意一组控制电源装置 PSU 故障后，其他控制电源装置 PSU 仍能够完成向整车控制电路供电和蓄电池充电两项任务。

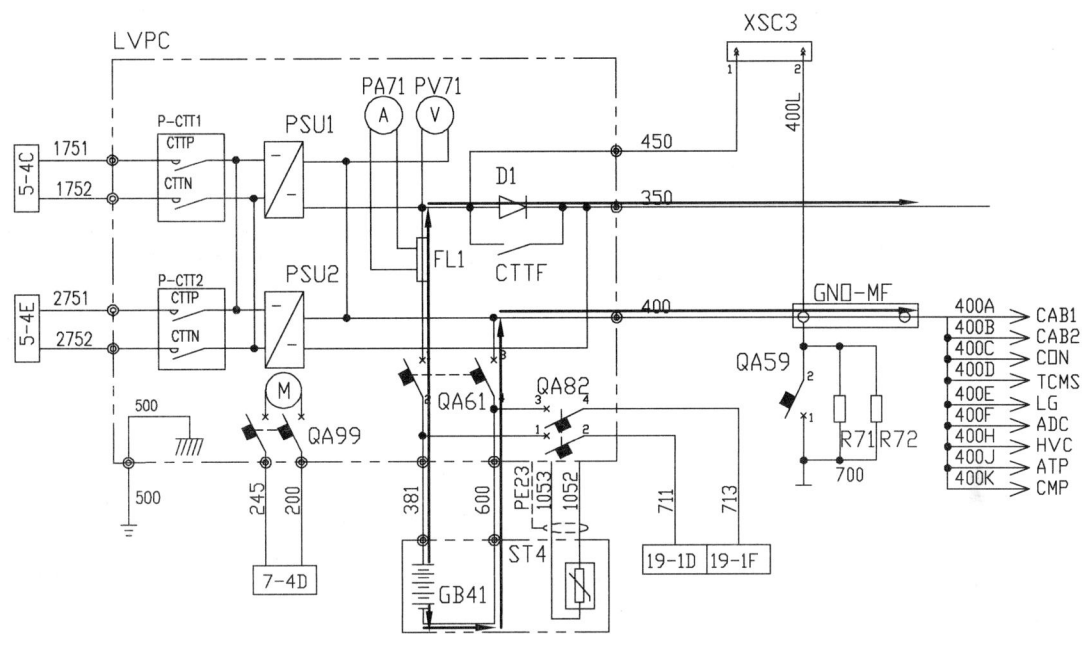

图 3.16 蓄电池供电电路

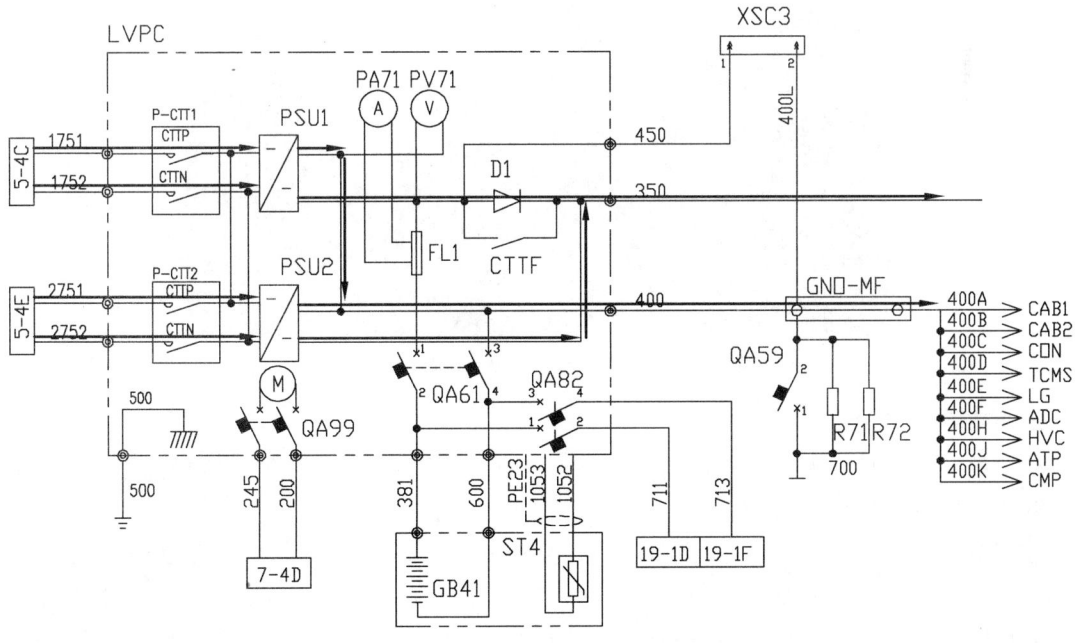

图 3.17 DC 110 V 供电电路

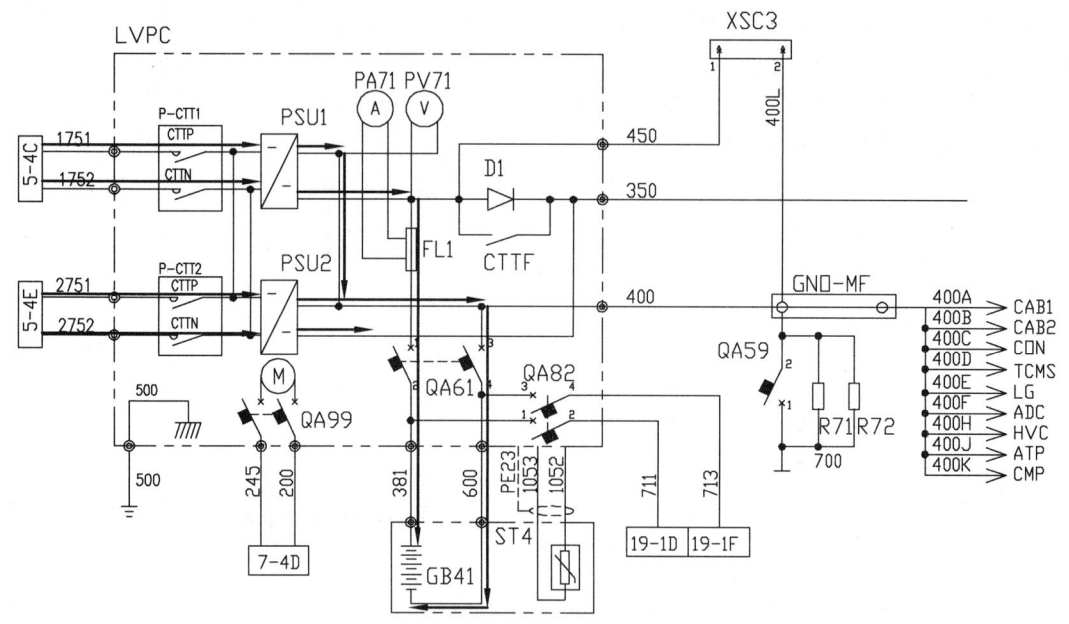

图 3.18　蓄电池充电电路

机车还设有一个外接的控制电路库用插座 XSC3（蓄电池充电插座）如图 3.19 所示。当蓄电池组馈电严重，低于机车电器的最低控制电压，不能保证功率单元正常工作时，可以通过该插座向蓄电池进行充电；也可以作为机车调试检修时外接控制电源的引入插座。

图 3.19　机车右侧控制电路库用插座

2. 控制电源的分配

机车控制电源是蓄电池经蓄电池自动开关 QA61 后与控制电源柜并联输出提供，再通过自动开关分别送到各条支路。

控制电路自动开关有：微机控制Ⅰ自动开关 QA41、微机控制Ⅱ自动开关 QA42、司机控制Ⅰ自动开关 QA43、司机控制Ⅱ自动开关 QA44、机车控制自动开关 QA45、主变流器Ⅰ自动开关 QA46、辅助变流器Ⅰ自动开关 QA47、列车供电柜Ⅰ自动开关 QA48、列车供电柜Ⅱ自动开关 QA49、制动柜自动开关 QA50、头灯自动开关 QA51、自动过分相自动开关 QA52、司机室照明自动开关 QA53、机械间照明自动开关 QA54、车外照明自动开关 QA55、监控系统自动开关 QA56、信号系统自动开关 QA57、机车电台自动开关 QA58、直流加热自动开关 QA60、辅助设备自动开关 QA62、电源装置自动开关 QA63、6A 系统自动开关 QA65、主变流器Ⅱ自动开关 QA66、辅助变流器Ⅱ自动开关 QA67、电空制动自动开关 QA68、制动微机自动开关 QA69 等。

在两端操纵台上设置了控制电源电压表 PV41、PV42，用于随时监视控制电源的电压情况，并且通过微机显示屏也可监视控制电源的电压情况。

司机室控制电源电压表电路及其说明见表 3.41。

表 3.41　司机室控制电源电压表电路及其说明

电　路	说明（参数）
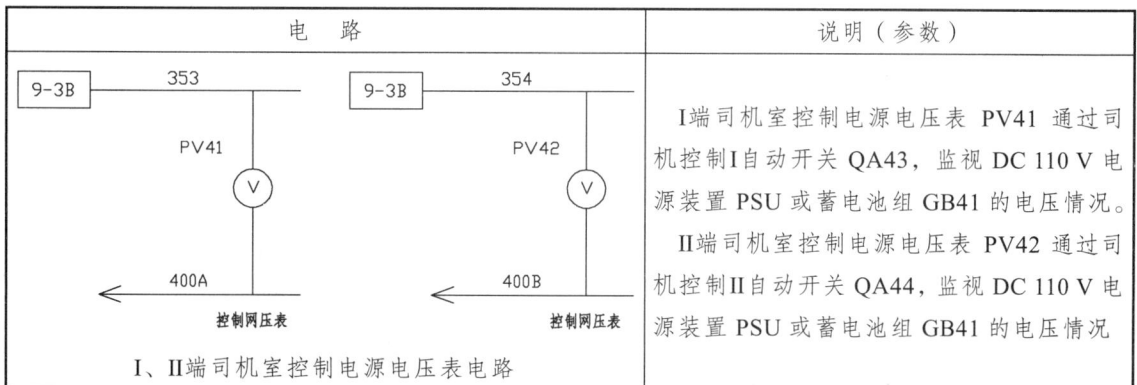 Ⅰ、Ⅱ端司机室控制电源电压表电路	Ⅰ端司机室控制电源电压表 PV41 通过司机控制Ⅰ自动开关 QA43，监视 DC 110 V 电源装置 PSU 或蓄电池组 GB41 的电压情况。 Ⅱ端司机室控制电源电压表 PV42 通过司机控制Ⅱ自动开关 QA44，监视 DC 110 V 电源装置 PSU 或蓄电池组 GB41 的电压情况

3. 控制电源柜的控制

控制电源柜可以通过 RS485 网络向机车控制系统 TCMS 提供故障信息及输出电压、电流和蓄电池充放电电流等状态信息，并可以通过微机显示屏进行提示或查看（见图 3.20）。

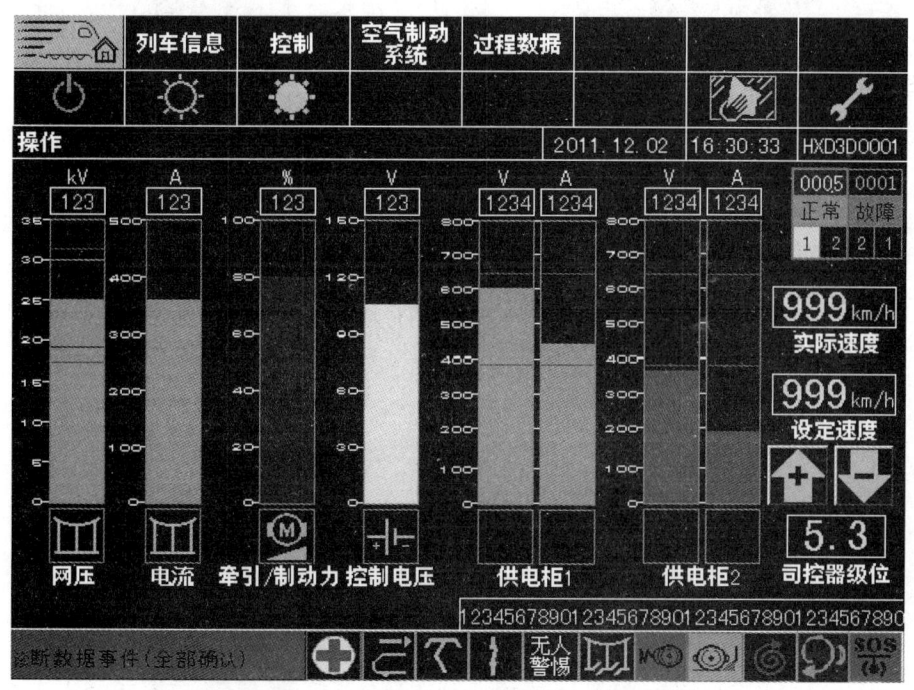

图 3.20　微机显示屏

当控制电源柜发生故障时，不仅通过 RS485 网络向机车控制系统 TCMS 发出具体故障内容，同时也通过硬线向机车控制系统 TCMS 发送故障信号，"故障信号"为两路数字量信号，其编码意义见表 3.42 所示。

表 3.42 PSU 故障信号定义

故障信息	423（A）	424（B）	状态
工作正常（正常）	ON	ON	功率模块都正常
1个模块故障，但不影响正常使用（警告）	ON	OFF	1个功率模块故障
1个模块故障，但不影响正常使用（警告）	OFF	ON	1个功率模块故障
故障，不能正常使用（故障）	OFF	OFF	两个或两个以上功率模块故障

控制电源柜采集蓄电池柜中温度传感器 ST1 的信号，实现对蓄电池组充电的温度补充功能。ST4 为两线制 PT100B 型温度传感器。

4. 控制电路的监测与保护

（1）控制电源柜输出电流及蓄电池组充放电电流的监测。

控制电源柜采集、监测其输出电压/电流、蓄电池充放电电流等信号，并将这些信号通过网络传送到微机显示屏，供司机查看，如图 3.21 所示。

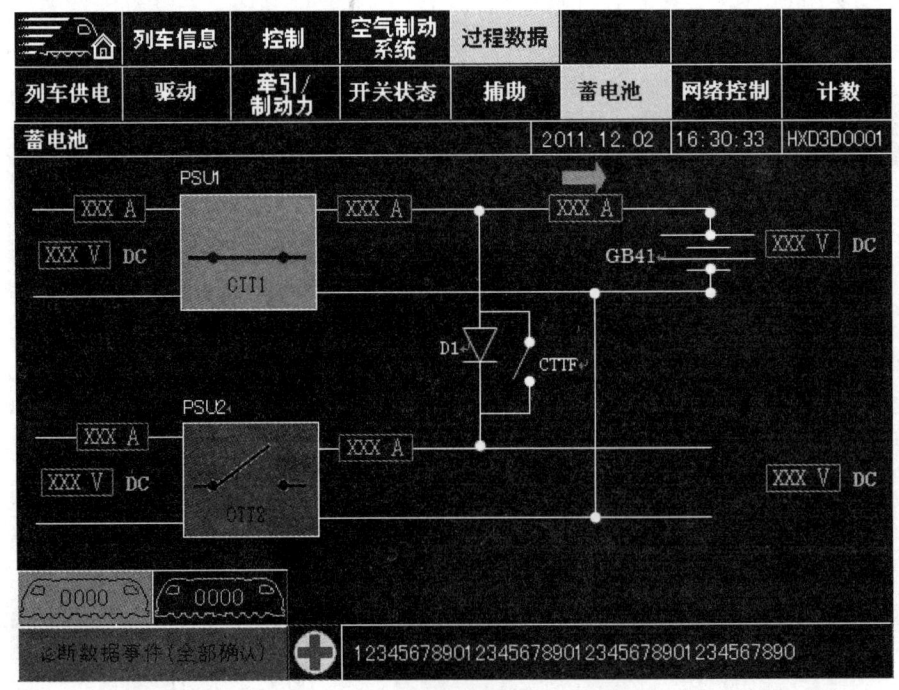

图 3.21 微机显示屏蓄电池

控制电源柜上设有控制电压表及蓄电池充放电电流表，方便查看。低压电源柜控制电压表、蓄电池充放电电流表电路及其说明如表3.43所示。

表3.43　低压电源柜控制电压表、蓄电池充放电电流表电路及其说明

电　路	说明（参数）
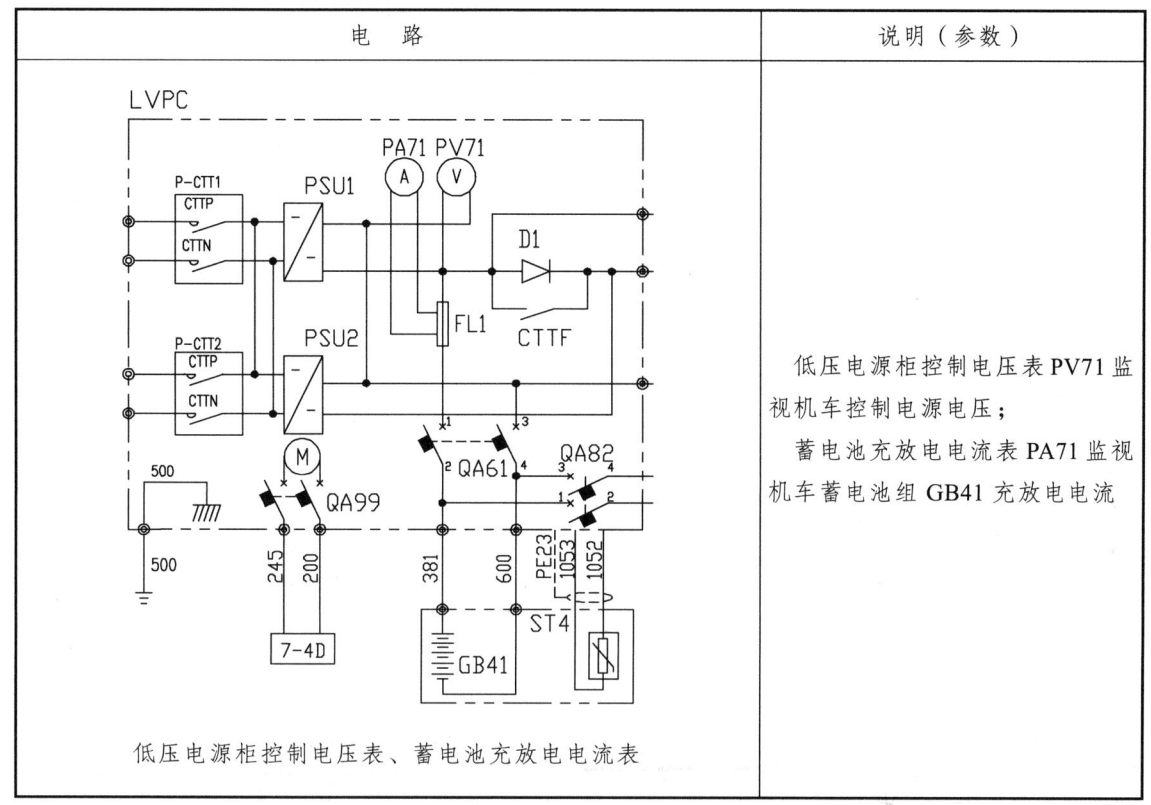 低压电源柜控制电压表、蓄电池充放电电流表	低压电源柜控制电压表PV71监视机车控制电源电压； 蓄电池充放电电流表PA71监视机车蓄电池组GB41充放电电流

（2）控制电源的低电压保护。

机车控制系统具有控制电源的低电压保护功能，共分两级。

第一级，当控制电压低于88 V时，控制电源柜内的蜂鸣器发声报警，同时微机显示屏弹出低压故障预警信息；

第二级，当控制电压低于77 V时，控制系统实施断电保护。

第六节　司机指令控制电路

在机车的Ⅰ、Ⅱ端司机室设置了完全相同的控制指令开关，可以分别向机车控制系统发出命令，机车控制系统经逻辑处理后，驱动执行机构，实现机车的控制，其电路如图3.22、图3.23、图3.24所示，主要设备见表3.44、表3.45。

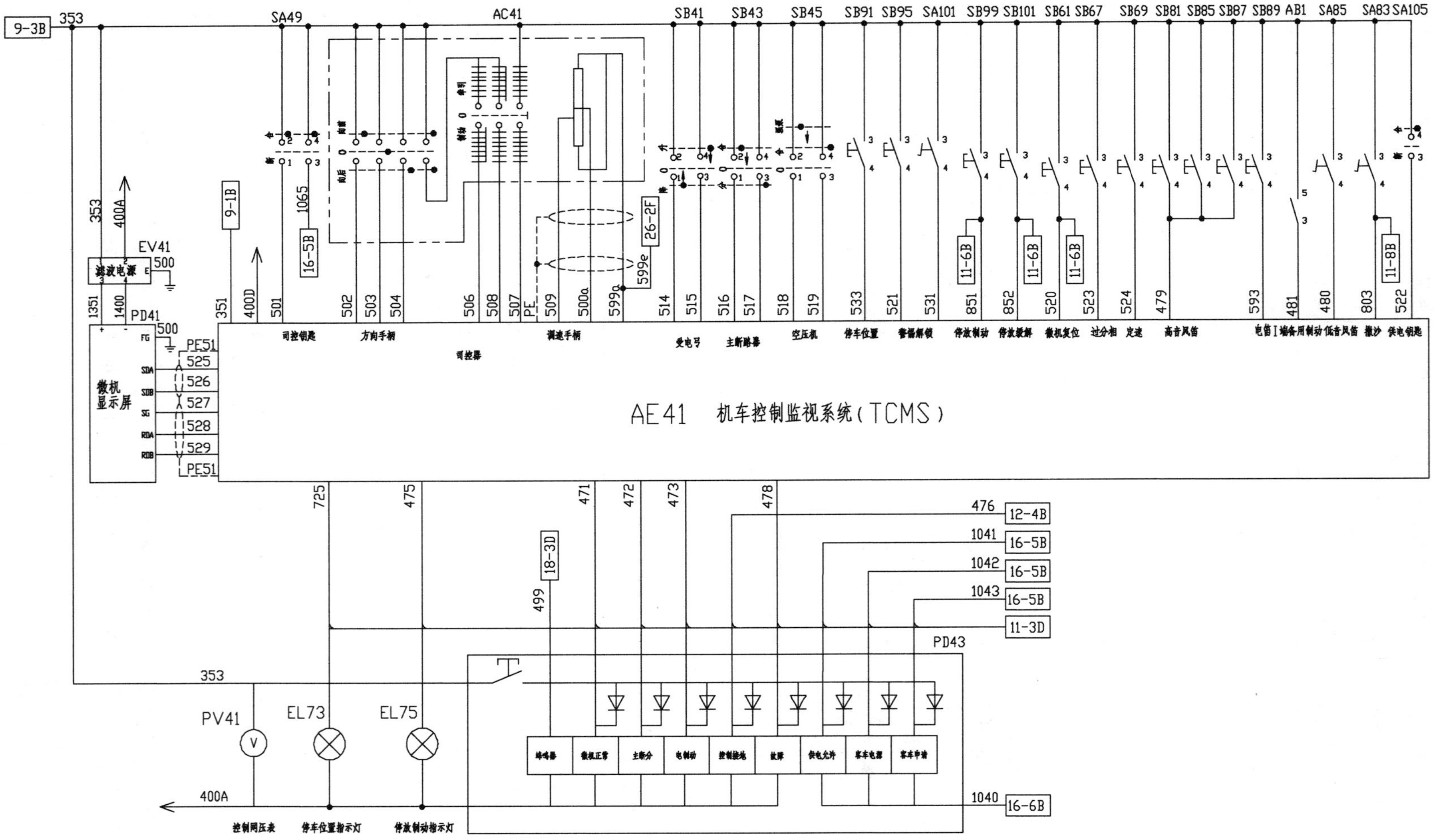

图 3.22 I 端司机室控制电路

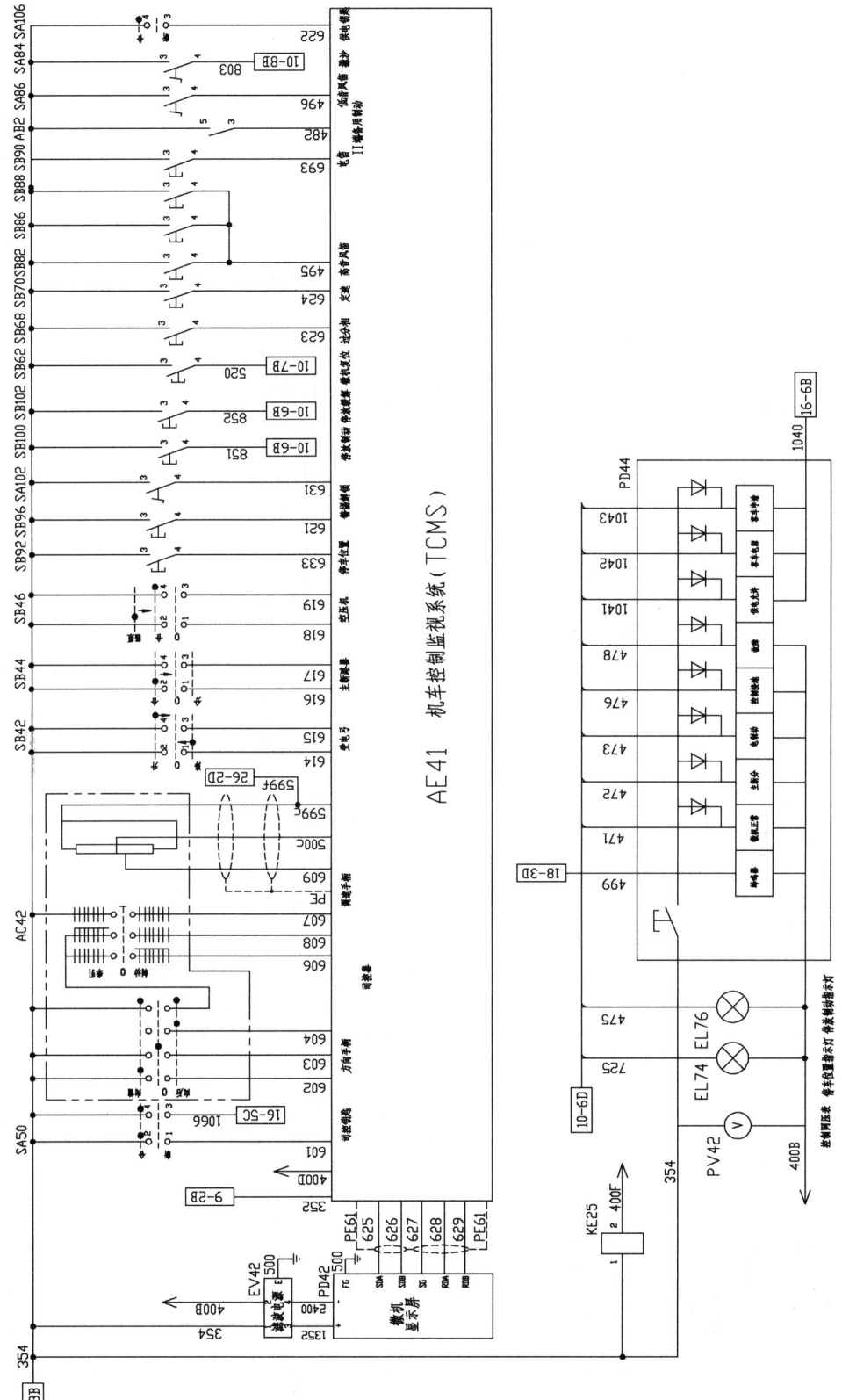

图 3.23 Ⅱ端司机室控制电路

表 3.44 司机室控制电路主要设备

序号	设备	代号（简称）	型号与规格	数量	位置	备注
1	TCMS微机控制系统	AE41（TCMS）		1	微机柜	
2	微机显示单元	PD41, 42	MND059-B0	2	司机室	
3	状态显示模块	PD43, 44		2	司机室	
4	滤波电源	EV41, 42		2	司机室	
5	电钥匙	SA49, 50		2	司机室	
6	司机控制器	AC41, 42		2	司机室	
7	受电弓扳键开关	SB41, 42		2	司机室	
8	主断路器扳键开关	SB43, 44		2	司机室	
9	空压机扳键开关	SB45, 46		2	司机室	
10	高音风笛按钮	SB81, 82, 85~88	S405M-L	6	司机室	
11	微机复位按钮	SB61, 62	S405-Y	2	司机室	
12	过分相按钮	SB67, 68	S405-W	2	司机室	
13	定速按钮	SB69, 70	S405-L	2	司机室	
14	电笛按钮	SB89, 90		2	司机室	
15	停车位置按钮	SB91, 92		2	司机室	
16	警惕解锁按钮	SB95, 96	S405M-Y	2	司机室	
17	停放制动按钮	SB99, 100	3A240-1/F特	2	司机室	
18	停放缓解按钮	SB101, 102		2	司机室	
19	撒砂脚踏开关	SA83, 84	5293S3	2	司机室	
20	低音风笛脚踏开关	SA85, 86	S293S3	2	司机室	
21	警惕解锁脚踏开关	SA101, 102	S293S3	2	司机室	
22	备用制动阀	AB1, 2		2	司机室	
23	库内试验开关	SA75	4A163-2/F特	1	司机室	
24	列车供电钥匙	SA105, 106		2	司机室	
25	重联继电器	KE25	D-U204-KLC	1	控制电器柜（背面）	
26	控制网压表	PV41, 42		2	司机室	
27	停车位置指示灯	EL73, 74		2	司机室	
28	停放制动指示灯	EL75, 76		2	司机室	

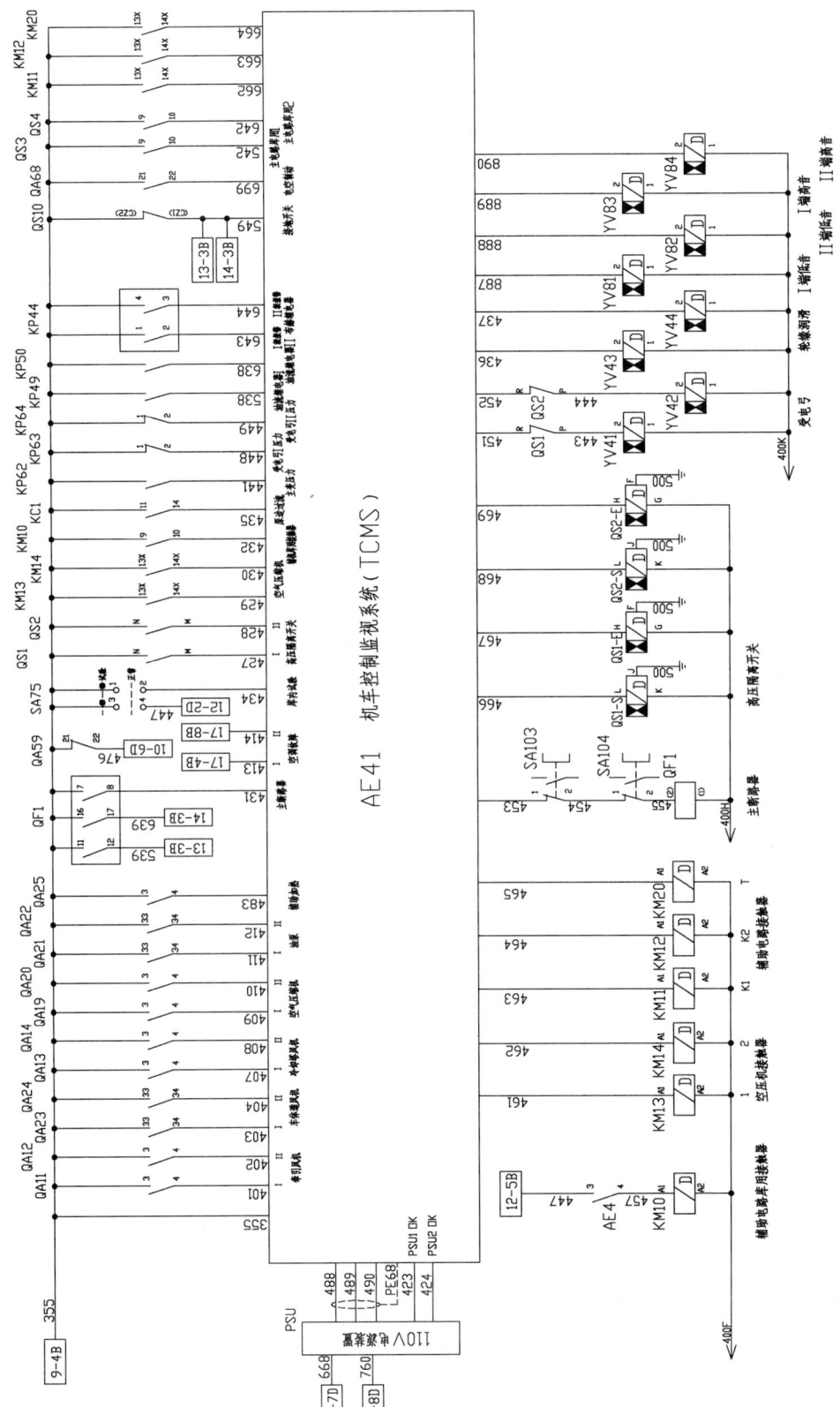

图 3.24 机车控制电路

表 3.45　机车控制电路主要设备

序号	设备	代号（简称）	型号与规格	数量	位置	备注
1	TCMS 微机控制系统	AE41（TCMS）		1	微机柜	
2	DC110V 电源装置	PSU	BC10-I	2	低压电源柜	
3	牵引通风机自动开关	QA11, 12	400VAC, 100A	2	控制电器柜（正面）	
4	冷却塔通风机自动开关	QA13, 14	400VAC, 63A	2	控制电器柜（正面）	
5	车体通风机自动开关	QA23, 24	400VAC, 6.3A	2	控制电器柜（正面）	
6	空气压缩机自动开关	QA19, 20	400VAC, 100A	2	控制电器柜（正面）	
7	主变压器油泵自动开关	QA21, 22	400VAC, 12.5A	2	控制电器柜（正面）	
8	辅助加热用自动开关	QA25	400VAC, 100A	1	控制电器柜（正面）	
9	真空断路器	QF1	22CBDP1	1	高压柜 HVC	
10	接地检测自动开关	QA59	110VDC, 10A	1	控制电器柜（正面）	
11	高压隔离开关	QS1, 2	2PIS	2	高压柜 HVC	
12	空气压缩机接触器	KM13, 14	AF100-30-11	2	控制电器柜（背面）	
13	辅机测试交流接触器	KM10		1		
14	原边过流继电器	KC1	CMP4-12A	1	控制电器柜（背面）	
15	主变压器压力释放阀	KP62	YSF13-95/80	1	主变压器油箱	
16	受电弓管路压力开关	KP63, 64		2	机械间侧墙	
17	主变压器油流继电器	KP49, P50		2	主变压器除油管	
18	主变压器布赫继电器	KP44		1	主变压储油箱	
19	高压接地开关	QS10	35KSDP1	1	高压柜	
20	电空制动自动开关	QA68	110VDC, 8A	1	控制电器柜（正面）	
21	主电路库用开关	QS3, 4	SF-1A-03C	2	控制电器柜（正面）	
22	辅助输出接触器	KM11, 12	AF400-30-11	2	控制电器柜（背面）	
23	辅助故障转换接触器	KM20	AF400-30-11	2	控制电器柜（背面）	
24	高压隔离开关	QS1, 2	2PIS	2	高压柜	
25	弓升弓电磁阀	YV41, 42		2	机械间侧墙	
26	轮缘润滑电磁阀	YV43, 44		2	机械间侧墙	
27	低音风笛电磁阀	YV81, 82		2	机械间侧墙	
28	高音风笛电磁阀	YV83, 84		2	机械间侧墙	

以下用Ⅰ端司机室控制指令为例进行说明，同时将Ⅱ端对应的控制器件代号用"（ ）"进行表示。

一、电钥匙

司机电钥匙开关 SA49（SA50），有两个位置："合""分"，当置"合"位置时，机车Ⅰ端司机室即被设定为操纵端，另一端为非操纵端。

二、司机控制器

司机控制器 AC41（AC42）（简称司控器）有两个手柄：方向手柄和调速手柄。方向手柄有"向前""0""向后"三个位置，调速手柄可以提供牵引级位*～17级，制动级位*～10级。两个手柄之间设有机械联锁：当调速手柄在"0"位时，方向手柄方可进行方向转换；方向手柄在"0"位时，调速手柄只能移动，只能在"0"位。司机室电钥匙、司机控制器电路及其说明见表3.46。

表3.46 司机室电钥匙、司机控制器电路及其说明

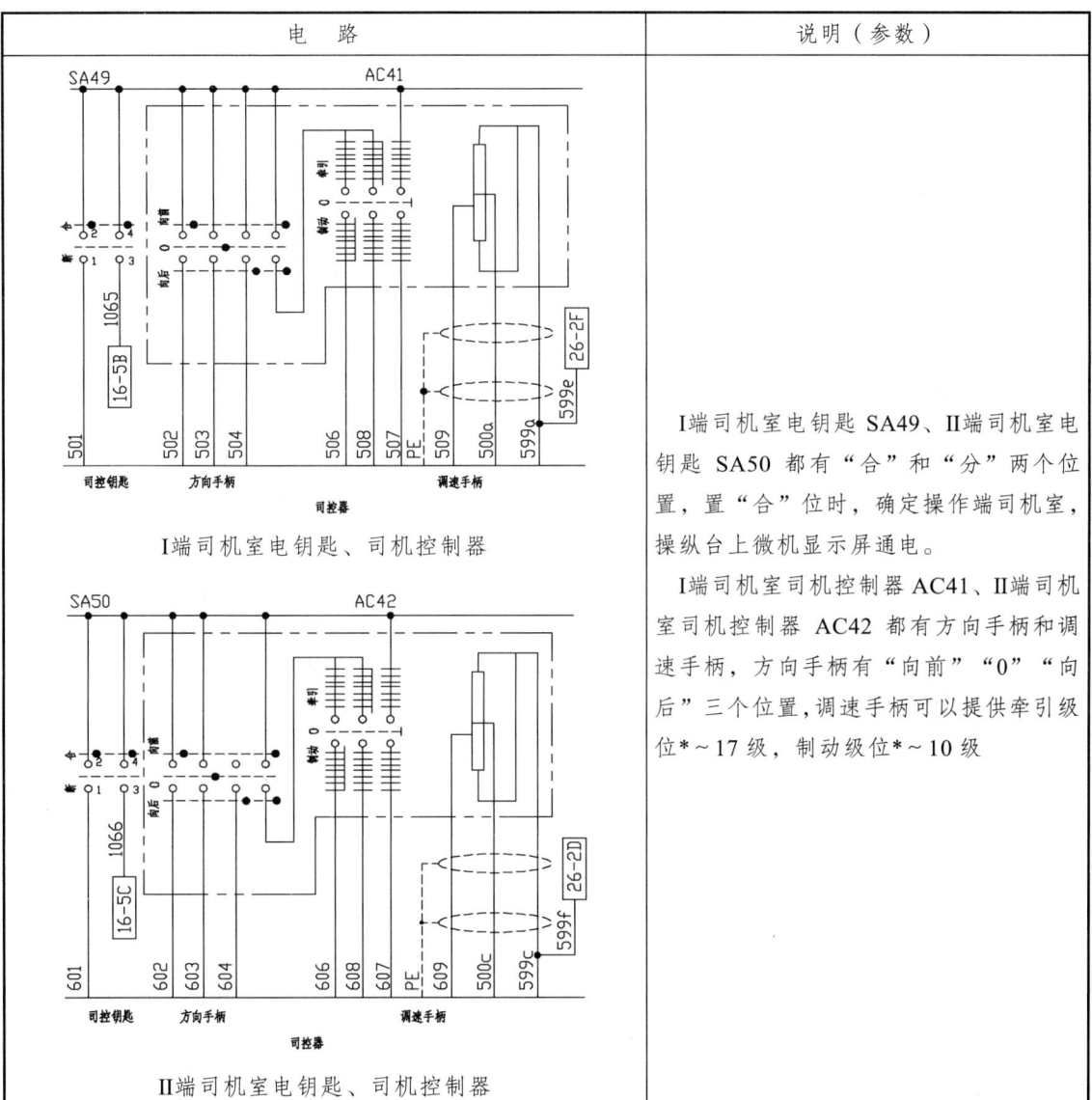

说明（参数）：

I端司机室电钥匙 SA49、II端司机室电钥匙 SA50 都有"合"和"分"两个位置，置"合"位时，确定操作端司机室，操纵台上微机显示屏通电。

I端司机室司机控制器 AC41、II端司机室司机控制器 AC42 都有方向手柄和调速手柄，方向手柄有"向前""0""向后"三个位置，调速手柄可以提供牵引级位*～17级，制动级位*～10级

三、受电弓扳键开关

受电弓扳键开关 SB41（SB42）设有"升""0"和"降"3个位置，该开关为自复式，正常位置为"0"位。受电弓扳键开关电路及其说明见表3.47。

表 3.47　受电弓扳键开关电路及其说明

电　　路	说明（参数）
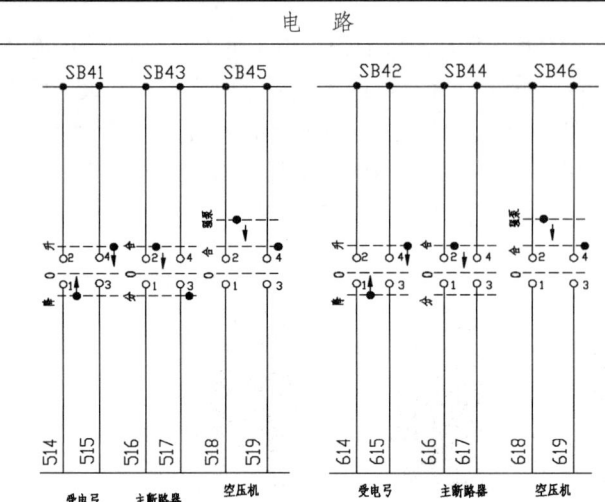 Ⅰ、Ⅱ端司机室受电弓扳键开关 SB41、SB42 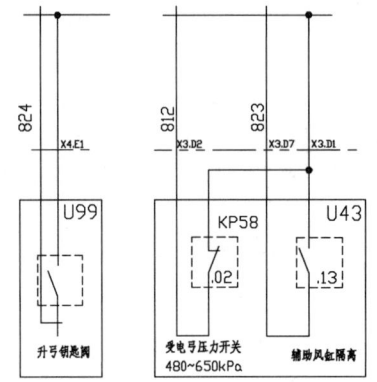 升弓钥匙阀 U99、受电弓压力开关 KP58 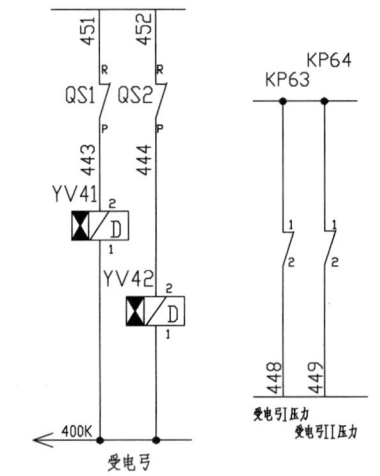 Ⅰ、Ⅱ端升弓电磁阀 YV41、YV42 Ⅰ、Ⅱ端受电弓管路压力开关 KP63、KP64	Ⅰ端司机室受电弓扳键开关 SB41、Ⅱ端司机室受电弓扳键开关 SB42 都有"升""0"和"降"三个位置，其中置"升"或"降"后自复回"0"。 Ⅰ端司机室受电弓扳键开关 SB41 置"升"位，制动柜上蓝钥匙闭合，升弓钥匙阀 U99 打通升弓气路，当辅助风缸高于 480 kPa 时，受电弓压力开关 KP58 常闭触点闭合，高压隔离开关 QS2 在闭合位，其常闭触点闭合，Ⅱ端升弓电磁阀 YV42 得电，Ⅱ端受电弓升弓。 Ⅱ端司机室受电弓扳键开关 SB42"升"位，制动柜上蓝钥匙闭合，升弓钥匙阀 U99 打通升弓气路，当辅助风缸高于 480 kPa 时，受电弓压力开关 KP58 常闭触点闭合，高压隔离开关 QS1 在闭合位，其常闭触点闭合，Ⅰ端升弓电磁阀 YV41 得电，Ⅰ端受电弓升弓。 当机车受电弓出现风压泄漏问题时，需要快降弓。为了保证在降弓前，主断路器先断开，机车控制系统采集了受电弓风管压力开关 KP63、KP64 的信号。当压力开关动作时，机车控制系统会立即分主断，然后停止对升弓阀 YV41 或 YV42 的输出控制，防止拉弧放电对弓网的损坏

"升"位：升起预选受电弓；

"降"位：降落受电弓；

"0"位：维持预选受电弓的当前状态。

1. 受电弓预选和高压隔离开关控制

控制系统在微机显示屏上设置了受电弓预选软开关，通过该开关可以完成受电弓的预选和高压隔离开关的控制，如图 3.25 所示。该软开关设有 4 种模式，具体如下：

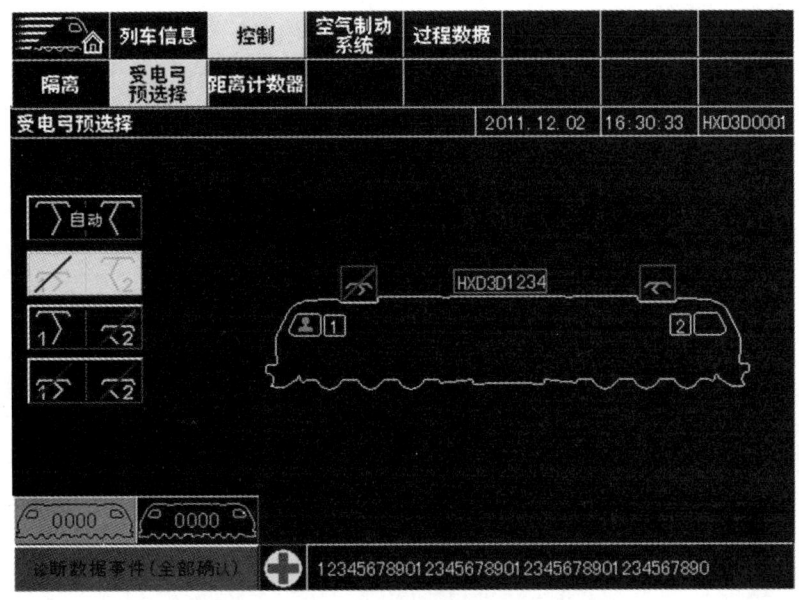

图 3.25　微机显示屏受电弓预选择

"自动"模式：表示微机控制系统将自动控制高压隔离开关 QS1 和 QS2 均处于闭合位；并预选非操纵端的受电弓（后弓）。微机控制系统收到升弓指令时，自动控制后弓升起。机车正常运行时，一般将选择开关置"自动"位。该模式下，机车进入停车位置状态，将自动升起双弓；退出停车位置模式，机车又保持升后弓的状态。

"弓2"模式：表示微机控制系统将自动控制高压隔离开关 QS2 处于闭合位，QS1 处于隔离位；并预选受电弓 PG2。微机控制系统收到升弓指令时，受电弓 PG2 将升起。一般在受电弓 PG1 出现故障需要隔离时，选择"弓2"位。

"弓1"模式：表示微机控制系统将自动控制高压隔离开关 QS1 处于闭合位，QS2 处于隔离位；并预选受电弓 PG1。微机控制系统收到升弓指令时，受电弓 PG1 将升起。一般在受电弓 PG2 出现故障需要隔离时，选择"弓1"位。

"0"模式：表示微机控制系统将自动控制高压隔离开关 QS1 和 QS2 处于隔离位，没有预选受电弓。微机控制系统收到升弓指令时，受电弓 PG1 和 PG2 均不能升起。

2. 重联机车的受电弓预选和控制

因锚段关节式电分相区的特点，对于重联机车受电弓的控制，除了要考虑到预选软开关的设置，还要兼顾升起的双弓之间的距离。微机控制系统通过必要的软件互锁，实现重联机车受电弓的控制。

四、主断路器扳键开关

司机通过操纵主断路器扳键开关 SB43（SB44），可以实现对主断路器的控制。主断路器扳键开关设有"合""0"和"分"三个位置。"合"位为自复式。主断路器扳键开关电路及其说明见表 3.48。

"合"位：闭合主断路器；
"分"位：断开主断路器；
"0"位：维持主断路器的当前状态。

表 3.48 主断路器扳键开关电路及其说明

电　路	说明（参数）
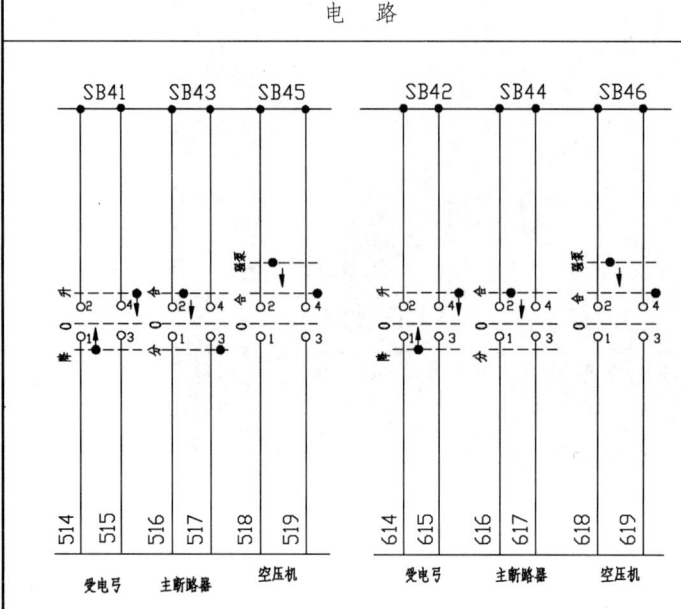 I、II端司机室主断开关 SB43、SB44 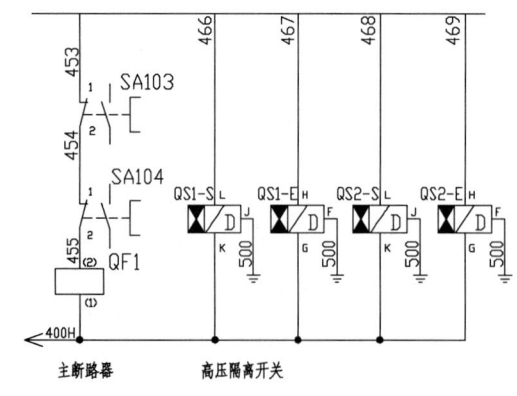 主断路器 QF1 高压隔离开关电磁阀 QS1-S、QS1-E、QS2-S、QS2-E	I端司机室主断扳键开关 SB43、II端司机室主断扳键开关 SB44 都有"合""0"和"分"三个位置，其中置"合"或"分"后自复回"0"。 I端司机室主断扳键开关 SB43 置"合"位，当紧急制动按钮 SA103、SA104 在"正常"位，其常闭触点闭合，主断路器线圈 QF1 得电，真空主断路器合闸。 II端司机室主断扳键开关 SB44 置"合"位，当紧急制动按钮 SA103、SA104 在"正常"位，其常闭触点闭合，主断路器线圈 QF1 得电，主断路器合闸。 按下紧急制动按钮 SA103、SA104，机车将实施紧急制动，同时紧急制动按钮 SA103、SA104 常闭触点断开，主断路器线圈 QF1 失电，主断路器分闸

五、压缩机扳键开关

压缩机扳键开关SB45（SB46）设有三个位置，分别为"0""合""强泵"位。"强泵"位为自复式。压缩机扳键开关电路及其说明见表3.49。

表3.49 压缩机扳键开关电路及其说明

电路	说明（参数）
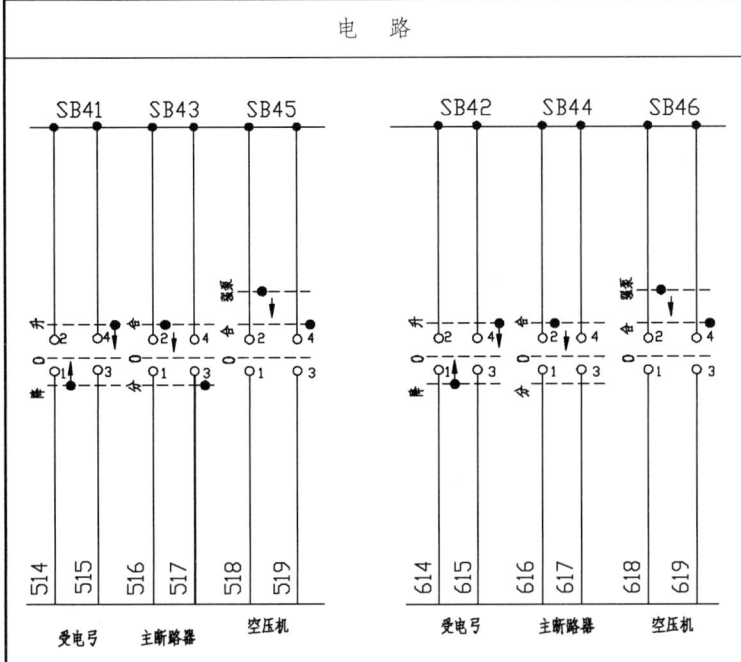 Ⅰ、Ⅱ端司机室压缩机扳键开关SB45、SB46 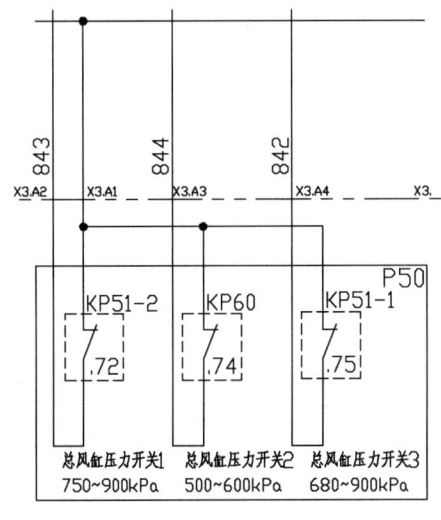 总风压力开关KP51-1、KP51-2	Ⅰ端司机室压缩机扳键开关SB45、Ⅱ端司机室压缩机扳键开关SB46都有"0""合"和"强泵"三个位置，其中置"强泵"后自复回"合"。 Ⅰ、Ⅱ端司机室压缩机扳键开关SB45、SB46置"合"位时，在总风压力开关KP51-1、KP51-2的控制下，空压机接触器KM13、KM14动作或释放，空气压缩机电机MA19、MA20根据非操作端和操作端的区分投入或停止工作。 总风压力开关KP51-1、KP51-2的控制逻辑，当总风缸压力低于680 kPa时，非操作端和操作端压缩机依次投入工作；当总风缸压力在680~750 kPa时，非操作端压缩机投入工作；当总风缸压力升至900 kPa时，压缩机自动停止工作。 Ⅰ、Ⅱ端司机室压缩机扳键开关SB45、SB46置"强泵"位时，强制机车的两台压缩机都投入工作，不受总风缸压力开关的控制，待总风缸压力升至950 kPa时，高压安全阀动作并连续排气，此时应使扳键开关离开"强泵"位

电　路	说明（参数）
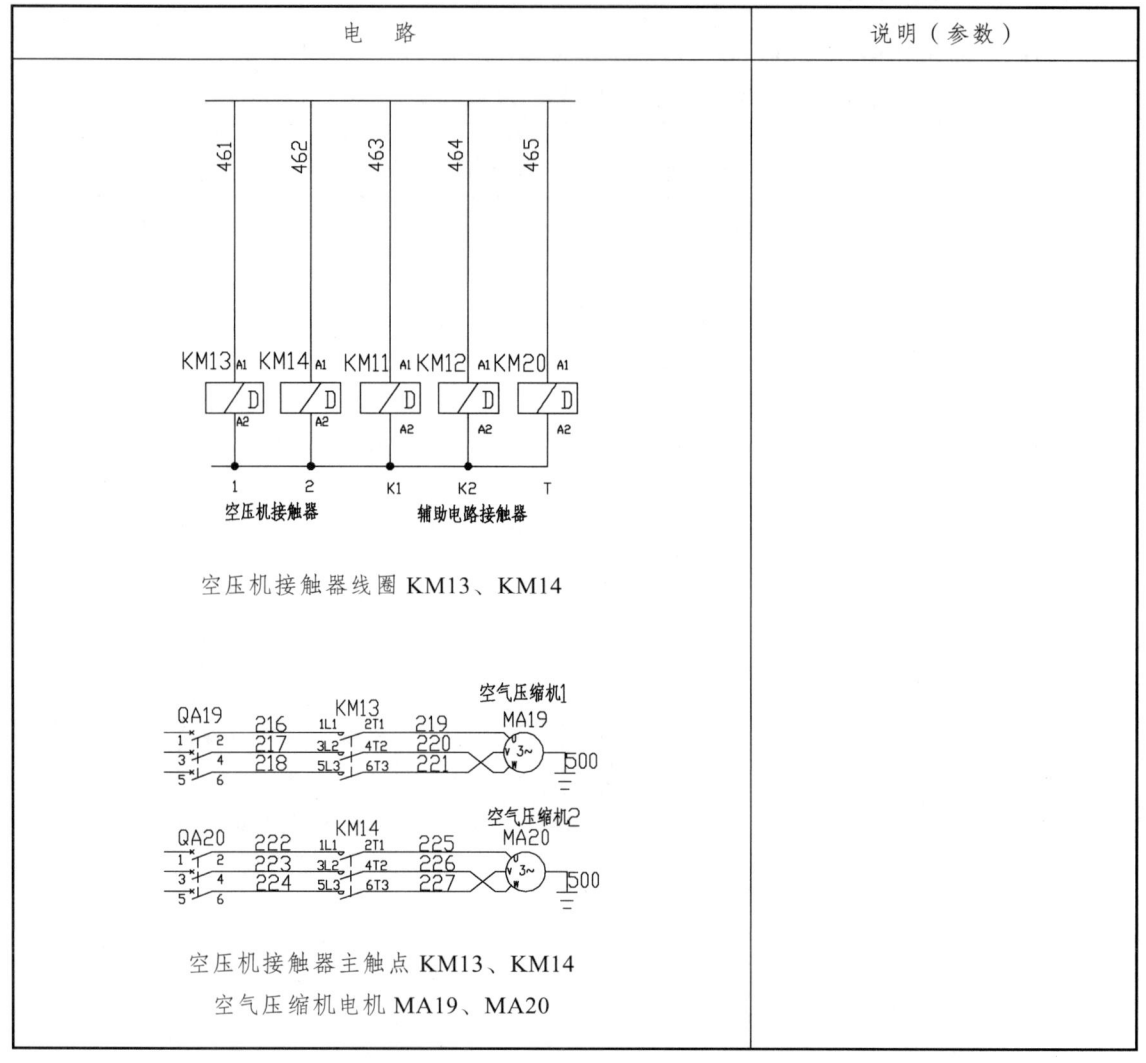 空压机接触器线圈 KM13、KM14 空压机接触器主触点 KM13、KM14 空气压缩机电机 MA19、MA20	

"0"位：压缩机停止工作；

"合"位：压缩机根据总风压力开关 KP51-1 和 KP51-2 的状态投入工作；

"强泵"位：强制主控机车的两台压缩机投入工作，受控机车的主压缩机投入工作。

六、停车位置按钮

为了方便机车换端操纵及机车在非操纵模式下能保证制冷、加热、通风、制动及控制系统的正常运行，设置了停车位置按钮 SB91（SB92）。停车位置按钮电路及其说明见表 3.50。

机车进入"停车位置"模式，在 3 分钟内，电钥匙可以拔出，微机控制系统仍然有电，此时司机可进行换端操作。换端后将电钥匙置于"合"位，然后按下"停车位置"按钮，可退出"停车位置"模式。如果 3 分钟内，司机没有进行任何操作，微机控制系统将发出断主断、降弓指令。

表 3.50 停车位置按钮电路及其说明

电 路	说明（参数）
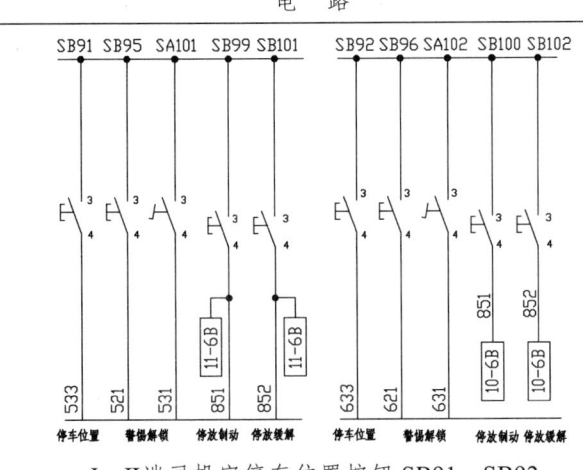 I、II端司机室停车位置按钮 SB91、SB92 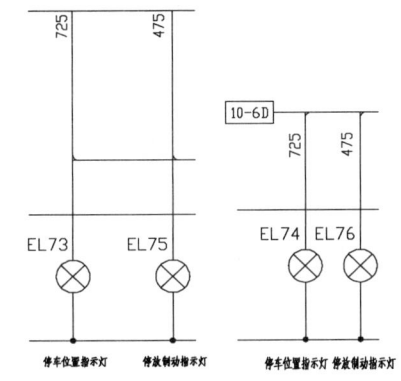 I、II端司机室停车位置按钮灯 EL73、EL74 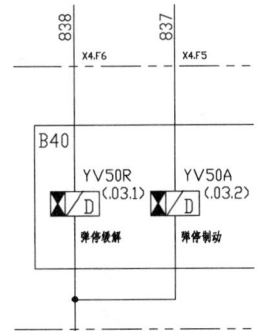 弹停制动电磁阀 YV50A、弹停缓解电磁阀 YV50R	机车设置停车位置按钮 SB91、SB92，便于在不断主断、不降弓的状态下进行换端操作。进入"停车位置"状态的前提是： ① 操纵端司机室被设定； ② 受电弓升起，主断闭合； ③ 主司机控制器置"0"位； ④ 机车速度为零； ⑤ 机车一切正常。 满足以上条件时，按下"停车位置"按钮 SB91、SB92，机车进入"停车位置"模式。机车在"停车位置"工况下具备以下特点： ① 机车控制系统自动投入弹停制动； ② 机车牵引变流器禁止功率输出； ③ 机车 CVCF 辅助变流器继续保持运行； ④ 同时机车控制系统将发出升双弓的指令，机车升起双弓，满足换端需求。 在 3 分钟内，机车电钥匙可以拔出，微机控制系统继续保持换端工况下的运行模式，当司机进入另一司机室，插入钥匙，并打置"合"位，此时司机按动"停车位置"按钮，可解除"停车位置"模式，机车自动选择后弓，另一个弓自动降下，弹停制动仍然保留，需要司机手动解除。如果 3 分钟内，司机没有进行换端操作，超过规定时间后，微机控制系统发出断主断和降弓指令，机车进入切断司机钥匙的状态

七、停放制动（弹停制动）控制

为了防止机车在停放状态下发生溜车事故，设置了弹簧停车功能。该功能相关按钮有：停放制动按钮 SB99（SB100）、停放缓解按钮 SB101（SB102），均为自复位按钮。停放制动（弹停制动）控制电路及其说明见表 3.51。

停放制动按钮：机车进入"停放制动"状态，"停放制动"指示灯 EL75（EL76）亮；

停放缓解按钮：机车退出"停放制动"状态，"停放制动"指示灯 EL75（EL76）灭。

表 3.51　停放制动（弹停制动）控制电路及其说明

电　　路	说明（参数）
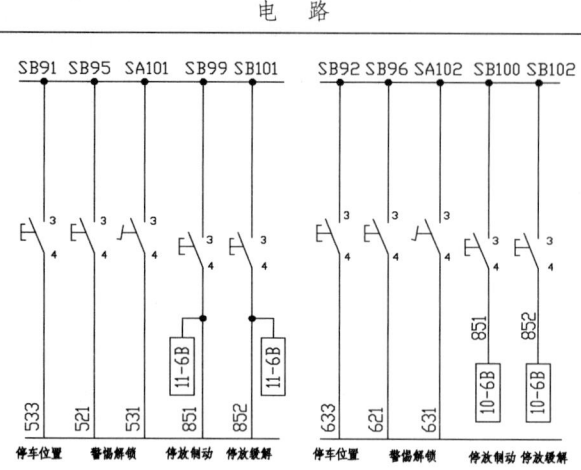 Ⅰ、Ⅱ端司机室停放制动按钮 SB99、SB100 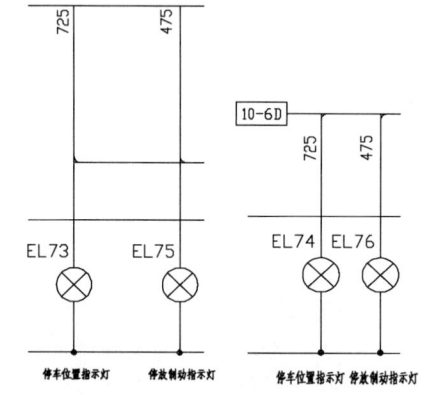 Ⅰ、Ⅱ端司机室停放缓解按钮 SB101、SB102 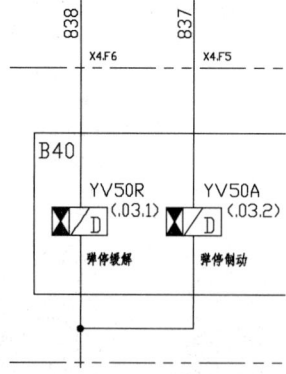 Ⅰ、Ⅱ端司机室停放制动按钮灯 EL75、EL76 弹停制动电磁阀 YV50A、弹停缓解电磁阀 YV50R	机车设置有停放制动按钮 SB99、SB100，停放缓解按钮 SB101、SB102，便于在机车停车后制动和牵引前缓解。 机车辅助管路系统停放制动模块 B40 接收司机控制指令，从而控制机车走行部弹簧停车制动缸压力。 机车停车后，按下停放制动按钮 SB99 或 SB100，弹停制动电磁阀 YV50A 得电，将弹簧停车制动缸中的压力空气排空，弹簧停车装置动作，闸瓦压紧轮对，避免机车因重力或风力的原因溜车。 机车牵引前，按下停放缓解按钮 SB101 或 SB102，弹停缓解电磁阀 YV50R 得电，弹簧停车制动缸中的空气压力达到 480kPa 以上时，弹簧停车制动装置缓解，允许机车牵引

八、无人警惕控制

机车运行时，如果司机出现打瞌睡、离岗或因紧急伤病等情况丧失操控能力时，无人警惕与 TCMS 通信，使制动系统实施停车，保证行车安全。该功能是通过微机控制系统来实施，并在操纵台上设有声光报警和信息提示，直至实施惩罚制动。无人警惕控制电路及其说明见表3.52。

当机车速度≥3 km/h，并且司机控制器的方向手柄离开零位，60 s 内如果司机没有操纵任何复位开关，司机室的语音箱开始发出"无人警惕"的语音报警，微机屏同时进行无人警惕预警提示，如果再经过 10 s 仍没有施加任何无人警惕复位指令，TCMS 微机控制系统会发出惩罚制动指令，机车实施最大常用制动。

表 3.52 无人警惕控制电路及其说明

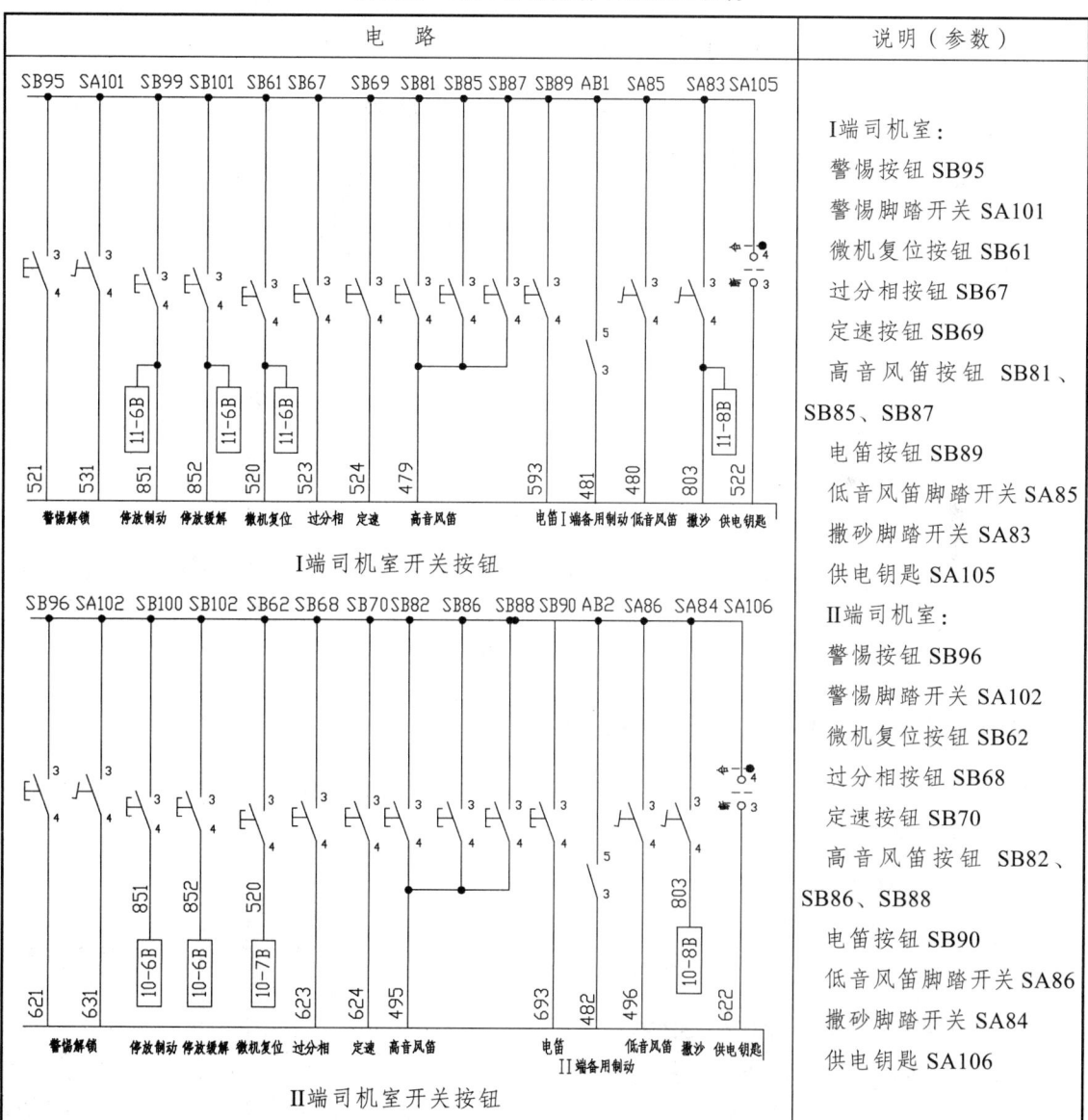

电 路	说明（参数）
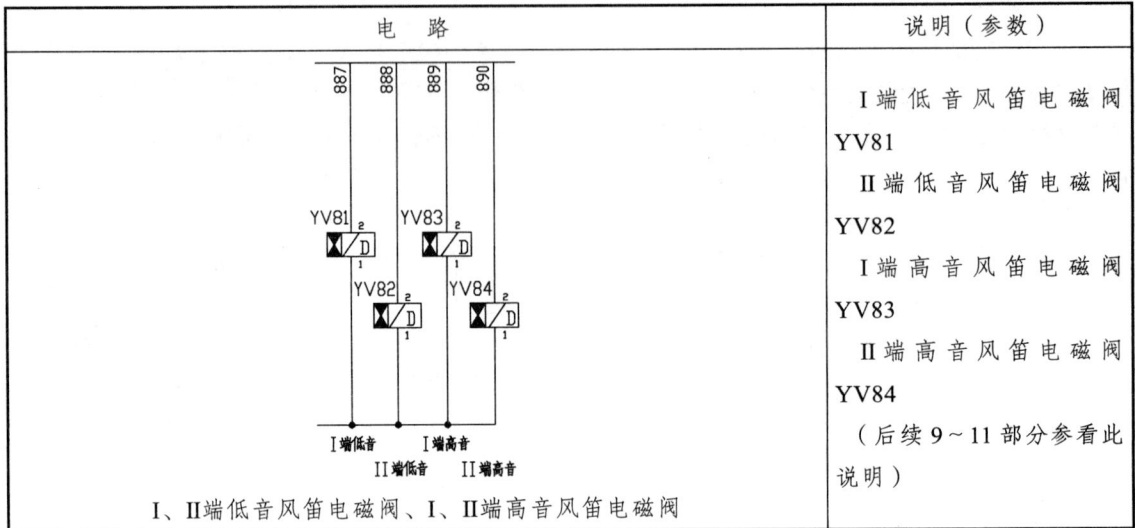 Ⅰ、Ⅱ端低音风笛电磁阀、Ⅰ、Ⅱ端高音风笛电磁阀	Ⅰ端低音风笛电磁阀YV81 Ⅱ端低音风笛电磁阀YV82 Ⅰ端高音风笛电磁阀YV83 Ⅱ端高音风笛电磁阀YV84 （后续9～11部分参看此说明）

操纵端司机室的下列任何操作均可复位无人警惕功能：

警惕开关：包括警惕按钮 SB95（SB96）和警惕脚踏开关 SA101（SA102）；

高音风笛按钮：SB81（SB82）、SB85（SB86）SB87（SB88）；

低音风笛脚踏开关：SA85（SA86）；

电笛开关：SB89（SB90）；

撒砂脚踏 SA83（SA84）；

司控器的调速手柄级位转换；

制动手柄的移动。

九、微机复位

当机车在正常运行中发生主变流器故障，不能自行恢复时，故障信息在司机室信息显示单元中显示出来，司机可以根据提示，通过按动微机复位按钮 SB61（SB62）1次，实现变流器功能恢复。

十、紧急制动、半自动过分相和定速按钮

紧急制动按钮 SA103（SA104）为自锁按钮，半自动过分相按钮 SB67（SB68）、定速按钮 SB69（SB70）为自复位按钮。

1. 紧急制动按钮 SA103（SA104）

按下紧急制动按钮，机车将实施紧急制动，一方面断开主断路器，另一方面对列车实施空气紧急制动。

2. 半自动过分相按钮 SB67（SB68）

机车通过分相区前，司机可以按动"半自动过分相"按钮 1 次，机车采用半自动方式通过分相区。此时，机车自动将牵引或电制动力降为零并断开主断路器，通过分相区后，自动恢

复到过分相区前的状态。

3. 定速按钮 SB69（SB70）

当机车速度≥15 km/h，且机车未实施空气制动时，若按下"定速控制"按钮，当时的机车运行速度被确定为"目标速度"，机车进入"定速控制"状态。

当机车实际速度大于"目标速度+2 km/h"时，TCMS 控制机车进入电制动工况；当机车实际速度降低到"目标速度+1 km/h"时，电制动力降至 0。

当机车实际速度小于"目标速度-2 km/h"时，TCMS 自动控制机车进入牵引工况；当机车的实际速度升高到"目标速度-1 km/h"时，牵引力降至 0。

机车进入"定速控制"状态后，司机控制器调速手柄的级位变化超过 1 级以上时，机车"定速控制"状态自动解除。再次按下"定速控制"按钮也能退出"定速控制"状态。

十一、供电钥匙开关

供电钥匙开关 SA105（SA106）有两个位置："断""合"位。当置"合"位置时，向供电柜发出供电指令。

十二、信息显示屏和状态指示灯

机车两端司机室均设置了完全相同的微机显示屏 PD41、PD42，用于显示机车运行时的各类状态信息、制动信息及各个电器设备、控制继电器、接触器、转换开关等的信息，还能够显示机车的各种故障信息，并提供相应的故障处理建议。司机还可以通过微机显示屏实现机车控制参数的设定及部分设备的控制和隔离。Ⅰ、Ⅱ端司机室微机显示屏电路和微机显示屏界面及其说明见表 3.53。

表 3.53　Ⅰ、Ⅱ端司机室微机显示屏电路和微机显示屏界面及其说明

电路和显示屏界面	说明（参数）
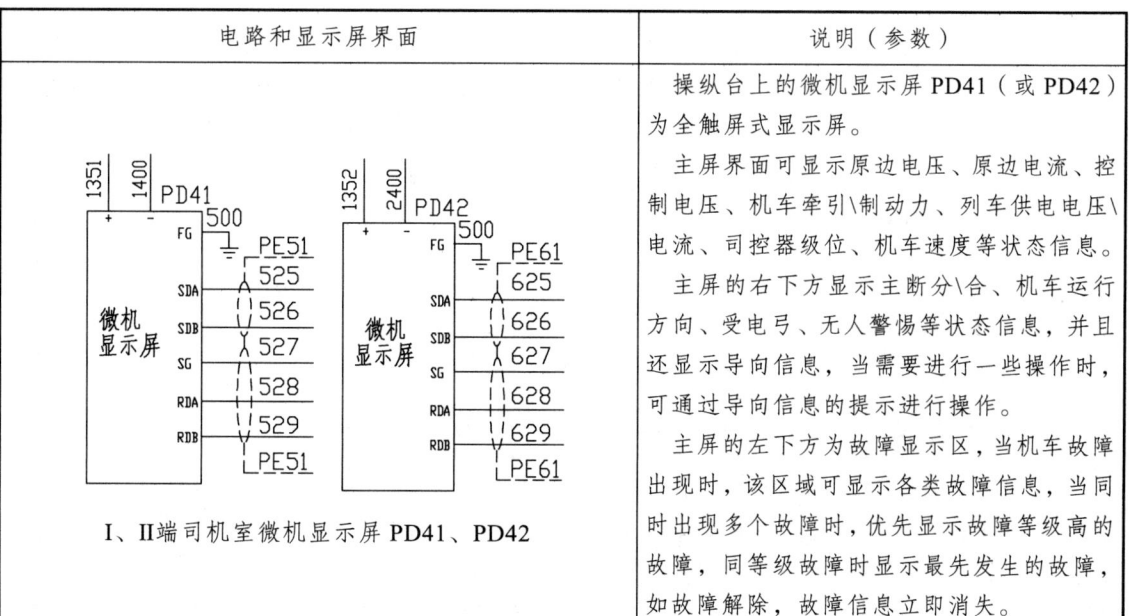 Ⅰ、Ⅱ端司机室微机显示屏 PD41、PD42	操纵台上的微机显示屏 PD41（或 PD42）为全触屏式显示屏。 主屏界面可显示原边电压、原边电流、控制电压、机车牵引\制动力、列车供电电压\电流、司控器级位、机车速度等状态信息。 主屏的右下方显示主断分\合、机车运行方向、受电弓、无人警惕等状态信息，并且还显示导向信息，当需要进行一些操作时，可通过导向信息的提示进行操作。 主屏的左下方为故障显示区，当机车故障出现时，该区域可显示各类故障信息，当同时出现多个故障时，优先显示故障等级高的故障，同等级故障时显示最先发生的故障，如故障解除，故障信息立即消失。

续表

电路和显示屏界面	说明（参数）
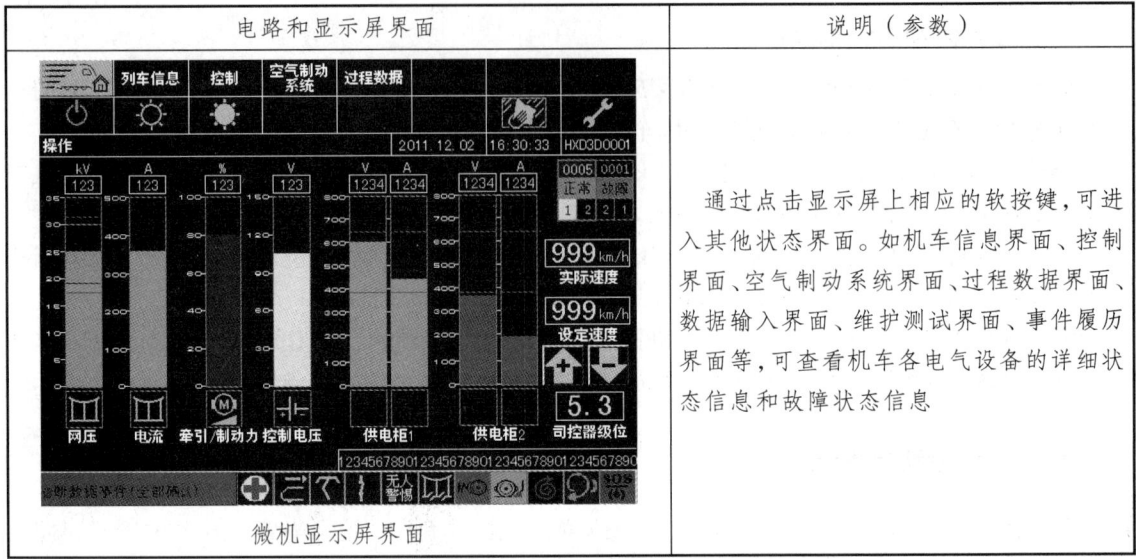 微机显示屏界面	通过点击显示屏上相应的软按键，可进入其他状态界面。如机车信息界面、控制界面、空气制动系统界面、过程数据界面、数据输入界面、维护测试界面、事件履历界面等，可查看机车各电气设备的详细状态信息和故障状态信息

机车两端司机室还分别设置了完全相同的机车状态指示灯，用于机车状态指示。分别为微机正常、主断分、电制动、控制接地、故障、供电允许、客车电源和客车申请。除微机正常、电制动、供电允许、客车电源和客车申请为绿色指示灯外，其他均为红色指示灯。Ⅰ、Ⅱ端司机室状态指示灯电路及其说明见表3.54。

表3.54　Ⅰ、Ⅱ端司机室状态指示灯电路及其说明

电　路	说明（参数）
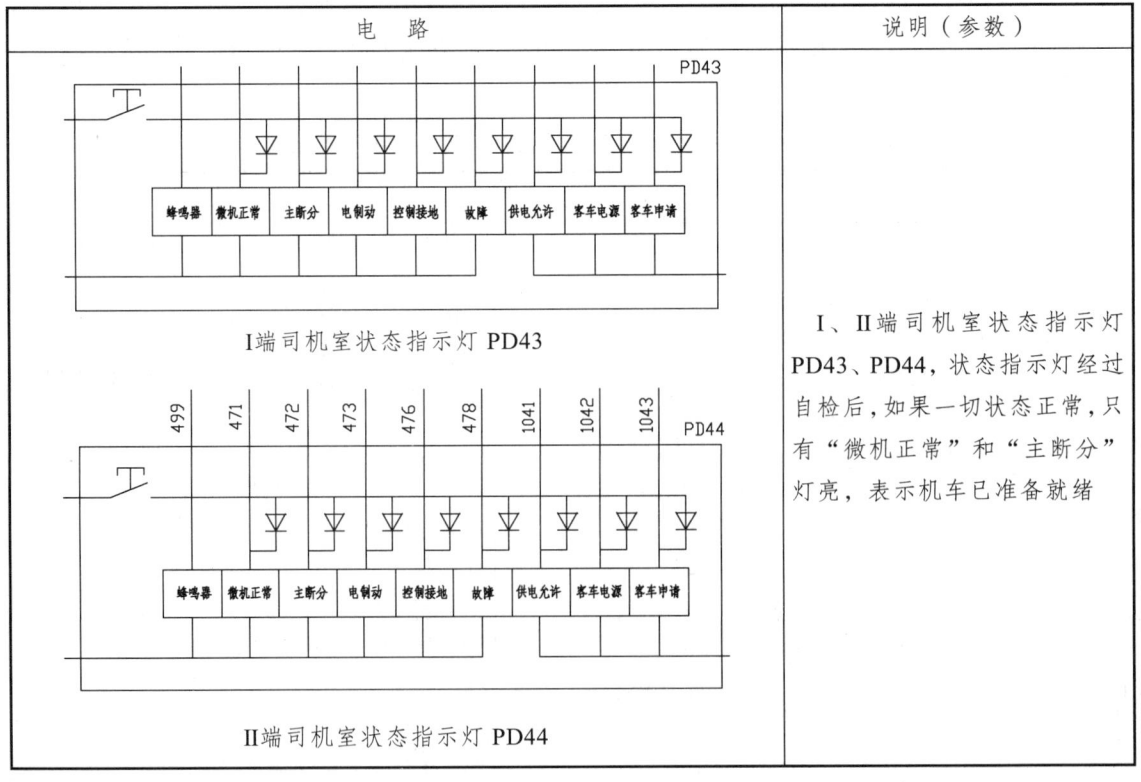	Ⅰ、Ⅱ端司机室状态指示灯PD43、PD44，状态指示灯经过自检后，如果一切状态正常，只有"微机正常"和"主断分"灯亮，表示机车已准备就绪

第七节　逻辑控制与保护电路

机车的逻辑控制和保护电路主要是将各辅助电动机自动开关、各控制电器用自动开关、各试验开关和隔离开关的状态、各接触器状态、主断路器状态、各操作开关状态、空气管路系统压力开关状态，以及各类接触器、继电器和电控阀等的控制指令等信息送入 TCMS 中，用于机车的各种工作逻辑控制及保护逻辑控制，并通过通信或硬线方式，将有关控制指令信息送到主变流器、辅助变流器和其他控制电气设备中，达到整车联控目的。

一、各辅助电动机自动开关功能

机车辅助系统安装有各类自动开关，包括牵引通风机自动开关 QA11、QA12，冷却塔通风机自动开关 QA13、QA14，压缩机自动开关 QA19、QA20，油泵自动开关 QA21、QA22，机械间通风机自动开关 QA23、QA24。这些自动开关用于对应辅助电动机的过载短路保护和相应的逻辑控制，当自动开关断开后，其主触点断开对应辅助电动机的供电电路，同时辅助触点将故障信息送入机车控制系统，由控制系统进行故障应急处理和故障显示。机车辅助系统自动开关主触头电路及其说明见表 3.55。

表 3.55　机车辅助系统自动开关主触头电路及其说明

电　路	说明（参数）
机车辅助系统自动开关主触头	牵引通风机自动开关 QA11、QA12 冷却塔通风机自动开关 QA13、QA14 压缩机自动开关 QA19、QA20 油泵自动开关 QA21、QA22 机械间通风机自动开关 QA23、QA24 机车辅助系统自动开关用于对应辅助电动机的过载短路保护和相应的逻辑控制。 当自动开关断开后，主触点断开对应辅助电动机的供电电路，同时辅助触点将故障信息送入机车控制系统，由控制系统进行应急处理和故障显示

二、各辅助电动机接触器功能

机车辅助系统安装有各类接触器，包括辅助供电接触器 KM11、KM12、KM20，压缩机接触器 KM13、KM14，辅助压缩机接触器 KMC1。接触器的主触点用于接通对应辅机的供电电路，辅助触点用于该接触器的工作确认。辅助电动机接触器电路及其说明见表 3.56。

表 3.56　辅助电动机接触器电路及其说明

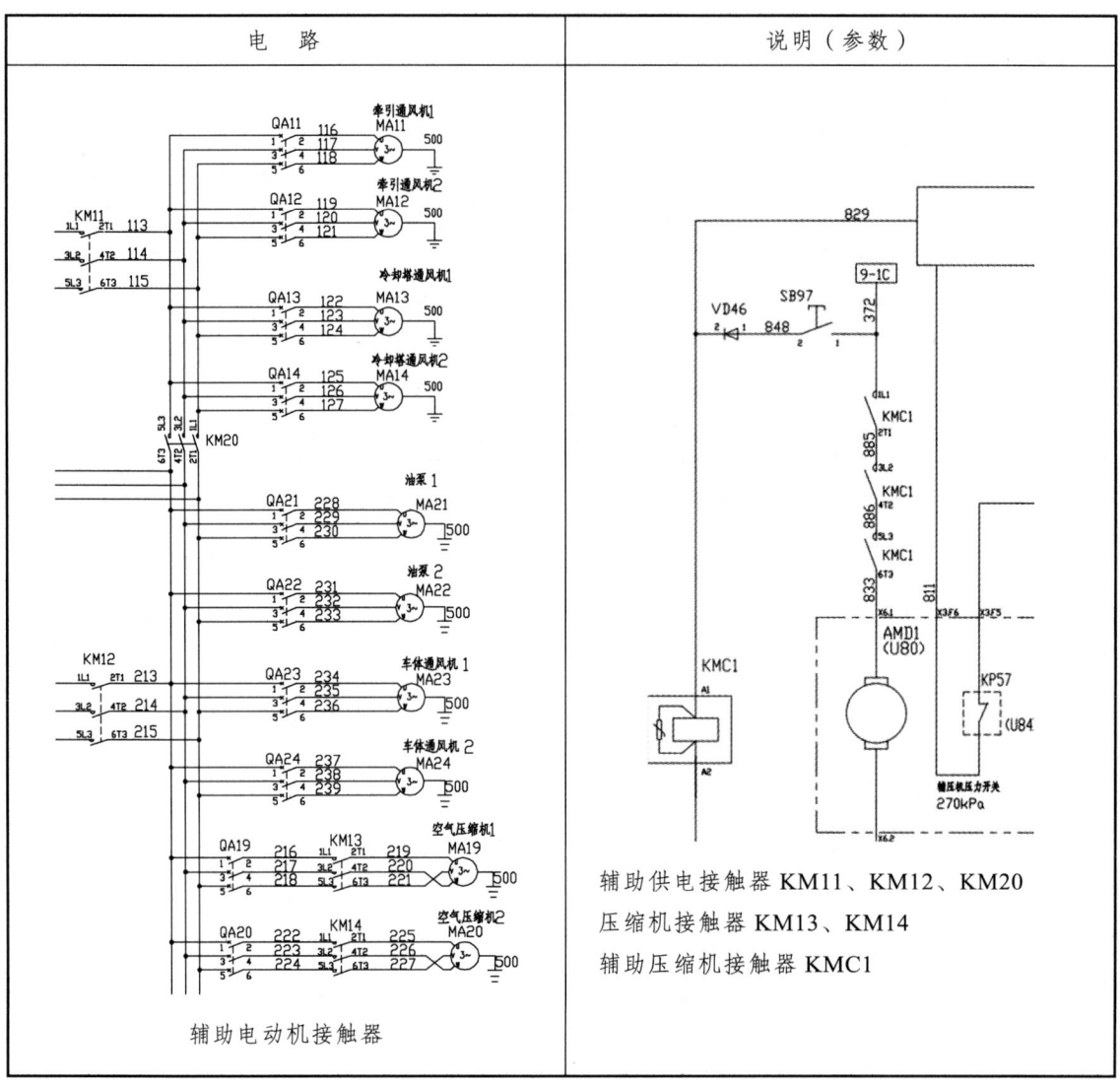

辅助供电接触器 KM11、KM12、KM20
压缩机接触器 KM13、KM14
辅助压缩机接触器 KMC1

三、原边过流继电器

当机车发生原边过流故障时，原边过流继电器 KC1 动作，其辅助触点信号送入 TCMS，跳开主断路器，实施故障保护。原边电流的保护值为 800 A，对应次边电流为 10 A，此时 KC1 动作。原边过流继电器电路及其说明见表 3.57。

表 3.57 原边过流继电器电路及其说明

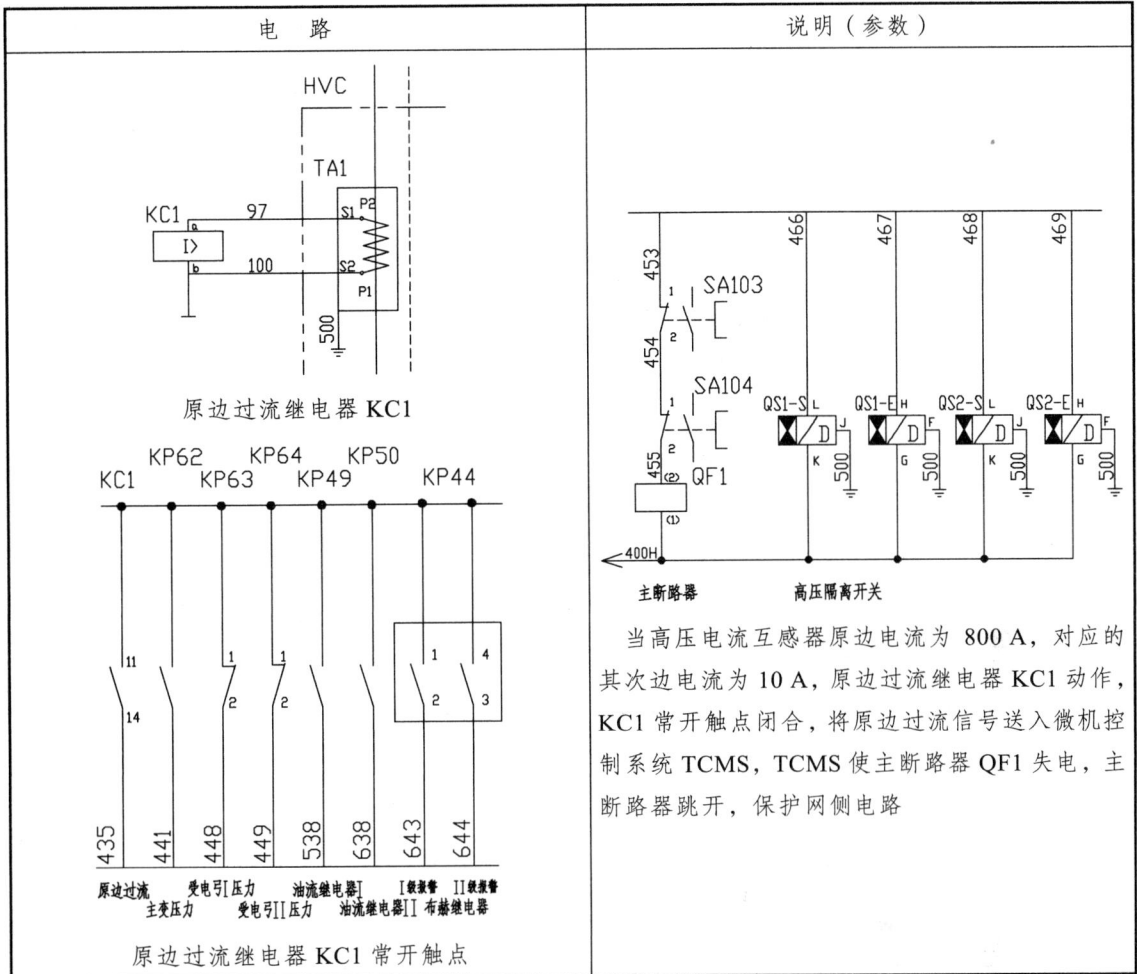

四、主变压器保护电路

机车控制系统通过安装在变压器上的温度传感器 ST1、ST2 和 ST3，油流继电器 KP49、KP50，压力继电器 KP62、布赫继电器 KP44 对主变压器实施温度保护和过压保护。主变压器保护电路及其说明见表 3.58。

温度传感器用于监测变压器顶部和两个油流出口处的温度，并将信号送入机车控制系统，由机车控制系统按已设置好的超温等级进行相应的保护措施。

油流继电器用于监测冷却油的流动状态，如果一个继电器不动作表示油冷却回路出现问题，机车控制系统将进行故障显示并维持机车降功率运行。

压力继电器和布赫继电器用于主变压器压力监测。当主变压器发生过压故障时，压力继电器 KP62 动作，其信号送入机车控制系统中，由控制系统发出分主断路器指令，并进行故障显示；主变压器内部由于箱体过热和闪络等故障会导致布赫继电器 KP44 动作，其产生第一级报警时，微机显示屏上将有信息提示，当其产生第二级报警时，机车控制系统将断开主断路器。

表 3.58 主变压器保护电路及其说明

电路	说明（参数）
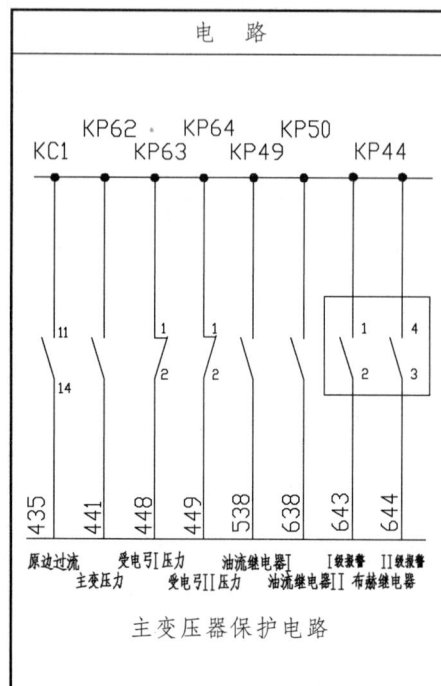 主变压器保护电路	温度传感器 ST1、ST2 和 ST3 将主变压器温度信号送入机车控制系统。当油温高于 90℃时，牵引变流器开始线性降低功率，油温为 100℃时降为额定功率的 50%。当油温超过 100℃时电机侧变流器封锁，当油温超过 105℃时，停止输出功率，系统自动分断主断路器。油温高于 90℃降功运行后，直至油温低于 88℃时，牵引变流器重新恢复额定功率运行。 油流继电器 KP49、KP50 分别设置在主变压器两路油循环冷却支路中。如果一个油流继电器检测到无油循环，则该冷却支路对应的 3 组牵引变流器和 1 组辅助变流器禁止功率输出，机车的牵引功率下降 50%。如果两个油流继电器都检测到无油循环，则断开主断路器。 压力继电器 KP62 安装在主变压器油箱内测压力。当主变压器内部压力达到（70±1）5kPa 时，压力释放阀动作，释放压力，同时在微机显示屏上显示。 布赫继电器 KP44 安装在储油柜上，当气体体积达到 200～300 mL 一级保护动作，输出报警信号；油流速达到 1 m/s 时二级保护动作，输出跳闸信号

五、主断路器快速保护电路

当机车发生故障时，为了在最短的时间内分断主断路器，机车设置了硬线的快速分断电路。主断路器线圈闭合回路中串入紧急制动开关的常闭触点，按下紧急制动按钮会立即切断主断路器线圈闭合回路，使主断路器立即断开。主断路器线圈 QF1 电路及其说明见表 3.59。

表 3.59 主断路器线圈 QF1 电路及其说明

电路	说明（参数）
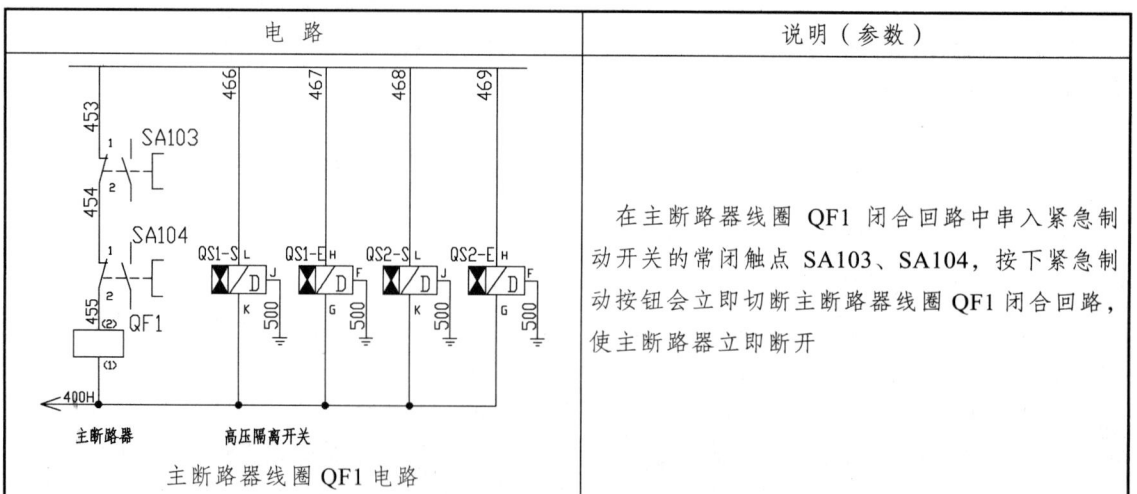 主断路器线圈 QF1 电路	在主断路器线圈 QF1 闭合回路中串入紧急制动开关的常闭触点 SA103、SA104，按下紧急制动按钮会立即切断主断路器线圈 QF1 闭合回路，使主断路器立即断开

主断路器的辅助触点的状态信息送入机车控制系统中，方便机车控制系统的对设备状态的确认和故障判断。主断路器辅助触点 QF1 电路及其说明见表 3.60。

表 3.60 主断路器辅助触点 QF1 电路及其说明

电　路	说明（参数）
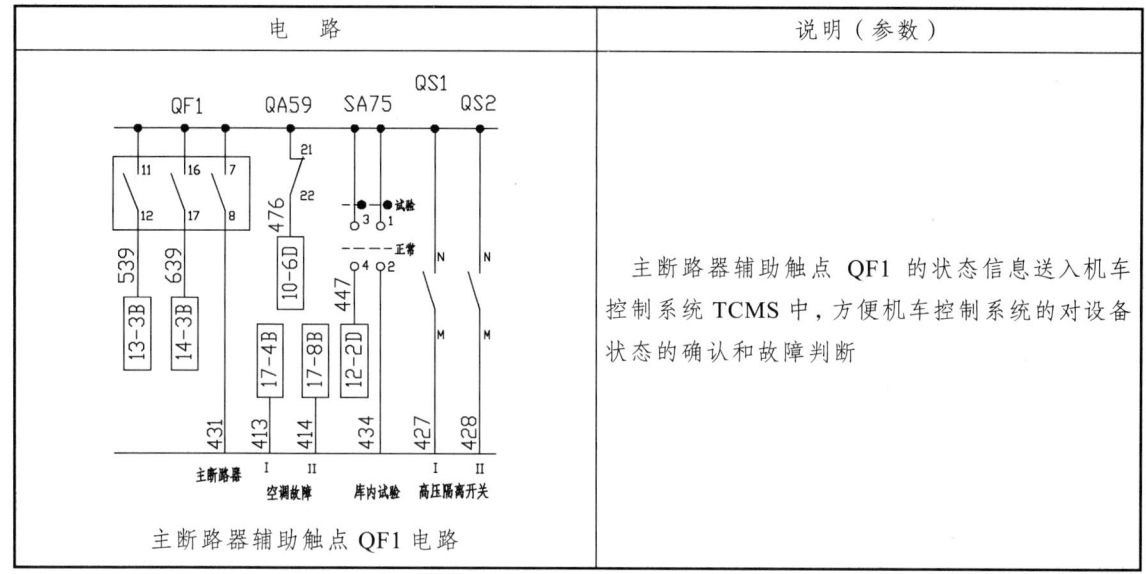 主断路器辅助触点 QF1 电路	主断路器辅助触点 QF1 的状态信息送入机车控制系统 TCMS 中，方便机车控制系统的对设备状态的确认和故障判断

六、主变流器控制电路

机车设有两组完全相同的变流柜 UM1、UM2，每组变流柜中有三套主变流器，用以控制三台牵引电动机。通过外围配线的区别，变流柜能够识别自身的定义：变流柜 UM1 的识别信号设定为 110 V，变流柜 UM2 的识别信号设定为 0 V，下面以变流柜 UM1 的控制进行说明，（　）内为 UM2 的外围设备信号。

机车主变流器的控制是机车控制单元 TCMS 根据司控器给定指令，通过 RS485 网络传送给主变流器控制单元，并按照机车的牵引/制动特性完成对牵引电动机的控制，如图 3.26、图 3.27 所示。主变流器控制电路主要设备见表 3.61。

牵引电动机的速度传感器 BV41、BV42、BV43（BV44、BV45、BV46）将信号反馈回主变流器，完成对牵引电动机速度的闭环控制，有效地实施机车的防空转、防滑行保护，并对机车的轴重转移进行补偿。

牵引电动机的温度传感器 BT1、BT2、BT3（BT4、BT5、BT6）将信号反馈回主变流器，完成对牵引电动机温度的监测，有效地防止电机发生超温故障。电机温度传感器采用双路冗余配置。

主变流器发生接地、次边过流、牵引电动机过流、主变流器自身器件发生故障时，故障信息均送到 TCMS 中，同时进行自动故障隔离，并在司机显示屏中给出提示，指导司机进行有关故障隔离等的操作。

对主变流器的控制还设置了牵引变流器隔离功能。当由于某种原因，如牵引电动机发生故障、主变流器支路发生接地等，需要对某个牵引变流器支路或牵引电动机进行隔离时，可以通过微机显示屏隔离软按键进行相应变流器的隔离，使之停止工作。

库内动车信号通过库用转换开关 QS3 或 QS4 的辅助触点送到 TCMS 中，然后通过通信网络传送到主变流器控制单元，用于在库内动车时主变流器按照特定的控制程序工作。

主变流器装置试验开关 SA75，用于在低压试验或机车出厂前时对主变流器的控制单元进行试验检查，确认其是否工作正常。

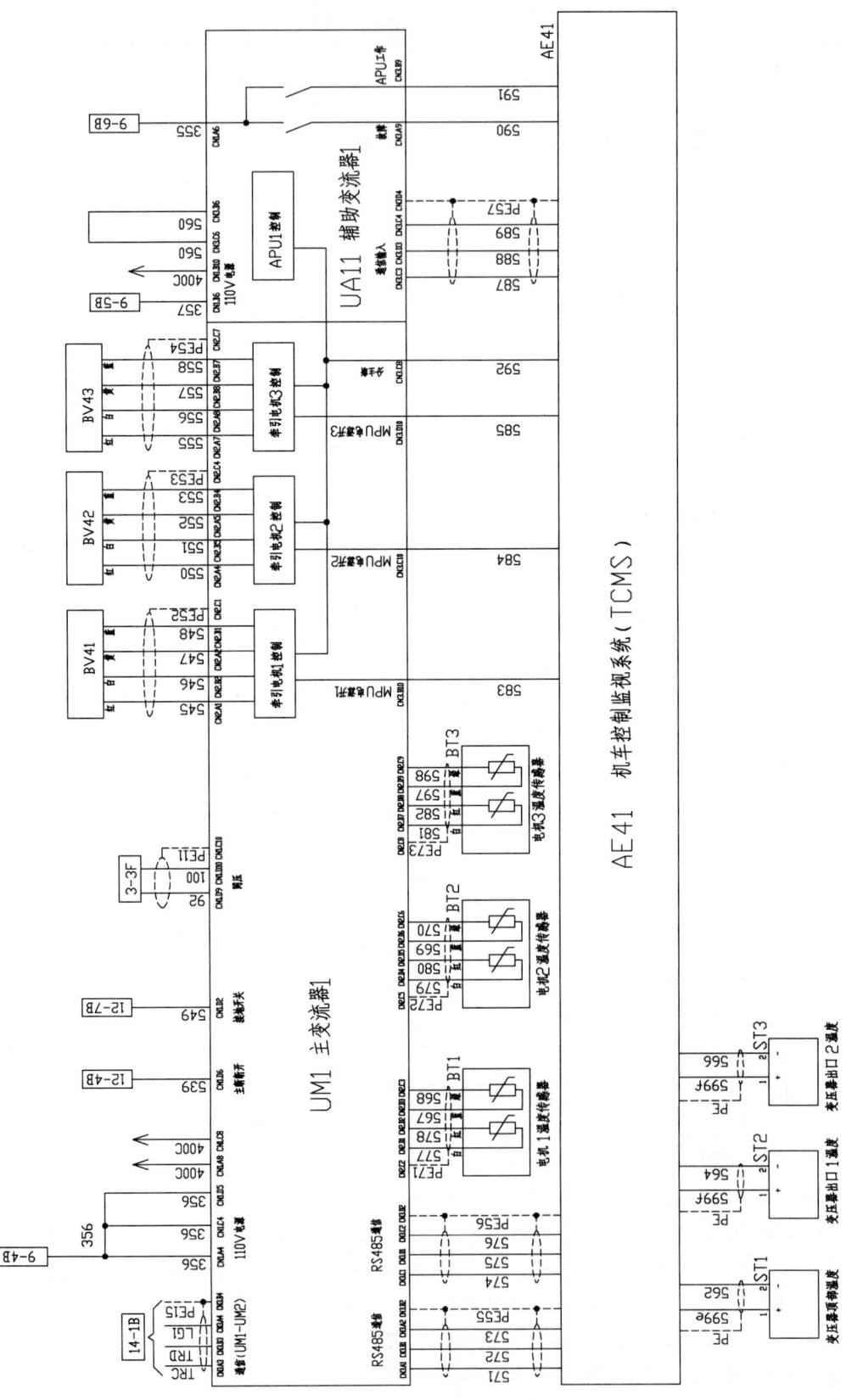

图 3.26 变流器 1 控制原理

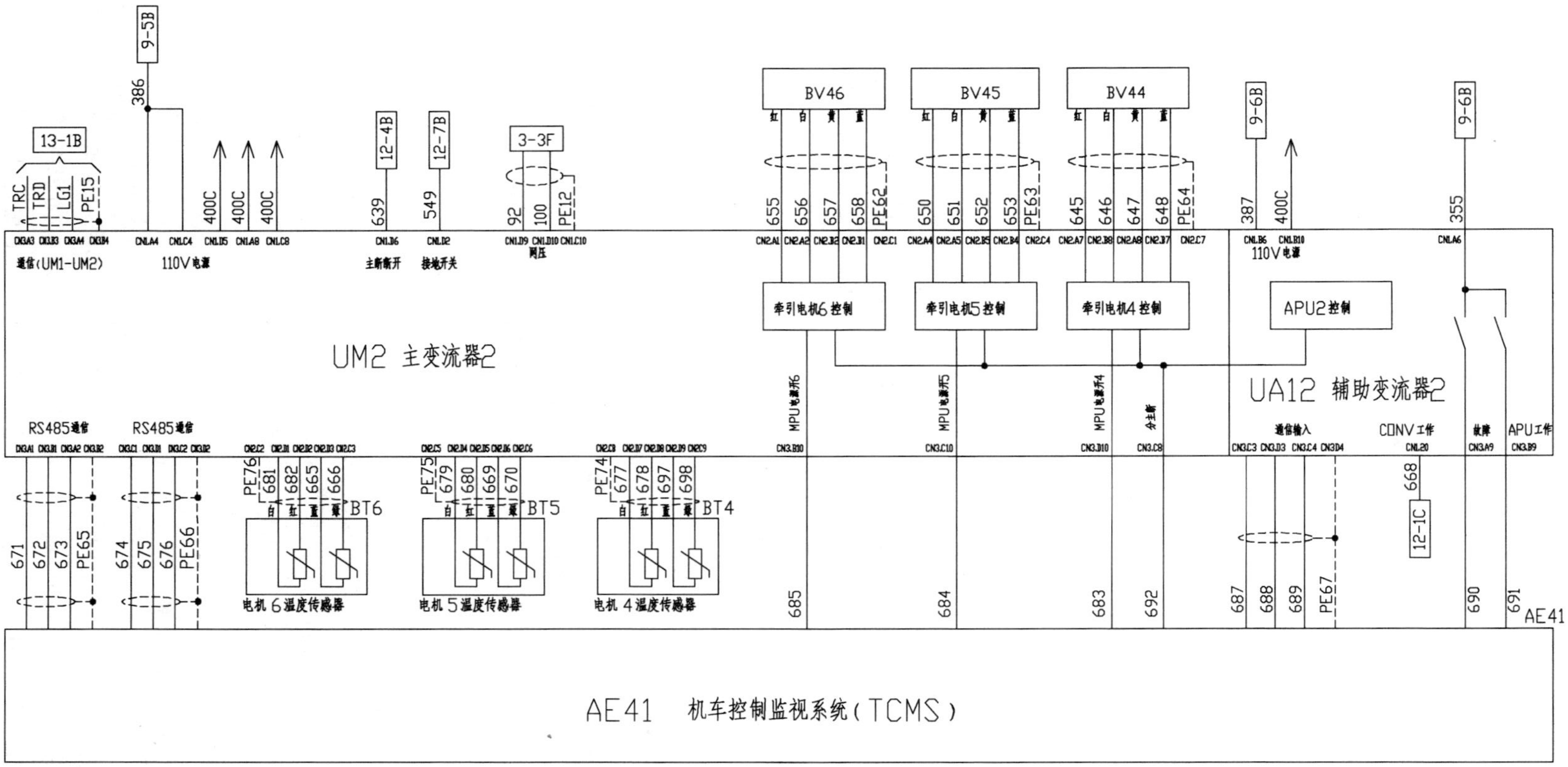

图 3.27 变流器 2 控制原理

为满足主变流器工作需要,在主变流器的控制单元内引入高压电压互感器 TV1 发出的网压同步信号。

主变流器控制单元与 TCMS 的接口信号除 2 套通信线外,还设有主变流器工作正常和故障分主断信号。

表 3.61 主变流器控制电路主要设备

序号	设备	代号（简称）	型号与规格	数量	位置	备注
1	TCMS 微机控制系统	AE41（TCMS）		1	微机柜	
2	主变流器	UM1，2	COV071-C0	2	机械间	
3	辅助变流器	UA11，12		2	变流柜	
4	牵引电机温度传感器	BT1~6		6	牵引电机	
5	引电机速度传感器	BV41~46		6	牵引电机非传动端	
6	变压器用温度传感器	ST1~3		3	主变压器	

七、辅助变流器控制电路

机车两套辅助变流器装置 UA11、UA12 的控制电路基本一致。通过外围线路的设定,辅助变流器装置 UA11 默认的工作方式是变频变压（VVVF）,当主断路器闭合、换向手柄离开零位后,UA11 开始工作；辅助变流器装置 UA12 默认的工作方式为恒频恒压（CVCF）,只要主断路器闭合,UA12 就开始投入工作。下面以辅助变流器装置 UA12 的控制进行说明。

机车主断路器闭合后,由 TCMS 发出命令,闭合辅助变流器 UA12 输出电磁接触器 KM12,并将 KM12 辅助触点的反馈信息传递给辅助变流器控制单元,由辅助变流器控制单元发出指令,控制辅助变流器 UA12 启动。

当机车某一辅助变流器发生故障,故障的辅助变流器能及时将故障信息告知 TCMS。TCMS 就自动控制输出电磁接触器的动作转换：若辅助变流器 UA11 发生故障,则电磁接触器 KM11 断开,电磁接触器 KM20 闭合；若辅助变流器 UA12 发生故障,则电磁接触器 KM12 断开,电磁接触器 KM20 闭合。故障的辅助变流器将信息传递给另一组辅助变流器,使其工作在 CVCF 方式,同时,故障的辅助变流器被隔离,此时所有辅助电动机全部由另一套辅助变流器供电,牵引电动机通风机和冷却塔通风机将满功率运行。

为便于辅助变流器的隔离,在微机显示屏内设置了辅助变流器开放隔离开关,通过触摸开关进行隔离。

为确保辅助变流器正常工作,送入到 TCMS 中的电磁接触器 KM11、KM12、KM20 的状态信号通过网络传送到辅助变流器控制单元。

辅助变流器控制单元与 TCMS 的接口信号除 1 套通信线外,还设有辅助变流器正常和故障信号。

八、空调机组的控制电路

在机车的两个司机室分别设置了两套司机室空调装置：包括空调机组 EV11-4（EV12-4）、空调操作控制台 EV11-2（EV12-2）和空调控制箱 EV11-1（EV12-1）。两套机组及其控制方式完全相同,如图 3.28 所示,空调控制电路主要设备见表 3.62。下面以 I 端司机室的空调机组进行说明。

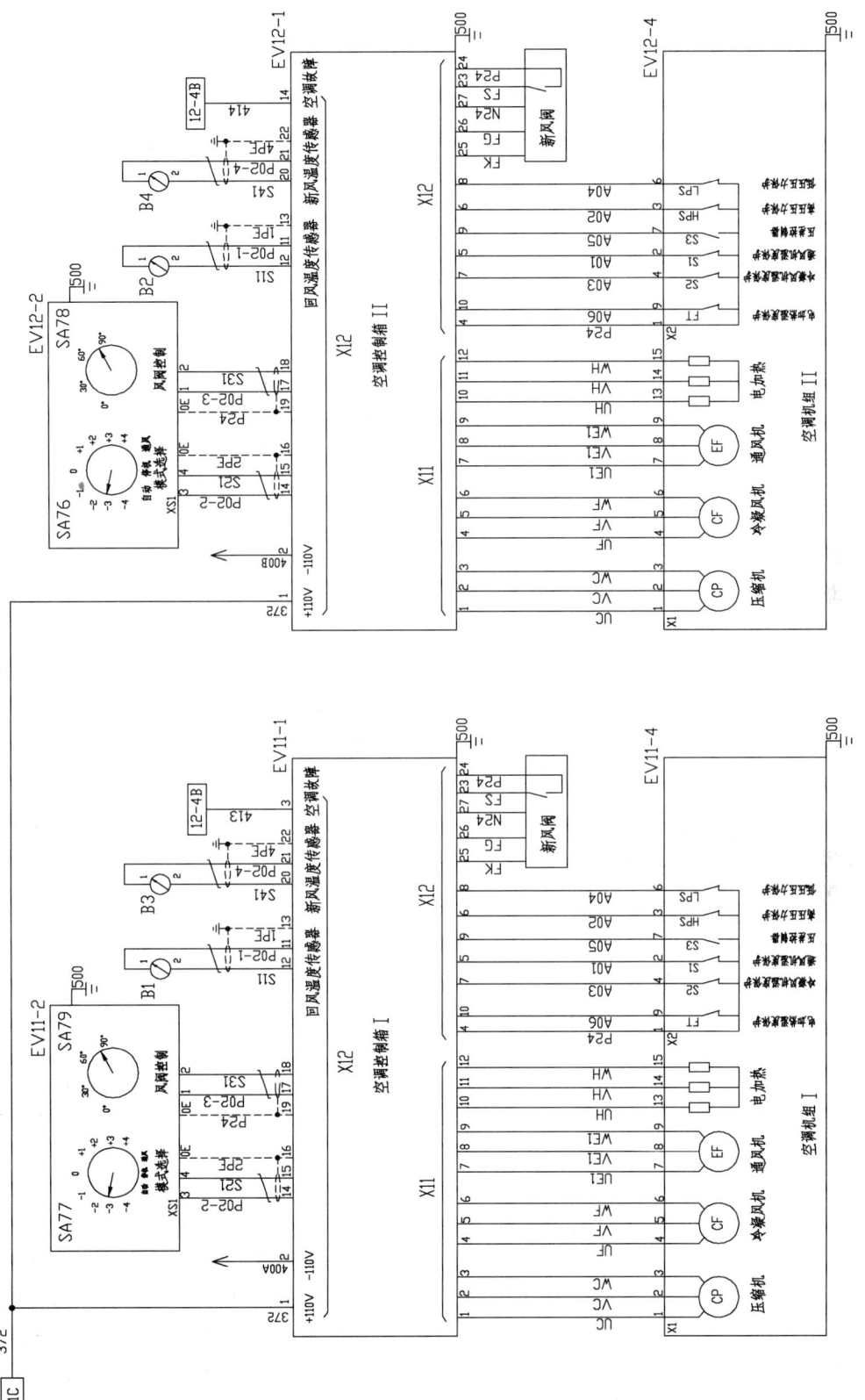

图 3.28 空调控制电路理

空调操作控制台安装于司机室操纵台上，设置有模式选择开关 SA77 和风阀控制开关 SA79。温度选择开关设置有 12 个挡位，从"–4"到"+4"，实现空调的温度选择，此外，还有"自动""停机"和"通风"位；风阀控制开关有 4 个位置，"0°""30°""60°"和"90°"位，实现空调机组进风阀的状态控制。

空调装置还设置有回风温度传感器 B1 和新风温度传感器 B3，用于测量温度变化，实现精确控制。

空调装置通过硬线信号向机车微机控制系统发送状态信息。当空调出现故障时，微机系统能够通过显示屏进行提示。

表 3.62 空调控制电路主要设备

序号	设备	代号（简称）	型号与规格	数量	位置	备注
1	空调控制箱	EV11-1（EV12-1）		2	司机室	
2	空调操作控制台	EV11-2（EV12-2）		2	司机室	
3	空调机组	EV11-4（EV12-4）		4	司机室	
4	新风温度传感器	B3, 4		2	司机室	
5	回风温度传感器	B1, 2		2	司机室	
6	空调模式选择开关	SA76, 78		2	司机室	
7	空调温度调节开关	SA77, 79		2	司机室	

九、机车重联控制电路

机车重联控制插座 CZ1~4 分别设置在机车两端，机车采用以太网通信的形式实现主控机车 TCMS 与被控机车 TCMS 之间的信息传递，实现两台机车间的重联控制，如图 3.29 所示。重联控制电路主要设备见表 3.63。另外，在重联控制插座中，还包括机车重联电话信号和紧急制动信号等硬线重联。

表 3.63 重联控制电路主要设备

序号	设备	代号（简称）	型号与规格	数量	位置	备注
1	重联电话	PS9, 10	CKT-11	2	司机室	
2	TCMS 微机控制系统	AE41（TCMS）		1	微机柜	
3	重联插座	CZ1~4		4	机车前后端面	
4	重联继电器	KE25	D-U204-KLC	1	控制电器柜（背面）	

十、自动过分相控制电路

机车自动过分相控制电路如图 3.30 所示，主要设备见表 3.64。机车装有全自动过分相检测装置 AE5。该装置设有 4 个信号感应接收装置 T1、T2、T3 和 T4，用于进行分相区前后的信号检测。AE5 与 TCMS 之间有以下开关量的传递：信号 497 表示状态正常；信号 499 表示机车通过分相区前的预告信号或者是通过分相区后的恢复信号；信号 498 表示机车通过分相区前的强迫信号；信号 491 是 TCMS 送给 AE5 的机车I端向前运行指令；信号 492 是 TCMS 送给 AE5 的机车II端向前运行指令。

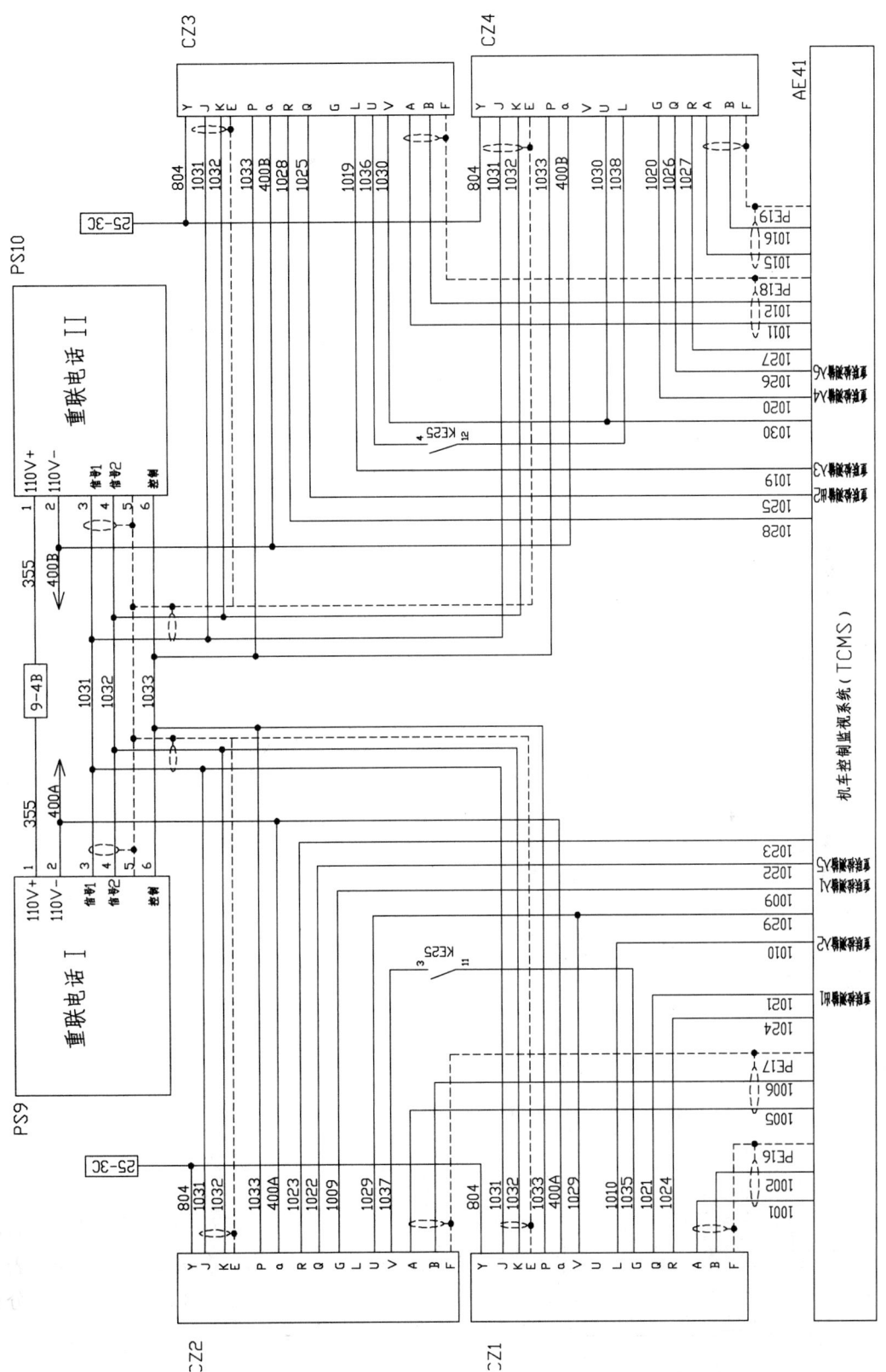

图 3.29 重联控制电路

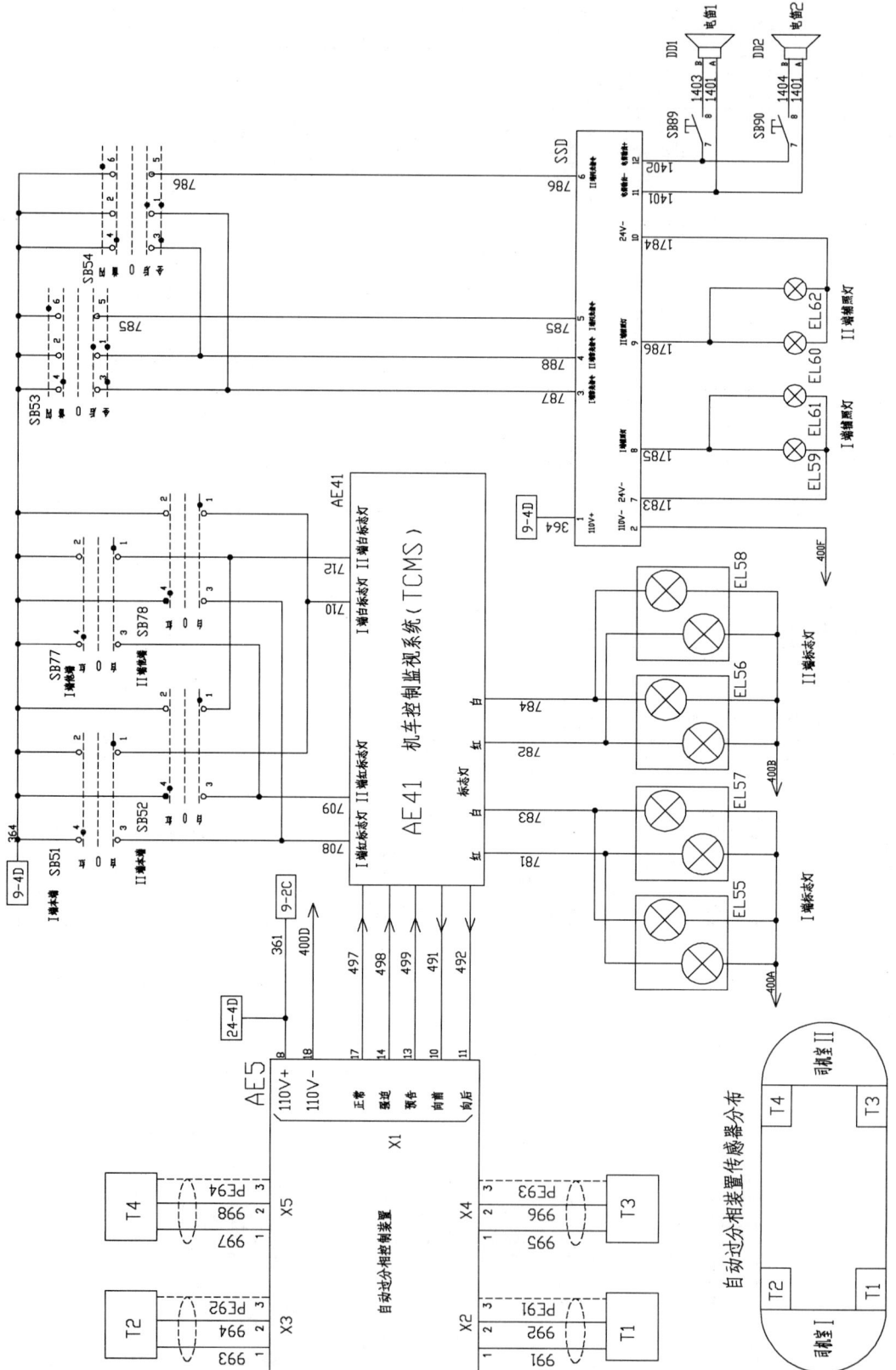

图 3.30 自动过分相和辅照灯、标志灯控制

当机车运行的线路区段在分相区前后装有地面感应器时，机车全自动过分相检测装置将起作用。该装置通过向微机控制系统提供过分相区的信息：预告/恢复信号、强迫信号，保证机车每次通过分相区时，司机不需要做任何操纵，机车微机控制系统即可自动跳主断，待通过分相区后，又能自动合主断，并保证机车恢复至通过分相区前的运行状态。

表 3.64 机车自动过分相控制电路主要设备

序号	设备	代号（简称）	型号与规格	数量	位置	备注
1	自动过分相传感器	T1~4	JC-4A	4	排障器后面	
2	自动过分相装置	AE5	GFX-3J	1	微机柜	
3	TCMS 微机控制系统	AE41（TCMS）		1	微机柜	
4	红标志灯开关	SB51，52		2	司机室	
5	白标志灯开关	SB77，78		2	司机室	
6	I端标志灯	EL55，57		4	机车前后端面	
7	II端标志灯	EL56，58		4	机车前后端面	
8	辅照灯开关	SB53，54		2	司机室	
9	辅照灯	EL59~62		4	机车前后端面	
10	电笛按钮	SB89，90		2	司机室	
11	电笛	DD1，2		2	司机室车顶	

十一、列车供电控制电路

列车供电控制电路如图 3.31 所示，主要设备见表 3.65。机车两端分别设置两个列车供电集控插座 JKXS1、JKXS2，实现机车与客车间供电信号的传递；列车供电柜与 TCMS 间采用 RS485 总线通信，可将供电电压、供电电流、供电柜主要部件状态及故障状态等信息传递给 TCMS；6A 系统通过通信网络监测列车供电柜工作状态。

列车供电钥匙 SA105、SA106 用于列车供电柜的起停控制；单元转换开关 SA25~SA28 用于选择相应列车柜的控制单元。

表 3.65 列车供电控制电路主要设备

序号	设备	代号（简称）	型号与规格	数量	位置	备注
1	列车供电柜	LG1，2		2	机械间	
2	TCMS 微机控制系统	AE41（TCMS）		1	微机柜	
3	集控插座	JKXS1，2		2	列车供电柜	
4	供电钥匙开关	SA105，106		2	司机室	
5	供电柜控制单元转换开关	SA25~28		4	司机室	

十二、机车照明电路

机车照明电路如图 3.32 所示，主要设备见表 3.66。电路分为司机室照明、机械室灯和车外照明。

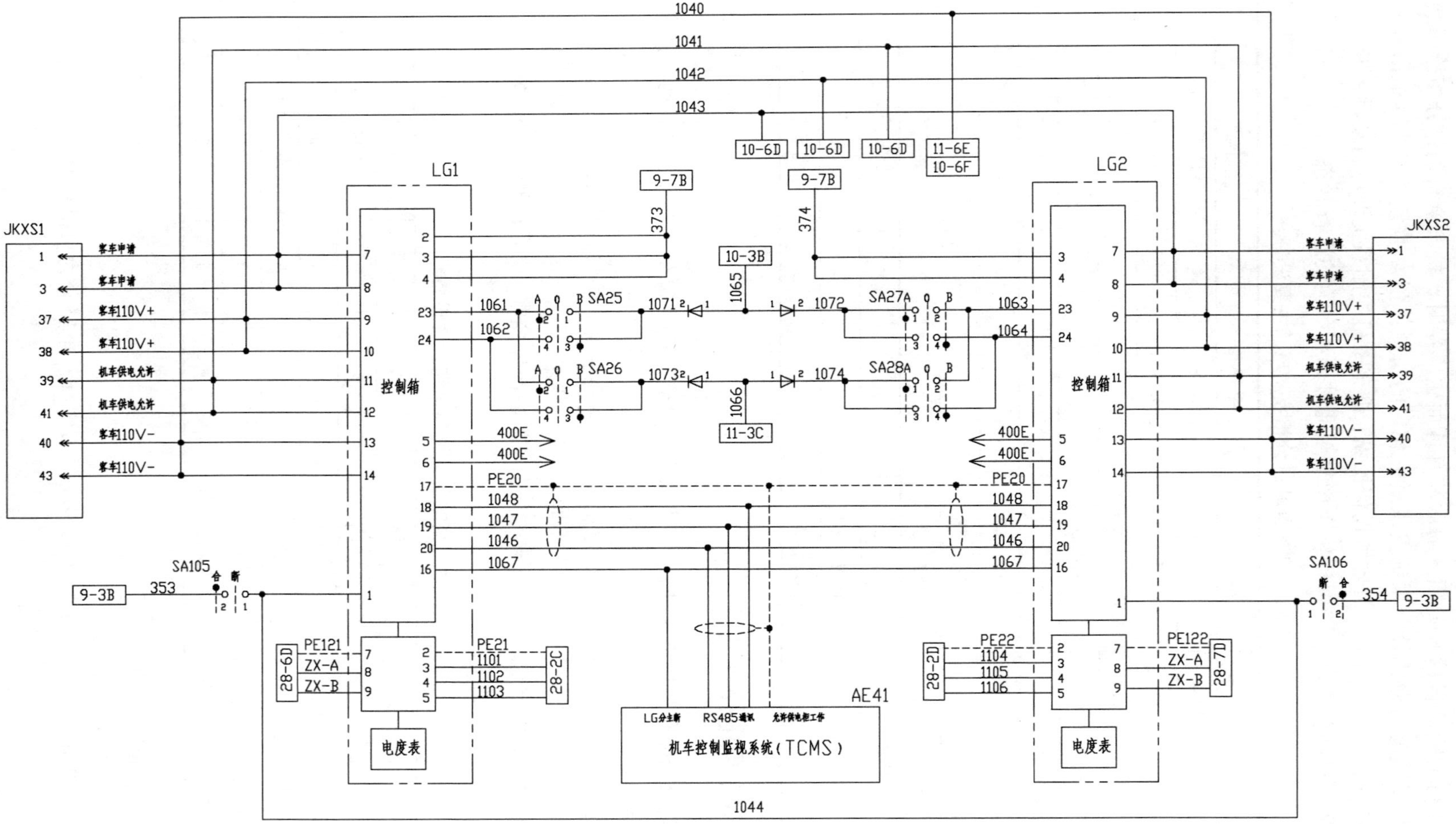
JKXS1
JKXS2
LG1
LG2
控制箱
电度表
客车申请
客车110V+
客车110V-
机车供电允许
AE41
LG分主断
RS485通讯
允许供电柜工作
机车控制监视系统(TCMS)
SA25
SA26
SA27A
SA28A
SA105
SA106
合
断
PE20
PE21
PE22
PE121
PE122
ZX-A
ZX-B
9-3B
9-7B
10-3B
11-3C
10-6D
11-6E
10-6F
28-2C
28-2D
28-6D
28-7D
1040
1041
1042
1043
1044
353
354
373
374
400E
1061
1062
1063
1064
1065
1066
1071
1072
1073
1074
1046
1047
1048
1067
1101
1102
1103
1104
1105
1106

图 3.31 列车供电控制

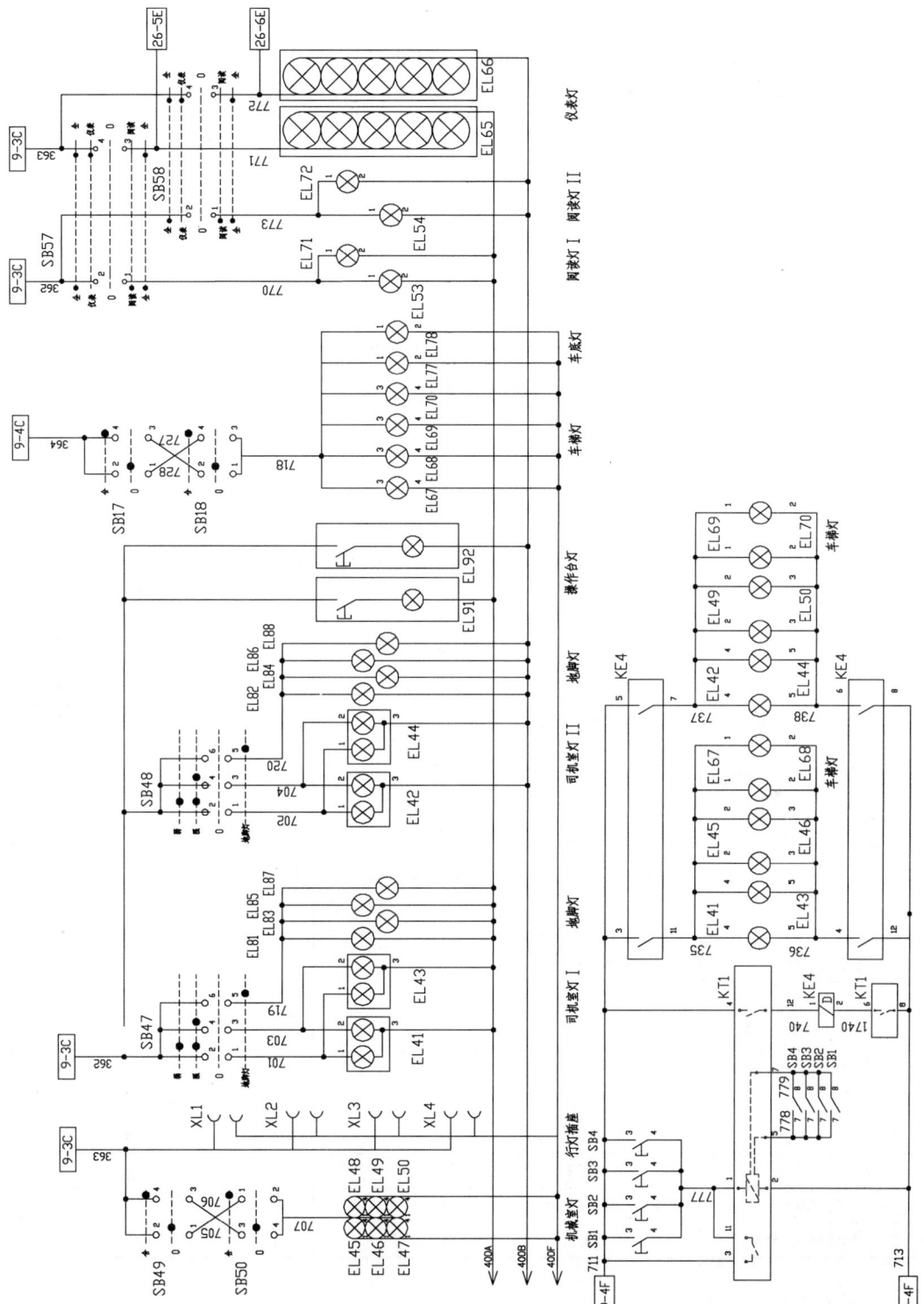

图 3.32 照明电路

1. 司机室照明控制

机车每个司机室内设有 2 组司机室灯 EL41、EL43（EL42、EL44）；2 组阅读灯 EL53、EL71（EL54、EL72）和仪表灯。司机室灯扳键开关 SB47（SB48）设有"0""强""弱"三个位置，用于控制组司机室灯。扳键开关 SB57（SB58）用来控制阅读灯和仪表灯，设置有"全""仪表""0""阅读"和"全"5 个位置。

2. 机械室灯控制

机械室灯扳键开关 SB49（SB50）实现机械室灯 EL45～51 的控制。

3. 车外照明控制电路

车底灯扳键开关 SB17（SB18）实现车底灯 EL67～70 的控制。

标志灯扳键开关 SB51（SB52）将开关指令送往 TCMS，由 TCMS 发出工作指令，实现机车标志灯 EL55（EL56）的控制，设置有"全""前""0""后"和"全"5 个位置。

辅照灯扳键开关 SB53（SB54）将辐照灯常亮的开关指令送 TCMS，由 TCMS 向限鸣装置 SSD 发出工作指令，实现辅照灯 EL59、EL61（EL60、EL62）的点亮控制。当扳键开关置于"闪"位时，辅照灯闪烁信号直接送往限鸣装置，由限鸣装置控制辐照灯进行闪烁。辅照灯扳键开关设置有"闪""前""0""后"和"全"5 个位置。

前照灯扳键控制开关 SB55（SB56）实现前照灯 EL63（EL64）的控制。前照灯扳键开关有"0""强"和"弱"3 个位置。

表 3.66 机车照明电路主要设备

序号	设备	代号（简称）	型号与规格	数量	位置	备注
1	机械间灯开关	SB49, 50		2	司机室	
2	机械间灯	EL45～51		6	机械间	
3	行灯插座	XL1～4		4	转向架	
4	司机室灯开关	SB47, 48		2	司机室	
5	司机室灯	EL41～4		4	司机室	
6	地脚灯	EL81～88		8	司机室	
7	操作台灯	EL91.92		2	司机室	
8	车底灯开关	SB17, 18		2	司机室	
9	车底灯	EL67～70		4	机车车底	
10	阅读灯、仪表灯开关	SB57, 58		2	司机室	
11	阅读灯	EL53, 54, 71, 72		4	司机室	
12	仪表灯	EL65, 66		2	司机室	
13	应急灯开关	SB1～4		4	司机室	
14	应急灯延时继电器	KT1		1	司机室	
15	应急灯	EL41～46, 49, 50, 67～70		12	司机室、机械间	
16	中间继电器	KE4		1	司机室	

十三、其他辅助设备控制

刮雨器水泵开关 SA61（SA62）用于刮雨器水泵 MD41（MD42）的开关控制。电风扇开关 SA63（SA64）实现司机室电风扇 MD47、MD49（MD48、MD50）的开关控制。电冰箱开关 SA69 实现冷藏箱 MD51 的开关控制。以上控制如图 3.33 所示。其他辅助设备见表 3.67。

空气管路柜内的辅助压缩机开关 SB97 可实现对辅助压缩机 AMD1 的直接控制。当司机发出升弓指令后，也可由机车控制系统自动控制辅助压缩机工作。辅助压缩机由蓄电池经辅压机接触器 KMC1 后供电。

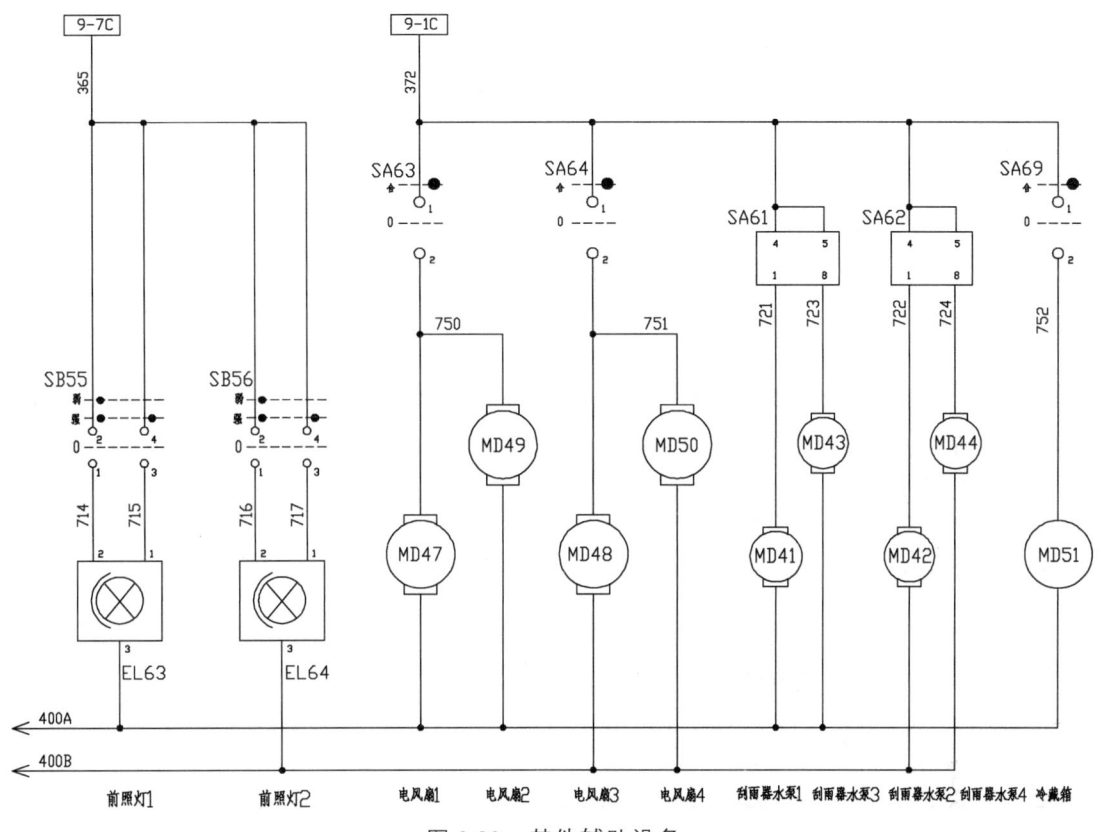

图 3.33　其他辅助设备

表 3.67　其他辅助设备

序号	设备	代号（简称）	型号与规格	数量	位置	备注
1	前照灯开关	SB55，56		2	司机室	
2	前照灯	EL63，64		2	机车前后端面	
3	电风扇开关	SA63，64		2	司机室	
4	司机室风扇	MD4750	USUB3-AZ	4	司机室	
5	刮雨器水泵开关	SA61，62		2	司机室	
6	刮雨器水泵	MD41～44		4	机车前后端面	
7	冷藏箱开关	SA69		1	司机室	
8	冷藏箱	MD51	JB-30/BP-1	1	司机室	

在车内和车外还设置了直流 110 V 电源插座 XL1～XL4，用于司机行车临时使用，如图 3.32 所示。

暖风机控制开关 SA11（SA12）实现司机室内侧墙暖风机 EH15、EH17（EH16、EH18）

和后墙暖风机 EH19、EH21（EH20、EH22）的控制，设置有"全""后墙""0"和"侧墙"4个位置。脚炉膝炉控制开关 SA21（SA22）实现脚炉 EH23、EH25（EH24、EH26）和膝炉 EH27、EH29（EH28、EH30）的控制，设置有"全""膝炉""0"和"脚炉"4个位置。电热玻璃开关 SA13（SA14）实现电热玻璃 EH11、EH13（EH12、EH14）的控制。微波炉开关 SA15 实现微波炉 EH33 的开关控制。以上控制如图 3.32 所示。

十四、快速降弓控制电路

当机车受电弓出现风压泄漏问题时，需要立即降弓。为了保证在降弓前，主断路器先断开，机车控制系统采集了受电弓风管压力开关 KP63、KP64 的信号。当压力开关动作时，机车控制系统会立即分主断，然后停止对升弓阀 YV41 或 YV42 的输出控制，防止拉弧放电对弓网的损坏。

十五、轮缘润滑控制电路

机车安装有两个轮喷电磁阀，分别是位于转向架 1 的 YV43 和转向架 2 的 YV44。轮喷电磁阀的控制由机车控制系统完成。司乘人员可以通过显示屏对轮喷参数进行设定。轮缘润滑控制电路如图 3.24 所示。

十六、风笛、电笛控制电路

机车每端司机室内均设置了 3 个高音风笛按钮 SB81、SB85、SB87（SB82、SB86、SB88）和 1 个低音风笛脚踏开关 SA85（SA86），这些开关指令均送往 TCMS，然后由 TCMS 驱动高音风笛电磁阀 YV83（YV84）和低音风笛电磁阀 YV81（YV82）。相关电路及其说明见表 3.68。

表 3.68 风笛、电笛控制电路及其说明

电路	说明（参数）
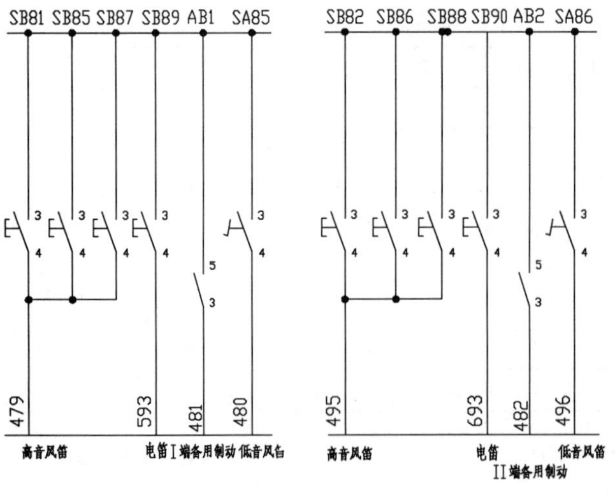 I、II端司机室风笛、电笛按钮	I端司机室： 高音风笛按钮 SB81、SB85、SB87 电笛按钮 SB89 低音风笛脚踏开关 SA85 II端司机室： 高音风笛按钮 SB82、SB86、SB88 电笛按钮 SB90 低音风笛脚踏开关 SA86

续表

电 路	说明（参数）
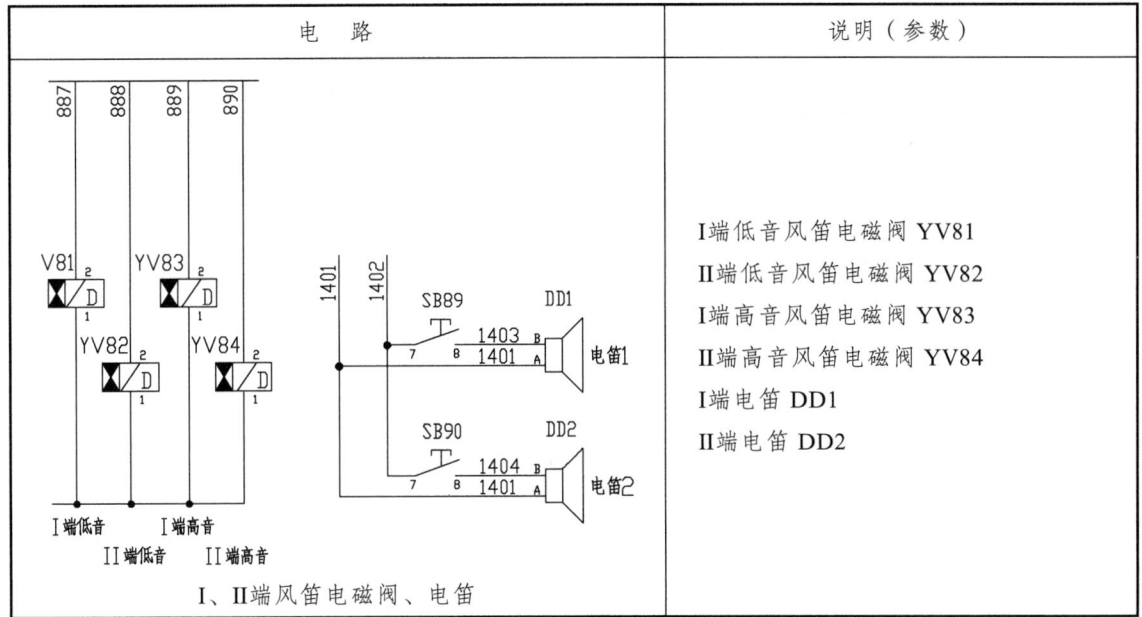	I端低音风笛电磁阀 YV81 II端低音风笛电磁阀 YV82 I端高音风笛电磁阀 YV83 II端高音风笛电磁阀 YV84 I端电笛 DD1 II端电笛 DD2

机车每端司机室内还设置了1个电笛按钮 SB89（SB90），控制电笛 DD1（DD2）的开关。机车行驶在城区时，应使用电笛以降低对周围居民的噪声干扰。电笛由限鸣装置供电。

第八节 制动系统控制电路

制动系统控制电路包括制动控制电路、空气防滑行系统控制电路和电空控制电路。

一、制动控制电路

机车控制系统通过 MVB 网络和硬线与制动系统全面结合，完成对制动系统的控制与监测，如图 3.34、图 3.35 所示。主要设备名称及代号见表 3.69。

机车控制系统采集各个压力开关和隔离阀的状态信号和制动系统输出信号。状态信号主要包括：辅压机压力开关 KP57（U84），辅助风缸隔离信号 U43.13，受电弓压力开关 KP58（U43.02），总风压力开关 KP51-2（P50.72）、KP60（P50.74）、KP51-1（P50.75），紧急制动隔离 S10，升弓钥匙阀 U99，转向架隔离 Z10.22、Z10.23，总风塞门 A24，轮喷塞门 A43、A44，弹停压力开关 KP59（B40.11），弹停隔离 B40.06，撒砂隔离 F41.02；制动系统输出给 TCMS 的信号包括卸载、BCPS、紧急制动等，机车控制系统根据这些信号的状态进行逻辑控制。

机车控制系统向制动系统输入机车状态信号和各类控制信号，具体包括零速、电空互锁、紧急制动、常用制动、紧急制动、弹停制动、弹停缓解、撒砂控制、干燥器控制、风笛控制等信号。

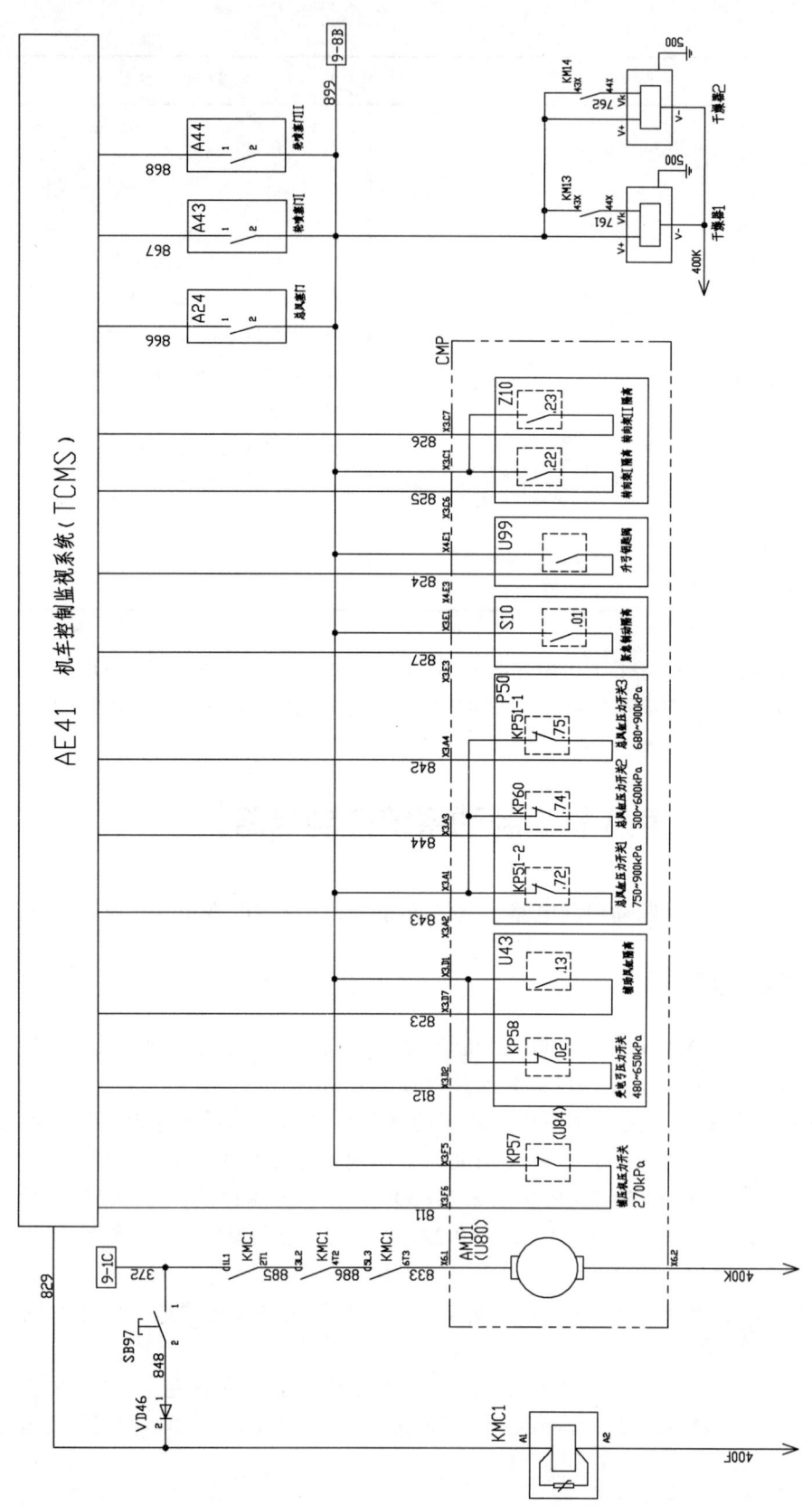

图 3.34 制动控制电路 1

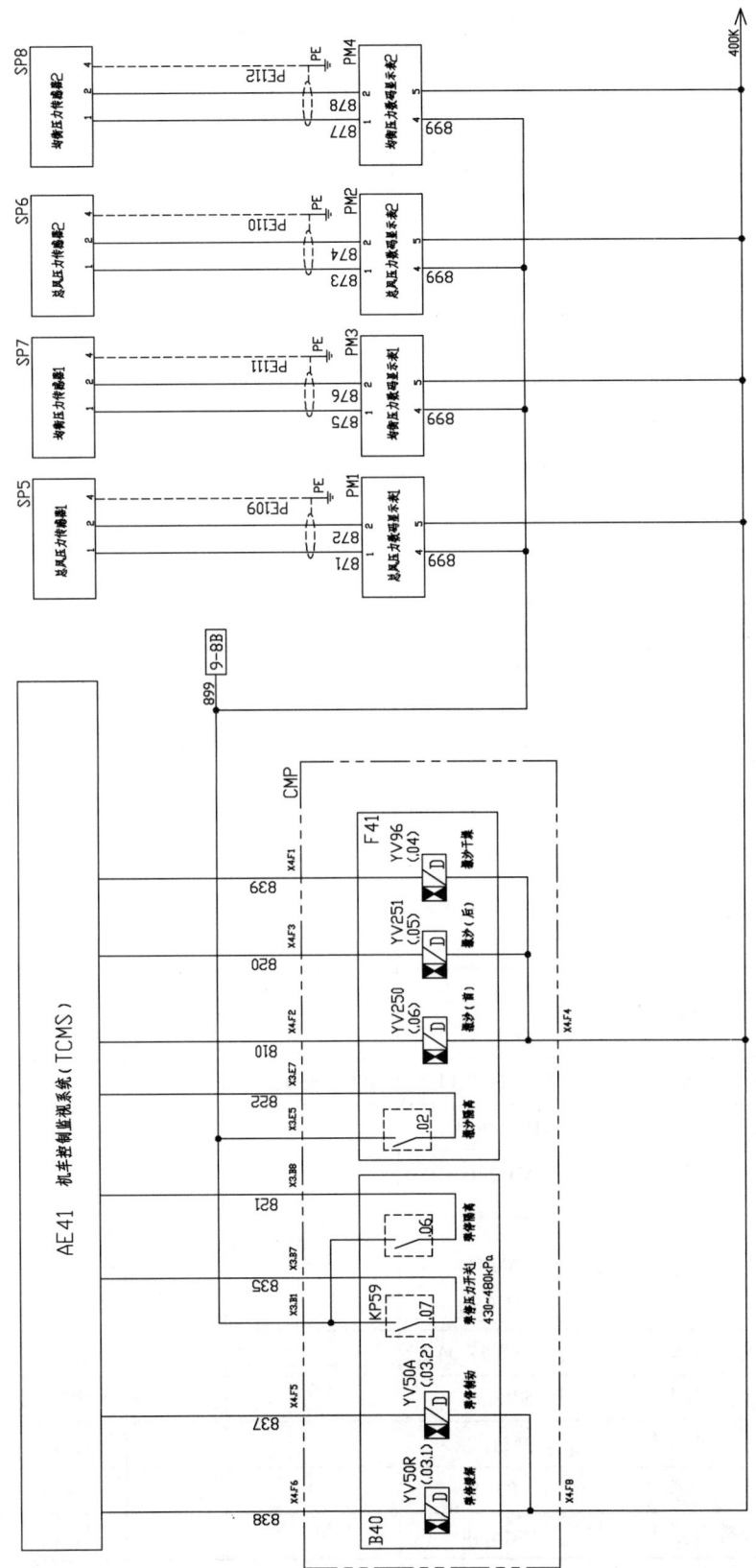

图 3.35 制动控制电路 2

表 3.69　制动控制电路主要设备名称及代号

序号	设备	代号（缩写）	型号与规格	数量	位置	备注
1	辅助压缩机	AMD1（U80）		1	制动柜	
2	辅助压缩机用接触器	KMC1		1	控制电器柜	
3	辅压机干燥器压力开关	KP57（U84）	270kPa	1	制动柜	
4	升弓风缸压力开关	KP58（U43.02）	480～650 kPa	1	制动柜	
5	升弓风缸塞门	（U43.13）		1	制动柜	
6	总风压力开关 1	KP51-2（P50.72）	750～900 kPa	1	制动柜	
7	总风压力开关 2	KP60（P50.74）	600～700 kPa	1	制动柜	
8	总风压力开关 3	KP51-1（P50.75）	680～900 kPa	1	制动柜	
9	紧急制动隔离塞门	（S10.01）		1	制动柜	
10	升弓钥匙阀	（U99）		1	制动柜	
11	转向架I制动缸隔离塞门	（Z10.22）		1	制动柜	
12	转向架II制动缸隔离塞门	（Z10.23）		1	制动柜	
13	总风塞门隔离阀	A24		1	总风缸	
14	轮缘润滑隔离阀	A43,44		2	机械间侧墙	
15	干燥器	Dryer1, 2		2	机械间	
16	弹停缓解电磁阀	YV50R（B40.03.01）		1	制动柜	
17	弹停制动电磁阀	YV50A（B40.03.02）		1	制动柜	
18	弹停压力开关	KP59（B40.11）	480～450 kPa	1	制动柜	
19	弹停隔离塞门	（B40.06）		1	制动柜	
20	向前撒砂电磁阀	YV240（F41.06）		1	制动柜	
21	向后撒砂电磁阀	YV241（F41.05）		1	制动柜	
22	撒砂干燥电磁阀	YV96（F41.04）		1	制动柜	
23	总风压力传感器	SP5, 6		2	总风缸	
24	总风压力数码显示表	PM1, 2		2	司机操纵台	
25	均衡压力传感器	SP7, 8		2	均衡风缸	
26	均衡压力数码显示表	PM3, 4		2	司机操纵台	

二、空气防滑行系统控制电路

空气防滑行系统控制电路如图 3.36 所示。主要设备见表 3.70。机车空气防滑行系统 WSP 采用硬线方式与机车控制系统进行连接。WSP 输出的信号包括工作、故障信号；WSP 接收的信号包括牵引工况、电制动工况、司机室激活信号。

WSP 配置有独立的速度传感器 BV51~BV56、BP1、BP2 和防滑电磁阀 YG1~YG6，通过对速度传感器反馈值的比较，判断各个轴的滑行状态，通过防滑电磁进行相应的调节，改善机车的黏着利用率。

表 3.70 空气防滑行系统控制电路主要设备

序号	设备	代号（缩写）	型号与规格	数量	位置	备注
1	防滑系统	WSP		1	制动柜	
2	防滑速度传感器	BV51~6		6	转向架右侧轴箱	
3	防滑电磁阀	YG1~6		6	转向架	

三、电空控制电路

电空控制电路如图 3.37、图 3.38 所示。主要设备见表 3.71。为了降低空气制动时的列车冲动，空气制动系统具有电空控制功能，通过安装在机车两端的电空控制连接器 DKXS1~DKXS4 向车辆发出电空指令，同步控制列车相应电磁阀。电空指令包括常用制动、制动缓解、紧急制动和列车管保压。

微机控制系统采集车辆电磁阀负线中流过的电流，并在显示屏中进行显示，以确认电空指令的输出和车辆电磁阀的动作状态。

表 3.71 电空控制电路主要设备

序号	设备	代号（缩写）	型号与规格	数量	位置	备注
1	电空制动连接器	DKXS1~4		4	机车端面	
2	电流互感器	CT		1		
3	均衡风缸控制单元	EPCU		2	制动柜	
3	电源连接模块	PSJB		1	制动柜	
4	制动显示屏	LCDM1,2		2	司机操纵台	
5	电子制动阀	EBV1,2		2	司机操纵台	
6	集成处理模块	M-IPM		1	制动柜	
7	继电器接口模块	RIM/CJB		1	制动柜	
8	紧急制动电磁阀	YV94（S10.36）		1	制动柜	
9	总风压力开关	KP4		1	总风缸	
10	制动控制二极管	VD34,35,38,39	SKKD46	4		
11	网关	AE42		1	微机柜	
12	MVB 终端	TM		2	微机柜	

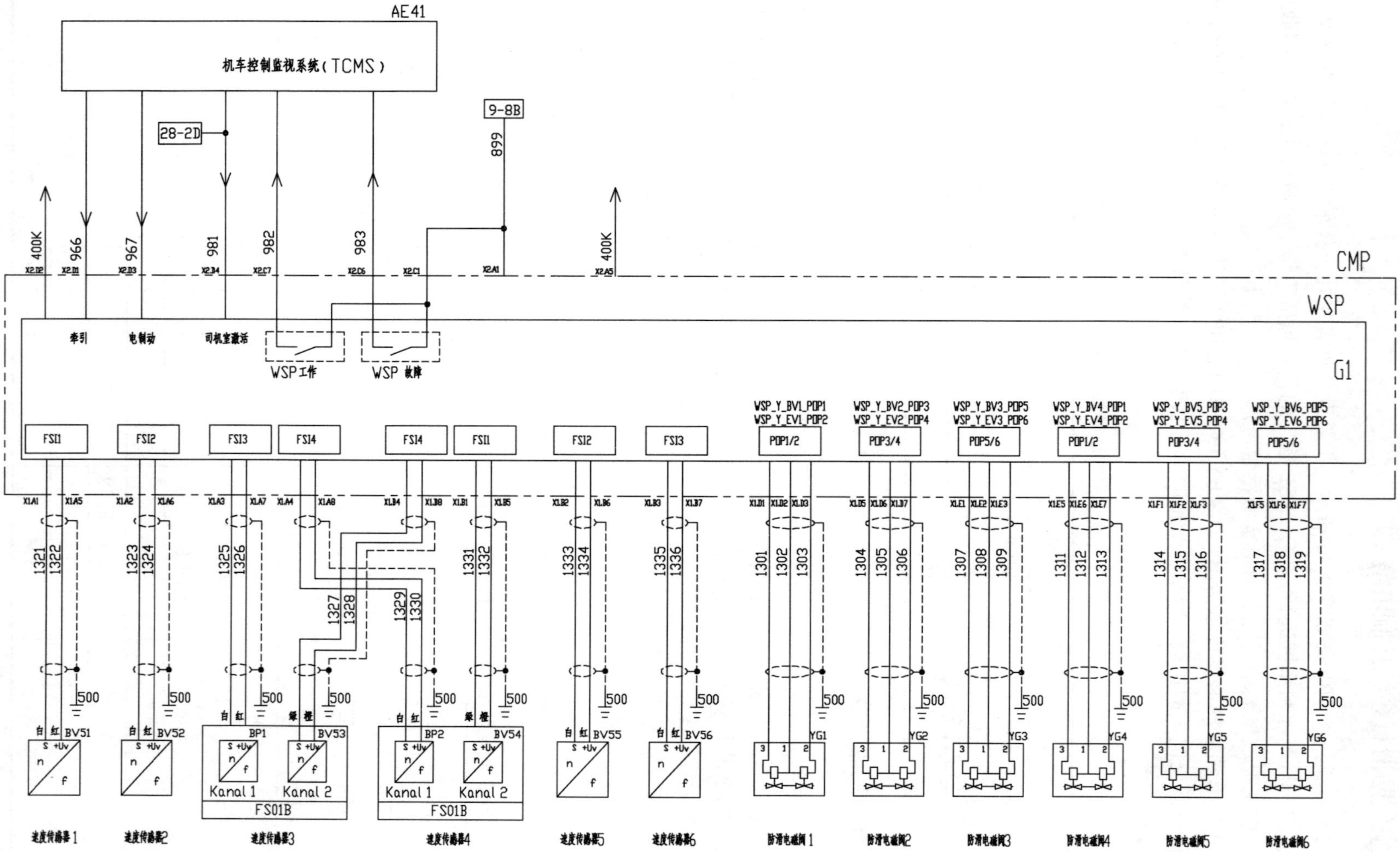

图 3.36 空气防滑行系统控制电路

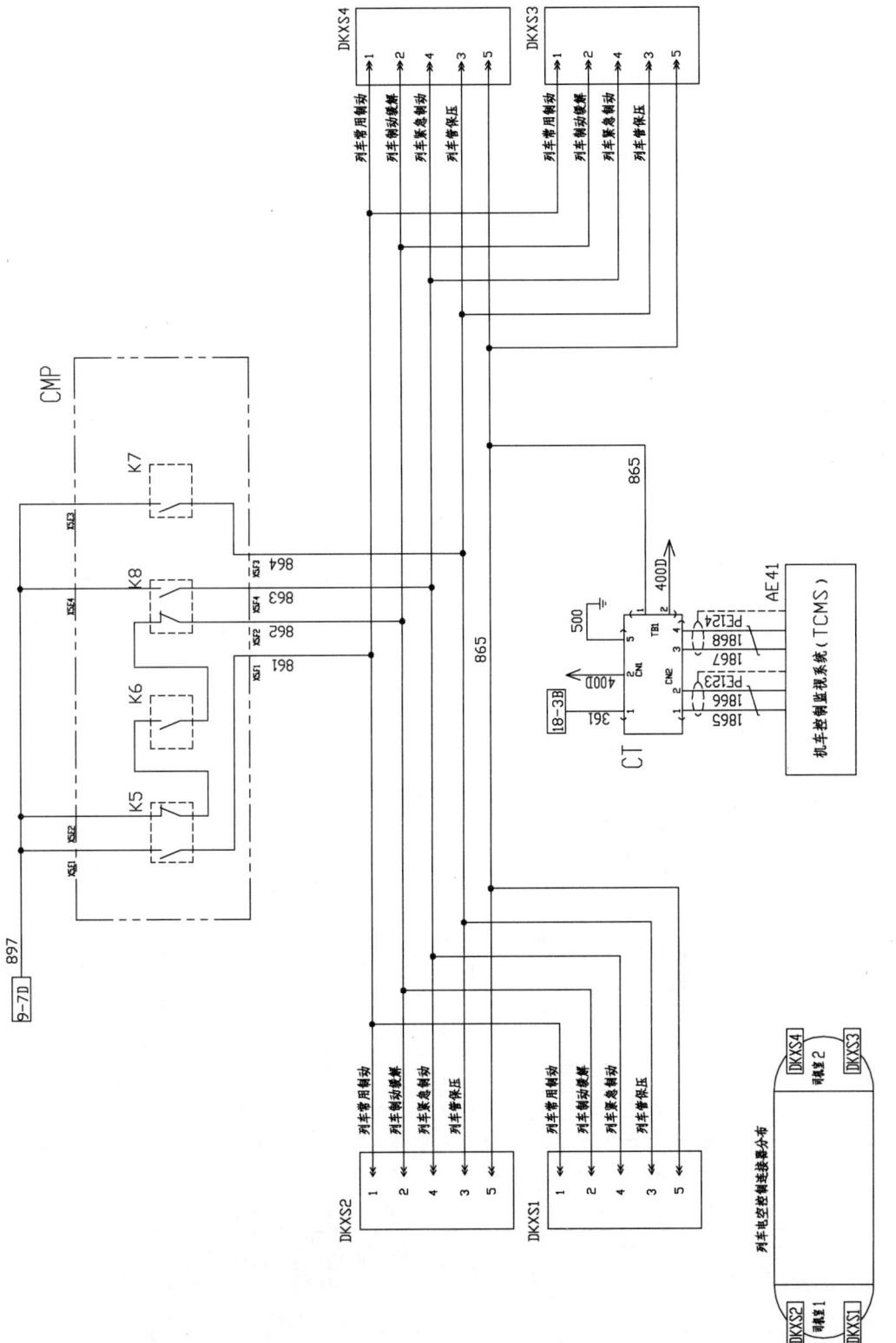

图 3.37 电空控制电路 1

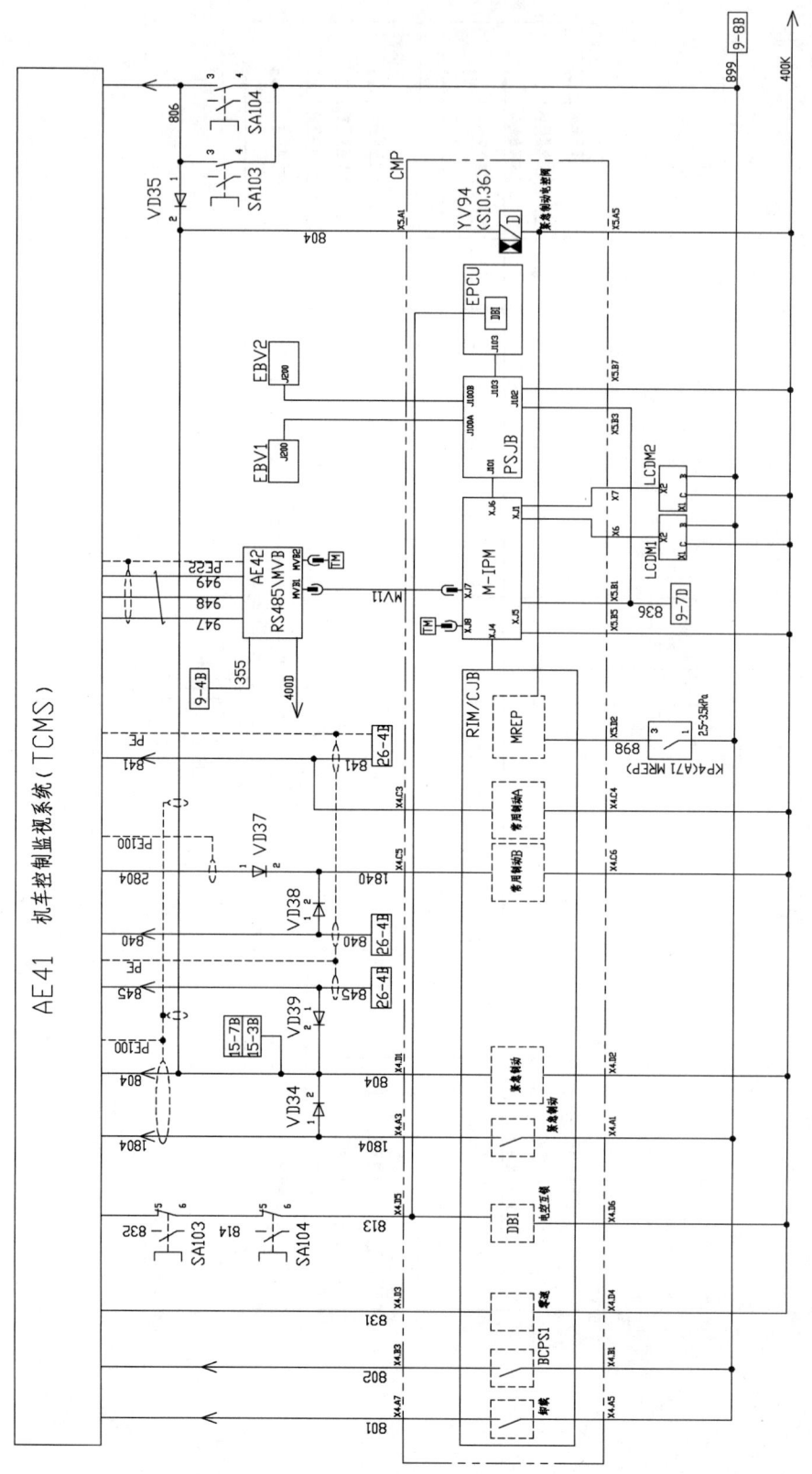

图 3.38 电空控制电路 2

第九节　机车行车安全综合信息监控电路

一、第三方行车安全系统控制电路

第三方行车安全系统控制电路采用目前国产电力机车通用的行车安全监控系统如图 3.39 所示，主要设备见表 3.72。

机车 TCMS 与第三方行车安全系统采用硬线连接方式，TCMS 输出的信号有：零位、牵引、制动、前进、后退、卸载、自动过分相分主断、手动过分相分主断等，第三方行车安全系统输出的信号有：2 级常用制动信号和紧急制动信号。

机车风笛压力开关 KP89～KP92，分别安装在 I、II 端高、低音风笛管路中，将信号送到 LKJ 功能扩展盒中，用于记录风笛的动作次数、时间等信息。

表 3.72　第三方行车安全系统控制电路主要设备

序号	设备	代号（缩写）	型号与规格	数量	位置	备注
1	列车运行监控记录装置	LKJ	LKJ2000	1		
2	机车安全信息综合监测装置	TAX2		1		
3	机车综合无线通信设备	CIR		1		
4	监控主机	PS1	LKJ2000	1	第三方设备柜	
5	信号主机	PS2	JT-CZ2000	1	第三方设备柜	
6	监控显示屏	PS3, 4	TPX10E	2	司机操纵台	
7	音视频语音箱	PS5, 6		2	司机操纵台	
8	TCS1	PS13	TSC1	1	第三方设备柜	
9	GPS 主机	PS14		1	第三方设备柜	
10	总线扩展盒	PS15		1	第三方设备柜	
11	TAL93 通信接线盒	PS16	TAL93	1	第三方设备柜	
12	LAIS 通话器	PS17, 18		2	司机操纵台	
13	制动缸压力传感器	SP2, 4	TQG14E1	2	制动缸	
14	均衡风缸压力传感器	SP3	TQG14E1	1	均衡风缸	
15	电台主机	RD1	CIR	1	第三方设备柜	
16	机车安全信息综合检测装置	AX1	TAX2	2	第三方设备柜	
17	电台操作显示终端	RD3, 4		2	司机操纵台	
18	合路器	RD2		1	第三方设备柜	
19	GPS 天线	W1	2000	1		
20	多频段天线	W2, 3	2000	2		
21	WLAN/GPRS 天线	W5		1		
22	GPS 天线	W6		1		

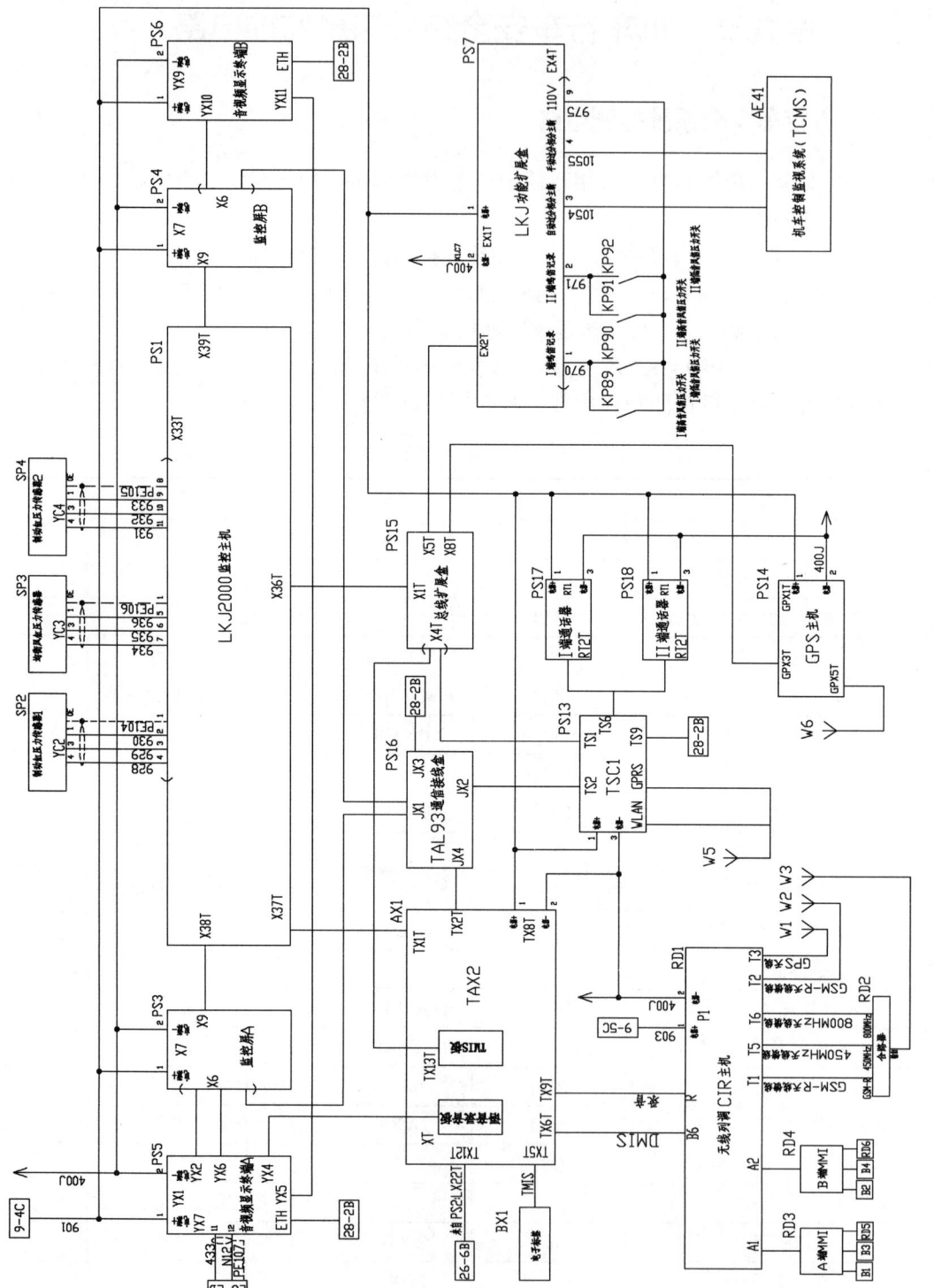

图3.39 第三方行车安全系统控制电路

二、车载安全防护系统（6A）电路

车载安全防护系统包括走行部监测系统、防火监测系统、列车供电监测系统、车顶绝缘监测系统、视频监测系统和空气制动监测系统，对机车进行全面的安全监测，如图 3.40 所示。主要设备见表 3.73。

表 3.73 车载安全防护系统主要设备

序号	设备	代号（缩写）	型号与规格	数量	位置	备注
1	车载安全防护系统柜	6A		1		
2	CMD 系统主机	LDP		1	6A 柜	
3	列车管压力传感器	LCG		1		
4	停放制放制动缸压力传感器	TFG		1		
5	中继阀压力传感器	ZJF		1		
6	CMD 天线	W8		1		
7	防火探头	FT1～8, 11, 12		10		
8	防火监视模块	M1		1		
9	摄像头	VD1～5, 7, 8		7		
10	盹睡摄像头	VD17, 18		2	司机室	
11	车体传感器	CT1, 2		2		
12	构架传感器	GJ1, 2		2		
13	前置处理器	CLG1～6		6		
14	环境温度传感器	HW2, HW32		2		
15	轴箱传感器	FH11～61,12～62		12	轴箱	
16	抱轴传感器	FH13～63, 14～64		12	抱轴	
17	电机传动端传感器	FH15～65		6	牵引电机	
18	电机非传动端传感器	FH16～66		6	牵引电机	

三、CMD 系统电路

中国机车远程监测与诊断系统（CMD 系统）的设计遵循工业互联网理念，牢牢把握住工业互联网的三要素——智能装备、互联网络、大数据应用，打造出一个智能化机车铁路行业应用。通过车载 LDP 设备获取机车各设备信息，并通过多种传输手段将机车数据源源不断地传到地面系统，实现车地一体化。地面系统通过大数据分析手段为机车的质量安全保驾护航。

机车 TCMS 采用 RS485 串行通信方式将机车运行的状态信息和故障信息实时传递给 CMD 系统，再由 CMD 系统传递给 6A 系统和地面接收系统，如图 3.41 所示。

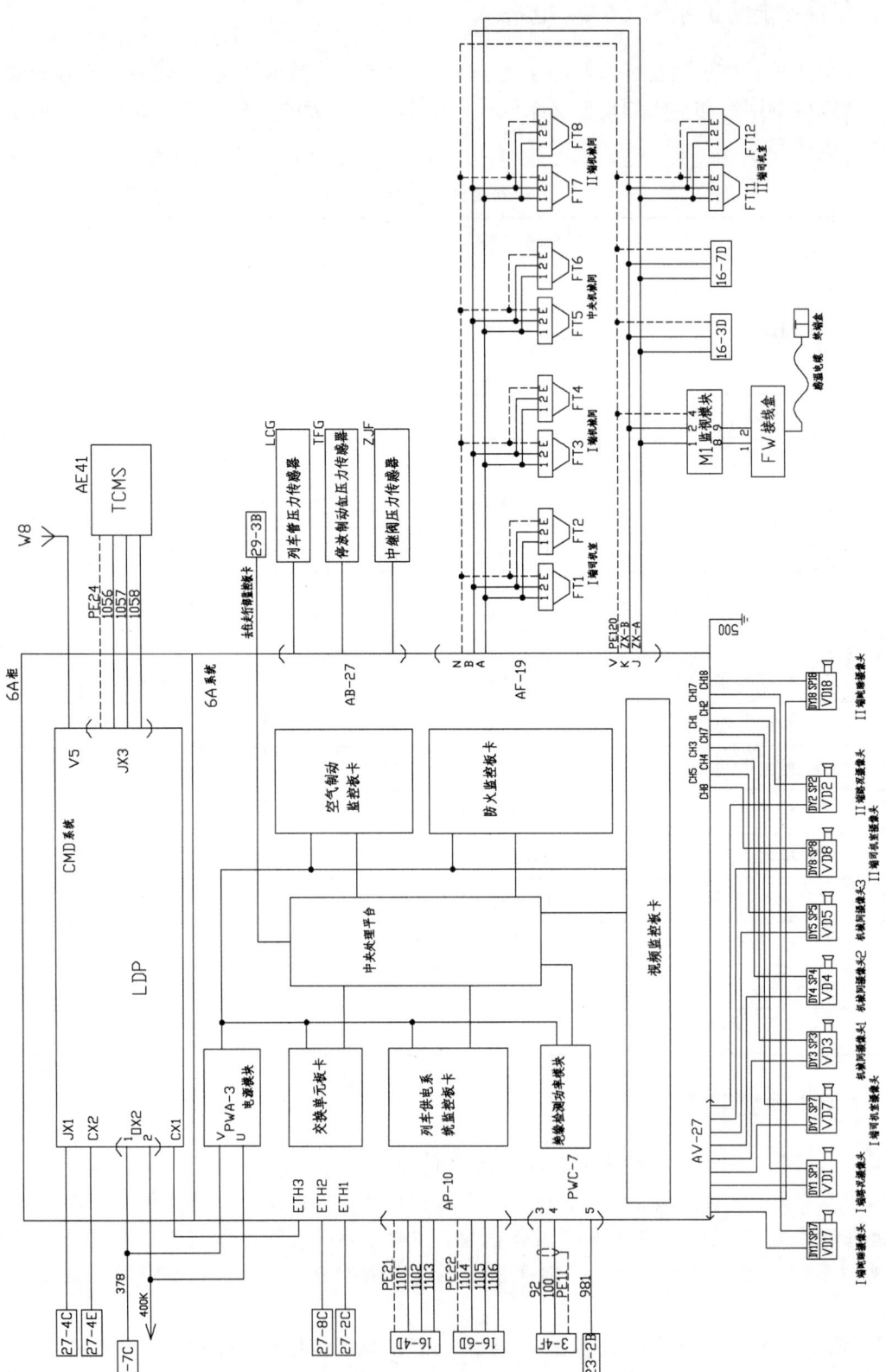

图 3.40 车载安全防护系统（6A）电路

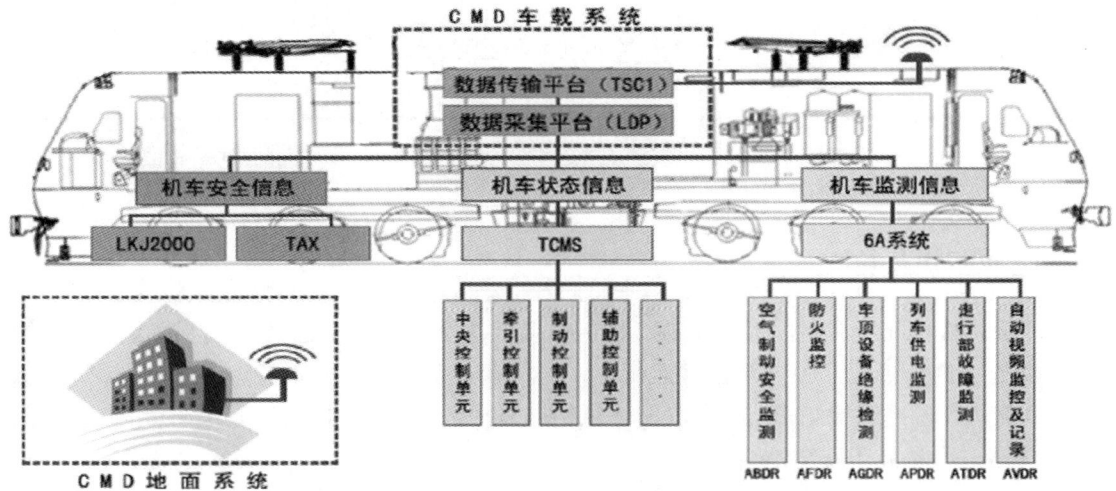

图 3.41　机车车载 CMD 系统

第四章　HX$_D$3D 型电力机车电气试验

一、机车状态确认

（1）确认机械间所有柜门关闭上锁，绿色钥匙全部插入机车钥匙箱，黄色钥匙插入到高压接地开关处，高压接地开关打至正常运行位，再将蓝色钥匙插入 6A 柜，进行高压绝缘检测。

（2）确认高压绝缘检测正常后，取出蓝色钥匙再插入空气制动柜内，使升弓钥匙阀 U99 开启升弓气路，人员处于安全地点。

（3）将低压电源柜上电源选择开关 SW1 置于"Auto（自动）"位，闭合低压电源柜上蓄电池自动开关 QA61，控制电压表显示电压应大于 96 V。再确认其他与机车运行相关的自动开关已闭合（交流加热开关 QA26、直流加热开关 QA60 和压缩机预热开关 QA37 应在断开位），机车各类开关均在正常位。

（4）确认主手柄在"0"位，换向手柄在 0 位。

（5）确认停放制动施加。

二、机车网侧高压绝缘检测

1. 机车出库前的检测

将司机钥匙至"0"位，并将升弓电磁阀 U99 处的升弓蓝色钥匙拔出，插入 6A 柜内绝缘监测模块钥匙处，旋转至"开"位，绝缘检测装置启动，电源指示灯、运行指示灯显示为绿色，并开始自检，自检完成后自检指示灯（黄灯）闪烁后熄灭。

如网侧电路带电，装置上行的外网有电指示灯（红色）常亮，此时不能进行绝缘检测。

如网侧电路不带电，按下"出库检测"按钮，试验开始，检测装置开始对机车网侧高压进行绝缘检测，此时绝缘检测指示灯（红色）闪烁，绝缘检测部件在绝缘检测完毕后，如绝缘正常，绝缘检测指示灯（红色）熄灭，并将检测结果送给司机室音视频显示终端显示，并以语音提示；如不正常绝缘检测指示灯（红色）常亮，并以语音提示，并将检测结果送给司机室音视频显示终端显示。

2. 机车运行途中的检测

遇机车在运行途中发生弓网故障，需要检测机车网侧高压绝缘状况时，则需要在主断路器断开，受电弓降下后，将司机钥匙至"0"位，并将升弓电磁阀 U99 处的升弓蓝色钥匙拔出，插入 6A 柜内绝缘监测模块钥匙处，旋转至"开"位，绝缘检测装置启动，电源指示灯、运行指示灯显示为绿色，并开始自检，自检完成后，自检指示灯（黄灯）闪烁后熄灭。

如网侧电路带电，装置上行的外网有电指示灯（红色）常亮，此时不能进行绝缘检测。

如网侧电路不带电，按下"运行检测"按钮，试验开始，检测装置开始对机车网侧高压进行绝缘检测，此时绝缘检测指示灯（红色）闪烁，绝缘检测部件在绝缘检测完毕后，如绝缘正常,绝缘检测指示灯(红色)熄灭,并将检测结果送给司机室音视频显示终端显示,并以语音提示;如不正常,绝缘检测指示灯(红色)常亮,并以语音提示,并将检测结果送给司机室音视频显示终端显示。

三、机车低压试验

(1)将所有柜门关闭上锁,绿色钥匙全部插入机车钥匙箱,才可拔出黄色钥匙;黄色钥匙插入到高压接地开关上,才可使高压接地开关打至正常运行位,蓝色钥匙才可拔出,完成高压安全联锁;将蓝色钥匙插入空气制动柜内的升弓钥匙阀 U99,旋转钥匙开启升弓气路(此时该钥匙将无法取出),为机车升弓做好准备。

(2)将低压电源柜上电源选择开关 SW1 置于"Auto(自动)"位,依次闭合低压电源柜中蓄电池自动开关 QA61。该柜上的控制电压表显示电压应不小于 96V。再将其他与机车运行相关的自动开关闭合,机车各类开关打正常运行位,做好控制电路的试验准备。

注意:正常情况下,直流加热开关 QA60 和低温预热开关 SA71 不允许闭合,否则会对被加热设备造成损害,还有可能引起蓄电池亏电。仅当环境温度过低,机车各系统由于低温无法正常启动时才闭合直流加热开关 QA60,以及低温预热开关 SA71。同时闭合交流预热用自动开关 QA26,此时机车使用蓄电池对机车 PSU 电源装置、TCMS 微机、APU1 以及 APU2 预热。当机车可以正常启动并可以正常升弓合主断后,机车就转由交流 110V 电源对整车进行低温加热。

(3)将司机钥匙插入操纵台上的司机钥匙开关 SA49(SA50)处,并转至"合"位,机车操纵端即被设定。操纵台上的微机显示屏 PD41(或 PD42)为全触屏式显示屏,主屏界面可显示原边电压、原边电流、控制电压、机车牵引/制动力、列车供电电压/电流、司控器级位、机车速度等状态信息;主屏的右下方显示主断分/合、机车运行方向、受电弓、无人警惕等状态信息,并且还显示导向信息,当需要进行一些操作时,可通过导向信息的提示进行操作;主屏的左下方为故障显示区,当机车故障出现时,该区域可显示各类故障信息,当同时出现多个故障时,优先显示故障等级高的故障,同等级故障时显示最先发生的故障,如故障解除,故障信息立即消失。通过点击显示屏上相应的软按键,可进入其他状态界面。

如机车信息界面、控制界面、空气制动系统界面、过程数据界面、数据输入界面、维护测试界面、事件履历界面等,可查看机车各电气设备的详细状态信息和故障状态信息。状态指示灯经过自检后,如果一切状态正常,只有"微机正常"和"主断分"灯亮,表示机车已准备就绪。

注意:机车操纵端一旦设定,即使另一端的电钥匙也打到"合"位,其操作也会判定为无效,先插入钥匙端的司机室仍为操纵端。

(4)机车静态试验。机车静态下,可仿真机车牵引、电制动性能和其他相关动作试验。

① 主断路器分合试验。

将控制电器柜上 SA75 开关打"试验"位,在风压满足要求的状态下将操纵端主断路器扳键开关 SB43(SB44)置于"合"位,主断路器闭合,此时操纵台上的状态模块显示灯"主断分"灭,微机显示屏上同时也显示主断闭合。将操纵端主断路器扳键开关 SB43(SB44)置于"分"位,主断路器应断开,此时操纵台上的状态模块显示灯"主断分"亮,微机显示屏上同时也显示主断分断。

②牵引变流器静态模拟试验。

将SA75打到"试验"位,进入微机显示屏过程数据-牵引/制动力界面下,司控器调速手柄在牵引模式下由零位逐级增加,直至最高级位17级,通过微机显示屏确认随着输出级位的增大,每个牵引变流器输出的牵引力也在逐级加大,直至达到最大值70 kN。

司控器调速手柄移至制动区域,观察微机屏有级位显示。

通过微机显示屏进入控制界面下的隔离界面,确认可以实施变流器和辅助变流器的隔离与恢复。

③其他静态试验。

SA75开关在"正常"位下,进入显示屏维护测试界面。试验界面出现"主司控器试验""启动试验""零级位试验""辅助电源试验""显示灯试验""无人警惕试验""轮缘润滑试验"等试验项目。依次点击试验项目,分别按照显示屏提示信息进行,如试验通过,则进行下一项。

四、机车高压试验

1. 试验前的检查确认

(1)确认车顶无人、车顶门锁闭。

(2)确认接地开关QS10正常位,高压柜门锁闭,钥匙箱正常。

(3)检查各管路塞门在正常位,各开关正常位,总风压力不低于750 kPa,机车制动缸压力300 Pa,做好防溜。

(4)确认司控器"0"位、换向手柄中立位。

2. 准备工作

(1)将低压电源柜上电源选择开关SW1置于"Auto(自动)"位,闭合蓄电池自动开关QA61,电压不低于96 V,将其他与机车运行相关的自动开关闭合,机车各类开关打正常运行位。

(2)TCMS微机显示屏上将6组CI全部隔离。

(3)按状态指示灯自检按钮,状态指示灯亮。

(4)与试验工作无关人员撤离现场,作业人员处于安全位置,方可升弓试验。

3. 高压试验

(1)绝缘检测。

将司机钥匙至"0"位,并将升弓电磁阀U99处的升弓蓝色钥匙拔出,插入6A柜内绝缘监测模块钥匙处,旋转至"开"位,绝缘检测装置启动电源指示灯、运行指示灯显示为绿色,并开始自检,自检完成后自检指示灯(黄灯)闪烁后熄灭。

如网侧电路带电,装置上行的外网有电指示灯(红色)常亮,此时不能进行绝缘检测。

如网侧电路不带电,按下"出库检测"按钮,试验开始,检测装置开始对机车网侧高压进行绝缘检测,此时绝缘检测指示灯(红色)闪烁,绝缘检测部件在绝缘检测完毕后,如绝缘正常,绝缘检测指示灯(红色)熄灭,并将检测结果送给司机室音视频显示终端显示,并以语音提示;如不正常,绝缘检测指示灯(红色)常亮,并以语音提示,并将检测结果送给司机室音视频显示终端显示。

（2）CI/APU 和制动系统状态确认。

司机钥匙开关 SA49（SA50）置"合"位，通过 TCMS 微机显示屏确认 CI/APU 和制动系统的状态是否正常，输入信号是否正确。如正常，"微机正常"和"主断分"灯亮。

（3）升弓控制试验。

确认试验开关 SA75 在正常位，试验"弓1""弓2""自动"位。

进入显示屏控制界面下的受电弓预选择界面，由"自动"改为"弓1"，受电弓扳键开关 SB41（SB42）置"升"位，如果机车辅助风缸压力低于 480 kPa 即压力开关 KP58 在断开状态，则机车辅助压缩机自动开始打风，待风压达到 735 kPa 时，辅压机停止打风，将受电弓扳键开关 SB41（SB42）置于"降"位一次后，再次置"升"位一次，受电弓升起；如果压力开关 KP58 在闭合状态，则受电弓直接升起。当 1 受电弓升起后，操作台上网压表 PV1（PV2）显示当前原边网压，同时微机显示屏上也有原边网压显示和受电弓升起指示。受电弓扳键开关 SB41（SB42）置"降"位，1 弓降下。

进入显示屏控制界面下的受电弓预选择界面，由"弓1"改为"弓2"，受电弓扳键开关 SB41（SB42）置"升"位，2 受电弓升起，操作台上网压表 PV1（PV2）显示当前原边网压，同时微机显示屏上也有原边网压显示和受电弓升起指示。受电弓扳键开关 SB41（SB42）置"降"位，2 弓降下。

进入显示屏控制界面下的受电弓预选择界面，由"弓2"改为"自动"。

受电弓扳键开关 SB41（SB42）置"升"位，后弓升起。

（4）主断路器分合试验。

主断扳键开关 SB43（SB44）置"合"位，主断闭合，"主断分"灯灭，微机显示屏上同时也显示主断闭合。主断扳键开关 SB43（SB44）置"分"位，主断断开，"主断分"灯亮，微机显示屏上同时也显示主断分断。

主断扳键开关 SB43（SB44）置"合"位，主断闭合，"主断分"灯灭，微机显示屏上同时也显示主断闭合。

主断路器闭合后，辅助变流器 APU2 采用软启动方式投入运行，并以定频定压方式向油泵、水泵、车体通风机及辅助加热等装置开始供电。

DC 110 V 电源装置检测到 DC 750 V 直流输入电压后，自动启动向机车提供 DC 110 V 控制电源。

（5）空压机试验。

在微机屏上查询风泵工作状态：主界面→维护模式→数据输入密码（000）→其他设置。该界面正常设置显示如下：

压缩机模式选择：间歇式；

双泵启动方式：750 kPa 双泵；

单 APU：双泵。

压缩机扳键开关 SB45（SB46）"合"位，当总风缸压力低于（680±20）kPa 时，机车两台压缩机依次启动，投入工作；当总风缸压力低于（750±20）kPa 时，只有非操纵端压缩机投入工作（即I端为操纵端时，空压机 2 工作；II端为操纵端时，空压机 1 工作）；当总风缸压力升至（900±20）kPa 时，压缩机自动停止工作。将压缩机扳键开关置于"强泵"位，两个压缩机依次启动，此时不受总风缸压力开关的控制（待总风缸压力升至（950±20）kPa 时，高压安全阀动作并连续排气），应及时停止压缩机工作，将扳键开关离开"强泵"位。

空气压缩机的工作方式分为间歇式和连续式两种模式，通过微机显示屏进入检修模式下的功能选择界面，可进行压缩机模式选择。间歇式为压缩机的常规运行模式，连续式模式主要是为了防止压缩机机油乳化压缩机频繁启动等问题的发生，在间歇运行模式的基础上，增加压缩机的空载运行功能。压缩机空载运行时只进行内部循环，不再向总风缸进行供风。

（6）辅助变流器 APU1 的启动控制。

换向手柄前进位，APU1 启动（或不启动）。

"APU1 模式选择"开关从数据输入→其他设置界面下进行操作。开关位置有"正常""25 Hz"和"50 Hz"，设置为"正常"。按照正常模式进行 APU1 的 VVVF 模式控制，即 APU1 根据牵引电机温度变压器温度、变流器冷却液温度共同控制，输出频率为"0，25 Hz，33 Hz，50 Hz"不再受控于方向手柄、调速手柄级位和列供投入。

（7）由另一组辅助变流器对全部辅助机组供电的实现。

通过 TCMS 微机显示屏开放画面，分别开放 APU1、APU2，实现由另一组辅助变流器对全部辅助机组供电。

（8）试验低压电源柜单元选择功能。

将电源装置面板的 SW1 选择开关由自动位打到单元 1，此时充电单元 UR1 工作，观察面板上的电压值和充电电流值，在正常允许范围内再由单元 1 打至单元 2，此时充电单元 UR2 工作，观察面板上的电压输出值和充电电流值，在正常允许范围内。最后将 SW1 打至"自动"位，此时单元 1 和单元 2 均投入工作。

（9）客车供电空载试验。

① 将集控器故障隔离开关打故障隔离位。

② 升弓合主断，APU2 辅助电源投入运行。

③ 闭合操纵端列车供电钥匙 SA105（SA106），确认微机显示屏指示的供电电压为 DC（600±30）V。

④ A 组试验完毕后，再转至 B 组试验，试验步骤同上。

⑤ 试验完后将集控器故障隔离开关打至运行位。

（10）牵引、制动控制试验。

① 牵引变流器静态试验。

确认机车制动状态良好。分别对六组牵引变流器的输出工况及六台牵引电机产生的力矩与机车运行的方向逐个进行确认（其他变流器通过 TCMS 微机显示屏隔离），各牵引电机及轮对转向均应符合I、II端司机控制器的控制方向。

② 制动试验。

将调速手柄置制动区，微机屏上有级位显示，主手柄回 0。

4. 结束试验

断开压缩机扳键开关 SB45（SB46）、主断路器扳键开关 SB43（SB44），听主断断开声，断开受电弓扳键开关 SB41（SB42），受电弓降下。按停车制动开关 SB99（100）停车制动动作，自动制动阀手柄移到"重联"位，并锁好。断开电钥匙，断开蓄电池自动开关 QA61。

第五章 HX$_D$3B 型电力机车电气设备

第一节 HX$_D$3B 型电力机车

一、机车简介

HX$_D$3B 型电力机车是用于干线牵引的货运电力机车,如图 5.1 所示,机车采用大功率水冷 IGBT 水冷变流器,单轴控制技术,大功率异步交流牵引电动机,框架式承载车体,设备布置采用中央走廊设备布置方式,高压电器布置在机械间内部的高压柜内,并充分考虑了使用中的自然环境条件,提高了机车的防寒性能。该型机车牵引功率为 9 600 kW,可单机牵引 5 000~6 000 t 货物列车,最高运行速度为 120 km/h,具有更大的加速能力和牵引通过能力,是我国铁路货运重载的主型机车。

图 5.1 和谐 3B 型 0001 号电力机车

二、机车特点

(1)机车的轴列式为 C$_0$-C$_0$,其电传动系统为交-直-交传动,采用 3 组 IGBT 水冷变流柜,1 632 kW 大转矩异步牵引电动机,具有起动(持续)牵引力大、持续速度高、黏着性能好、功率因数高等特点。

(2)机车每组变流柜内集成一台由中间直流回路供电的辅助变流器。整车提供 2 组 VVVF 和 1 组 CVCF 三相辅助电源,分别对辅助机组进行分类供电,该系统冗余性强,在机车通过分相区时辅助系统可以维持供电。

(3)机车采用分布式微机网络控制系统,完成对各类变流器的实时控制、牵引/制动特性控制、传动系统的时序逻辑控制,显示机车运行状态,具备完整的故障保护、故障记忆及显示功能，并具有一定程度上的故障自排除、自动切换和故障处理指导功能，而且实现了机车的网络重联功能。

（4）机车高压柜集成安装有真空主断路器、接地开关、高压隔离开关、避雷器、高压电压互感器、高压电流传感器等高压电器，高压柜设置在机械间内，从而极大地降低雾、雪、粉尘等条件下的高压设备的故障率，提高了机车的可靠性。

（5）车体采用整体承载的框架式焊接结构，有利于提高车体的强度和刚度。

（6）机车转向架采用滚动抱轴承半悬挂结构，二系采用高圆螺旋弹簧，低位斜牵引杆技术，小齿轮双端支撑驱动装置。

（7）机车主变压器为下悬式一体化多绕组牵引变压器，除牵引绕组和辅助供电绕组外，还集成三台谐振电抗器，其冷却方式为强迫导向油循环风冷。

（8）机车顶盖设有密闭风腔，冷却风源从风腔进入车内，保证了风源的清洁性，减少尘埃对被冷却设备的污染，改善了冷却效果。每个转向架的3台牵引电机由一台通风机冷却；主变流器水冷和主变压器油冷采用水、油复合式冷却塔；另外还设置了车体通风机来保证机械间的微正压通风，以减少尘埃进入机械间。

（9）机车采用了集成化气路的空气制动系统，具有空电制动功能，其机械制动采用轮盘制动。

（10）机车采用预布线、预布管技术，车内中间走廊的下层排列制动管路，中间层和上层排列动力电缆，控制导线及光缆排布在侧墙的线槽内。动力电缆和控制导线的分别布设可降低电磁干扰，提高控制系统可靠性。

三、机车主要技术指标

机车主要技术指标见表5.1。

表5.1 机车主要技术指标

机车用途	铁路干线货运牵引
电传动方式	交—直—交传动
额定功率	9 600 kW
轴式	C_0-C_0
轴重	25 t
机车质量	150 t
机车长度	22 781 mm
控制方式	轴控
起动牵引力	570 kN
持续速度	68.2 km/h
最大运用速度	120 km/h
电制动方式	再生制动
电制动功率	9 600 kW（72 km/h～120 km/h）
机车控制	分布式微机网络控制
受流电压	AC 25 kV 50 Hz
机车总效率	≥0.85（最优值0.88）

四、机车设备缩写

机车设备缩写见表 5.2。

表 5.2 机车设备缩写

缩　写	说　明
CAB	司机室
CNP	空气压缩机机组
TMB	牵引电机通风机
HVC	高压电器柜
LVPC	低压电源柜
CON	变流柜
CLT	冷却塔
TCMS	微机柜
HVAC	空调机组
ATP	行车安全柜
ADC	控制电器柜/辅助配电柜
WC	卫生间
AFC	辅助滤波柜
CMP	制动柜/空气管路柜
AC	交流
ADD	自动降弓装置
AMP	模拟监控保护装置
BCCP	制动缸控制部分
BPCP	列车管控制部分
CIR	机车综合无线通信设备
CMD	中国机车远程监测与诊断系统
CVCF	恒压恒频
DBTV	空气制动阀
DCU	变流器控制单元
DC	直流
EBV	制动控制器
EPCU	电空控制单元
ERCP	均衡风缸模块
IGBT	绝缘栅双极型晶体管
IPM	制动系统控制单元
LCDM	制动显示屏
LKJ	列车运行监控系统

续表

缩　写	说　明
Master	主系统
MMI	操作显示终端
MVB	多功能车辆总线
PSJB	供电接线盒
PWM	脉冲宽度调制
RIM	继电器接口模块
Slave	从系统
TAX	机车安全信息综合检测装置
TCMS	机车控制与监视系统
VCU	机车控制单元
VVVF	变频变压

第二节　HX_D3B 型电力机车设备布置

HX_D3B 型电力机车的外形及设备配置如图 5.2 所示。机车设备采用模块化的结构，机车两端各设有一个司机室，两个司机室的中间为机械室。机械室内设备沿车内中间走廊两侧平行布置，采用导轨安装方式固定，中间走廊宽度为 600 mm。车内设备布置以平面斜对称布置为主，有利于机车的重量分配，设备成套安装，有利于机车的制造、检修和部件的互换。

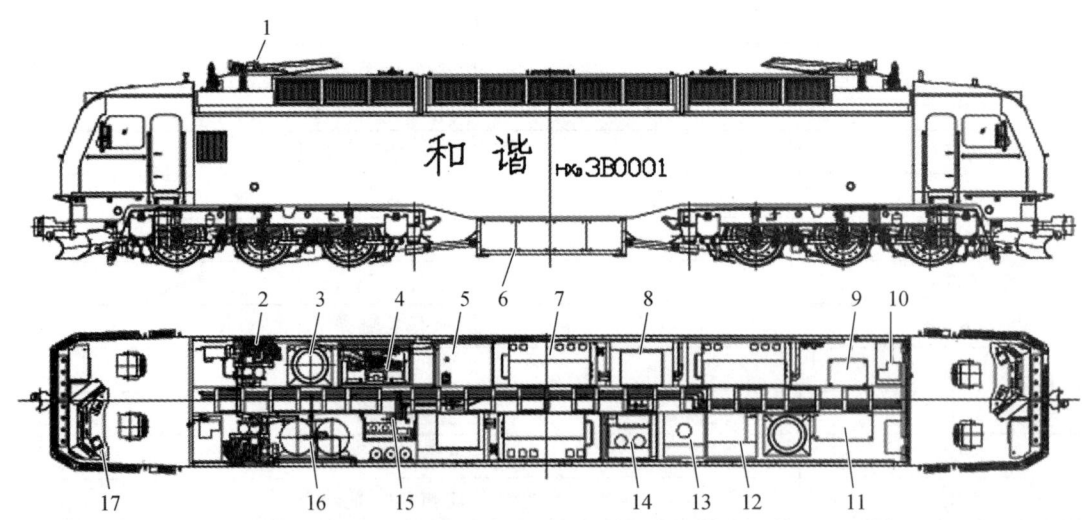

1—受电弓；2—空压机组；3—牵引电机通风机；4—高压电器柜；5—低压电源柜；6—主变压器；
7—变流器；8—冷却塔；9—TCMS 柜；10—空调机组；11—行车安全柜；12—控制电器柜；
13—卫生间；14—辅助滤波柜；15—制动柜；16—总风缸；17—操纵台

图 5.2　机车设备布置

一、司机室

司机室的结构和设备布置参照规范化司机室要求，考虑人机工程进行优化设计，如图 5.3 所示。司机室内设有操纵台、司机座椅、八灯显示器、紧急放风阀、灭火器、暖风机等设备。司机室顶部设有风扇、头灯、司机室照明灯、阅读灯等设备；司机室前窗采用电加热玻璃，窗外设有电动刮雨器，窗内设有电动遮阳帘；侧窗外设有机车后视镜，内部设有手动遮阳帘；操纵台上设有微机显示屏、监控显示屏、压力组合模块、速度表、网压/控制电压表、牵引/制动力表、司机控制器、制动控制器、扳键开关组、冰箱（微波炉）、脚炉、膝炉及各种控制开关和按钮等设备。

图 5.3　司机室

1. 操纵台面板设备（见表 5.3）

表 5.3　操纵台面板设备

序号	设备	代号（缩写）	型号与规格	数量	位置	备注
1	停车位置按钮	SB55, 56	S405D-W, 24V	2	司机室操纵台	
2	换端指示灯	HL41, 42		2	司机室操纵台	
3	停放制动按钮	SB83, 84	S405D-H	2	司机室操纵台	
4	停放缓解按钮	SB85, 86	S405-L	2	司机室操纵台	
5	停放指示灯	HL35, 36		2	司机室操纵台	
6	总风压力表/列车管压力表	MR/BP		2	司机室操纵台	
7	制动缸压力表	BC1, 2		2	司机室操纵台	
8	监控显示屏	PS3, 4	TPX10E	2	司机室操纵台	
9	微机显示单元	PD41, 42	HMI-10-24	2	司机室操纵台	
10	紧急制动按钮	SB57, 58	S403MRZ-H（2/2）	2	司机室操纵台	
11	速度里程表	P1	EGZ3/8	1	司机室操纵台	
12	速度表	P2	EGS3/8	1	司机室操纵台	
13	牵引/制动力表	PV47, 48	YDS2	2	司机室操纵台	

续表

序号	设备	代号（缩写）	型号与规格	数量	位置	备注
14	网压表	PV45, 46	YDS2	2	司机室操纵台	
15	控制电压表	PV49, 50		2	司机室操纵台	
16	主断分指示灯	HL33, 34		2	司机室操纵台	
17	电制动指示灯	HL39, 40		2	司机室操纵台	
18	空转/滑行指示灯	HL43, 44		2	司机室操纵台	
19	故障指示灯	HL47, 48		2	司机室操纵台	
20	警惕指示灯	HL45, 46		2	司机室操纵台	
21	警惕蜂鸣器	HA31, 32		2	司机室操纵台	
22	指示灯亮度旋钮	SA53, 54		2	司机室操纵台	
23	电台操作显示终端	RD3, 4		2	司机室操纵台	

2. 操纵台台面设备（见表5.4）

表 5.4 操纵台台面设备

序号	设备	代号（缩写）	型号与规格	数量	位置	备注
1	警惕手动按钮	SB59, 60	S405M-Y	2	司机室操纵台	
2	高音风笛按钮	SB77, 78	S405M-L	2	司机室操纵台	
3	电子制动阀	EBV1, 2		2	司机室操纵台	
4	电钥匙	SA51, 52		2	司机室操纵台	
5	主断路器扳键开关	SB43, 44		2	司机室操纵台	
6	受电弓扳键开关	SB41, 42		2	司机室操纵台	
7	压缩机扳键开关	SB45, 46		2	司机室操纵台	
8	前照灯扳键开关	SB67, 68		2	司机室操纵台	
9	辅照灯扳键开关	SB71, 72		2	司机室操纵台	
10	标志灯扳键开关	SB69, 70		2	司机室操纵台	
11	仪表灯/车底灯扳键开关	SB63, 64		2	司机室操纵台	
12	走廊灯扳键开关	SB73, 74		2	司机室操纵台	
13	记点灯扳键开关	SB75, 76		2	司机室操纵台	
14	司机室灯扳键开关	SB61, 62		2	司机室操纵台	
15	半自动过分相按钮	SB51, 52	S405-W	2	司机室操纵台	
16	定速控制按钮	SB53, 54	S405-L	2	司机室操纵台	
17	主司控器	AC41, 42	S640CC, 420	2	司机室操纵台	
18	高音风笛按钮	SB79, 80	S405M-L	2	司机室操纵台	
19	高音风笛按钮	SB81, 82	S405M-L	2	司机室操纵台	

3. 操纵台台下设备（见表 5.5）

表 5.5 操纵台台下设备

序号	设备	代号（缩写）	型号与规格	数量	位置	备注
1	重联电话	PS9, 10	CKT-11	2	司机室操纵台	
2	空调温度调节开关	SA71, 73		2	司机室操纵台	
3	空调模式选择开关	SA72, 74		2	司机室操纵台	
4	刮雨器开关	SA61, 62	4A164-3/F 特	2	司机室操纵台	
5	遮阳帘开关	SA65～68	3A193-2/F 特	4	司机室操纵台	
6	冷藏箱开关	SA69	4A073-1/F 特	1	司机室操纵台	
7	微波炉开关	SA15	4A073-1/F 特	1	司机室操纵台	
8	司机室加热开关	SA11, 12	3A574-3/F 特	2	司机室操纵台	
9	电热玻璃开关	SA13, 14	4A073-1/F 特	2	司机室操纵台	
10	撒砂脚路开关	SA103, 104	S293S3	2	司机室操纵台	
11	警惕脚踏开关	SA101, 102	S293S3	2	司机室操纵台	
12	低音风笛脚踏开关	SA105, 106	S293S3	2	司机室操纵台	
13	应急灯按钮	SB1～4	S420（2/2）	4	司机室侧墙下部	

二、机械间设备布置

机械间内设备从 I 端右侧起顺时针方向依次是空压机组 1、牵引通风机 1、高压电器柜、低压电源柜、变流器 1、冷却塔 1、变流器 3、TCMS 柜、空调 2、行车安全柜、牵引通风机 2、控制电器柜、卫生间、辅助滤波柜、变流器 2、冷却塔 2、制动柜、总风缸、空压机组 2、空调 1，机械间设备布置如图 5.4 所示。

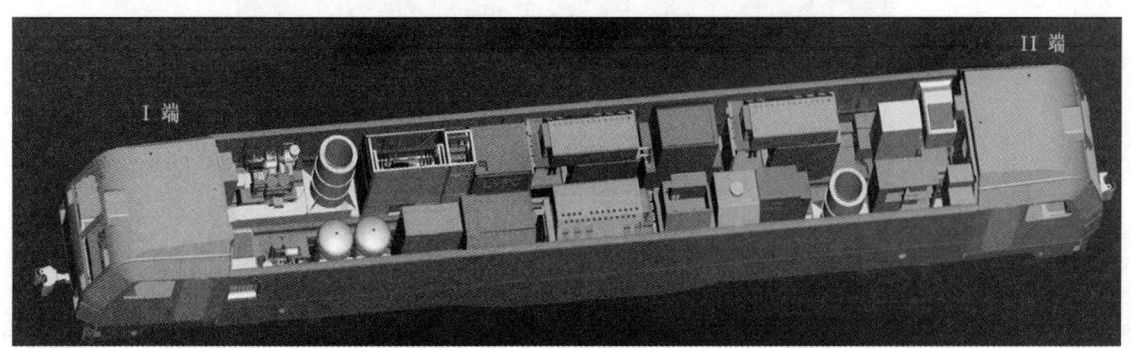

图 5.4 机械间设备布置

机械间电气屏柜缩写如表 5.6 所示。

表 5.6　电气屏柜缩写

缩写	说　明
CAB	司机室
CNP	空气压缩机机组
TMB	牵引电机通风机
HVC	高压电器柜
LVPC	低压电源柜
CON	变流柜
CLT	冷却塔
TCMS	微机柜
HVAC	空调机组
ATP	行车安全柜
ADC	控制电器柜/辅助配电柜
WC	卫生间
AFC	辅助滤波柜
CMP	制动柜/空气管路柜

　　两组空压机都采用 SL20-5-102 型螺杆式空气压缩机，集成安装 LTZ2.2-H 型双塔式干燥器，共用一个安装座，如图 5.5 所示。空压机组 1 有独立通风道，将散热空气直接排到车外，空压机组 2 散热空气直接排到设备间内部。

图 5.5　螺杆式空气压缩机与双塔式干燥器

　　总风缸容量为 2×800 L，通过支架安装在侧墙上，如图 5.6 所示。

　　冷却塔用来给机车主变压器和主变流柜散热，如图 5.7 所示。其中冷却塔 1 包括 2 个水散热器、1 个油散热器、1 个通风机及柜体，负责冷却变流器 1、3，以及主变压器的一半热量；冷却塔 2 包括 1 个水散热器、1 个油散热器、1 个通风机、1 个变压器储油柜及柜体，负责冷却变流器 2，以及主变压器的另一半热量。

图 5.6 总风缸

图 5.7 冷却塔

空调具有制冷、制热、空气过滤和向司机室补充新鲜空气作用，具有独立风道，如图 5.8 所示。I、II端空调结构相同。

图 5.8 空压机组

另外机械间内还配有安全接地棒、复轨器、工具箱等。

三、车顶设备

机车顶盖由 3 个顶盖组成，顶盖 1、顶盖 2 上布置有受电弓、车顶避雷器及高压电缆车顶高压套管，如图 5.9、图 5.10、图 5.11、表 5.7 所示。在中央顶盖上设有检修用天窗，由此上车顶进行检修和维修作业。为确保安全，天窗设置了钥匙联锁装置。

表 5.7 车顶设备

序号	设备	代号（缩写）	型号与规格	数量	位置	备注
1	受电弓	PG1, 2	DSA200D	2	车顶	
2	高压套管	HVB1, 2	M400 AR-3	2	车顶	
3	车顶避雷器	F1, 2	YH10WT-42/105D	2	车顶	

图 5.9 车顶设备

图 5.10 受电弓

图 5.11 车顶避雷器及高压电缆车顶高压套管

四、车下设备

主变压器悬挂在机车中部,如图 5.12 所示,以主变压器为中心对称布置了 2 台转向架,如图 5.13 所示。在转向架上配置有牵引电机等设备,如图 5.14 所示。另外在车下还配置了 AC 380 V 库用插座、DC 110 V 库用插座、行灯插座、机车电子标签、过分相装置感应器、机车信号感应线圈等设备,在 2、5 轴设有机车速度传感器,如图 5.15、图 5.16、图 5.17 所示。主要设备见表 5.8。

表 5.8 车下设备主要设备

序号	设备	代号(缩写)	型号与规格	数量	位置	备注
1	主变压器	TM1	JQFP-11620/25	1	车下	
2	牵引电机	M1~6	Mitrac TM 3800F	6	转向架	
3	接地装置	EB1~6	JTGJ-003	6	轮对轴头	
4	AC 380 V 库用插座	XS11,12	NM-3583,125A	2	车体左右中间下部	
5	DC 110 V 库用插座	XSC3	NM-836,63A	1	车体左侧中间下部	
6	行灯插座	XSC1,2	JL10-5ZSY	2	车体下部	

图 5.12 主变压器与库用插座

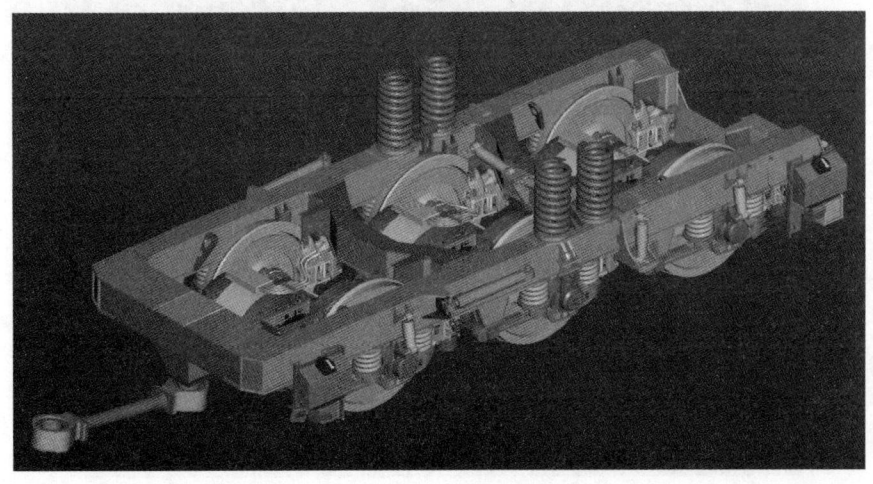

图 5.13 转向架

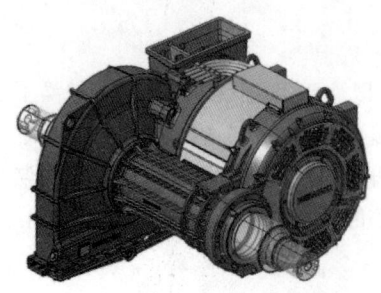

图 5.14　牵引电机

图 5.15　DC 110 V 库用插座与 AC 380 V 库用插座

图 5.16　接地装置与行灯插座

图 5.17　机车速度传感器

五、机车通风系统

HX$_D$3B 型电力机车的通风冷却系统主要由四部分组成。第一部分为牵引电动机通风冷却,用来对牵引电动机的强迫通风冷却;第二部分为冷却塔通风冷却,用来冷却主变压器油和主变流器水;第三部分为辅助设备通风冷却;第四部分为机械间通风,用来保证机械间工作时温度不过高,并形成正压和保证一些设备的通风。具体设备布置如图 5.18 所示。

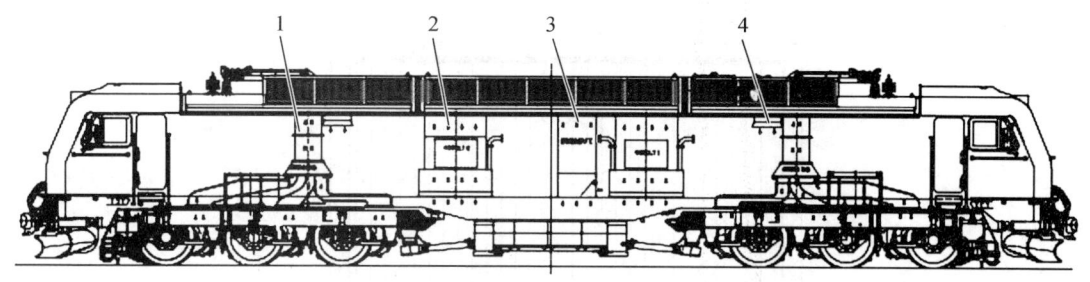

1—牵引电动机通风系统;2—冷却塔通风冷却系统;3—辅助设备通风冷却;
4—机械间通风系统。

图 5.18 通风系统总图

机车采用了车体顶层集中供风方式。在车体顶层由三个进气间组成,使得通过过滤器的进风量尽量均匀,牵引电动机通风、冷却塔通风、机械间通风的进风口均和车体顶盖进气间相联接。在车体顶层斜面对称布置了 22 个离心沉降过滤器,其后装有过滤网和钢板网,以避免煤粉等大颗粒尘埃进入,为机车电器设备的通风冷却和机械间提供洁净的空气。空气分布如图 5.19 所示。

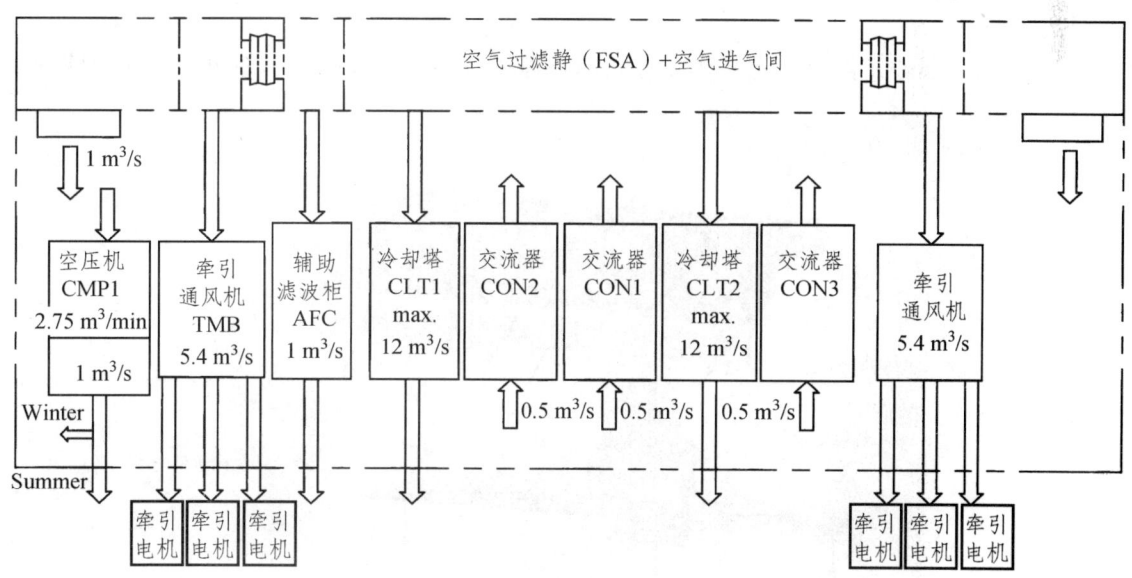

图 5.19 通风风量分布

车体顶盖布置了 22 个离心沉降过滤器,如图 5.20 所示,在过滤器后面装有过滤网(中间顶盖给冷却塔通风冷却的 9 个过滤网不需安装),组成二级过滤,第一级过滤元件为离心沉降过滤器,主要过滤掉较大的灰尘、树叶等杂物。第二级过滤网为棕纤维过滤网,可过滤掉较小颗粒的灰尘,该滤网使用一段时间后,表面积满了灰尘,造成阻力明显增大,这时需要更换。更换时,用钥匙将离心沉降过滤器的两边锁打开,打开离心沉降过滤器,就可看见过滤网,将过滤网取下,清洗后换上,然后关闭离心沉降过滤器,用锁锁紧。

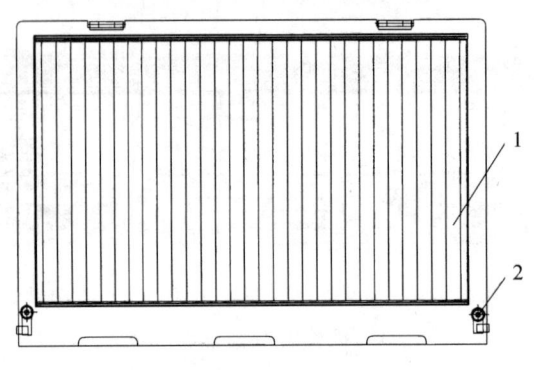

1—离心沉降过滤器;2—锁。

图 5.20 离心沉降过滤器

(一)牵引电动机通风冷却

牵引电动机通风由两台通风机来完成,每一台通风机用来冷却一个转向架上的三台牵引电动机,室外的空气经过过滤装置、进气间、通风机、风机底座,在风机底座分成三个通风道,分别通过软管和牵引电动机的入口相连接,冷却系统如图 5.21、图 5.22 所示。

1. 通风走向

车外大气→离心沉降过滤器→车顶进气间→通风机→风机底座→车体风道→连接软管→牵引电机→大气。

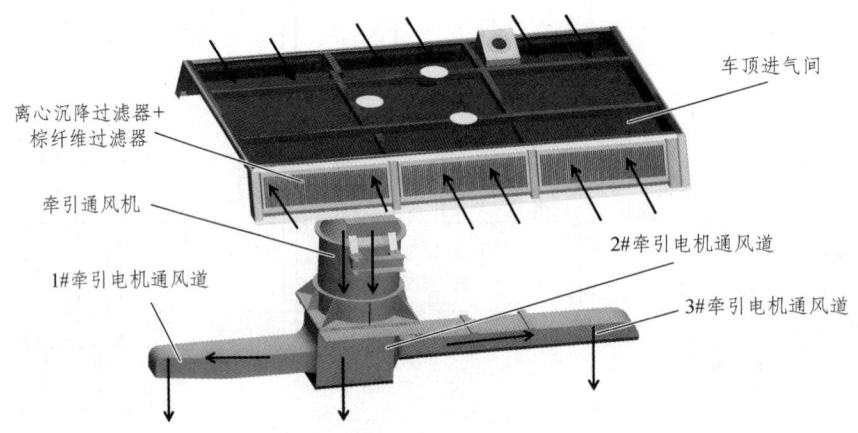

图 5.21 牵引电动机通风走向

图 5.22　牵引电机通风机组

2. 牵引电机通风机组主要技术参数（见表 5.9）

表 5.9　牵引电机通风机组主要技术参数

风机形式	斜流式
额定风量	5.5 m³/s
电动机功率	30 kW
全压	3 050 Pa

（二）冷却塔通风

冷却塔是用来冷却主变压器油和主变流器的纯水加乙醇混合液，每台车安装有两台，冷却塔对称布置在机车中心线两侧，其中冷却塔 1 冷却功率为 350 kW，用来冷却变压器和主变流器 1、3。冷却塔 2 冷却功率为 275 kW，用来冷却主变压器和主变流器 2。冷却系统如图 5.23、图 5.24 所示。

冷却塔主要由通风机组和散热器两部分组成，通风机位于冷却塔的上部，下部是由水散热器和油散热器两部分组成的复合式散热器（上部为水散热器，下部为油散热器），如图 5.25 所示。

1. 冷却塔通风走向

车外大气→离心沉降过滤器→车顶进气间→通风机→水散热器→油散热器→车体底架→大气。

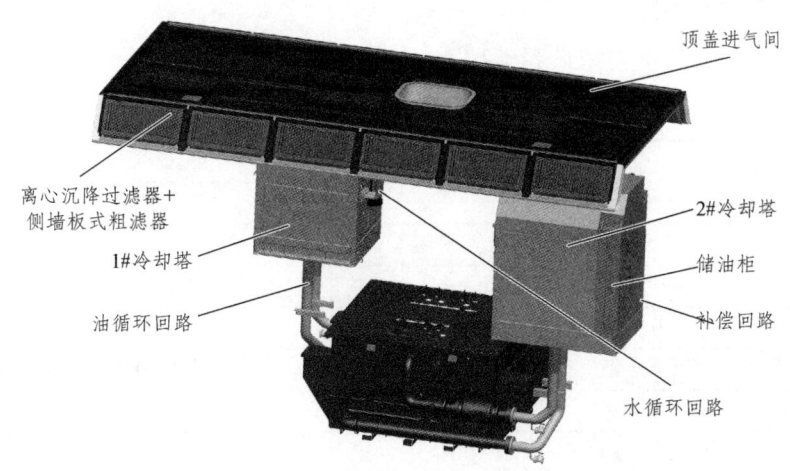

图 5.23　冷却塔通风走向

图 5.24 冷却塔

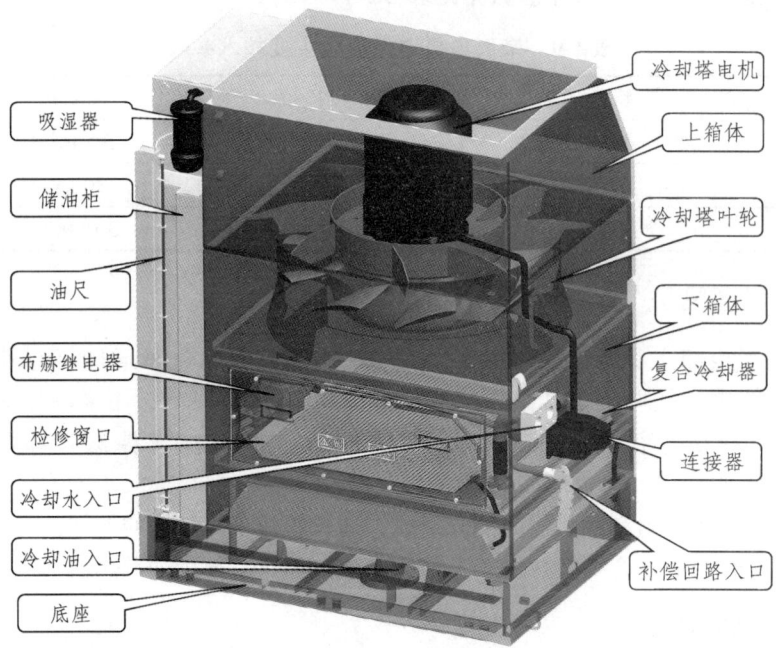

图 5.25 冷却塔结构

2. 冷却塔主要技术参数

（1）冷却塔 1 主要技术参数见表 5.10。

表 5.10 冷却塔 1 主要技术参数

① 主变压器油泵	
油流量	72 m³/h
② 主变压器油散热器	
散热量	200 kW
循环油量	72 m³/h
入口油温	90 ℃（max）
出口油温	<85 ℃
允许最大压损	<100 kPa
正常工作时的最大压力	160 kPa

续表

③ 牵引变流器水散热器	
散热功率	2×75 kW
循环水量（59℃）	2×18 m³/h
入口最大水温	63 ℃（max）
出口最大水温	<59 ℃
冷却空气入口温度	+40 ℃（max）
59℃时允许最大压损	35 kPa
−30℃时允许最大压损	<140 kPa
正常工作时的最大压力	140 kPa
允许最大冷却液流速	2 m/s
④ 通风机	
通风量	12.9 m³/s
电动机功率	29 kW

（2）冷却塔 2 主要技术参数（带储油柜）（见表 5.11）。

表 5.11 冷却塔 2 主要技术参数（带储油柜）

① 主变压器油散热器	
散热量	200 kW
循环油量	72 m³/h
入口油温	90℃（max）
出口油温	<85℃
允许最大压损	<100 kPa
正常工作时的最大压力	160 kPa
② 牵引变流器水散热器	
散热功率	75 kW
循环水量（59℃）	18 m³/h
入口最高水温	63℃（max）
出口最高水温	<59℃
冷却空气入口温度	+40℃（max）
59℃时允许最大压损	35 kPa
−30℃时允许最大压损	<140 kPa
正常工作时的最大压力	140 kPa
③ 通风机	
通风量	9.49 m³/s
电动机功率	19 kW
④ 储油柜	
容积	300 L
油温指示范围	−40～+100℃
⑤ 水散热器冷却液添加剂体积比	
水和乙二醇	47%/53%

（三）机械间风量分配

在机械间顶部布置了两个风扇，如图 5.26 所示，分别向机械间吹风，其主要作用首先是保证机械间正压；其次是向空气压缩机提供所需的清洁空气；第三是带走机械间电器设备所散发的热量。

风扇吹入机械间的风量 3 m³/s，通过车体底架排出约 1 m³/s。机械间内低压电源柜底部装有压力保障装置，压力保障装置如图 5.27 所示。当机械间压力大于 70 Pa 时，在压力作用下自动打开压力保障装置的翻转门，该翻转门出口连接车外，保证室内气体经箱体内腔及出口排出室外，降低机械间内压力。

图 5.26 机械间风机

图 5.27 压力保障装置

（四）辅助设备通风

辅助设备通风主要包括辅助滤波柜和辅助变流器的通风，用来冷却发热的电器元件。

1. 辅助滤波柜冷却空气走向

车外大气→离心沉降过滤器→车顶独立风道→辅助滤波柜→车体底架→大气。

2. 辅助变流器冷却空气走向

车外大气→离心沉降过滤器→机械间进风→主变流器柜内辅助变流器→排入机械间。

第三节 HX$_D$3B 型电力机车电机

一、HX$_D$3B 型电力机车电机

电力机车电机主要有牵引电机、辅助电机和其他电机三类（见表 5.12）。HX$_D$3B 型电力机车牵引电机使用的是 Mitrac TM3800 F 型三相交流异步牵引电动机，辅助电机有牵引通风机电机、冷却塔通风机电机、空气压缩机电机、主变压器油泵电机、机械间通风机电机、主变流器水泵电机和主变流器通风机电机，其他电机有刮雨器水泵、刮雨器、司机室风扇、冷藏箱、遮阳帘等电机。

表 5.12　HX$_D$3B 型电力机车电机主要设备

序号	设备	代号（缩写）	型号与规格	数量	位置	备注
1	牵引电机	M1～6	Mitrac TM3800 F	6	转向架	
2	牵引通风机电机	MA11.12		2	牵引通风机	
3	冷却塔通风机电机	MA13, 14		2	冷却塔	
4	空气压缩机电机	MA15, 16	SL20-5-102	2	空气压缩机	
5	主变压器油泵电机	MA17, 18	B2/148/100	2	主变压器	
6	机械间通风机电机	MA19, 20		2	机械间通风机	
7	主变流器水泵电机	MA21～23		3	变流柜	
8	主变流器通风机电机	MA24～26		3	变流柜	
9	刮雨器水泵	MD41, 42, 61, 62		4	机车前后端面	
10	刮雨器	MD43, 44, 63, 64		4	机车前后端面	
11	司机室风扇	MD47～50		4	司机室	
12	冷藏箱	MD51		1	司机室	
13	遮阳帘	MD53～56	ZYLQ-DBC-8	4	司机室	

二、牵引电机

　　Mitrac TM3800 F 型三相交流异步牵引电动机是 1 个 4 极三相鼠笼式单轴承异步电动机，冷却方式采用强迫风冷，悬挂方式采用半悬挂、单级斜齿轮传动。其为逆变器供电特别设计的电机，可降低逆变器造成的脉动转矩、损耗和噪声等级。该电机由 Bombardier 公司开发生产，产品符合 ICE 60349-2 标准。Mitrac TM3800 F 型牵引电机结构简单，维护方便，同时能满足机车的牵引运行要求，该电机已批量用于 HX$_D$3B 型机车，运行安全可靠，其外形如图 5.28 所示。

图 5.28　Mitrac TM3800 F 型三相交流异步牵引电动机

1. 牵引电机的特点

牵引模式，牵引电机将电能转换为机械能；制动模式，将机械能转换为电能。当电机由三相电源供电时，定子绕组将产生旋转的正弦分布的磁动势，作用在气隙上的磁动势产生旋转磁场，基波磁场以同步速度旋转。该同步转速是电源频率在特定电机极对数下形成的。旋转磁场在转子导条中产生于同步转速和转子转速的差值成比例变化的电压，该电压将在转子回路产生电流，转子电流和定子磁场在转子上产生机械转矩。电源电压和频率控制电机转矩，电源频率和转差率控制电机转速。

Mitrac TM3800 F 型三相交流异步牵引电动机主要技术参数见表 5.13。

表 5.13　Mitrac TM3800 F 型三相交流异步牵引电动机主要技术参数

持续功率	1 632 kW
额定电压	2 183 V
额定电流	498 A
额定效率	95%
绝缘等级	200
额定转速	1 494 r/min
最高转速	3 198 r/min
电机质量	2 150 kg
齿轮箱质量（包括齿轮和抱轴箱）	1 420 kg
冷却风量	1.8 m^3/s
冷却方式	强迫风冷

牵引电机采用半悬挂方式，通过抱轴箱与轮对相连。机车在牵引运行状态时，牵引电机将电能转换为机械能，通过轮对驱动机车运行。当机车在再生制动工况时，牵引电机将机械能转换为电能，产生列车制动力，此时电机处于发电状态。牵引电机的工作条件非常恶劣，与其他电机相比较，负载变化大，冲击和振动严重，恶劣的风沙、雨雪气候、酸碱性气体影响侵蚀严重。

对逆变器供电的牵引电机来说，在器件关断时，尖峰脉冲对电机会产生极为不利的影响；此外，当电机在额定转速以上运行时，电源为矩形波，流经电机的电流含有大量谐波，从而使电机的效率降低，所产生的谐波转矩使电机转速波动；同时，还因共模电压产生轴电流。为此 Mitrac TM3800 F 型牵引电机针对这些特殊因素，采用了不同的改进措施。

电机设计还采用了无机座化定子铁心、转子整体感应焊接、进口绝缘轴承等技术，如图 5.29 所示。通常，为防止尖峰脉冲对电机绝缘的损坏，采用了耐电晕绝缘材料，这是为防止绝缘失效所采取的一项有效措施，为了防止轴电流对轴承的电蚀，采用良绝缘轴承。

电机为强迫风冷，空气通过柔性风道从通风机传输至进气口，进气口同齿轮箱是一起的，在那里径向气流转换为通过电机的轴向气流。电机内部冷却空气流经定子绕组、定子叠片、转子叠片、转子绕组及轴承等产生损耗的零件。出风口位于电机的非传动端一侧，轴向排布。为了保护定子线圈，避免产生热过载，并考虑到功能上的控制，为电动机配备如下传感器：

 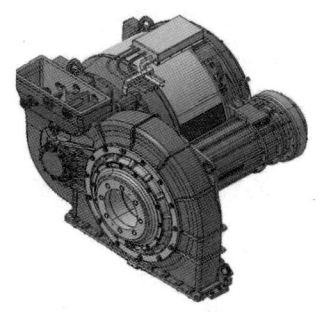

图 5.29 Mitrac TM3800 F 型三相交流异步牵引电动机 3D 图

① PT100 传感器,用于探测定子的温度,保证电机的安全运行,其位于定子的非传动端侧面的外壳部分。

② 速度传感器,其安装在非传动端侧面的电动机端护罩上。用于产生与转速对应的脉冲序列信号的测速齿盘安装在转子轴端。牵引电机的转速测量及转向确定由速度传感器来完成。电机电缆与定子绕组间的连接采用铜焊。电机带有 3 根最长为 3 m 的功率电缆和接地电缆,电缆的端部不带连接器,镀锡长度为 40 mm。

2. 牵引电机的结构

(1) 定子。

定子采用全叠片形式,由两个坚固的铸钢压板将叠片压接在一起。压板通过钢套焊接在一起,构成结构紧凑、有足够的扭转强度的机体。叠片由高导磁率硅钢片组成,该无取向的硅钢片双面均涂有专门开发的极厚半有机绝缘涂层,具有很高的表面电阻,可有效降低铁心的涡流损耗。定子总成的非驱动端装有端盖,端盖材料系具有高强度和高韧性的球墨铸铁。端盖内装有轴承。轴承采用等离子喷涂陶瓷层的绝缘轴承,可以有效阻断可能通过轴承的轴电流,保证轴承的使用寿命。定子的驱动端直接与齿轮箱配合。牵引电动机的结构如图 5.30 所示。

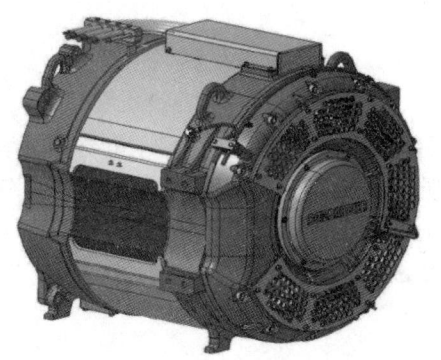 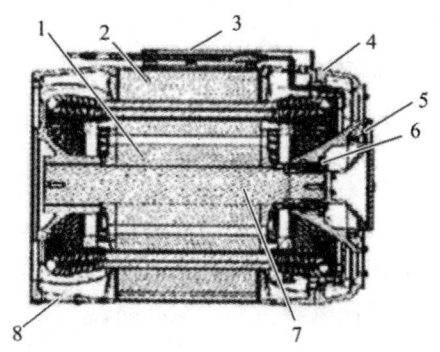

1—转子;2—定子;3—端盖;4—非传动端端盖;5—速度传感器;6—滚动轴承;
7—转轴;8—传动端安装盖。

图 5.30 Mitrac TM3800 F 型电机结构

定子采用开口式槽形,槽内垫有双面带保护层的 Dupot 高绝缘强度的槽绝缘膜,绕组为 UN 双层绕组。定子绕组由绕制成型的线圈组成,线圈由包有 Kapton 耐电晕薄膜的矩形截面铜导线绕制而成,线圈成型后,其外侧再包扎多层粉母带,线圈在定子的 A 端连接成 Y 型三相绕组，并通过三相引出线引至外侧接线端。所有连接部分使用铜焊，并做同样的绝缘处理。两端定子槽口做封胶处理。定子绕组采用真空加绝缘漆处理（VPI 处理），使用了有机硅脂。整个定子绝缘体系符合交流电机最高耐温等级，即 C200 级要求。

（2）转子。

转子为短路鼠笼式结构，由短路笼导条和 2 个短路环（铜材质）组成，采用中频感应钎焊。短路环的外侧包有收缩环，其很高的机械强度保证了转子在离心负载下的工作可靠性。叠片由两个压环连接在一起，热套在电机轴上。转子导条经过特殊设计以减小由于电流谐波引起的损耗、振动和扭矩波动。电机的转轴用优质合金钢锻造，全长 686.5 mm。

（3）其他。

电机和齿轮箱为一体式结构，在传动端没有轴承盖。非传动端端盖由球墨铸铁材料构成。端盖的形状尺寸小、刚度大。电机的非传动端有 1 个 NU 型绝缘轴承。在非传动端端盖处设有注油口，允许补加润滑脂。轴承密封通过不接触的迷宫式油封密封完成。在传动端，电机带有薄板式联轴节。

第四节　HX$_D$3B 型电力机车高压电器

一、受电弓

HX$_D$3B 型电力机车采用 DSA200D 型单臂受电弓，在机车一、二端车顶盖上各安装一台。该型号受电弓采用气囊驱动方式升弓，主要用于干线电力机车，配备有阻尼器和 ADD 自动降弓装置。

DSA200D 受电弓请参看"第二章 HX$_D$3D 型电力机车电气设备→第三节 HX$_D$3D 型电力机车高压电器→一、受电弓"。

二、主断路器

HX$_D$3B 型电力机车采用 22CBDP1 型真空主断路器，在机车机械间高压电器柜安装一台。该型号主断路器是以真空作为绝缘介质和灭弧介质，主要用于整车与接触网之间电气连通与分断，也是机车上最重要的保护设备。

22CBDP1 型真空主断路器请参看"第二章 HX$_D$3D 型电力机车电气设备→第三节 HX$_D$3D 型电力机车高压电器→二、主断路器"。

三、主变压器

1. 主变压器概况

JQFP-11620/25 型主变压器悬挂安装于机车车底的中间，原边电压通过高压电缆由受电弓经高压电器柜连接到主变压器。主变压器采用油冷，具有温度、油流、压力、布赫继电器等保护功能。主变压器如图 5.31、图 5.32 所示。

主变压器采用下悬式安装方式的一体化六绕组（全退耦）变压器，内装 1 台牵引变压器和

3台谐振电抗器,变压器的冷却采用强迫导向油循环风冷方式。为缩小变压器体积和节省车内空间,变压器的储油柜集成在车内一个冷却塔里。变压器约13.8 t,其中变压器油约2.3 t。

JQFP-11600/25型电力机车主变压器主要技术参数见表5.14。

表5.14 主变压器的主要技术参数

	高压绕组	牵引绕组	谐振电抗器
额定容量/(kV·A)或电感值/mH	11 622	1 937×6	0.55
额定电压/V	25 000	1 500	
额定电流/A	464.9	1 291.3×6	1 040
质量/kg	13 800		

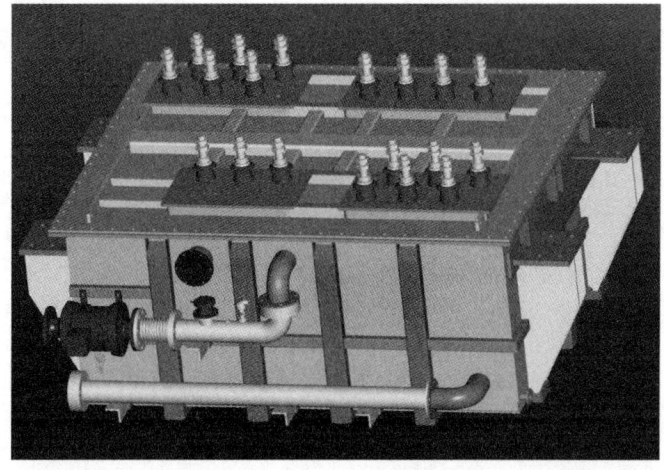

图5.31 11620/25型主变压器

图5.32 11620/25型主变压器

2. 主变压器结构

JQFP-11600/25型电力机车主变压器采用下悬式安装方式的一体化多绕组(全退耦)变压器,内装一台牵引变压器芯体和三台谐振电抗器,如图5.33、图5.34、图5.35所示,冷却方式为强迫导向油循环风冷,如图 5.36 所示。

变压器采用心式卧放结构,A 级绝缘,采用层式绕组结构。

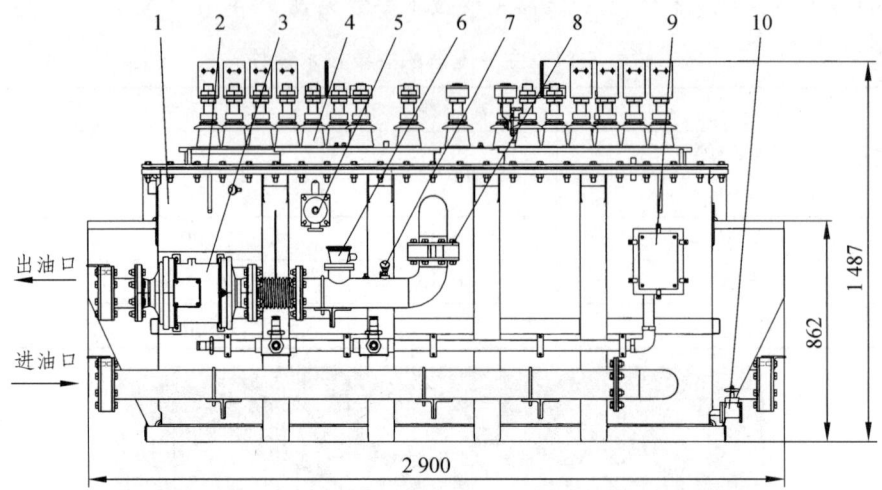

1—油箱;2—箱盖;3—油泵;4—低压套管;5—压力释放阀;6—油流继电器;
7—温度传感器;8—蝶阀;9—端子箱;10—放油阀

图 5.33　JQFP-11620/25 型主变压器外形

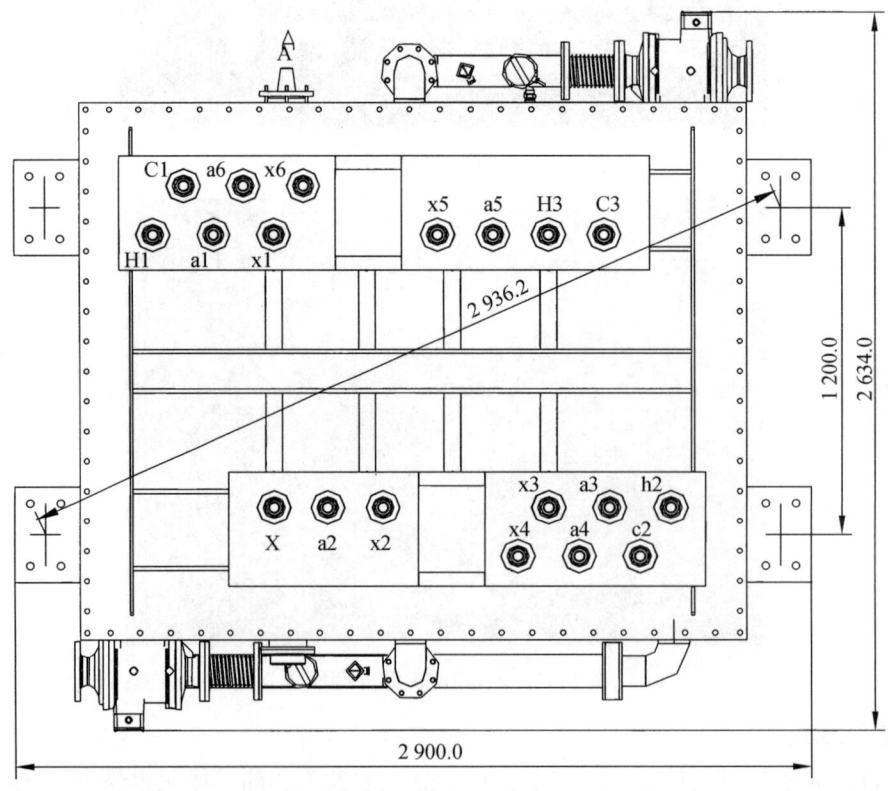

图 5.34　JQFP-11620/25 型主变压器箱盖布置

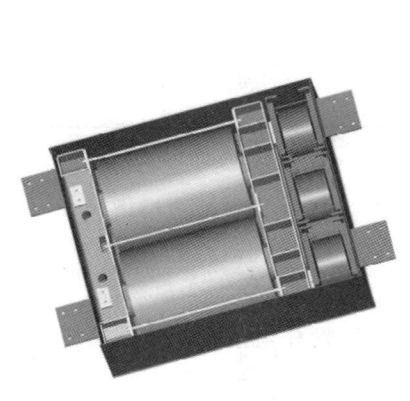

图 5.35　JQFP-11620/25 型
主变压器内部布置

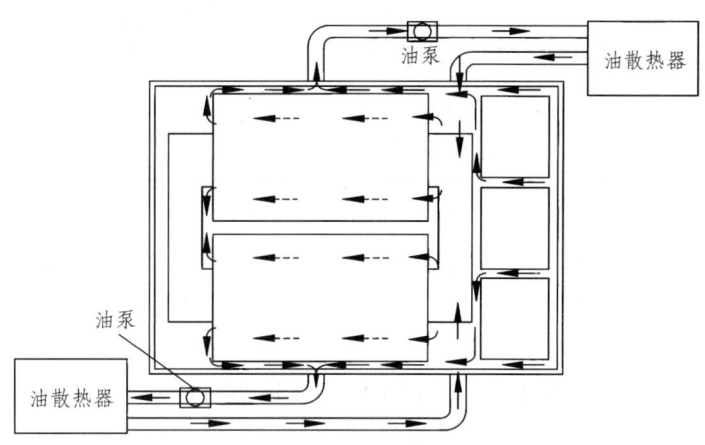

图 5.36　JQFP-11620/25 型主变压器强迫导向油循环

3. 主变压器工作原理

主变压器设有 6 组牵引绕组，分别经过三组变流柜，实现对机车牵引系统、辅助系统及控制系统的供电，原理如图 5.37 所示。另外，变压器内还设有三组滤波电抗器，分别与变流柜内的谐振电容串联构成 3 组谐振电路，并联于变流柜的中间直流回路，吸收网侧单相电压引起的功率脉动，并与中间直流回路的电容一起实现从网侧变流器到电机变流器的解耦。主变压器内设有 3 个 PT100 温度传感器、压力释放阀、油流继电器等，完成对变压器的温度、过压等保护。

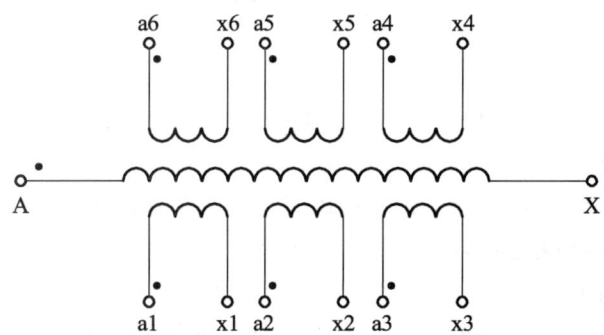

图 5.37　JQFP-11620/25 型主变压器接线原理图

JQFP-11620/25 型主变压器技术参数见表 5.15、表 5.16。

表 5.15　牵引变压器技术参数表

参　数	高压绕组	牵引绕组
额定容量/(kV·A)	11 622	1 937×6
额定电压/V	25 000	1 500
额定电流/A	464.9	1 291.3
额定频率/Hz	50	
短路阻抗/%	48	

表 5.16　电抗器技术参数表

电感值/mH	0.55
额定电流/A	1 040
额定频率/Hz	100

4. 主变压器工作保护

主变压器应具有温度、油流、压力、瓦斯等保护，安装有温度传感器、油流继电器、压力释放阀、瓦斯继电器（安装在冷却塔上）等设备。

（1）温度保护。

主变压器设置 3 个 PT100 温度传感器，分别安装在 2 个出油管和箱盖上，分别检测 2 个油循环支路出口和顶层油温。

油温介于 90～100℃之间时，机车最大功率将降为额定功率的 70%。

当油温超过 90℃时，DCU（变流器控制单元）将控制牵引变流器线性降低功率，并在操作台的微机显示屏上显示诊断信息。

当油温超过 100℃时，牵引变流器停止输出功率，并在操作台的微机显示屏上显示诊断信息。冷却系统仍正常运转。当温度低于 88℃，牵引变流器恢复额定功率运行。

当油温超过 105℃时，机车将断开主断路器。

（2）油流保护。

主变压器的 2 个油泵前端各设有一个油流继电器，用于检测油循环。如果一个油流继电器检测报无油流循环，牵引功率将下降 40%，冷却塔通风量达到最大，同时在操作台的微机显示屏上显示诊断信息。如果两个油流继电器检测报无油流循环，机车牵引功率封锁，在操作台的微机显示屏上显示诊断信息。

（3）压力保护。

油箱侧壁装有 1 个压力释放阀。如果变压器内部故障使油箱内部压力大于 70 kPa，通过压力释放阀释放压力实现压力保护。

油箱侧壁装有 1 个压力释放阀，当油箱内部压力大于 70 kPa 时，机车分断主断路器。

需要注意，只有在排除故障后，才能重新闭合主断路器。

（4）布赫继电器保护。

主变器与储油柜间装有 1 个布赫继电器，布赫继电器报警分为两级。当气体体积达到 200～300 mL 时，一级保护动作，在操作台的微机显示屏上显示诊断信息。

当气体流速达到 1 m/s 时，二级保护动作，机车分断主断路器。

需要注意，只有在排除故障后，才能重新闭合主断路器。

四、电压互感器

高压电压互感器 TV1 安装在高压电器柜高压室中，在电路中高压电压互感器并联于高压隔离开关和主断路器之间（见图 5.38）。

（1）作用：向模拟监测保护装置 AMP、变流器控制单元 DCU 和电度表 PWH 提供网压信号。

（2）变比：25 kV/200 V。

（3）输出：三组次边输出。

① 分别直接送到变流器控制单元 DCU1～DCU3，作为网侧变流器的同步控制信号。

② 其中两组次边信号并行输出至变比为 200 V/4 V 的同步变压器（TV2、TV3），向模拟监测保护装置 AMP1 和 AMP2 提供原边网压信号，AMP 和 DCU 再通过 MVB 网络向机车微机控制系统 VCU 提供原边网压信息，然后由 VCU 通过 MVB 网络再向微机显示屏和操纵台网压表提供原边网压信息。

另一组次边信号并行输出至电度表，为电度表的计量提供网压输入。

图 5.38　高压电压互感器

五、电流传感器

电流传感器安装于高压电器柜中，其中电流传感器 TA1、TA2 分别向模拟监测保护装置 AMP1、AMP2 和变流器控制单元 DCU1、DCU2 提供网侧电流信号，如图 5.39 所示，电流传感器 TA3 向 DCU3 和电度表 PWH 提供网侧电流信号，如图 5.40 所示，完成对网侧电流的监测、保护及机车电能的计量。

 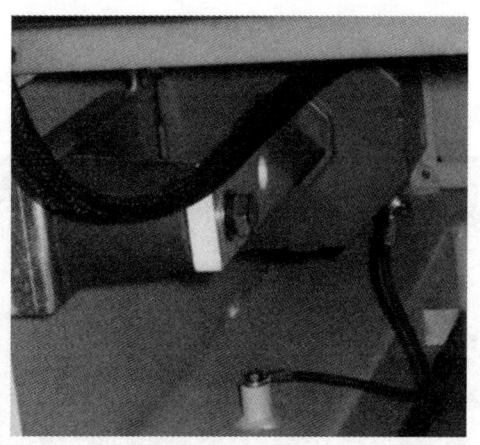

图 5.39　电流传感器 TA1、TA2　　　　图 5.40　电流传感器 TA3

六、模拟监测保护装置

模拟监测保护装置 AMP1 和 AMP2（代号 AE33、AE34）安装在高压电器柜控制室中，如图 5.41 所示，是专门用于网侧电压和网侧电流监测和保护的专用控制装置。当网侧电压偏离允许值或网侧电流的有效值或浪涌值在一定时间内超过保护极限值时，AMP 串联在主断路器线圈中的触点将被打开，直接以硬线方式实现快速跳主断，同时 MVB 网络将此信息通知机车微机控制系统 VCU，完成在微机显示屏上的故障信息显示。机车控制系统 VCU 通过控制 AMP，实现对机车主断路器的开闭控制。

图 5.41　模拟监测保护装置 AMP

第五节　HX$_D$3B 型电力机车电气屏柜

HX$_D$3B 型电力机车在机械间内布置有高压电器柜、低压电源柜、变流柜、微机柜、行车安全柜、控制电器柜、辅助滤波柜、空气管路柜等电气屏柜，如图 5.42 所示。

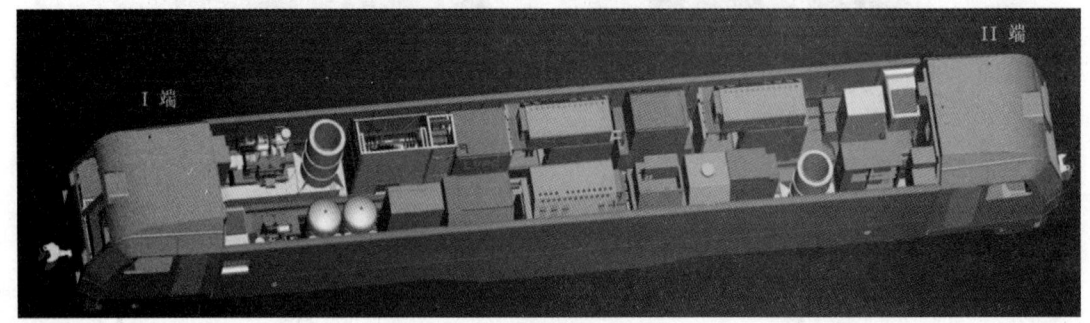

图 5.42　机械间电气屏柜

一、高压电器柜

HX$_D$3B 型电力机车的高压电器柜布置在机械间内,用来安装高压部件及其检测部件,如图 5.43、图 5.44 所示。主要设备见表 5.17。高压电器柜分为高压室和控制室,其中高压室将真空主断路器、高压接地开关、高压隔离开关、避雷器、高压电压互感器、高压电流传感器等高压电器集成在内,如图 5.45、图 5.46 所示,从而极大地降低雾、雪、粉尘等条件下的高压设备的故障率,提高了机车的可靠性;控制室中主要安装有模拟量监测保护装置 AMP、MIO、电度表、网压断路器等部件,如图 5.47 所示。

表 5.17 高压电器柜主要设备

序号	设备	代号(缩写)	型号与规格	数量	位置	备注
1	高压隔离开关	QS1,2	BT25.04(L)/(R)	2	高压电器柜高压室	
2	真空断路器	QF1(MCB)	22CBDP1	1	高压电器柜高压室	
3	高压接地开关	QS3	BTE25.04C	1	高压电器柜高压室	
4	车内避雷器	F3	YH10WT-43	1	高压电器柜高压室	
5	高压电压互感器	TV1	JDZX18-25	1	高压电器柜高压室	
6	高压电流互感器	TA1,2	LF2005-S/SP30	2	高压电器柜高压室	
7	模拟量监测保护模块	AE33,34(AMP)	UA C253 A01	2	高压电器柜控制室	
8	电压互感器	TV2,3	JDZ1-1	1	高压电器柜控制室	
9	原边电流传感器	TA3	LT 1005-S/SP19	1	高压电器柜控制室	
10	电度表	PJ1	DDJB1	1	高压电器柜柜门	
11	网压断路器	QA1~3	5SJ41018 CC20	3	高压电器柜柜门	
12	高压柜开关量输入输出模块	17,18M	DCX2220A	2	高压电器柜控制室	

图 5.43 高压电器柜(正面)

图 5.44　高压电器柜（背面）

图 5.45　真空主断、高压电压互感器与车内避雷器（高压电器柜高压室内）

图 5.46　接地开关手柄（高压电器柜高压室柜门下）

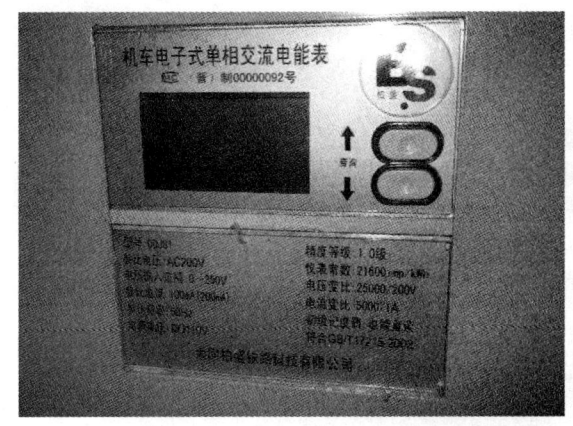

图 5.47　电度表与网压断路器（高压电器柜控制室柜门）

二、低压电源柜

低压电源柜设置在机械间内，用来为机车提供 DC 110 V 控制电源，柜中集成有 DC 110 V 电源模块和蓄电池组，如图 5.48 所示。主要设备见表 5.18。

表 5.18　低压电源柜主要设备及其代表

序号	设备	代号（缩写）	型号与规格	数量	位置	备注
1	DC 110 V 电源模块	UR1, 2		2	低压电源柜	
2	蓄电池组	GB41	M-170	1 组	低压电源柜	
3	电流传感器	TA4, 5	HTA100-S	2	低压电源柜	
4	蓄电池自动开关	QA80	5SP4263（双极），63A	1	低压电源柜柜门	
5	DC 110 V 负极自动开关	QA81	5SJ51637 CC20, 63A	1	低压电源柜柜门	
6	应急照明用自动开关	QA82	5SJ52107CC20	1	低压电源柜柜门	
7	散热风扇用自动开关	QA83	5SJ4 5027 CC20, 2A	1	低压电源柜柜门	
8	电源单元选择开关	SW1	4A232-2/F 特	1	低压电源柜柜门	
9	电源柜模拟量输入输出模块	31A	DCA 200OA	1	低压电源柜	

DC 110 V 电源模块与蓄电池组并联共同输出，并采用两种模式对机车直流负载进行供电：

（1）直接供电模式：对于机车的头灯、司机室灯、走廊灯、阅读灯、ATP 行车安全系统及不通过微机系统控制的负载回路，采用自动开关直接驱动负载，即直接供电模式。

（2）间接供电模式：对于机车的其他各类控制系统如高压柜、变流柜、AFC 滤波柜、微机柜、制动系统、司机室、辅助配电柜等，均采用间接供电模式，即通过接触器 KM1 的开闭，来实现对机车控制系统的供电。

在低压电源柜的面板上设有显示器如图 5.49 所示，可显示模块输出电流、蓄电池充电电流及电源的输出电压。在面板上还设有充电模块选择开关 SW1，共有五挡："单元1""OFF""AUTO""OFF"和"单元2"，其中"AUTO"挡表示由微机自动控制，每次闭合司机电钥匙后，微机系统自动选择累计工作时间少的那个单元工作，如果其中一组电源出现故障，可自动切换；"单元1"表示一直电源1工作，"单元2"，表示一直电源2工作，在这两种模式下,如果电源出现故障,不能自动切换,只有人为切换至另一组电源。机车正常运行时,开关打至"AUTO"挡。

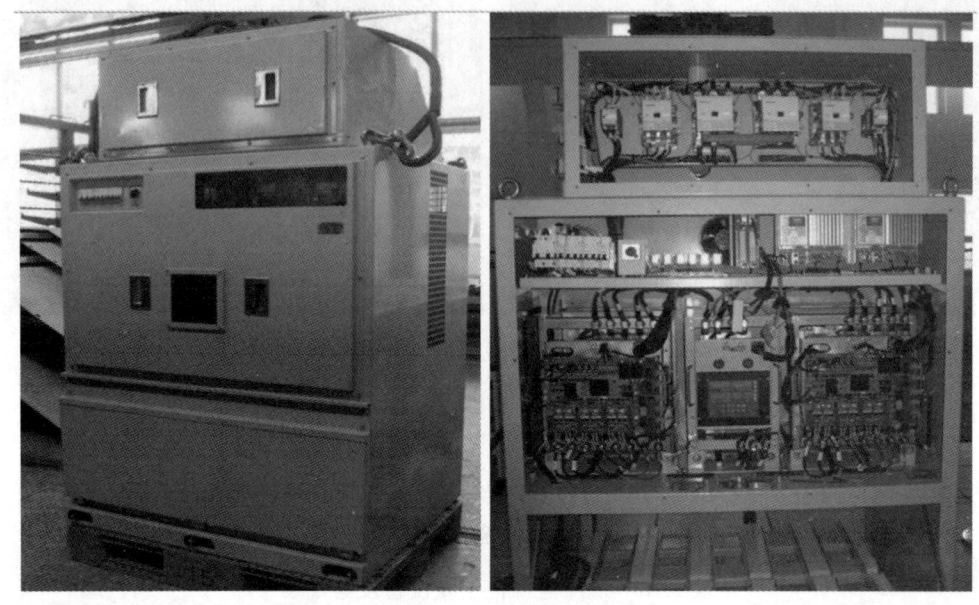

图 5.48 低压电源柜

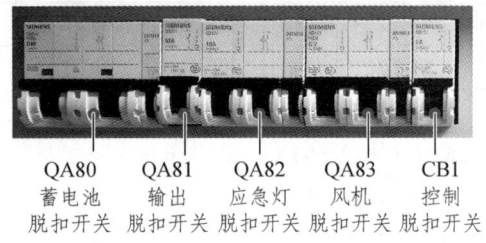  

图 5.49 低压电源柜柜门开关与状态显示器

三、变流柜

变流柜如图 5.50、图 5.51 所示,柜中安装有一组牵引变流器,是用来调整电网、异步牵引电动机及辅助负载的能量传输。变流柜内设备如图 5.52、图 5.53 所示。主要设备见表 5.19。每组牵引变流器可产生两组三相变压变频电源来驱动机车的两个异步牵引电动机,其中牵引变流器 1、2 各自产生一组三相变压变频电源,牵引变流器 3 产生一组定压定频电源向机车辅助系统供电。

机车由 3 组牵引变流器组成,每个牵引变流器由两个网侧变流器、两个电机变流器和一个辅助变流器组成,它们共用一套中间直流电路。每个牵引变流器内的两个电机变流器分别向 2 台牵引电机供电,电机可以是同一转向架的,也可以是不同转向架的。辅助变流器的电源取自牵引变流器的中间直流电路,其输出经后续的辅助隔离变压器、滤波环节等向机车辅机供电。

表 5.19　交流柜主要设备

序号	设备	代号（缩写）	型号与规格	数量	位置	备注
1	变流器模块（网侧、辅助）	A101	CM-M 2800 W37-5	3	变流柜	
2	变流器模块（网侧）	A102	CM-M 2800 W38-5	3	变流柜	
3	变流器模块（电机）	A103	CM-M 2800 W14-5	3	变流柜	
4	网侧变流器控制单元	A605-A1	DCU2/L	3	变流柜	
5	牵引变流器 1 控制单元	A605-A2	DCU2/M1	3	变流柜	
6	辅助变流器控制单元	A607-A1	DCU2/A	3	变流柜	
7	牵引变流器 2 控制单元	A607-A2	DCU2/M2	3	变流柜	
8	变流器接地开关	Q351		3	变流柜	
9	支撑电容	C301.1～3		9	变流柜	
10	谐振电容	C321.1～3、C323		12	变流柜	
11	预充电电阻	R200		3	变流柜	
12	预充电接触器	K220		3	变流柜	
13	隔离接触器	K200		3	变流柜	
14	中间直流环节电压传感器	U331、U332	CV4/ 4000 SP1	6	变流柜	
15	接地故障检测电压传感器	U340	CV4/ 4000 SP1	3	变流柜	
16	冷却水泵	M724	EtasecoG32-125.1	3	变流柜	
17	通风机	M734	Radial ventilator	3	变流柜	

图 5.50　变流柜

图 5.51 变流柜（去盖板）

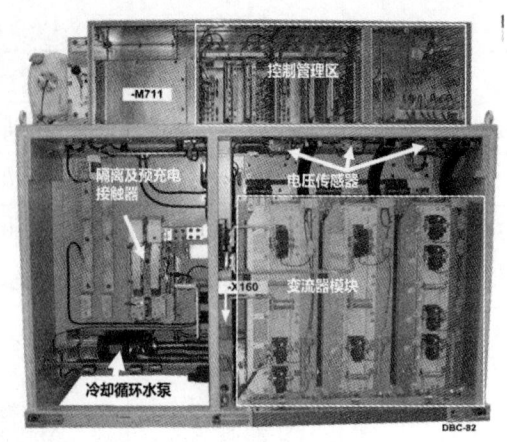
图 5.52 变流柜（去盖板）

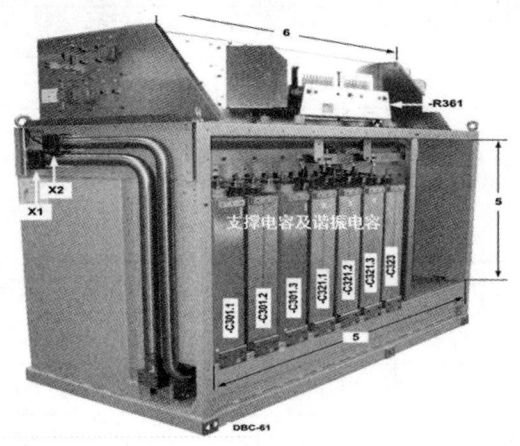
图 5.53 变流柜（背面）

四、微机柜

微机柜又名 TCMS 柜，如图 5.54 所示，其中布置机车网络控制系统的各种设备，如图 5.55 所示，用来实现列车控制级、机车控制级和驱动控制级的功能。在微机柜的左侧设置有高压联锁装置，如图 5.56 所示。微机柜设备见表 5.20。

表 5.20 微机柜设备

序号	设备	代号（缩写）	型号与规格	数量	位置	备注
1	机车控制单元	VCU1,2		2	微机柜	
2	TCN 网关	GW1,2		2	微机柜	
3	星型适配器	SC1~5	UF_C037_A01	5	微机柜	
4	以太网交换机	CS1,2		2	微机柜	
5	移动通信网关	MCG	DCY 1420A	1	微机柜	
6	微机柜开关量输入输出模块	21,22M	DCX 2200A	2	微机柜	
7	微机柜模拟量输入输出模块	33,34A	DCA 2000A	2	微机柜	

图 5.54 微机柜

图 5.55 微机柜

模拟量输入输出 AD/DA（33 A，34 A）
星型适配器 SC1-SC5
数字量输入输出 DI/DO（21 M，22 M）
机车控制单元 VCU1.2（AE31.32）
以太网交换机 CS1，CS2
TCN网关 GW1.2（AE35.36）

图 5.56 微机柜高压联锁钥匙盘

五、控制电器柜

控制电器柜又名辅助配电柜,如图 5.57 所示,用来安装控制各类辅机的三相接触器、三相自动开关、控制各路直流负载的单极自动开关、全自动过分相控制装置、用于分布式网络控制的输入输出(I/O)模块及提供单相辅助电源等部件。控制电器柜门自动开关如图 5.58、图 5.59、图 5.60、图 5.61 所示,柜内电气设备如图 5.62、图 5.63 所示。控制电器柜设备见表 5.21。

表 5.21 控制电器柜设备

序号	设 备	代号(缩写)	型号与规格	数量	位 置	备注
1	直接供电用自动开关	QA41	5SJ51107 CC20, 10A	1	左柜门第 1 排	
2	辅助设备用自动开关	QA42	5SJ51167 CC20, 16A	1	左柜门第 1 排	
3	机械间照明用自动开关	QA43	5SJ51107 CC20, 10A		左柜门第 1 排	
4	司机室照明用自动开关	QA44	5SJ51107 CC20, 10A		左柜门第 1 排	
5	前照灯用自动开关	QA45	5SJ51107 CC20, 10A		左柜门第 1 排	
6	标志灯用自动开关	QA46	5SJ51107 CC20, 10A		左柜门第 1 排	
7	电台系统用自动开关	QA61		1	左柜门第 1 排	
8	备用 1 用自动开关	QA48	5SJ51107 CC20, 10A		左柜门第 1 排	
9	备用 2 用自动开关	QA75		1	左柜门第 1 排	
10	微机控制 1 用自动开关	QA51	5SJ51107 CC20, 10A		右柜门第 1 排	
11	辅助配电柜 1 用自动开关	QA52	5SJ51167 CC20, 16A		右柜门第 1 排	
12	主变流器 1 用自动开关	QA53	5SJ51107 CC20, 10A		右柜门第 1 排	
13	高压柜 1 用自动开关	QA54	5SJ51167 CC20, 16A		右柜门第 1 排	
14	微机控制 3 用自动开关	QA55	5SJ51107 CC20, 10A		右柜门第 1 排	
15	主变流器 3 用自动开关	QA56	5SJ51107 CC20, 10A		右柜门第 1 排	
16	滤波柜 1 用自动开关	QA57	5SJ51107 CC20, 10A	1	右柜门第 1 排	
17	制动柜 1 用自动开关	QA58		1	右柜门第 1 排	
18	司机室 1 用自动开关	QA59		1	右柜门第 1 排	

续表

序号	设备	代号（缩写）	型号与规格	数量	位置	备注
19	电源柜1用自动开关	QA60		1	右柜门第1排	
20	信号系统用自动开关	QA62		1	右柜门第1排	
21	司机室加热1用自动开关	QA32	5SJ4 1407 CC20, 40A	1	左柜门第2排	
22	司机室加热2用自动开关	QA33	5SJ4 1407 CC20, 40A	1	左柜门第2排	
23	微波炉用自动开关	QA34	5SJ4 1257 CC20, 25A	1	左柜门第2排	
24	电热玻璃用自动开关	QA35	5SJ4 1167 CC20, 16A	1	左柜门第2排	
25	空气压缩机预热用自动开关	QA36	5SJ4 1167 CC20, 16A	1	左柜门第2排	
26	撒砂加热用自动开关	QA40	5SJ4 1107 CC20, 10A	1	左柜门第2排	
27	微机控制2用自动开关	QA63	5SJ51107 CC20, 10A	1	右柜门第2排	
28	辅助配电柜2用自动开关	QA64	5SJ51167 CC20, 16A	1	右柜门第2排	
29	主变流器2用自动开关	QA65	5SJ51107 CC20, 10A	1	右柜门第2排	
30	高压柜2用自动开关	QA66	5SJ51167 CC20, 16A	1	右柜门第2排	
31	滤波柜2用自动开关	QA67	5SJ51107 CC20, 10A	1	右柜门第2排	
32	制动柜2用自动开关	QA68		1	右柜门第2排	
33	司机室2用自动开关	QA69		1	右柜门第2排	
34	电源柜2用自动开关	QA70		1	右柜门第2排	
35	监控系统用自动开关	QA72		1	右柜门第2排	
36	备用3用自动开关	QA76	5SJ51107 CC20, 10A	1	右柜门第2排	
37	自动过分相装置	AE5	GFX-3S	1	柜内第1排	
38	配电柜开关量输入输出模块	27, 28M	DCX 2200A	2	柜内第2排	
39	冷却塔通风机用自动开关	QA13, 14	3VL2710-1AB33, 100A	2	柜内第3排	
40	牵引通风机用自动开关	QA11, 12	3VL2710-1AB33, 100A	2	柜内第3排	
41	空气压缩机用自动开关	QA15, 16	3VL2710-1AB33, 100A	2	柜内第3排	
42	辅助加热用自动开关	QA28	3VL2710-1DC33, 100A	1	柜内第3排	
43	蓄电池充电器用自动开关	QA29	3RV1031-4EA10, 32A	1	柜内第4排	
44	主变压器油泵用自动开关	QA17, 18	3RV1031-4BA10, 20A	2	柜内第4排	
45	机械间通风机用自动开关	QA19, 20	3RV1021-1GA10, 6.3A	2	柜内第4排	
46	主变流器水泵用自动开关	QA21~23	3RV1021-1GA10, 6.3A	3	柜内第4排	
47	主变流器通风机用自动开关	QA24~26	3RV1021-1CA10, 2.5A	3	柜内第4排	
48	控制电器用接触器	KM1	S195SE/3-110V, 250A	1	柜内第5排	
49	主变压器油泵用接触器	KM17, 18	TAL26-30-10RT	2	柜内第5排	
50	机械间通风机用接触器	KM19, 20	TAL9-30-10RT	2	柜内第5排	
51	主变流器水泵用接触器	KM21~23	TAl9-30-10RT	3	柜内第5排	
52	主变流器通风机用接触器	KM24~26	TAL9-30-10RT	3	柜内第5排	
53	撒砂加热用接触器	KM27	TAL12-30-10RT	1	柜内第5排	
54	空气压缩机用接触器	KM15, 16	AF110B-30-11RT	2	柜内第6排	
55	辅助加热用接触器	KM28	AF110B-30-11RT	1	柜内第6排	
56	库内电源用接触器	KM10	AF145-30-11RT	1	柜内第6排	
57	库内电源转换开关	SA1	SF-1A-07, 130A	1	柜内第6排	

图 5.57 控制电器柜

图 5.58 控制电器柜左柜门第一排自动开关

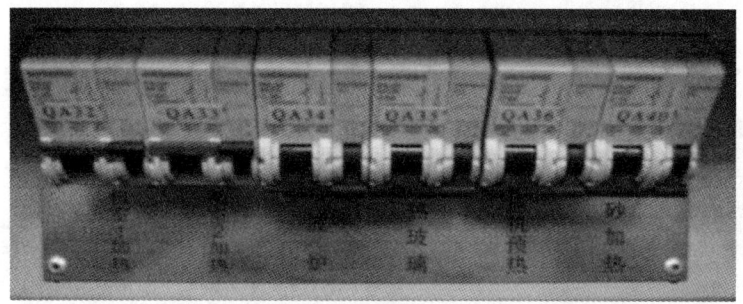

图 5.59 控制电器柜左柜门第二排自动开关

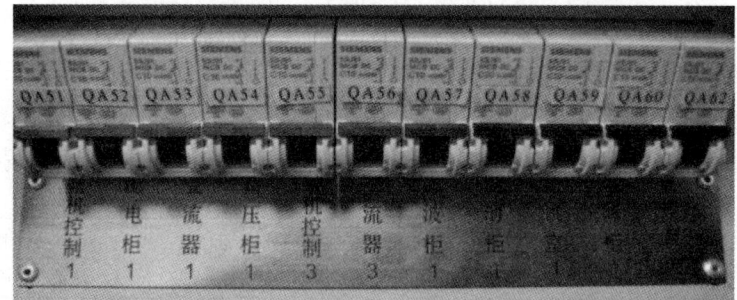

图 5.60 控制电器柜右柜门第一排自动开关

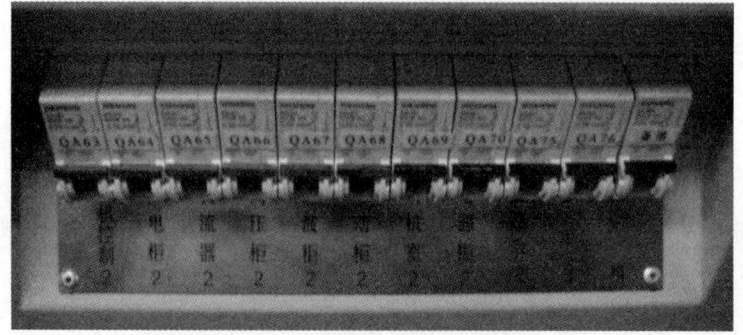

图 5.61 控制电器柜右柜门第二排自动开关

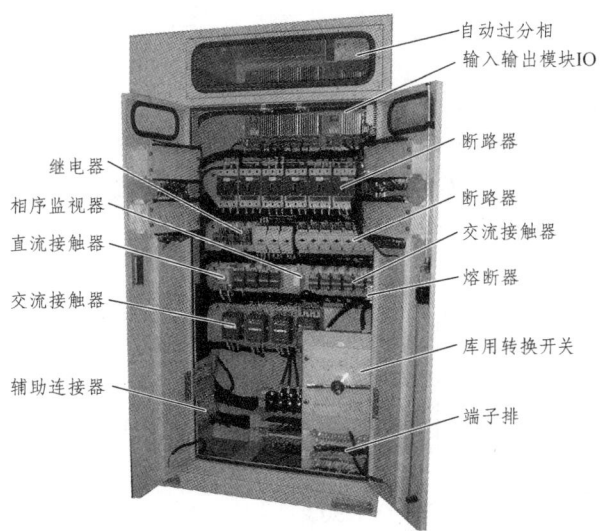

图 5.62 控制电器柜（开柜门）

柜内电器

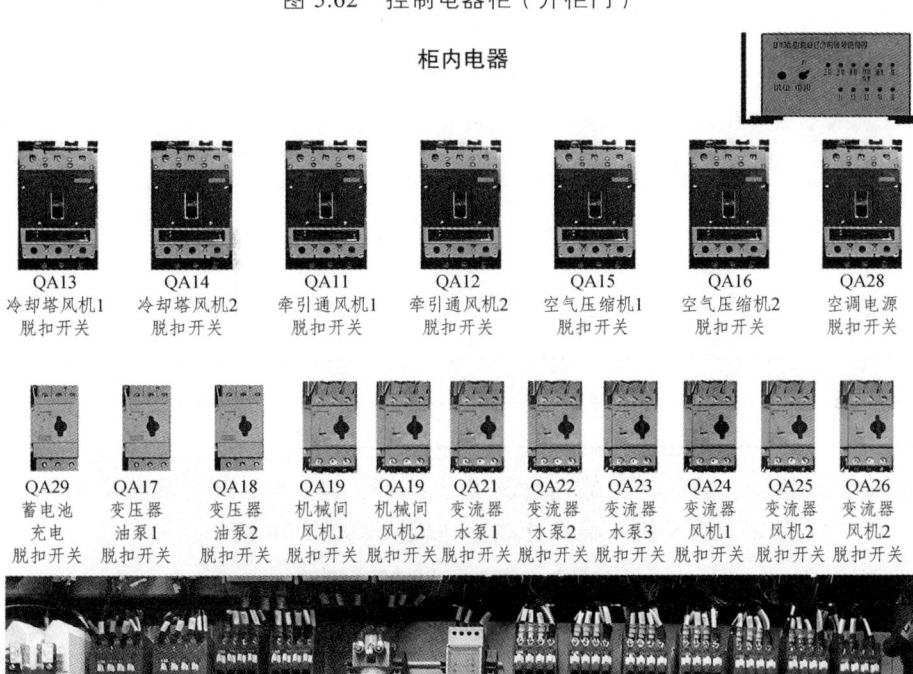

图 5.63 控制电器柜（柜内电器）

六、辅助滤波柜

辅助滤波柜如图 5.64、图 5.65 所示，主要由辅助滤波变压器、滤波电容、接触器、自动开关、预充电接触器及预充电电阻等构成，柜内设备布置如图 5.66、图 5.67、图 5.68、图 5-69 所示。主要设备见表 5.22。机车三组辅助变流器输出的三相 PWM 辅助电源经过辅助滤波柜进行降压、隔离和滤波，再分别向各类辅机供电。

表 5.22 辅助滤波柜主要设备

序号	设备	代号（缩写）	型号与规格	数量	位置	备注
1	滤波柜开关量输入输出模块	23，24M		2	柜内第 1 排	
2	滤波柜模拟量输入输出模块	35，36A	DCA 2000A	2	柜内第 1 排	
3	充电电容接触器	K509		1	柜内第 2 排	
4	预充电接触器	K508		1	柜内第 2 排	
5	辅助变压器 3 接触器	K503		1	柜内第 3 排	
6	故障切换 2 接触器	K505		1	柜内第 3 排	
7	辅助变压器 2 接触器	K502		1	柜内第 3 排	
8	故障切换 1 接触器	K504		1	柜内第 3 排	
9	辅助变压器 1 接触器	K501		1	柜内第 3 排	
10	辅助变压器 1	T501		1	柜内第 4 排	
11	辅助变压器 2	T502		1	柜内第 4 排	
12	辅助变压器 3	T503		1	柜内第 4 排	
13	预充电电阻	R521		1	柜背面第 1 排	
14	辅助滤波柜通风机	A701，702		2	柜背面第 2 排	
15	滤波电容	C501～503		3	柜背面第 3 排	

通过辅助滤波柜滤波后的三相辅助电源可以满足输出电源的畸变率小于 8%。滤波柜采用强迫风冷，柜内设有 2 个通风机，辅助滤波柜通风机如图 5.70 所示。

图 5.64 辅助滤波柜

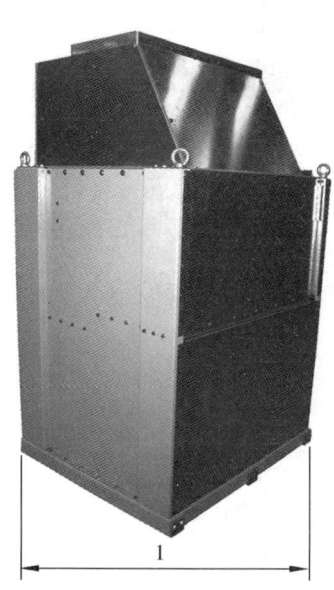

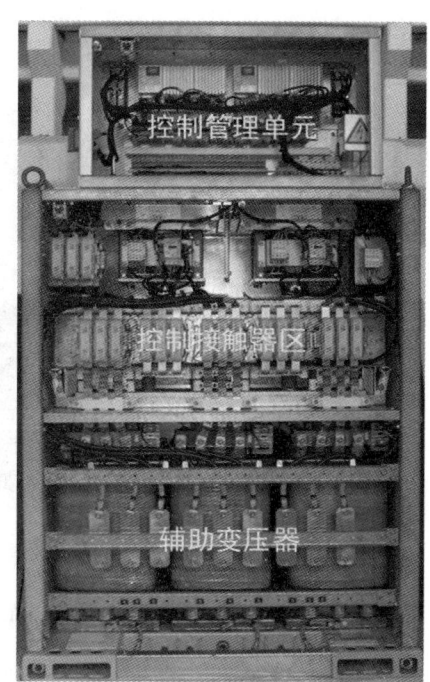

图 5.65　辅助滤波柜

图 5.66　辅助滤波柜（去盖板）

图 5.67　辅助滤波柜（去盖板）

图 5.68　辅助滤波柜背面（去盖板）　　　　图 5.69　辅助滤波柜通风机

七、制动柜

机车制动使用 CCB-II 制动系统，制动柜又名空气管路柜，集成有 CCB-II 制动系统中的电空控制单元、辅助控制模块、辅助压缩机组等设备。

制动柜请参看"第二章 HX_D3D 型电力机车电气设备→第四节 HX_D3D 型电力机车电气屏柜→九、制动柜"。

八、高压联锁装置

为了保证机车操作人员及检修人员的安全，机车设有高压联锁装置。在 TCMS 柜侧面设有高压联锁钥匙箱，如图 5.70 所示。

图 5.70　高压联锁钥匙箱（绿、白钥匙）

高压联锁装置共设有蓝、黄、绿、黑、白五种颜色钥匙。正常时钥匙箱处只有绿、白两种钥匙。蓝色钥匙设置在空气管路柜处，用于开启受电弓的升弓气路。黄色钥匙设置在高压柜接地开关处，黑色钥匙设置在变流器接地开关处。钥匙布置如图 5.71 所示。

图 5.71　高压联锁装置（蓝、黄、黑钥匙）

第一级为蓝钥匙，控制受电弓的气路。受电弓气路在开通位，蓝钥匙无法取出，要取出蓝钥匙，首先要保证受电弓在降弓位、主断路器在断开位。蓝钥匙取出后，受电弓气路被切断。

第二级为黄钥匙，得到第一级的蓝钥匙后，插到主断路器接地开关对应的蓝锁芯，旋转蓝钥匙、接地开关转换到接地位，此时蓝钥匙无法取出，可以取出黄钥匙。

第三级为绿钥匙，得到第二级的黄钥匙后，插到安全钥匙联锁箱的综合钥匙排 1 的黄色锁芯，旋转黄钥匙，可以取出 4 把相同的绿色钥匙。这 4 把绿钥匙分别用来控制变流器 1、2、3 的接地开关和高压电器柜柜门。

第四级为黑钥匙，将绿钥匙插到变流器接地开关的绿锁芯，旋转绿钥匙、转动接地开关到接地位，此时绿钥匙无法取出，可以取出接地开关上的黑钥匙；也可以用绿钥匙打开高压电器柜门，柜门在打开状态，绿钥匙无法取出。

第五级为白钥匙，将 3 个变流器接地开关上的 3 把黑钥匙插到安全联锁钥匙箱的综合钥匙排 2 的黑锁芯，旋转后可以取出 12 把白色钥匙。白钥匙分别用来打开车顶门、变流器门、AFC 柜门。

高压联锁装置中，要想取出上一级的钥匙，必须以集齐所有下一级钥匙为前期条件。同一级别的钥匙可以打开所有对应级别的锁芯。机车安全联锁方案如图 5.72 所示。

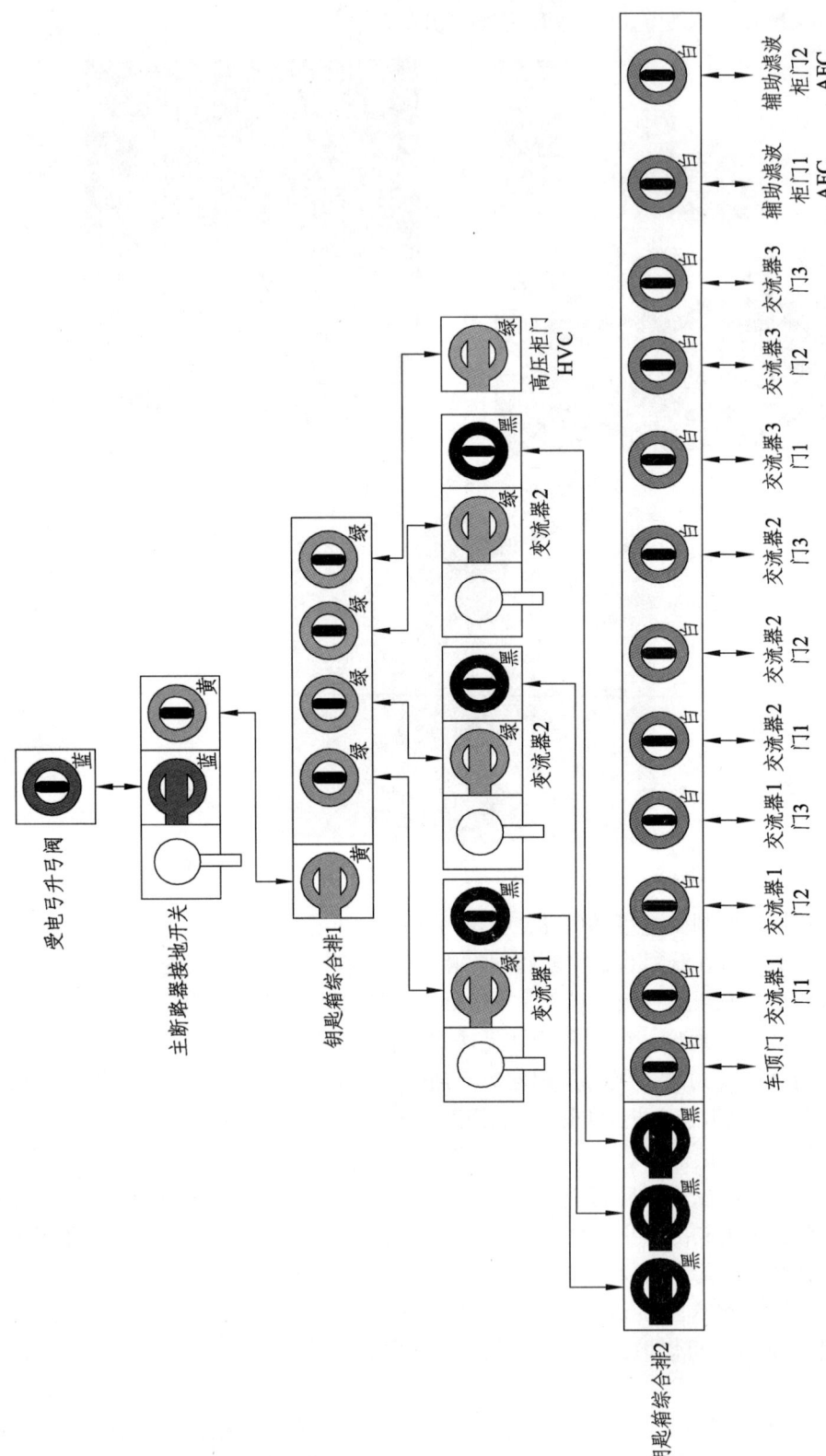

图 5.72 机车安全联锁方案图

第六章 HX$_D$3B 型电力机车电气原理

HX$_D$3B 型货运电力机车的电气线路主要由主电路、辅助电路、控制电路和微机网络控制系统等组成。

第一节 HX$_D$3B 型电力机车电气原理图

一、电气线路原理图

HX$_D$3B 型电力机车为交流传动货运电力机车,其电气线路原理图是由电路图和网络图组成,其中电路图由电机、电器、导线等电气元素构成,而网络图是以 TCMS 微机柜为核心以整个系统电气柜中管理控制单元为基础的分布式微机网络控制系统,电路和网络是通过分布在各个屏柜中数字量(模拟量)输入输出模块完成信息交互的。

HX$_D$3B 型电力机车电气线路原理图按功能主要分为为主电路、辅助系统电路、控制电路、网络系统和制动控制电路。

HX$_D$3B 型电力机车电气线路原理图共 54 页,其中第 1~2 页为电气线路图说明,第 3 页为网侧电路,第 4 页为主电路,第 5~6 页为辅助系统,第 7 页为压缩机预热,第 8~9 页为控制电源,第 10~11 页为设备电源,第 12~13 页为司机室,第 14~23、34~35 页为控制电路,第 24~31 页为网络控制,第 32 页为空调控制电路,第 33 页为重联控制电路,第 36~37 页为 ATP 控制电路,第 38~42 页为制动控制电路,第 43 页为 MVB 地址,第 44~45 页为自动开关配线,第 46 页为接触器配线,第 47~48 页为控制电器配线,第 49 页为主电路设备明细,第 50 页为辅助系统明细,第 51 页为网络系统明细,第 52~53 页为控制设备明细,第 54 页为行车安全设备明细。

二、HX$_D$3B 型电力机车电气线路原理图结构

HX$_D$3B 型电力机车电气线路原理图每页均分为三部分:标题栏、坐标栏、绘图区,如图 6.1 所示。

标题栏确定图样名称、图样编号、张次和有关人员签名等内容的栏目,相当于电气线路原理图的"铭牌";坐标栏横坐标以 1~10 标定,纵坐标以字母 A~H 标定,横纵坐标一起确定位置,在电气线路原理图里用"图号-坐标"表示具体位置;绘图区主要由电器、电机、导线等元素组成,是电气线路原理图最重要的区域。

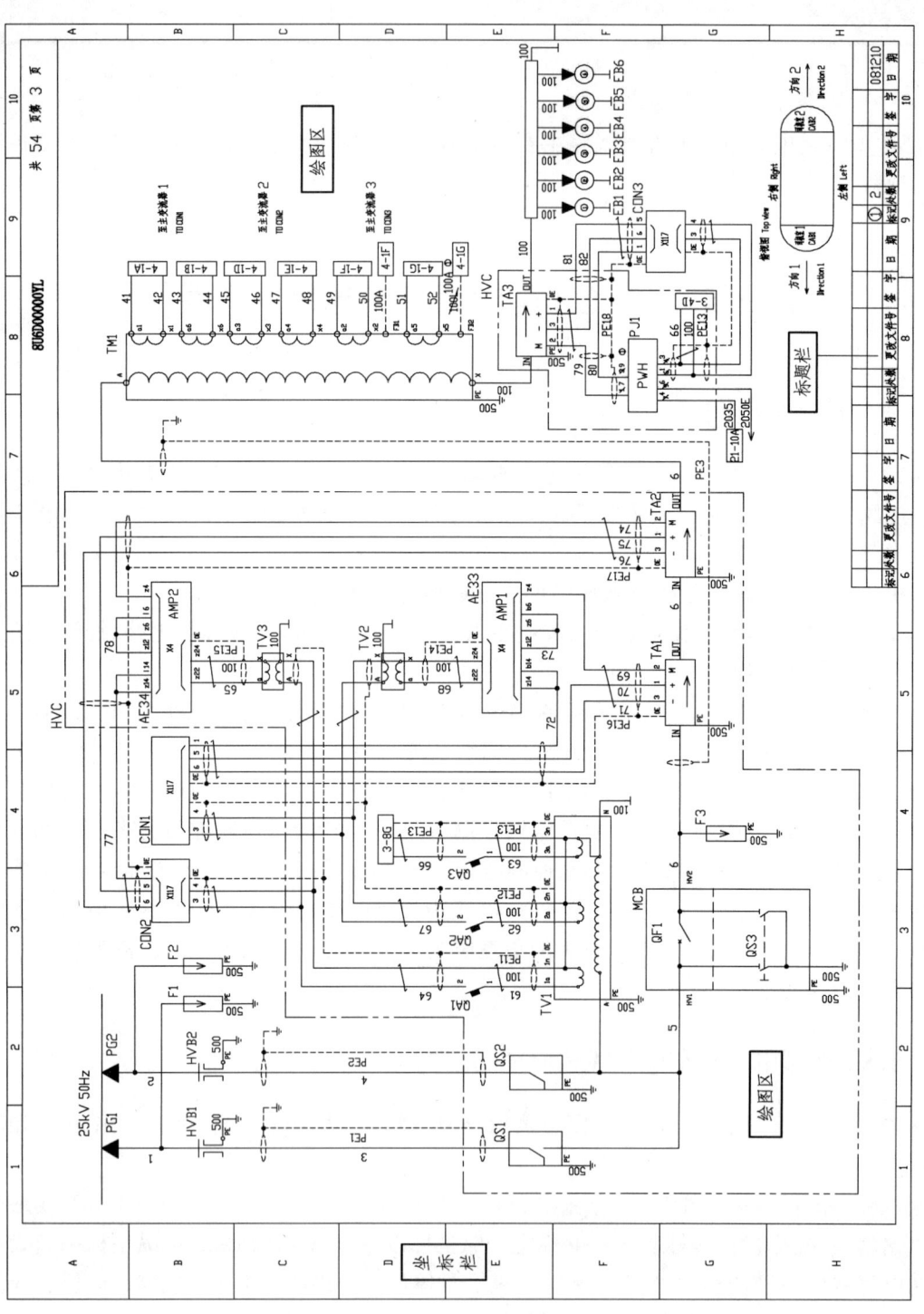

图 6.1 电气线路原理图结构

1. 电气符号

电气线路原理图绘图区的电器和电机都有自己的电气符号,电气符号的组成:基本文字符号+辅助文字符号+顺序号。

(1) 基本文字符号。

基本文字符号用来表示电路中的设备、装置和元器件的代号,一般采用单字母或双字母符号,见表 6.1。

表 6.1 基本文字符号

序号	基本文字符号	含义	序号	基本文字符号	含义
1	E	杂项,如照明装置、加热装置	7	Q	隔离开关、自动开关
2	F	避雷器、熔断器	8	S	开关、按钮、转换器
3	H	指示灯	9	T	变压器、互感器、传感器
4	K	接触器、继电器	10	X	端子、插头、插座
5	M	电机	11	Y	电磁阀
6	P	电动仪表			

(2) 辅助文字符号。

辅助文字符号用于表示电气设备、装置和元器件的功能、状态和特征,见表 6.2。

表 6.2 辅助文字符号

序号	辅助文字符号	含义	序号	辅助文字符号	含义
1	PA	电流表	1	KM	接触器
2	PV	电压表	2	KE	控制继电器
3	PJ	电度表	3	KP	压力继电器
4	PG	受电弓	4	KT	延时继电器
5	PD	显示单元	5	KC	过流继电器
1	QA	自动开关	1	TM	变压器
2	QF	断路器	2	TA	电流互感器
3	QS	隔离开关	3	TV	电压互感器
1	M	牵引电机	1	SA	非自复式开关
2	MA	辅助电机	2	SB	自复式开关
3	MD	其他电机			

(3) 顺序号。

顺序号用以区别同类型电气设备、装置和元器件的文字符号。电气符号顺序号在电气原理图中的分配：主电路系统 1~10、辅助电路系统 11~40、控制电路系统 41~100，见表 6.3。

表 6.3 顺序号

序号	顺序号	含义	位置	序号	顺序号	含义	位置
1	M1~6	牵引电机	主电路	1	QA1~3	原边电压自动开关	主电路
2	MA11.12	牵引通风机电机	辅助电路	2	QA11,12	牵引通风机自动开关	辅助电路
3	MA13,14	冷却塔通风机电机	辅助电路	3	QA13,14	冷却塔通风机自动开关	辅助电路
4	MA15,16	空气压缩机电机	辅助电路	4	QA15,16	空气压缩机自动开关	辅助电路
5	MA17,18	主变压器油泵电机	辅助电路	5	QA17,18	主变压器油泵自动开关	辅助电路
6	MA19,20	机械间通风机电机	辅助电路	6	QA19,20	机械间通风机自动开关	辅助电路
7	MA21~23	主变流器水泵电机	控制电路	7	QA21~23	主变流器水泵自动开关	辅助电路
8	MA24~26	主变流器通风机电机	控制电路	8	QA24~26	主变流器通风机自动开关	辅助电路
9	MD41,42.61.62	刮雨器水泵	控制电路	9	QA41	直接供电自动开关	控制电路
10	MD43,44,63,64	刮雨器	控制电路	10	QA42	辅助设备自动开关	控制电路
11	MD47~50	司机室风扇	控制电路	11	QA43	机械间照明自动开关	控制电路
12	MD51	冷藏箱	控制电路	12	QA44	司机室照明自动开关	控制电路
13	MD53~56	遮阳帘	控制电路	13	QA45	前照灯自动开关	控制电路

2. 导线

电气线路原理图导线的线号在电气原理图中划分为：主电路 1~100，辅助电路 101~300，控制电路 301~800，空气电路 801~900，行车安全电路 901~1 000，控制电源 2 000~2 050。

第二节 主电路

机车主电路主要由网侧电路、主变压器、主变流器及牵引电动机等组成。

一、网侧电路

网侧电路由受电弓 PG1、PG2，高压隔离开关 QS1、QS2，电流传感器 TA1、TA2、TA3，带三组独立次边绕组的高压电压互感器 TV1，主断路器 QF1，高压接地开关 QS3，避雷器 F1、

F2、F3，模拟监测保护装置 AMP1、AMP2，智能型电度表 PWH，主变压器原边绕组 AX 及回流接地装置 EB1~EB6 等组成，如图 6.2 所示。主要设备见表 6.4，主要设备的电路及其说明见表 6.5。

接触网电流通过受电弓 PG1 或 PG2 进入机车，经 25 kV 高压电缆进入车内并经高压柜内的高压隔离开关 QS1 或 QS2 和主断路器 QF1 相连，并依次穿过电流传感器 TA1 和 TA2 与主变压器 TM 的原边绕组 A 端子相连，经过主变压器原边，从 X 端子流出，再通过并联的回流接地装置 EB1~EB6，从轮对流至钢轨。

两台受电弓和两台车顶避雷器位于车顶上部，回流装置 EB1~EB6 装于车轴轴头，其余的网侧高压电器均装于车内高压柜，从而可以避免高压电器由于雨雪、风沙、粉尘等侵蚀、污染而引起的闪络击穿，降低了维修成本，提高了机车的可靠性。

表 6.4　网侧电路主要设备

序号	设备	代号（缩写）	型号与规格	数量	位置	备注
1	受电弓	PG1, 2	DSA200D	2	车顶	
2	车顶避雷器	F1, 2	YH10WT-42/105D	2	车顶	
3	高压套管	HVB1, 2	M400 AR-3	2	车顶	
4	高压隔离开关	QS1, 2	BT25.04（L）/（R）	2	高压电器柜高压室	
5	真空断路器	QF1（MCB）	22CBDP1	1	高压电器柜高压室	
6	高压接地开关	QS3	BTE25.04C	1	高压电器柜高压室	
7	车内避雷器	F3	YH10WT-43	1	高压电器柜高压室	
8	高压电压互感器	TV1	JDZX18-25	1	高压电器柜高压室	
9	高压电流互感器	TA1, 2	LF2005-S/SP30	2	高压电器柜高压室	
10	模拟量监测保护模块	AE33, 34（AMP）	UA C253 A01	2	高压电器柜控制室	
11	电压互感器	TV2, 3	JDZ1-1	2	高压电器柜控制室	
12	原边电流传感器	TA3	LT 1005-S/SP19	1	高压电器柜控制室	
13	电度表	PJ1	DDJB1	1	高压电器柜柜门	
14	网压断路器	QA1~3	5SJ41018 CC20	3	高压电器柜柜门	
15	高压柜开关量输入输出模块	17, 18M	DCX2220A	2	高压电器柜控制室	
16	主变流器	CON1~3	Mitrac TC 3300	3	机械间	
17	接地装置	EB1~6	JTGJ-003	6	轴箱轴头	

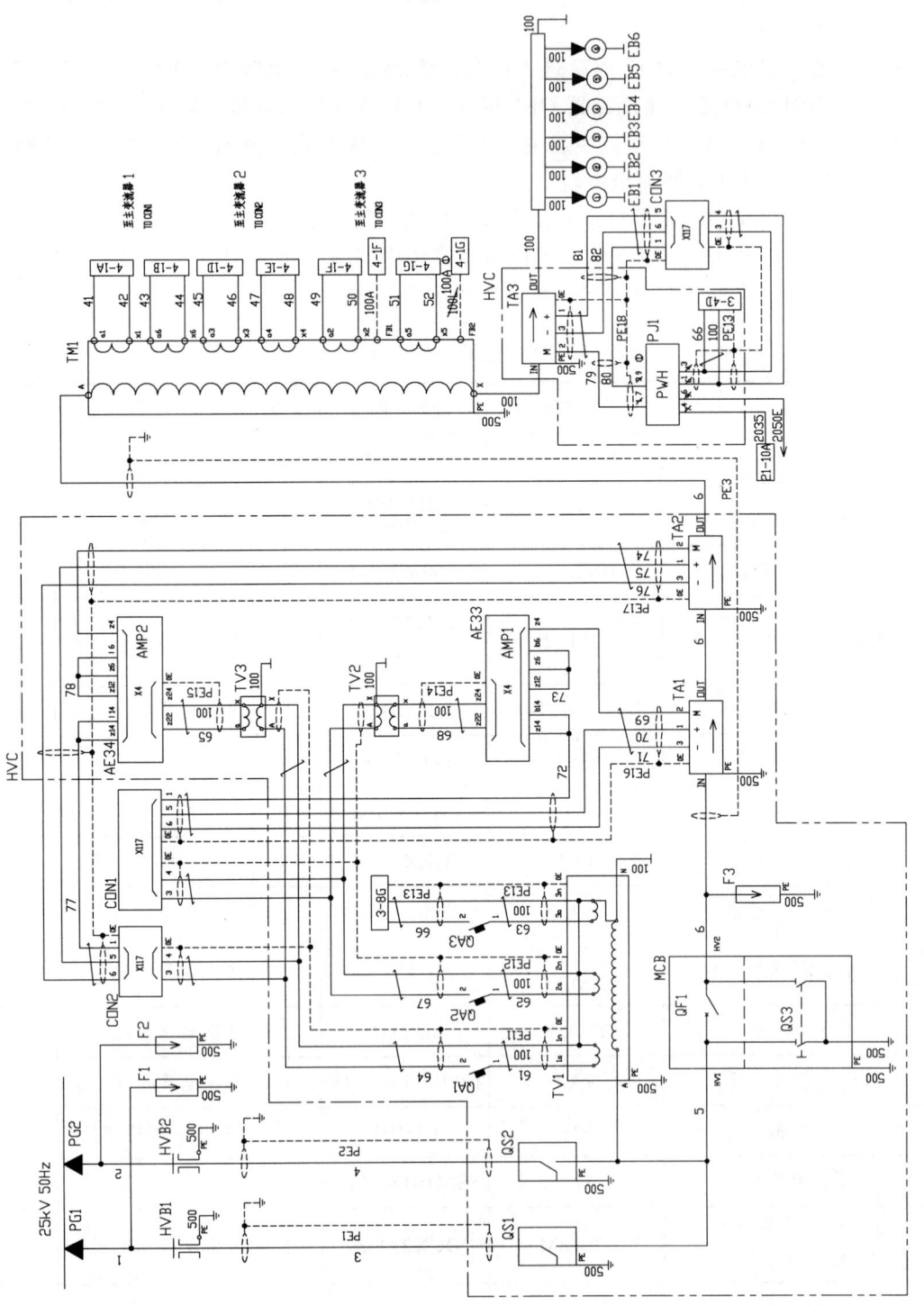

图 6.2 网侧电路

表 6.5 网侧电路主要设备的电路及其说明

序号	电 路	说 明
1	受电弓 PG1、PG2	机车采用 DSA200D 单臂受电弓，受电弓采用气囊驱动方式升弓，配备有阻尼器和 ADD 自动降弓装置，设置了受电弓预选软开关和受电弓升/降开关 SB41(SB42)。受电弓预选软开关有"自动""双弓""隔离Ⅰ端受电弓""隔离Ⅱ端受电弓""隔离双弓"5 种受电弓预选模式，通过控制高压隔离开关，可以完成受电弓的预选
2	高压隔离开关 QS1、QS2	高压隔离开关采用电空控制方式，当开关打至隔离位时，动触头端自动接地，确保故障端受电弓可靠接地，保证高压柜内部的安全可靠。一台受电弓发生故障时，可通过微机显示屏上的受电弓预选软开关将其隔离。通过 TCMS 发出指令来控制相应的电空阀，实现高压隔离开关的开闭操作，以切除故障的受电弓，同时使用另一台受电弓维持机车正常运行，减少机破，提高机车运用可靠性
3	高压电压互感器 TV1	高压电压互感器并联于高压隔离开关和主断路器之间，向模拟监测保护装置 AMP、变流器控制单元 DCU 和电度表 PWH 提供网压信号。其变比为 25 kV/200 V，并采用 3 组次边输出，分别直接送到变流器控制单元 DCU1～DCU3，作为网侧变流器的同步控制信号；同时 1 组次边信号并行输出直接送入电度表，为电度表的计量提供网压输入；另外 2 组的次边输出分别经过一个变比为 200 V/4 V 的同步变压器，向模拟监测保护装置 AMP1 和 AMP2 提供原边网压信号，AMP 和 DCU 再通过 MVB 网络向机车微机控制系统 VCU 提供原边网压信号，然后由 VCU 通过 MVB 网络再向微机显示屏和操纵台网压表提供原边网压信息

续表

序号	电路	说明
4	主断路器 QF1、接地开关 QS3	主断路器 MCB 采用 22CBDP1 型真空断路器与 35KSDP1 型接地开关。 主断路器 QF1 采用真空断路器。该断路器除接通和开断机车的总电源外，当机车发生原边过流、主辅变流器故障或司机按下紧急按钮时，主断路器 QF1 迅速断开，起机车最后一级保护作用。 接地开关 QS3 位于主断路器侧，提供高压电路接地保护，并集成于机车高压安全联锁系统。它只能在降弓和切断受电弓气源之后才能操作
5	车顶避雷器 F1、F2	避雷器 F1 和 F2 属于车顶避雷器，分别并联于受电弓和高压隔离开关之间，其持续额定工作电压低于车内避雷器的持续额定工作电压，可以抑制机车外部的雷击过电压和电网过电压，保护车顶和车内的高压电器
6	车内避雷器 F3	避雷器 F3 属于车内避雷器，并联于主断路器和主变压器原边绕组之间，它主要抑制主断路器开闭时产生的操作过电压，避免对机车内部的控制电器产生过电压侵害
7	高压电流互感器 TA1、TA2	高压电流互感器 TA1、TA2 分别向模拟监测保护装置 AMP1、AMP2 和变流器控制单元 DCU1、DCU2 提供网侧电流信号
8	原边电流传感器 TA3	原边电流传感器 TA3 向 DCU3 和电度表 PWH 提供网侧电流信号，完成对网侧电流的监测、保护及机车电能的计量
10	电度表 PJ1	机车装有一块 PWH 电度表，通过采集高压电压互感器 TV1 提供的电压信号和原边电流传感器 TA3 提供的电流信号来实现机车牵引、再生电能的计量。电度表设有屏显窗口和切换按钮安装在高压电器柜控制室柜门上，通过按钮切换，可以显示正、反向有功计量以及电压和电流值

序号	电 路	说 明
11	模拟监测保护装置 AE33 模拟监测保护装置 AE34	模拟监测保护装置 AMP1 和 AMP2 安装在高压电器柜控制室内，专门用于网侧电压和网侧电流监测和保护的专用控制装置。当网侧电压偏离允许值或网侧电流的有效值或浪涌值在一定时间内超过保护极限值时，AMP 串联在主断路器线圈中的触点将被打开，直接以硬线方式实现快速跳主断，同时 MVB 网络将此信息通知机车微机控制系统 VCU，完成在微机显示屏上的故障信息显示。机车控制系统 VCU 通过控制 AMP，实现对机车主断路器的开闭控制
12	接地装置 EB1~EB6	接地装置安装在机车转向架轴箱轴头上，用来保证网侧回路向钢轨的回流及机车可靠的接地性能，同时保护机车轮对轴承不受电蚀

二、主变压器电路

主变压器高压绕组（AX）从受电弓处接受 25kV 高压电，利用电磁感应原理输出，6 个 1 500 V 的牵引绕组（a1x1~a6x6）用于三套牵引变流器（CON1、CON2、CON3）的供电，如图 6.3 所示，主变压器的主要技术参数见表 6.6。

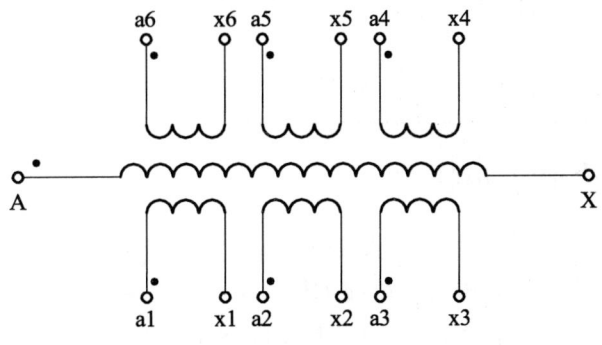

图 6.3　主变压器原理

表 6.6　主变压器技术参数

参　数	高压绕组	牵引绕组
额定容量/(kV·A)	11 622	1 937×6
额定电压/V	25 000	1 500
额定电流/A	464.9	1 291.3

续表

参　数	高压绕组	牵引绕组
额定频率/Hz	50	
短路阻抗/%	48	

主变压器内设有 3 个 PT100 温度传感器、压力释放阀、油流继电器等，完成对变压器的温度、过压等保护器电路及其说明见表 6.7。

表 6.7　主变压器电路及其说明

电　路	说　明
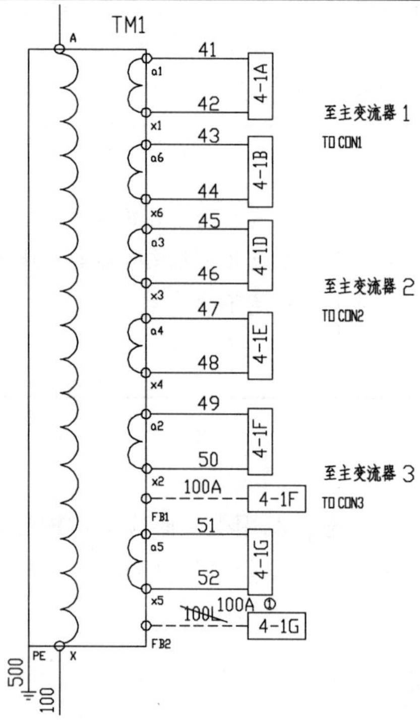 主变压器 TM1（电路图）	机车采用 JQFP-11620/25 型主变压器，其设有 6 组牵引绕组，分别与 3 组主变流相连，实现对机车牵引系统、辅助系统的供电

三、主变流器和牵引电动机电路

机车装有 3 个变流柜，每个变流柜的主电路和控制电路相对独立，分别向 6 个牵引电动机和整车辅助系统提供交流变频电源，电路如图 6.4 所示。主要设备见表 6.8。当一组变流器发生故障时，通过微机控制系统 VCU，自动将故障的变流器切除，也可通过微机显示屏隔离某个变流器，机车维持 2/3 的牵引动力继续运行，辅助系统通过故障切换，由两组辅助变流器完成对全车辅助系统及控制系统的供电，实现机车的冗余控制。

每个变流柜由两个网侧变流器、两个电机变流器和一个辅助变流器组成，它们共用一套中间直流环节。网侧变流器和电机变流器参数见表 6.9。两个电机变流器分别向 2 台电机供电，电机可以是同一转向架的，也可以是不同转向架的。辅助变流器的电源取自牵引变流器的中间直流电路，其输出经后续的辅助隔离变压器、滤波环节等向机车辅机供电。

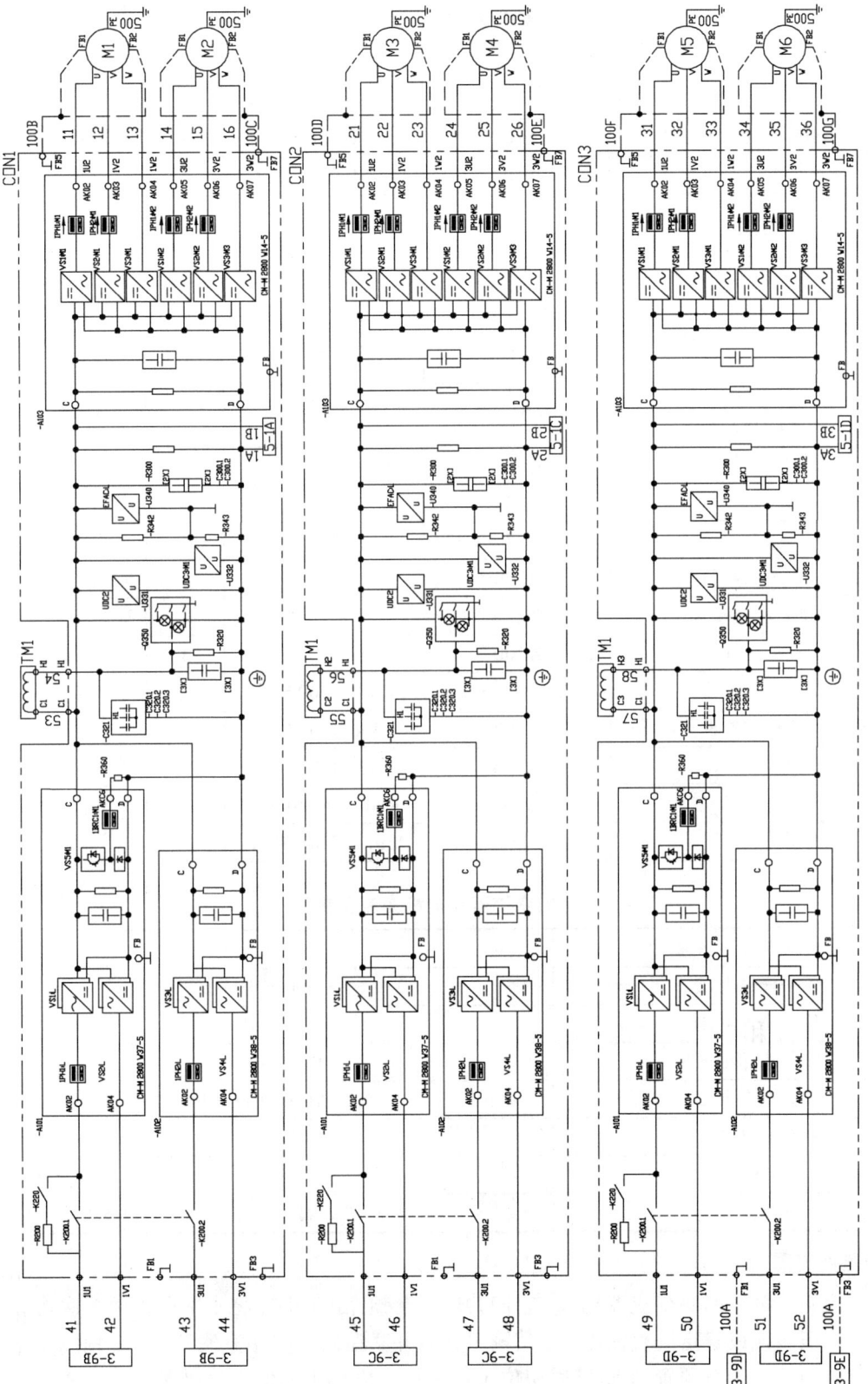

图 6.4 主变流器和牵引电动机电路

表 6.8　主变流器和牵引电动机电路主要设备

序号	设备	代号（缩写）	型号与规格	数量	位置	备注
1	变流器模块（网侧、辅助）	A101	CM-M 2800 W37-5	3	变流柜	
2	变流器模块（网侧）	A102	CM-M 2800 W38-5	3	变流柜	
3	变流器模块（电机）	A103	CM-M 2800 W14-5	3	变流柜	
4	网侧变流器控制单元 DCU2/L	A605-A1	DCU2/L	3	变流柜	
5	牵引变流器1控制单元 DCU2/M1	A605-A2	DCU2/M1	3	变流柜	
6	辅助变流器控制单元 DCU2/A	A607-A1	DCU2/A	3	变流柜	
7	牵引变流器2控制单元 DCU2/M2	A607-A2	DCU2/M2	3	变流柜	
8	变流器接地开关	Q351		3	变流柜	
9	支撑电容	C301.1~3		9	变流柜	
10	谐振电容	C321.1~3、C323		12	变流柜	
11	预充电电阻	R200		3	变流柜	
12	预充电接触器	K220		3	变流柜	
13	隔离接触器	K200		3	变流柜	
14	中间直流环节电压传感器	U331、U332	CV4/4000 SP1	6	变流柜	
15	接地故障检测电压传感器	U340	CV4/4000 SP1	3	变流柜	
16	冷却水泵	M724	EtasecoG32-125.1	3	变流柜	
17	通风机	M734	Radial ventilator	3	变流柜	
18	牵引电机	M1~6	Mitrac TM 3800F	6	转向架	

表 6.9　网侧变流器和电机变流器参数

每台机车使用数量	3
额定输入电压	1 500 V/50 Hz
额定输入电流	2×1 300 A
中间电路标称电压	DC 2 800 V
额定输出电压	3AC 0~2 183 V
额定输出电流	556 A
效率	≥98%
冷却方式	水冷-纯净水+乙二醇的混合液（47%+53%）

1. 网侧变流器

每个变流柜由两组网侧变流器构成，它们共用一套预充电回路，将主变压器两个次边绕组提供的交流电压转换成稳定的直流电压，其输出共同并联在同一中间直流环节上。网侧变流器提供了正弦调制的、带有预置超前/滞后相位（通常相位角=0）的低干扰电流波形，使得机车的基波功率因数接近于 1，在机车正常运转条件下，中间直流电压的标称为 2 800 V。网侧变流器 A101、A102 电路及其说明见表 6.10。

表 6.10　网侧变流器 A101、A102 电路及其说明

电　路	说明（参数）
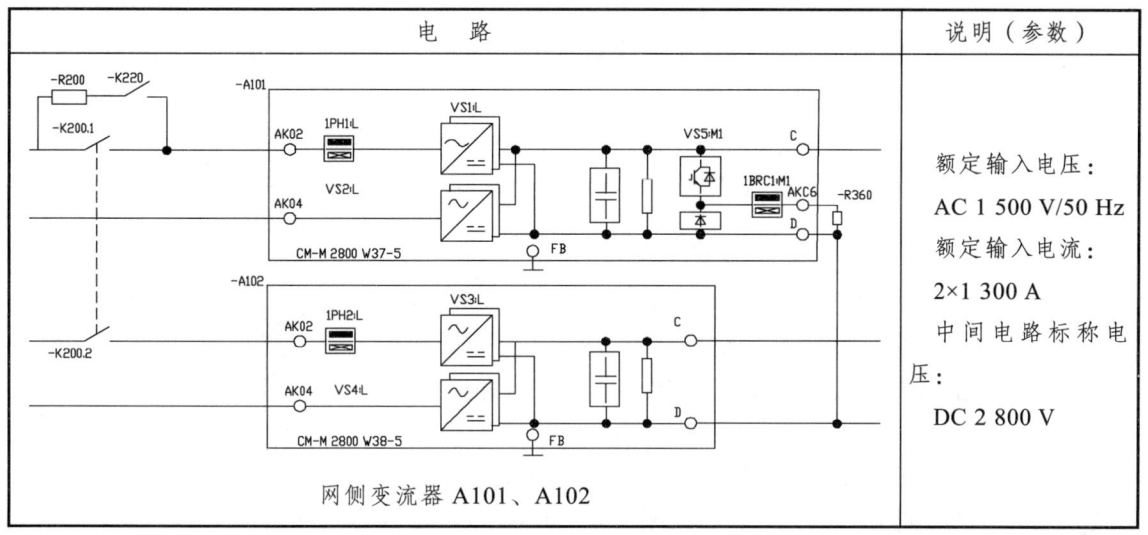	额定输入电压： AC 1 500 V/50 Hz 额定输入电流： 2×1 300 A 中间电路标称电压： DC 2 800 V

牵引工况将网侧的单相交流电转换成可调的直流电输送到中间直流环节；再生制动工况将中间直流环节的直流电逆变成单相交流电回馈电网。

网侧变流器由 4 组 IGBT（绝缘栅双极型晶体管）模块构成 4 象限单相整流（逆变）桥式电路单元。

2. 中间直流环节

中间直流环节是网侧变流器和电机变流器之间的中间环节，主要作用是将网侧变流器输入的脉动直流电平缓为低波纹度的直流电输送到电机变流器。中间直流环节电路及其说明见表 6.11。

表 6.11　中间直流环节电路及其说明

电　路	说明（参数）
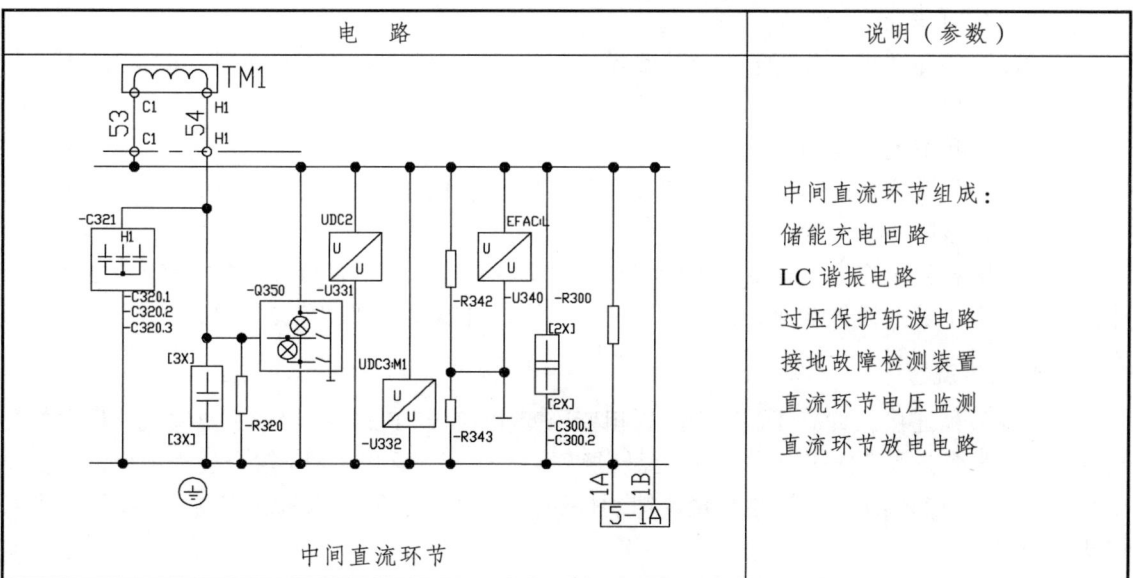	中间直流环节组成： 储能充电回路 LC 谐振电路 过压保护斩波电路 接地故障检测装置 直流环节电压监测 直流环节放电电路

267

中间直流环节主要由储能充电回路、LC谐振电路、过压保护斩波电路、接地故障检测装置、直流环节电压监测、直流环节放电电路等六部分组成。

（1）储能充电回路。

电能存储电容为了使变流器在工作过程中不因供电或负载的突变造成工作的不稳定而设，在变流器工作前和工作中不间断地向储能电容充电。

储能电路由储能电容C301-1~C301-3、充电接触器K220、充电限流电阻R200构成，在主断路器闭合后，充电接触器闭合，单相交流电经R200→K220触点→网侧变流器向C301-1~C301-3充电，当C301-1~C301-3的电压升至2800V时变流器才具备工作条件。

（2）LC谐振电路。

网侧变流器是单相交流电源输入，功率因数近似为1。在中间直流回路中，会产生2倍于输入电源频率的脉动，通过二次谐振回路，可以滤除二次谐波电压的影响，大幅度抑制电动机电流脉动现象和转矩脉动现象，降低电机损耗。

谐振电路由谐振电路电容组（-C321.x和-C323）和谐振电抗（位于主变压器内，通过端子C1，H1连接）组成。

二次谐振回路由二次谐波滤波器和滤波电容串联构成，并联于中间直流回路。由于网侧变流器是单相交流电源输入，功率因数近似为1。在中间直流回路中，会产生2倍于输入电源频率的脉动，通过二次谐振回路，可以滤除二次谐波电压的影响，实现电机变流器从网侧变流器的解耦，大幅度抑制电动机电流脉动现象和转矩脉动现象，降低电机损耗。

（3）过压保护斩波电路。

在快速变化的黏着情况下，由于车轮间歇地空转及网侧变流器实际提供的功率与电动机功率不平衡时，就可能产生突然的电压增加，通过过压保护斩波电路来稳定直流环节的滤波电压。

当中间直流环节电压超过额定值时，IGBT栅极被触发，构成中间直流环节正端→IGBT集电极→IGBT发射极→放电电阻R360→中间直流环节负端的放电回路，产生泄压效应。

（4）接地故障检测装置。

接地故障检测装置功能是当传中间直流环节出现接地故障时，该电路将检测信号送入计算机系统实施对传动系统的保护。

接地故障检测装置由分压电阻和检测模块组成，检测模块由电压跟随器、电压比较器、与门构成检测电路。

（5）直流环节电压监测。

在三组牵引变流器中间直流环节都设有电压传感器U331、U332，监控中间回路电压。

（6）接地故障检测装置。

为了保障检修工作中人身及设备的安全，设置了中间直流环节人为放电电路，即在变流柜非供电的状态下通过操作接地开关泄流，使中间直流环节电压降到安全范围。

3. 电机变流器

电机变流器连接到直流环节，输出三相变压变频（VVVF）电源给牵引电动机。根据控制指令，变流器能够平稳快速地从牵引工况转换到制动工况，反之亦然，这个过程由变流器控制单元来实现，在制动工况，再生能量反馈到接触网（再生制动）。电机变流器A103电路及其说明见表6.12。

表 6.12 电机变流器 A103 电路及其说明

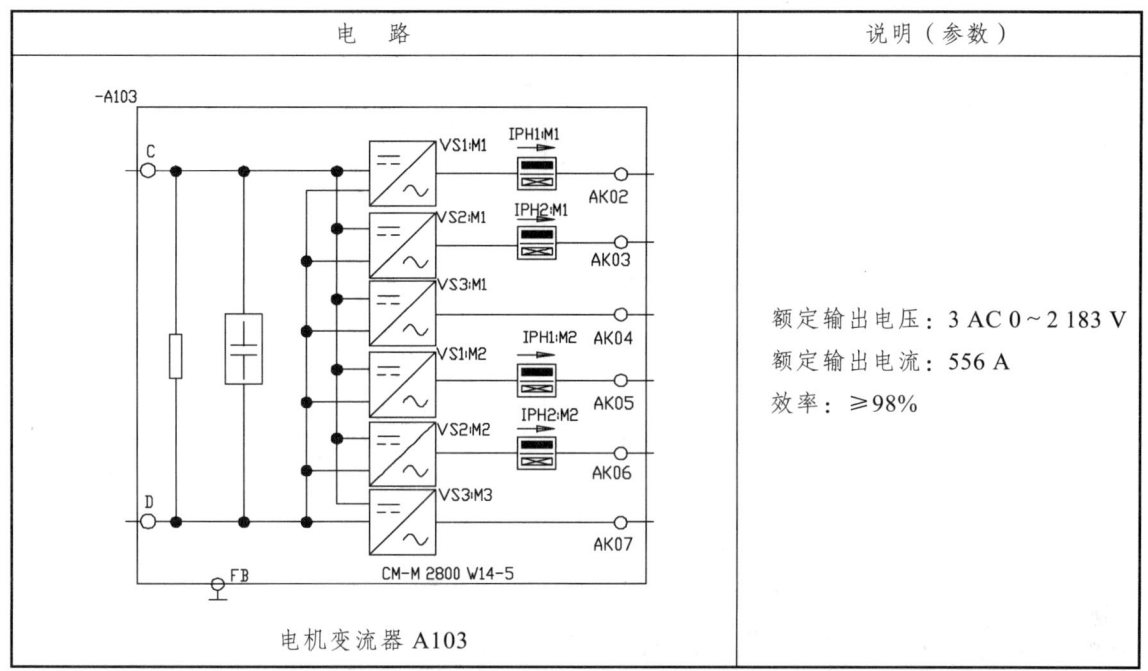

电　路	说明（参数）
	额定输出电压：3 AC 0~2 183 V 额定输出电流：556 A 效率：≥98%

机车的 6 个电机变流器分别向 6 台牵引电动机供电。电机变流器采用了最新的控制策略，在整个速度范围内力矩的波动最小，并且在轨面状态不好的情况下获得最大限度的黏着利用。由于整车采用轴控方式，当整台机车的 6 个轴的轮径差、轴重转移及空转等可能引起的负载分配不均匀时，均可以通过牵引变流器的控制进行适当的补偿，以实现最大限度地发挥机车牵引力。

牵引工况时，将中间直流环节直流电逆变成电压、频率、相序可调（VVVF 调节）的交流电传输到交流牵引电动机；电制动工况时，将交流牵引电动机发出的交流电反向整流成直流电，通过中间直流环节、网侧变流器、网侧电路回馈到电网。

电机变流器由 6 组 IGBT（绝缘栅双极型晶体管）模块构成三相逆变（整流）桥式电路单元。

4. 管理控制单元

管理控制单元根据 TCMS 微机系统指令完成在牵引及制动工况下对牵引变流器的控制、保护，并将牵引变流器的工作状态信息传送至 TCMS 微机系统。

管理控制单元由标准牵引接口 SPIF（牵引变流器控制管理微处理器）、变流模块驱动控制单元 DCU2、控制电源、以太网交换机构成，如图 6.5 所示。

（1）标准牵引接口 SPIF。

SPIF 用作牵引 MVB 和机车 MVB 之间的接口。SPIF 也是牵引 MVB 上的总线管理器。同一变流器的不同 DCU2 之间的协调和同步。

（2）变流模块驱动控制单元 DCU2。

DCU2 根据 SPIF 指令通过对 IGBT 模块的触发与关断的控制实现对网侧变流器、电机变流器、辅助变流器的控制与保护，同时将各变流器的工作状态信息通过以太网交换机反馈至 TCMS 微机系统。

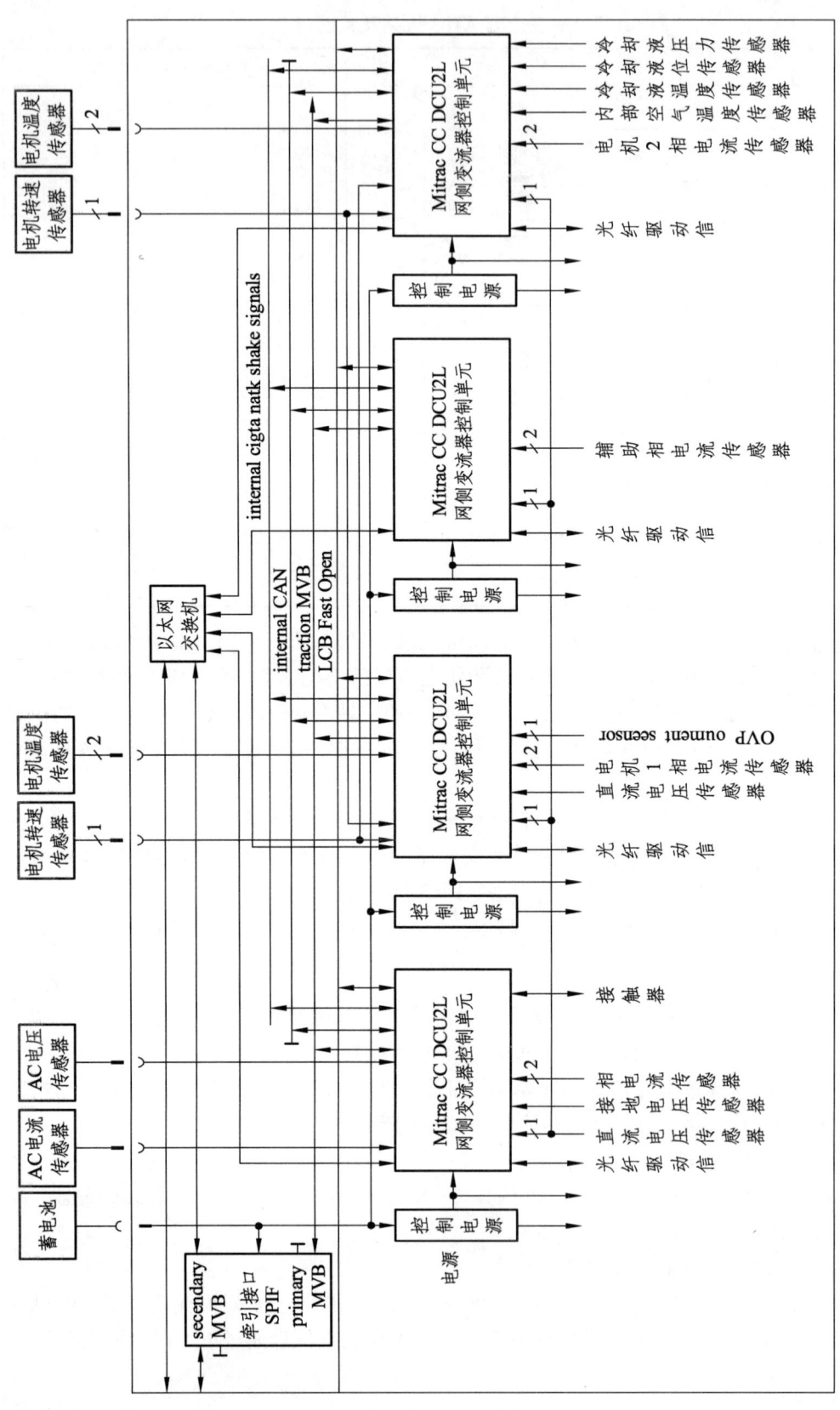

图 6.5 变流器网络控制示意图

DCU2 共有 4 个相同单元内装载的软件决定它们的功能：
① DCU2/L 控制和保护网侧变流模块内的 4 对桥臂，以及管理中间回路电压。
② DCU2/M1 控制和保护 1 号牵引电机变流模块内的 3 对桥臂和过压斩波，以及管理所需的电机扭矩。
③ DCU2/M2 控制和保护 2 号牵引电机变流模块内的 3 对桥臂，以及管理所需的电机扭矩。
④ DCU2/A 控制和保护辅助变流器模块内的 3 对桥臂，以及管理相电压。
DCU2 驱动控制单元有如下接口：
① 控制电机以及保护变流器过流、过压、超温等电气传感器输入。
② 控制变流模块中 IGBT 门极的光学开关输出信号；
③ 实际电机速度电气传感器输入。
④ 电气连接至牵引 MVB 与 SPIF 通信。

5. 牵引电动机

HX_D3B 型电力机车牵引电机使用的是 Mitrac TM3800 F 型三相交流异步牵引电动机。牵引模式时，牵引电机将电能转换为机械能；制动模式时，将机械能转换为电能。当电机由三相电源供电时，定子绕组将产生旋转的正弦分布的磁动势，作用在气隙上的磁动势产生旋转磁场，基波磁场以同步速度旋转。该同步转速是电源频率在特定电机极对数下形成的。旋转磁场在转子导条中产生于同步转速和转子转速的差值成比例变化的电压，该电压将在转子回路产生电流，转子电流和定子磁场在转子上产生机械转矩。牵引电动机电路及其说明见表 6.13。

表 6.13 牵引电动机电路及其说明

电　路	说明（参数）
牵引电动机 M1~M6	持续功率：1 632 kW 额定电压：2 183 V 额定电流：498 A 额定效率：95% 绝缘等级：200 额定转速：1 494 r/min 最高转速：3 198 r/min 电机质量：2 150 kg 齿轮箱质量（包括齿轮和抱轴箱）：1 420 kg 冷却风量：1.8 m³/s 冷却方式：强迫风冷

第三节　辅助电路

机车辅助电路从功能上可以分成相对独立的四部分电路：三相辅助电源、三相辅助电动机供电电路、库用电源回路和辅助加热装置电路。

一、三相辅助电源

机车设有三组独立的三相辅助电源，每组电源由三相辅助变流器、辅助滤波变压器、滤波电容、接触器、自动开关及对应辅机等构成，如图 6.6 所示。主要设备见表 6.14。三组辅助电源的输出范围为从 115 V/15 Hz 到 460 V/60 Hz，当一组电源故障时，其他两组电源仍可保证机车辅助系统的正常工作，实现冗余控制。三组辅助变流器分别位于 3 个变流柜中，输出最大电压 1 130 V/60 Hz。三组辅助隔离变压器、滤波电容、接地检测保护装置、电源接触器、故障切换接触器、预充电接触器、预充电电阻等位于 AFC 辅助滤波柜中。辅助变流器的参数见表 6.15。

表 6.14 三相辅助电源主要设备

序号	设备	代号（缩写）	型号与规格	数量	位置	备注
1	变流器模块（网侧、辅助）	A101	CM-M 2800 W37-5	3	变流柜	
2	变流器模块（网侧、辅助）	A102	CM-M 2800 W38-5	3	变流柜	
3	辅助变流器控制单元 DCU2/A	A607-A1	DCU2/A	3	变流柜	
4	滤波柜开关量输入输出模块	23, 24M		2	辅助滤波柜	
5	滤波柜模拟量输入输出模块	35, 36A	DCA 2000A	2	辅助滤波柜	
6	充电电容接触器	K509		1	辅助滤波柜	
7	预充电接触器	K508		1	辅助滤波柜	
8	辅助变压器 3 接触器	K503		1	辅助滤波柜	
9	故障切换 2 接触器	K505		1	辅助滤波柜	
10	辅助变压器 2 接触器	K502		1	辅助滤波柜	
11	故障切换 1 接触器	K504		1	辅助滤波柜	
12	辅助变压器 1 接触器	K501		1	辅助滤波柜	
13	辅助变压器	T501～503		1	辅助滤波柜	
14	预充电电阻	R521		1	辅助滤波柜	
15	辅助滤波柜通风机	A701, 702		2	辅助滤波柜	
16	滤波电容	C501～503		3	辅助滤波柜	

表 6.15 辅助变流器的参数

每台机车使用数量	3
额定输入电压	DC 2 800 V
输出电压	1 130 V/60 Hz AC
辅助变流器额定容量	180 kV·A
辅助变流器最大容量（短时）	250 kV·A
辅助变流器 1、2	变频变压输出（VVVF）
辅助变流器 3	定频定压输出（CVCF）

机车 3 组三相辅助电源，以不同的频率向各类辅助负载供电，主要由辅助变流器和辅助滤波柜相关设备组成。辅助变流器采用最新的 IGBT 元件（4.5 kV/600 A），其输入电源取自网侧变流器的中间直流回路，输出送入 AFC 辅助滤波柜对辅助电源进行降压、隔离和滤波，再向各类辅机供电。

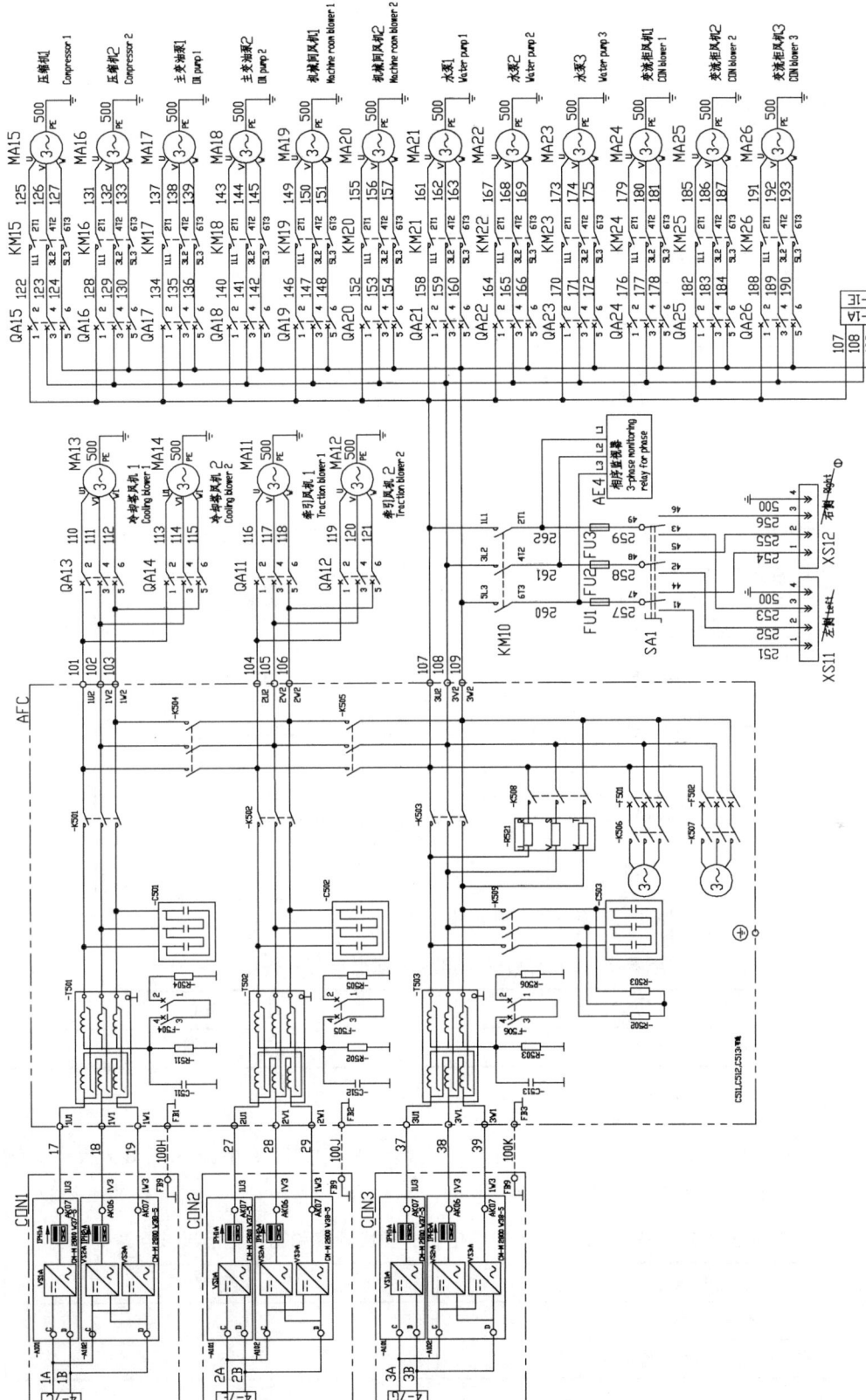

图 6.6 三相辅助电源、三相辅助电动机供电电路、库用电源回路

1. 辅助电源1

电源路径：辅助变流器1→辅助变压器T501→主控接触器K501。电路如图6.7所示。输出电压和输出频率见表6.16。

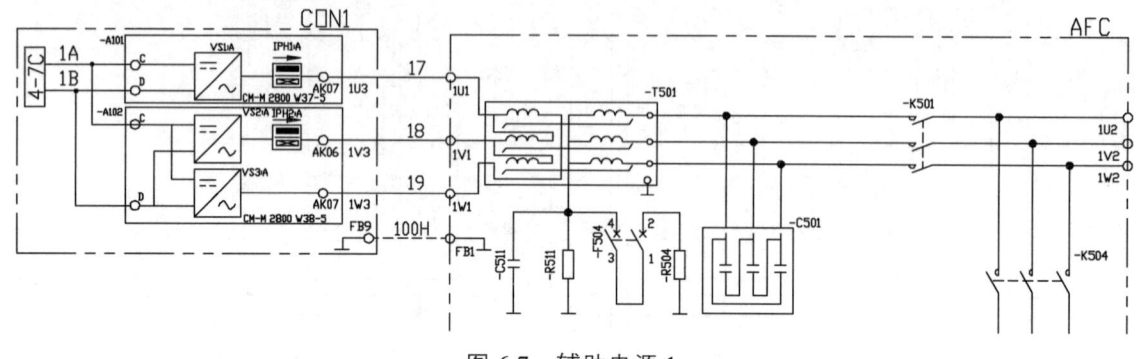

图6.7 辅助电源1

2. 辅助电源2

电源路径：辅助变流器2→辅助变压器T502→主控接触器K502。电路如图6.8所示。输出电压和输出频率见表6.16。

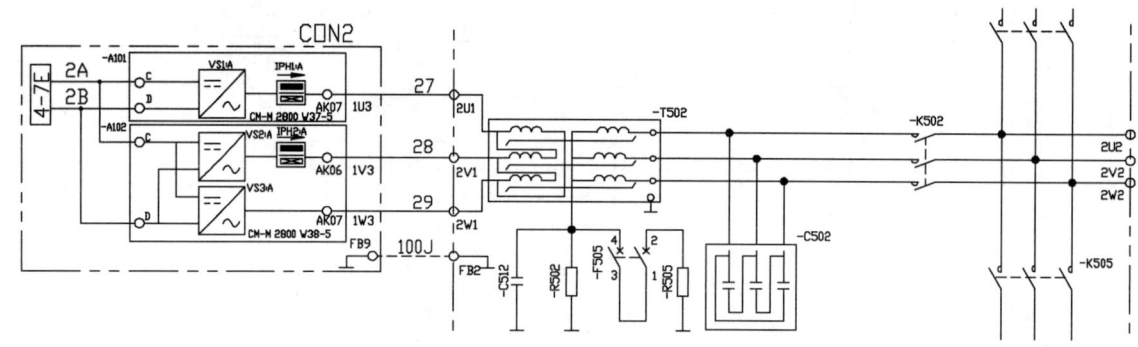

图6.8 辅助电源2

表6.16 辅助电源1、2（变频变压电源）输出电压和输出频率

输出电压（可变）	115～460 V
输出频率（可变）	15～60 Hz

3. 辅助电源3

电源路径：辅助变流器3→辅助变压器T503→主控接触器K503。电路如图6.9所示。输出电压、输出频率和输出电压谐波含量见表6.17。

表6.17 辅助电源3（恒频恒压电源）输出电压、输出频率和输出电压谐波含量

输出电压	460 V
输出频率	60 Hz
输出电压谐波含量（滤波后）	≤8%

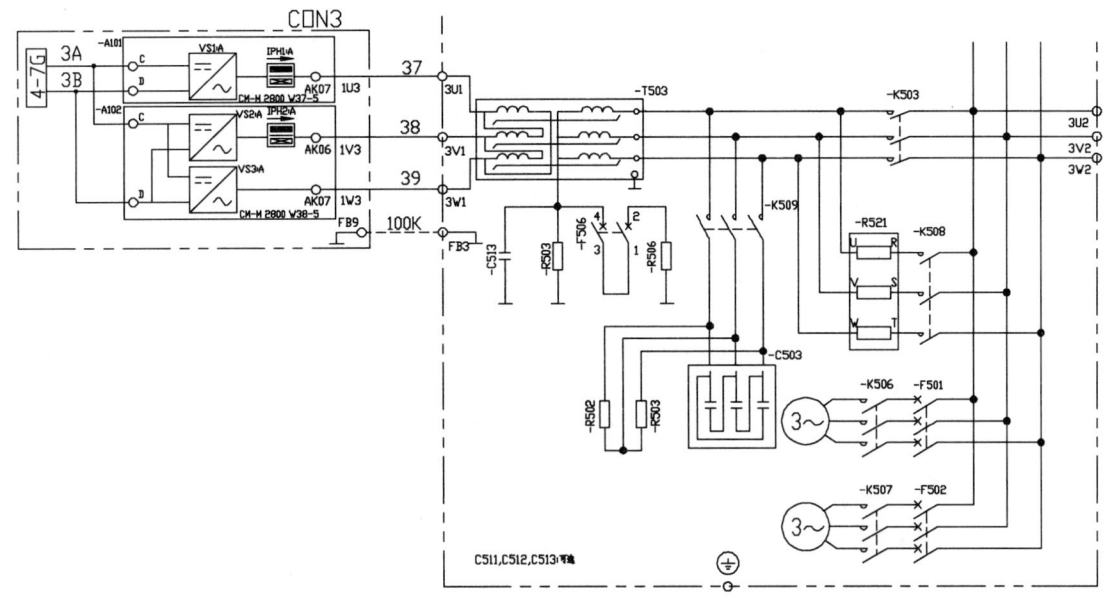

图 6.9 辅助电源 3

4. 辅助电源故障切换

辅助电源 1 和辅助电源 2 中任何一个故障时,通过故障接触器的切换,转由另一个辅助电源对辅助电源 1 和辅助电源 2 的负载共同供电,此时该辅助电源由变频变压改为定频定压供电方式。

当辅助电源 3 故障时,通过故障接触器 K505 切换,转由辅助电源 2 对辅助电源 3 的负载及辅助电源 2 的负载共同供电,但此时只允许一台压缩机工作,对辅助装置除必要的加热或制冷外,其他辅助负载均停止工作。

但此时只允许一台压缩机工作,对辅助装置除必要的加热或制冷外,其他辅助负载均停止工作。

二、三相辅助电动机供电电路

三相辅助电动机供电电路如图 6.6 所示。主要设备见表 6.18。考虑机车牵引力、功率和各个电机的温度等因素的影响,辅助电源 1、2 的输出电压和频率将根据冷却系统的实际情况进行调整,采用变压变频方式工作;辅助电源 3 主要针对泵类负载供电,因此采用定频定压方式工作,电压、频率为 460 V/60 Hz。通过采取这些措施,能够最大限度地减小辅助设备的能量消耗,有效地降低风机噪声,最大限度地延长风机轴承的寿命。

表 6.18 三相辅助电动机供电电路主要设备

序号	设 备	代号(缩写)	型号与规格	数量	位置	备注
1	牵引通风机用自动开关	QA11, 12	3VL2710	2	控制电器柜	
2	牵引通风机电机	MA11.12		2	牵引通风机组	
3	冷却塔通风机用自动开关	QA13, 14	3VL2710	2	控制电器柜	
4	冷却塔通风机电机	MA13, 14		2	冷却塔	
5	空气压缩机用自动开关	QA15, 16	3VL2710	2	控制电器柜	

续表

序号	设备	代号（缩写）	型号与规格	数量	位置	备注
6	空气压缩机用接触器	KM15, 16	AF110B-30-11RT	2	控制电器柜	
7	空气压缩机电机	MA15, 16	SL20-5-102	2	空气压缩机组	
8	主变压器油泵用自动开关	QA17, 18	3RV1031	2	控制电器柜	
9	主变压器油泵用接触器	KM17, 18	TAL26-30-10RT	2	控制电器柜	
10	主变压器油泵电机	MA17, 18	B2/148/100	2	主变压器	
11	机械间通风机用自动开关	QA19, 20	3RV1021	2	控制电器柜	
12	机械间通风机用接触器	KM19, 20	TAL9-30-10RT	2	控制电器柜	
13	机械间通风机电机	MA19, 20		2	机械间通风机	
14	主变流器水泵用自动开关	QA21~23	3RV1021	3	控制电器柜	
15	主变流器水泵用接触器	KM21~23	TAl9-30-10RT	3	控制电器柜	
16	主变流器水泵电机	MA21~23		3	变流柜	
17	主变流器通风机用自动开关	QA24~26	3RV102	3	控制电器柜	
18	主变流器通风机用接触器	KM24~26	TAL9-30-10RT	3	控制电器柜	
19	主变流器通风机电机	MA24~26		3	变流柜	

1. 冷却塔风机供电电路

辅助电源 1 经自动开关向两台牵引变压器和变流器的冷却塔通风机电机供电。冷却塔风机供电电路如图 6.10 所示

（1）供电路径：

辅助变流器 1→辅助变压器 T501→主控接触器 K501→电机断路器 QA13、QA14→冷却塔电机 MA13、MA14。

（2）工作特点：变压变频（VVVF）。

变流器输入：DC 2 800 V，输出：115 V/15 Hz ~ 460 V/60 Hz（三相交流）。

2. 牵引通风机供电电路

辅助电源 2 经过自动开关向两台牵引电机通风机电机供电。牵引通风机供电电路如图 6.11 所示。

（1）供电路径：

辅助变流器 2→辅助变压器 T502→主控接触器 K502→电机断路器 QA11、QA12→冷却塔电机 MA11、MA12。

（2）工作特点：变压变频（VVVF）。

变流器输入：DC 2 800 V，输出：115 V/15 Hz ~ 460 V/60 Hz（三相交流）。

3. 直流充电电源、各种泵类、空压机、机械间冷却、滤波柜冷却电机供电电路

辅助电源 3 经过自动开关和接触器向对应的空压机、油泵、水泵、变流器风机、司机室空调、机器间通风机、蓄电池充电器、各类单相辅助加热器等供电。直流充电电源、各种泵类、空压机、机械间冷却、滤波柜冷却电机供电电路如图 6.12 所示。

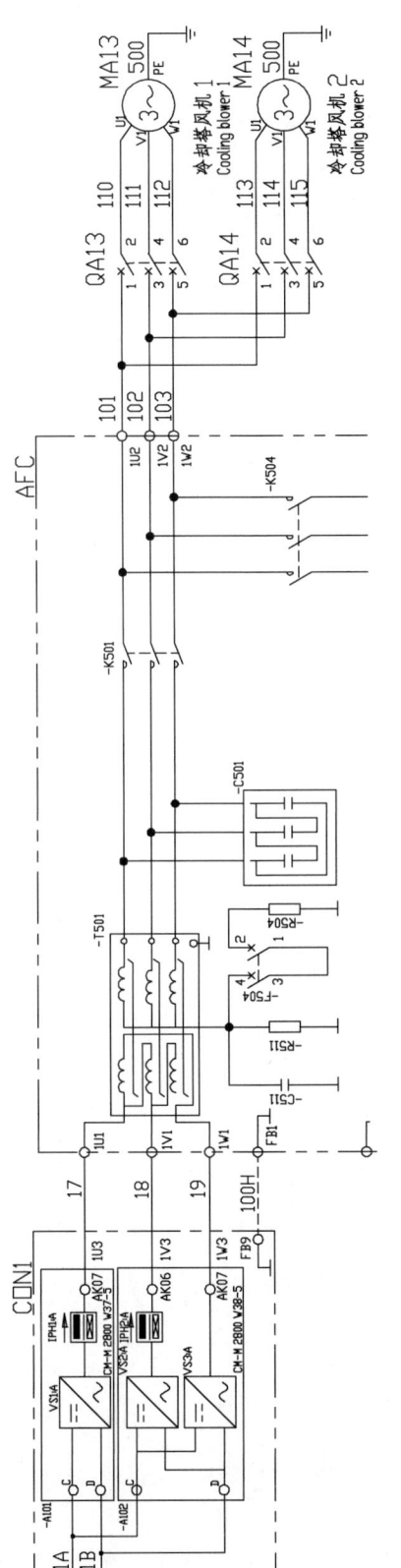

图 6.10 冷却塔风机供电电路

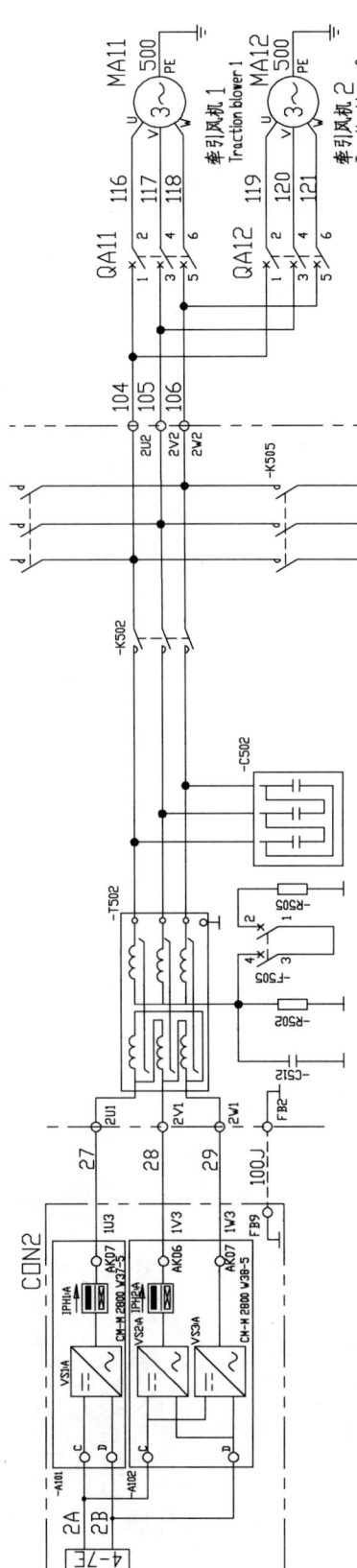

图 6.11 牵引通风机供电电路

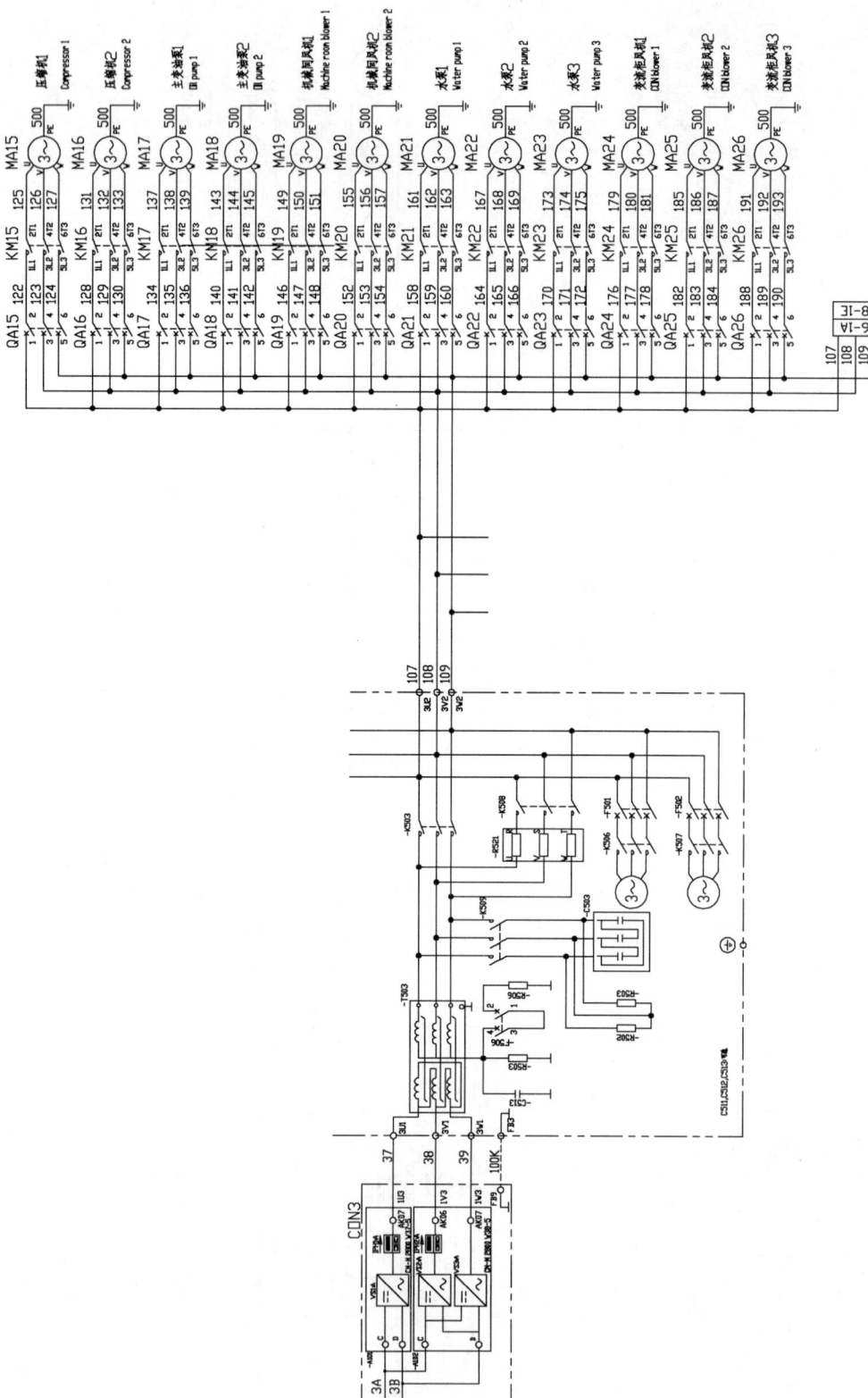

图6.12 直流充电电源、各种泵类、空压机、机械间冷却、滤波柜冷却电机供电电路

（1）供电路径：

辅助变流器 3→辅助变压器 T503→主控接触器 K503→

↗电机断路器 QA15 ~ QA26→电机接触器 KM15 ~ KM26→电机 MA15 ~ MA26。

↘电机断路器 F501、F502→主控接触器 K506、K507→滤波柜自冷电机。

（2）供电方式：定频定压（CVCF）。

变流器输入：DC 2 800 V，输出：460 V/60 Hz（三相交流）。

三、库用电源回路

机车每侧各设 1 个 AC 380 V/50 Hz 的三相库用电源插座，可以分别满足机车库内动车、辅助电机试验及蓄电池的充电需要。库用电源回路设备见表 6.19。

表 6.19 库用电源回路设备

序号	设备	代号（缩写）	型号与规格	数量	位置	备注
1	库内电源插座	XS11, 12	NM-3583，125A	2	车体外侧中间	
2	库内电源用接触器	KM10	AF145-30-11RT	1	牵引通风机组	
3	库内电源转换开关	SA1	SF-1A-07, 380Vac, 130A	1	控制电器柜	
4	预充电接触器	K508		1	辅助滤波柜	
5	预充电电阻	R521		1	辅助滤波柜	
6	滤波电容切换接触器	K509		1	辅助滤波柜	
7	相序监视器	AE4	Rsf 077 D	1	辅助滤波柜	

1. 库用电源回路构成

机车 AC 380 V/50 Hz 的三相库用电源回路如图 6.13 所示，库用电源经库用插座 XS11 或 XS12 引入，首先经相序检测装置确认相序正常后，库用接触器 KM10 闭合，使库用电源经库用转换开关 SA1 和库用接触器 KM10，与辅助电源 3 和 DC 110 V 电源回路连通。库用插座、库用转换开关如图 6.14 所示。

图 6.14 库用插座、库用转换开关

在辅助电源 3 回路中，设有预充电接触器 K508、预充电电阻 R521 和滤波电容切换接触器 K509，通过变流器 3 完成库内动车，如图 6.15 所示。同时库用电源向 DC 110 V 充电回路提供 3 相输入电源，保证 DC 110 V 充电模块的正常工作，如图 6.16 所示。

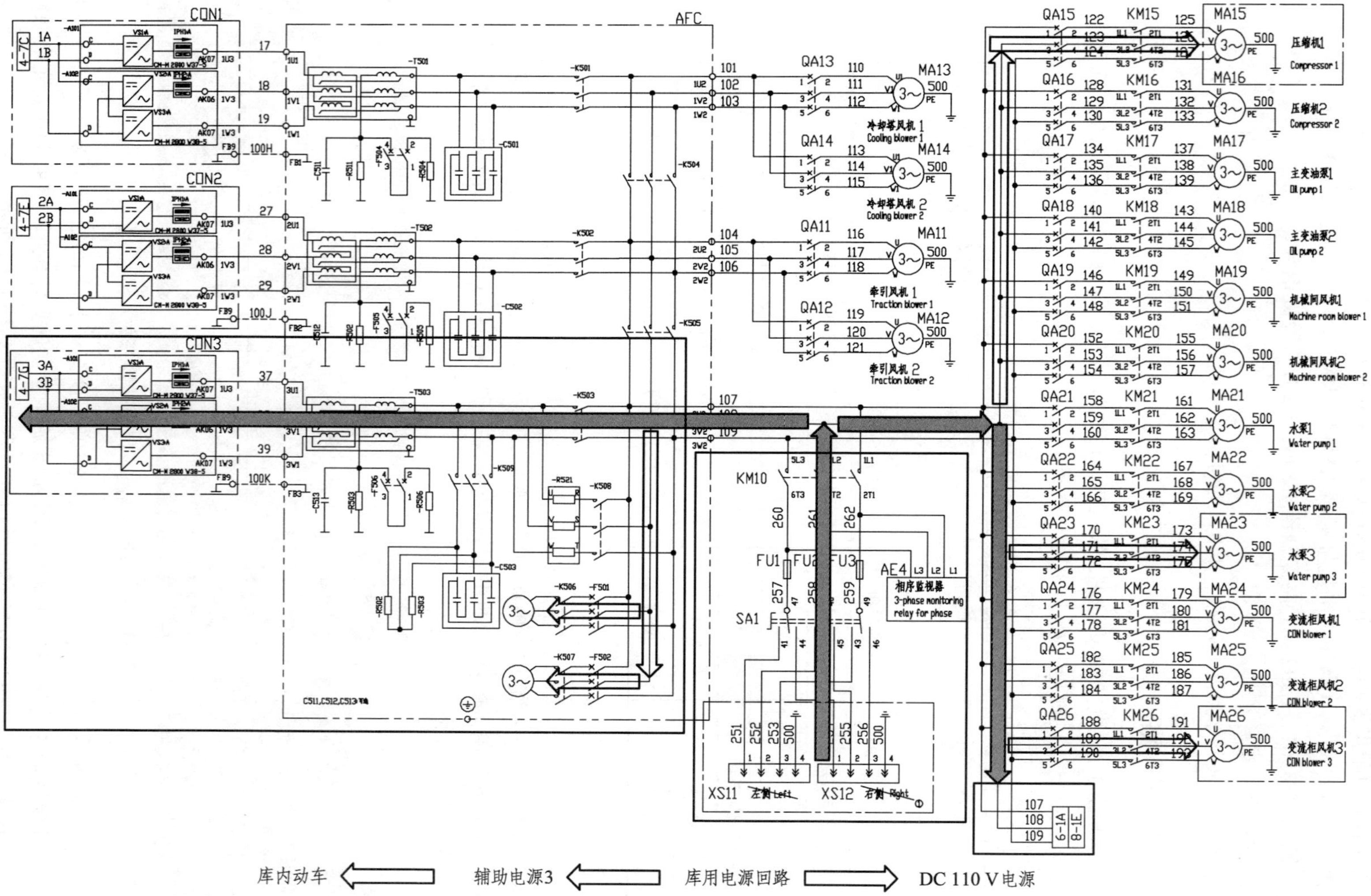

图 6.13 三相库用电源回路

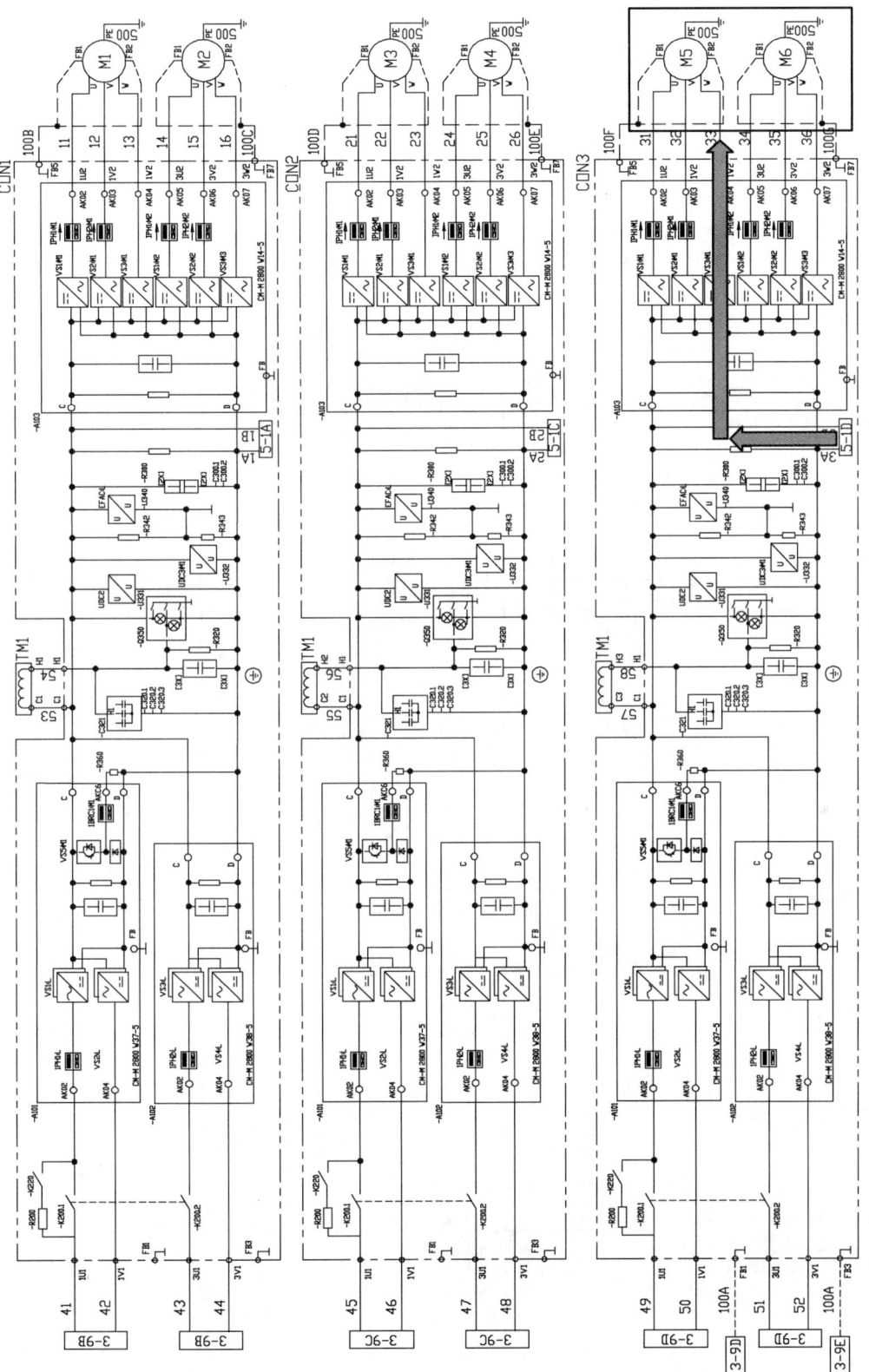

图 6.15 库内动车回路

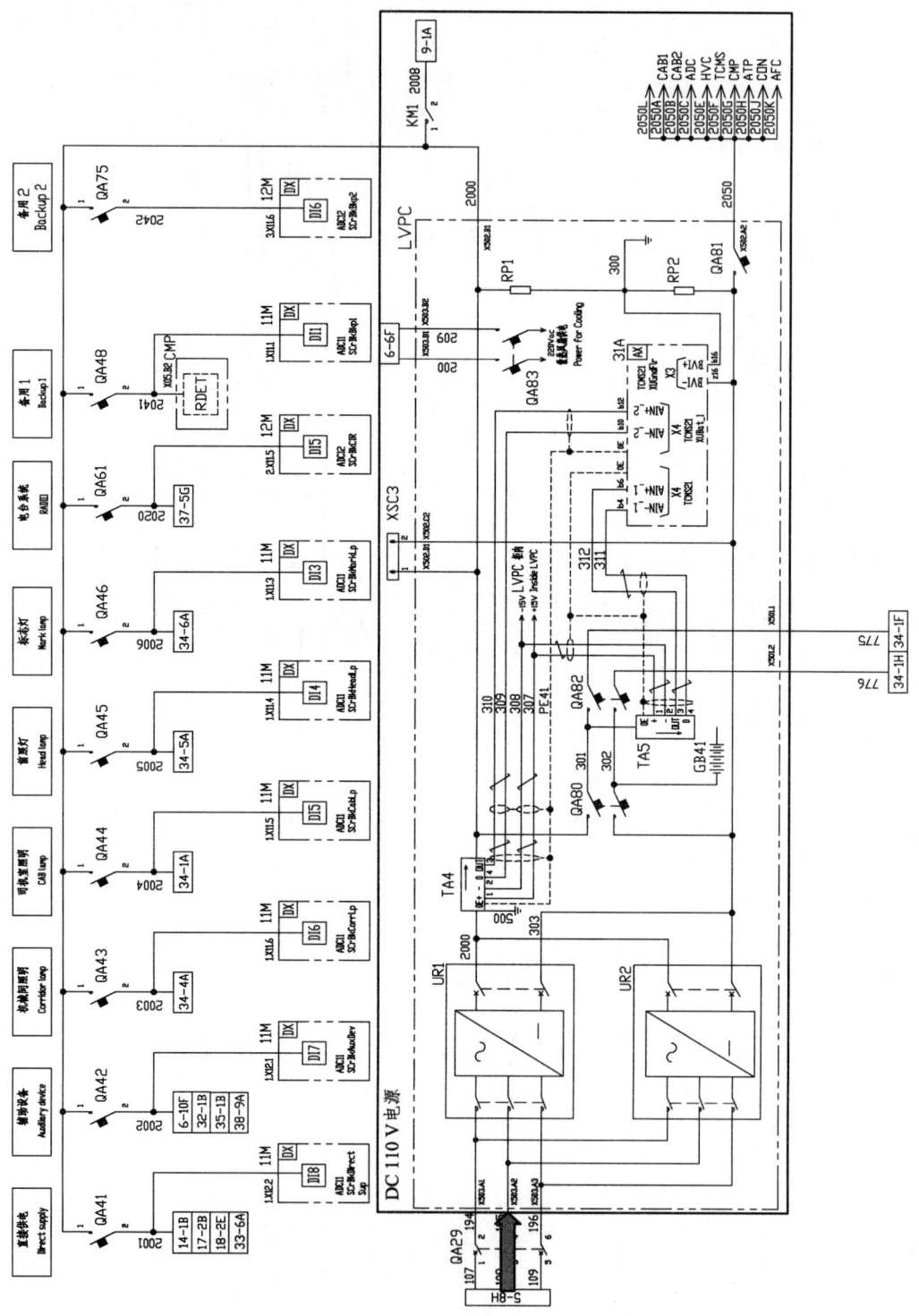

图 6.16 库用电源向 DC110V 充电回路

2. 三相库用电源操作模式

在微机显示屏上设有库用模式选择开关,如图 6.17 所示,通过操纵该开关,可以实现机车库内动车和各类辅机的库用试验,如压缩机、牵引风机电机和油泵等。

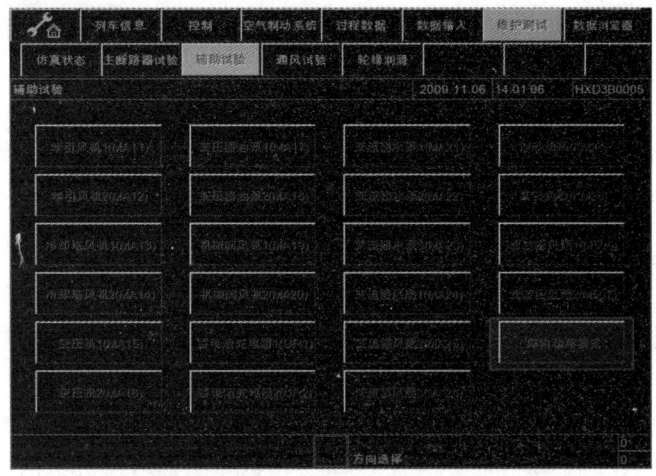

图 6.17 微机显示屏库用模式选择开关

主断路器断开条件下,司机可进行库用模式操作。首先应保证升弓钥匙开关在正常位,将位于 ADC 辅助电源柜的库用开关打至 I 端库用位或II端库用位,然后将 ADC 辅助配电柜和 AFC 辅助滤波柜的门闭合到位,并将地面电源插座插入机车对应的库用插座,再闭合电源开关。地面电源送电后,首先经相序检测装置确认库用电源相序正常,库用接触器才可闭合,库用电源送入机车。司机将电钥匙从"0"位打至"2"位,微机系统上电,蓄电池充电模块开始工作,操纵端司机室被确认,机车可以实现以下库用功能:

(1)库内动车。

在操纵端司机室,通过微机显示屏选择库内动车模式,辅助变流器 3 的预充电回路接通,对变流器 3 的中间直流回路开始充电。在库内动车模式下,机车制动只能采用空气制动,因此库内动车前,机车控制系统 VCU 首先确认总风压力是否满足要求,如果风压低于 750 kPa,首先控制压缩机进行打风,并闭合辅助变流器 3 的风扇和水泵及 AFC 滤波柜的风扇,司机根据微机显示屏提示确认库内动车条件具备后,才可操纵司控器实现机车的库内动车。

(2)辅机库用试验。

在库用模式下,司机通过微机显示屏进入辅机试验界面,激活不同的辅机软开关,可实现对不同辅机的动作和旋向等的确认。辅机库用试验时,通过软件互锁只能投入一台辅机,司机需根据微机显示屏提示,手动操纵一些自动开关的开闭,来保证单个辅机逐个进行试验。

(3)DC 110 V 充电电源模块的库内动作试验。

机车在库内动车模式或辅机库用试验模式下,DC 110 V 充电电源模块均可以工作,对蓄电池进行库内充电;如果微机控制系统不上电,但库用电源条件具备的情况下,DC 110 V 充电电源模块仍可工作,完成对蓄电池的充电。

3. 机车库用电源要求

机车采用 AC 380 V/50 Hz 的三相交流库用电源,具体要求见表 6.20。

表 6.20　机车库用电源要求

库用电源容量	60 kV·A
线电压	380 V
线电压允许变化范围	±10%
基波频率	50 Hz
基波频率允许变化范围	±0.5 Hz
谐波含量	≤5%

库用电源应设置短路过载保护、缺相保护、过电压和欠电压保护等功能。

四、辅助加热装置电路

机车辅助加热装置电路如图 6.18 所示，主要由电热玻璃、膝炉、脚炉、壁炉、后墙暖风机、微波炉等构成（见表 6.21）。机车正常运行时，辅助加热装置采用单相 AC 230 V/60 Hz 供电，机车在库用电源模式下，辅助加热装置采用单相 AC 200 V/50 Hz 供电。

辅助电源 3 经过 AT1 辅助隔离变压器（460/400）降压，向司机室内的辅助加热设备、窗加热玻璃、撒砂加热装置、微波炉、卫生间等提供单相交流电源。

表 6.21　机车辅助加热装置电路主要设备

序号	设备	代号（缩写）	型号与规格	数量	位置	备注
1	辅助加热用自动开关	QA28	3VL2710, 100A	1	控制电器柜	
2	辅助加热用接触器	KM28	AF110B-30-11RT	1	控制电器柜	
3	空调装置	EV11, 12	TTK17-5.8GD	2	机车车头	
4	辅助变压器	AT1	SG-28	1	控制电器柜	
5	司机室加热用自动开关	QA32, 33	5SJ4 1407 CC20, 40A	2	控制电器柜	
6	膝炉	EH15, 16	QDNF J-HXD3B	2	司机室	
7	脚炉	EH17, 18	JL-HXD3B	2	司机室	
8	侧墙暖风机	EH19~22	CQNF J-HXD3B	4	司机室	
9	后墙暖风机	EH23, 24	HQNF J-HXD3B	2	司机室	
10	微波炉用自动开关	QA34	5SJ4 1257 CC20, 25A	1	控制电器柜	
11	微波炉开关	SA15	4A073-1/F 特	1	操纵台	
12	微波炉	EH31	MM517FKEB	1	操纵台下	
13	电源插座（AC220V）	XS21~23	5UB0 106-1CC1 22	3	司机室、机械间	
14	撒砂加热用自动开关	QA40	5SJ4 1107 CC20, 10A	1	控制电器柜	
15	撒砂加热用接触器	KM27	TAL12-30-10RT	1	控制电器柜	
16	沙箱加热器	EH51~58		8	沙箱	
17	电热玻璃用自动开关	QA35	5SJ4 1167 CC20, 16A	1	控制电器柜	
18	电热玻璃开关	SA13, 14	4A073-1/F 特	2	司机操纵台	
19	电热玻璃	EH11~14	DBC-QCBL	4	司机室挡风玻璃	
20	卫生间	WC	WSJ-HXD3B	1	机械间	

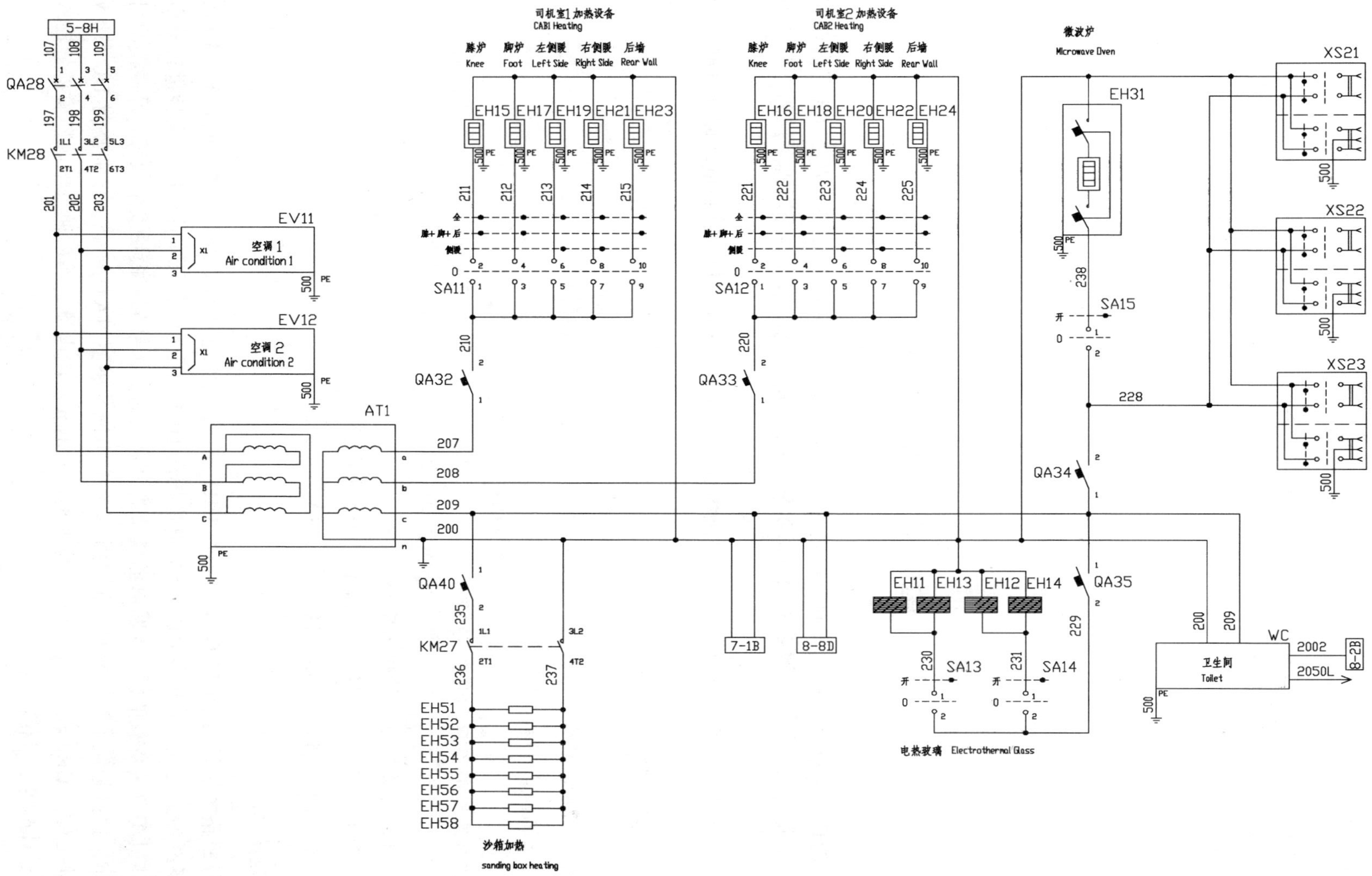

图 6.18 机车辅助加热装置电路

1. 供电路径

辅助变流器 3→辅助变压器 T503→主控接触器 K503→空调及辅助加热断路器 QA28→空调及辅助加热接触器 KM28→辅助隔离变压器 AT1（460 V/400 V 三相）→司机室加热设备、沙箱加热及卫生间供电。

2. 供电模式

（1）空调：AC 460 V 60 Hz（三相）。
（2）其他装置：AC 230 V/60 Hz（单相）；
AC 200 V/50 Hz（单相、库用电源模式）。

第四节　控制电路

机车的控制系统是以机车控制与控制监视系统（简称 TCMS）为核心，结合目前国内现有的机车行车安全综合信息监控系统和克诺尔的 CCB-II 电控制动系统，配以机车控制电路来进行设计的。

控制电路又分为控制电源、司机室司机指令控制电路、空调控制电路和重联控制电路等。

一、控制电源

控制电源由电源回路和其供电电路组成，控制电源供电路径：
辅助变流器 3→辅助变压器 T503→主控接触器 K503→
　　　　　　　　　　　↗DC110V 电源模块 UR1↘
→蓄电池充电器自动开关 QA29→　　OR　　　→TA4→
　　　　　　　　　　　↘DC110V 电源模块 UR2↗

↗①自动开关控制直接供电电路
→→②通过控制电器接触器 KM1 间接供电电路
↘③蓄电池 GB41→应急灯自动开关 QA82→应急灯

1. 电源回路

电源回路主要是由 DC110V 电源模块 UR1、UR2 与蓄电池组 GB41 并联组成如图 6.19 所示，主要设备见表 6.22。其中 DC 110 V 电源模块 UR1、UR2 按累计工作的时间交替进行蓄电池充电和机车直流负载的供电，两电源模块为冗余设置，如果某一模块发生故障，另一模块可接替工作，提高控制电源可靠性。回路中设置有电流传感器 TA4、TA5，分别监测 DC 110 V 电源模块 UR1、UR2 输出电流和蓄电池组 GB41 的充放电电流，然后通过电源柜模拟量输入输出模块 31A 将信号传送给 TCMS。

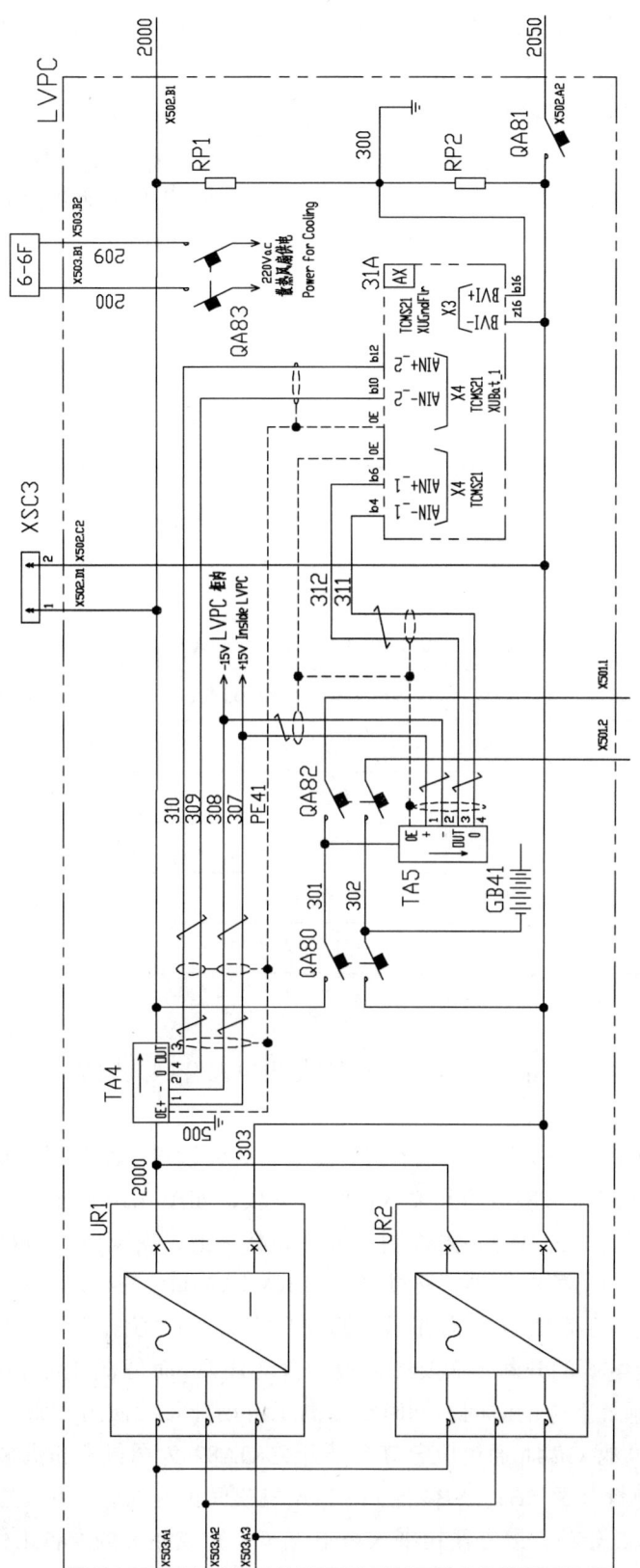

图 6.19 电源柜电路

电源回路考虑到蓄电池组 GB41 严重馈电的时候,低于机车电器的最低控制电压,则不能保证 DC 110 V 电源模块 UR1、UR2 的正常工作,因此设置 1 个外接的 DC 110 V 插座 XSC3,作为蓄电池的备用充电插座,或机车调试检修时的外接电源引入插座。

电源回路设置有 4 个自动开关,蓄电池自动开关 QA80 用于控制和保护蓄电池组 GB41,DC 110 V 负极自动开关 QA81 用于控制电源的输出,应急照明用自动开关 QA82 用于为司机室应急灯单独一路蓄电池供电,散热风扇用自动开关 QA83 用于控制低压电源柜通风机的工作。

表 6.22 电源回路主要设备

序号	设备	代号(缩写)	型号与规格	数量	位置	备注
1	DC 110 V 电源模块	UR1, 2		2	低压电源柜	
2	蓄电池组	GB41	M-170	1 组	低压电源柜	
3	电流传感器	TA4, 5	HTA100-S	2	低压电源柜	
4	蓄电池自动开关	QA80	5SP4263(双极),63A	1	低压电源柜柜门	
5	DC 110 V 负极自动开关	QA81	5SJ51637 CC20, 63A	1	低压电源柜柜门	
6	应急照明用自动开关	QA82	5SJ52107CC20(双极)	1	低压电源柜柜门	
7	散热风扇用自动开关	QA83	5SJ4 5027 CC20, 2A	1	低压电源柜柜门	
8	电源单元选择开关	SW1	4A232-2/F 特	1	低压电源柜柜门	
9	电源柜模拟量输入输出模块	31A	DCA 200OA	1	低压电源柜	
10	蓄电池充电器用自动开关	QA29	3RV1031-4EA10, 32A	1	控制电器柜	

2. 控制电源供电电路

机车 DC 110 V 控制电源采用 DC 110 V 充电器与蓄电池并联共同输出,并采用两种模式对机车直流负载进行供电:

直接供电模式:对于机车的头灯、司机室灯、走廊灯、阅读灯、ATP 行车安全系统及不通过微机系统控制的负载回路,采用自动开关直接驱动负载,如图 6.20 所示。

间接供电模式:对于机车的其他各类控制系统,如高压柜、变流柜、AFC 滤波柜、微机柜、制动系统、司机室、辅助配电柜等,通过接触器 KM1 的开闭,来实现对机车控制系统的供电,如图 6.21 所示。接触器 KM1 只有在司机钥匙开关从"0"位打至"1"位或"2"位,才可闭合。这样控制系统电源的开断不需要经常扳动自动开关,而是直接通过接触器来切断,这样既减少了微机控制系统上电的时间,同时还提高了自动开关的使用寿命。

另外还有一路从蓄电池 GB41 通过应急灯自动开关 QA82 为司机室和机械间走廊中 6 盏灯供电,由司机室中应急灯开关 SB1~SB4 控制。当司机夜间上车时,按下应急灯开关(50 ms以上),应急灯可持续亮 5 分钟,以方便司乘人员上下车,完成相关的准备工作。

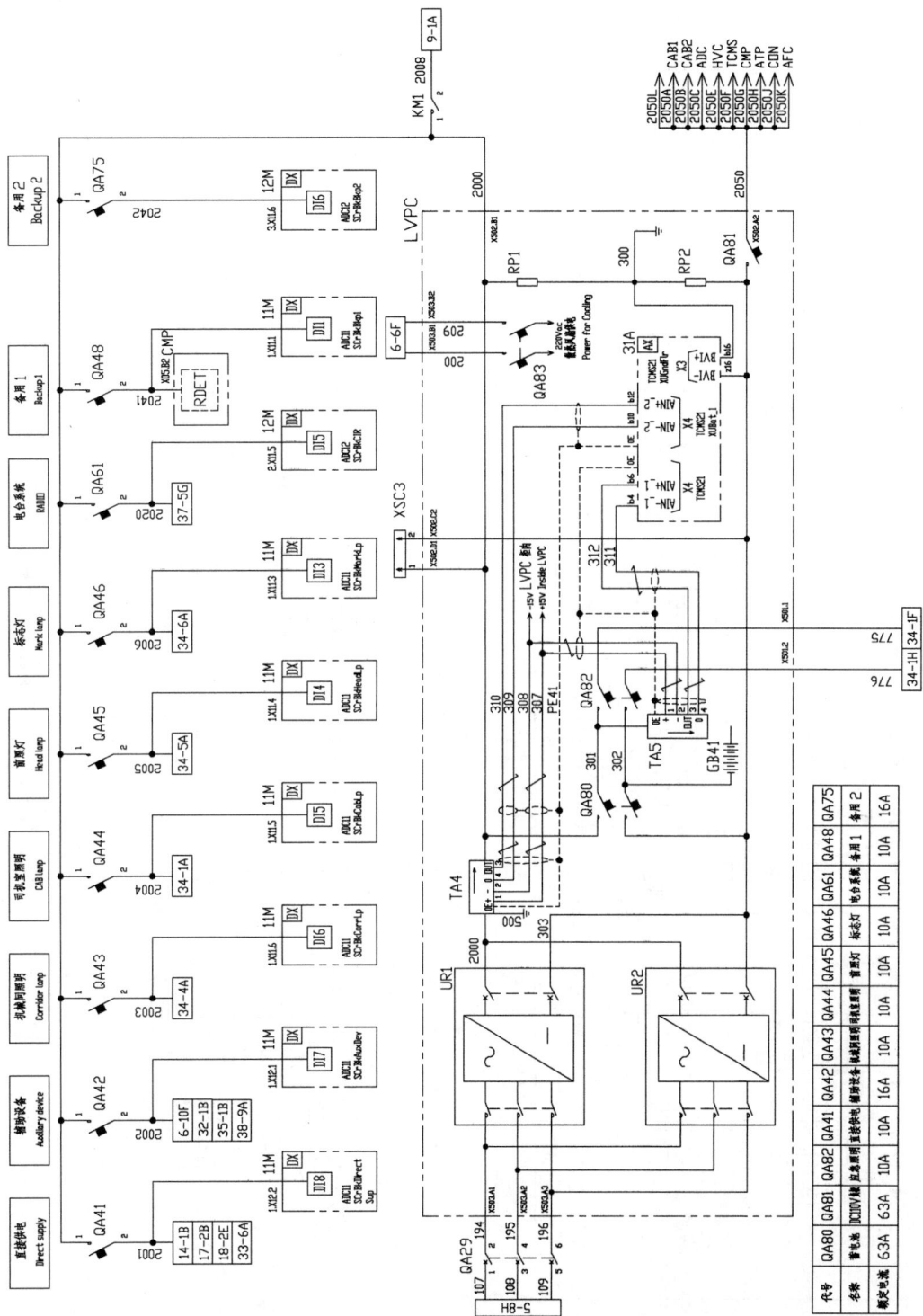

图 6.20 控制电源供电电路 1

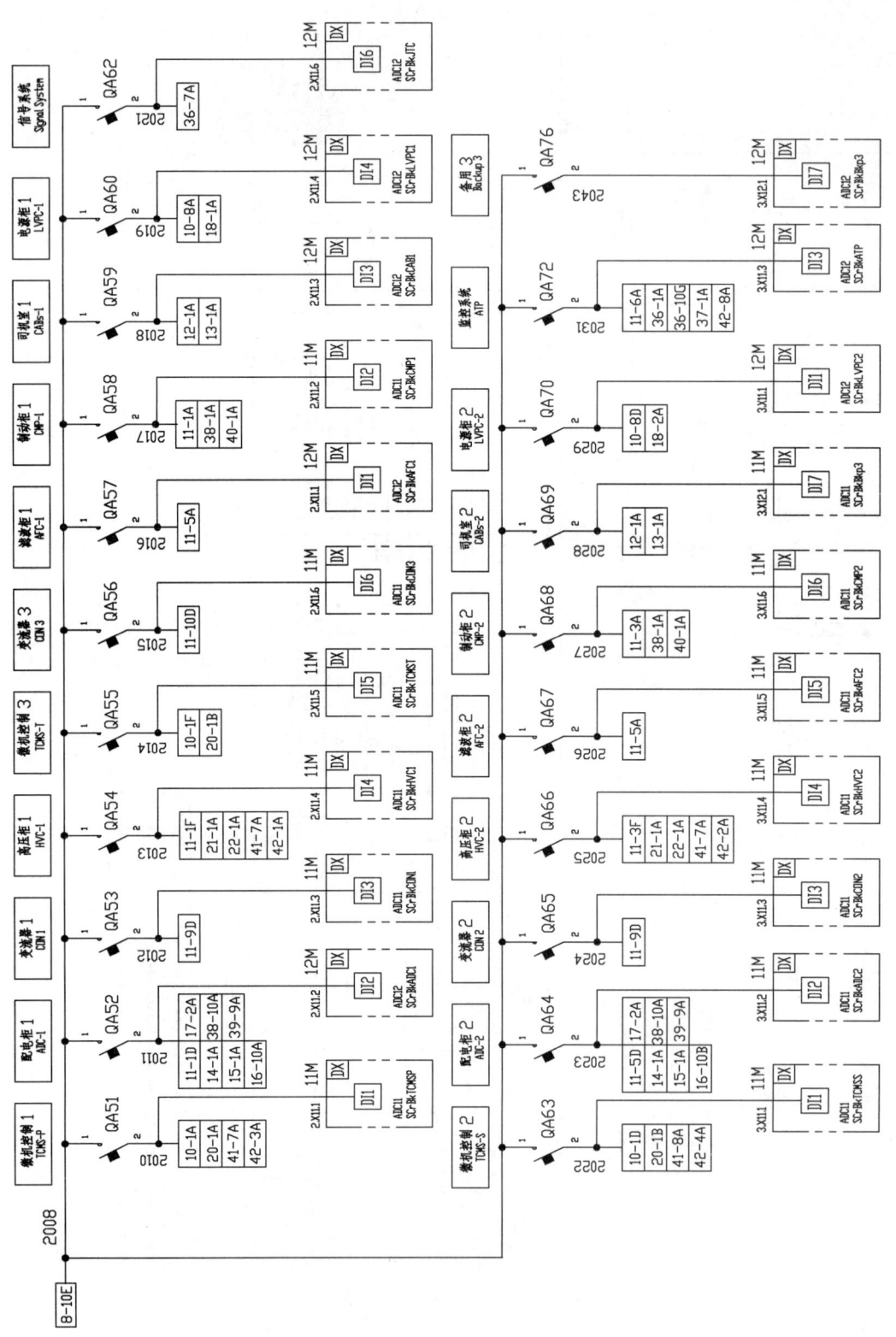

图 6.21 控制电源供电电路 2

表 6.23　控制电源供电电路主要设备

序号	设备	代号（缩写）	型号与规格	数量	位置	备注
1	直接供电用自动开关	QA41	5SJ51107 CC20, 10A	1	左柜门第1排	
2	辅助设备用自动开关	QA42	5SJ51167 CC20, 16A	1	左柜门第1排	
3	机械间照明用自动开关	QA43	5SJ51107 CC20, 10A	1	左柜门第1排	
4	司机室照明用自动开关	QA44	5SJ51107 CC20, 10A	1	左柜门第1排	
5	前照灯用自动开关	QA45	5SJ51107 CC20, 10A	1	左柜门第1排	
6	标志灯用自动开关	QA46	5SJ51107 CC20, 10A	1	左柜门第1排	
7	电台系统用自动开关	QA61		1	左柜门第1排	
8	备用1用自动开关	QA48	5SJ51107 CC20, 10A	1	左柜门第1排	
9	备用2用自动开关	QA75		1	左柜门第1排	
10	控制电器用接触器	KM1	S195SE/3-110V, 250A	1	柜内第5排	
11	微机控制1用自动开关	QA51	5SJ51107 CC20, 10A	1	右柜门第1排	
12	辅助配电柜1用自动开关	QA52	5SJ51167 CC20, 16A	1	右柜门第1排	
13	主变流器1用自动开关	QA53	5SJ51107 CC20, 10A	1	右柜门第1排	
14	高压柜1用自动开关	QA54	5SJ51167 CC20, 16A	1	右柜门第1排	
15	微机控制3用自动开关	QA55	5SJ51107 CC20, 10A	1	右柜门第1排	
16	主变流器3用自动开关	QA56	5SJ51107 CC20, 10A	1	右柜门第1排	
17	滤波柜1用自动开关	QA57	5SJ51107 CC20, 10A	1	右柜门第1排	
18	制动柜1用自动开关	QA58		1		
19	司机室1用自动开关	QA59		1		
20	电源柜1用自动开关	QA60		1	右柜门第1排	
21	信号系统用自动开关	QA62		1		
22	微机控制2用自动开关	QA63	5SJ51107 CC20, 10A	1	右柜门第2排	
23	辅助配电柜2用自动开关	QA64	5SJ51167 CC20, 16A	1	右柜门第2排	
24	主变流器2用自动开关	QA65	5SJ51107 CC20, 10A	1	右柜门第2排	
25	高压柜2用自动开关	QA66	5SJ51167 CC20, 16A	1	右柜门第2排	
26	滤波柜2用自动开关	QA67	5SJ51107 CC20, 10A	1	右柜门第2排	
27	制动柜2用自动开关	QA68		1		
28	司机室2用自动开关	QA69		1	右柜门第2排	
29	电源柜2用自动开关	QA70		1	右柜门第2排	
30	监控系统用自动开关	QA72		1	右柜门第2排	
31	备用3用自动开关	QA76	5SJ51107 CC20, 10A	1	右柜门第2排	

（1）供电电路。

① 自动开关控制直接供电电路。

QA41～QA48 和 QA75 在配电柜 ADC 柜门上。

② 通过控制电器接触器 KM1 间接供电电路。

控制电器触器 KM1 只有在司机钥匙开关从"0"位打至"1"位或"2"位才可闭合，即间接供电由司机钥匙开关控制。

③ 蓄电池、应急灯电路。

蓄电池 GB41→应急灯自动开关 QA82→应急灯。

（2）工作模式。

① 电源模块 UR1 和 UR2，正常模式下只有一组电源模块运行。切换方式为手动和自动两种，自动方式是按累计工作的时间交替进行蓄电池充电和机车直流负载的供电（由 SW1 开关选择）。

② UR1、UR2 供电为 460 V 60 Hz（三相），380 V 50 Hz（三相、库用模式）。

③ 通过微机控制系统 VCU，可以实现对 DC110V 控制电源的低电压监测和保护：

a. 控制电压低于 94 V 时，微机显示屏弹出低压故障预警信息。

b. 控制电压继续降低至 92 V 时，微机显示屏在弹出低压故障预警信息的同时发出声音报警。

c. 控制电压低至 88 V 时，机车微机控制系统将禁止牵引制动力的输出，待机车停止后微机控制系统的电源将被切断，机车无法运行，但可以保证机车下一次微机系统的起动及升弓合主断。

（3）单元选择开关 SW1 工作模式：

单元 1：DC 110 V 电源模块 UR1 工作。

单元 2：DC 110 V 电源模块 UR2 工作。

自动：由微机选择累计工作时间少的那个单元工作，如果其中一组电源出现故障可自动切换。

关：DC 110 V 电源停止工作。

3. 控制电源供电特点

（1）DC 110 V 电源模块可以通过 MVB 网络，向微机控制系统 VCU 提供故障信息，并通过微机诊断屏进行信息提示。

（2）通过 VCU 的控制，可以实现 DC 110 V 电源模块的交替工作及一组模块故障状态下的自动切换。

（3）通过 I/O 模块和 A/O 模块，机车微机系统可实现对 DC 110 V 充电模块的故障状态监测、输出电压输出电流监测、蓄电池充放电电流监测及接地故障监测。

（4）通过微机控制系统 VCU，可以实现对 DC 110 V 控制电源的低电压监测和保护：当控制电压低于 94 V 时，微机显示屏弹出低压故障预警信息；当控制电压继续降低至 92 V 时，微机显示屏在弹出低压故障预警信息的同时发出声音报警；当控制电压继续降低，低至 88 V 时，机车微机控制系统将禁止牵引制动力的输出，待机车停止后微机控制系统的电源将被切断，机车无法运行，但可以保证机车下一次微机系统的起动及升弓合主断。

（5）低压电源柜 LVPC 正常只有一组模块工作。在电源柜的面板上设有显示器，可显示模块输出电流、蓄电池充电电流及电源的输出电压。在面板上还设有充电模块选择开关 SW1，共有五挡："单元 1""OFF""AUTO""OFF"和"单元 2"，其中"AUTO"挡表示由微机自动控制，每次闭合司机电钥匙后，微机系统自动选择累计工作时间少的那个单元工作，如果其中一组电源出现故障，可自动切换；"单元 1"表示一直电源 1 工作，"单元 2"，表示一直电源 2 工作，在这两种模式下，如果电源出现故障，不能自动切换，只有人为切换至另一组电源。机车正常运行时，开关打至"AUTO"挡。

（6）低压电源柜内，设有蜂鸣器，当控制电压低于 88 V 时，无论微机系统是否工作，电源柜均会发出声音报警，提示维修人员及时切断 DC 110 V 负载，确保机车下一次的微机系统起动和升弓合主断。

二、司机指令控制电路

在机车的I、II端司机室设置了完全相同的控制开关,可以分别向机车控制系统发出命令,机车控制系统经逻辑处理后,驱动执行机构,实现机车的控制,I端司机室司机指令控制电路如图 6.22 所示,II端司机室司机指令控制电路如图 6.23 所示。主要设备见表 6.24。

以I端司机室司机指令控制指令为例进行说明,同时将II端对应的控制器件代号用"( )"进行表示。

表 6.24 司机指令控制电路主要设备

序号	设备	代号(缩写)	型号与规格	数量	位置	备注
1	DC 24 V 电源模块	UP1~4		2	操纵台内部	
2	DC 24 V 电源用自动开关	QA91~94	5SJ51107 CC20, 10A	4	操纵台内部	
3	DC 24 V 电源二极管	VD1~4	SKKD 15	4	操纵台内部	
4	司机钥匙	SA51, 52		2	操纵台上	
5	受电弓扳键开关	SB41, 42		2	操纵台上	
6	主断路器扳键开关	SB43, 44		2	操纵台上	
7	压缩机扳键开关	SB45, 46		2	操纵台上	
8	高音风笛按钮	SB77~82	S405M-L	6	操纵台上	
9	弹停制动按钮	SB83, 84	S405D-H	2	操纵台上	
10	弹停缓解按钮	SB85, 86	S405-L	2	操纵台上	
11	停车位置按钮	SB55, 56	S405D-W, 24V	2	操纵台上	
12	紧急制动按钮	SB57, 58	S403MRZ-H(2/2)	2	操纵台上	
13	指示灯亮度旋钮	SA53, 54		2	操纵台上	
14	空转/滑行指示灯	HL43, 44		2	操纵台上	
15	主断分指示灯	HL33, 34		2	操纵台上	
16	警惕指示灯	HL45.46		2	操纵台上	
17	警惕蜂鸣器	HA31, 32		2	操纵台上	
18	故障指示灯	HL47, 48		2	操纵台上	
19	弹停指示灯	HL35, 36		2	操纵台上	
20	换端指示灯	HL41, 42		2	操纵台上	
21	牵引/制动力表	PV47, 48	YDS2	2	操纵台上	
22	主司控器	AC41, 42	S640CC, 420	2	操纵台上	
23	警惕手动按钮	SB59, 60	S405M-Y	2	操纵台上	
24	半自动过分相按钮	SB51, 52	S405-W	2	操纵台上	
25	定速控制按钮	SB53, 54	S405-L	2	操纵台上	
26	警惕脚踏开关	SA101, 102	S293S3	2	操纵台上	
27	撒砂脚路开关	SA103, 104	S293S3	2	操纵台上	
28	低音风笛脚踏开关	SA105, 106	S293S3	2	操纵台上	
29	撒砂加热开关	SA57, 58	4A030-1/F 特	2	操纵台上	
30	电制动指示灯	HL39, 40		2	操纵台上	
31	网压表	PV45, 46	YDS2	2	操纵台上	
32	控制电压表	PV49, 50		2	操纵台上	

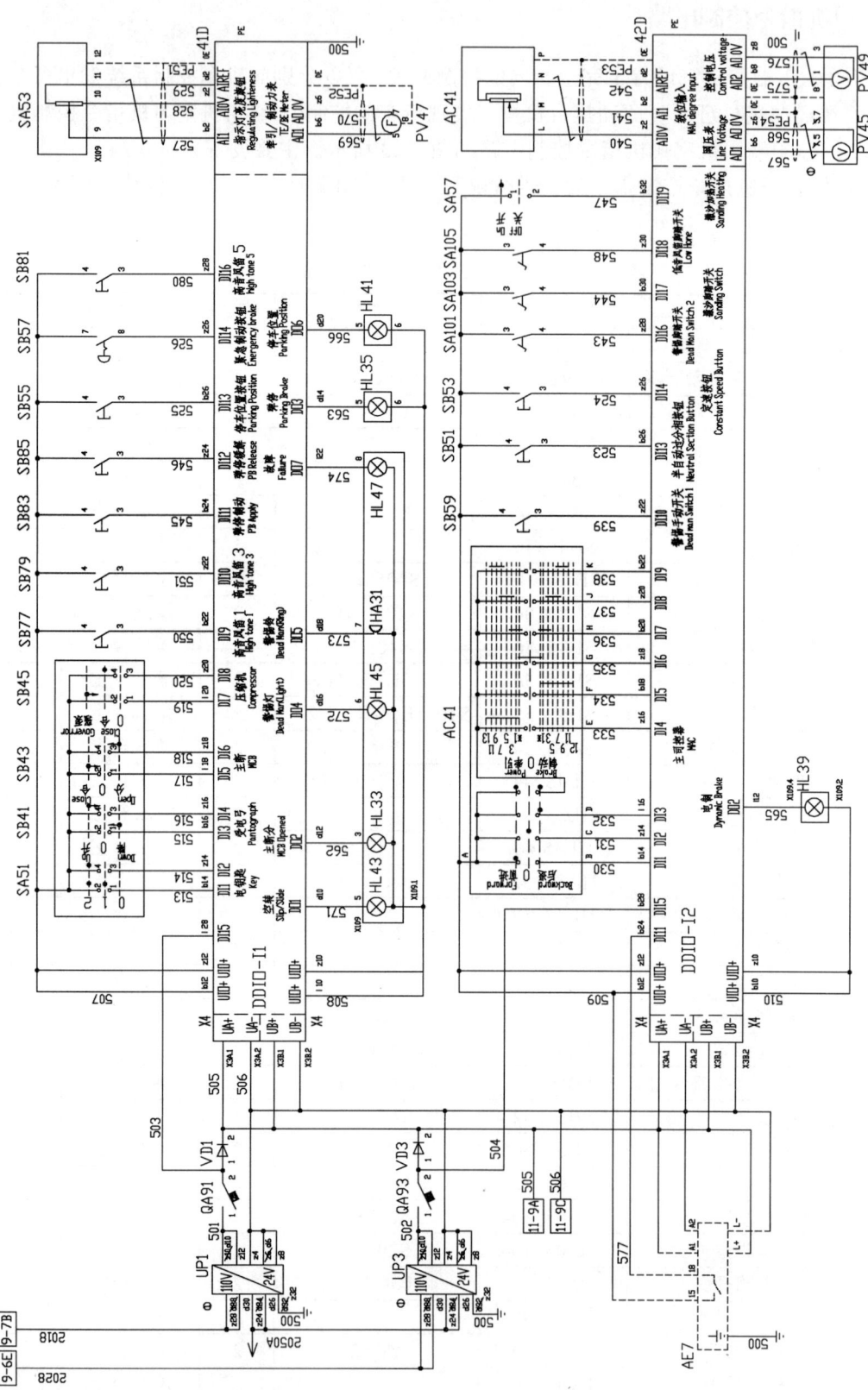

图 6.22　I 端司机室司机指令控制电路

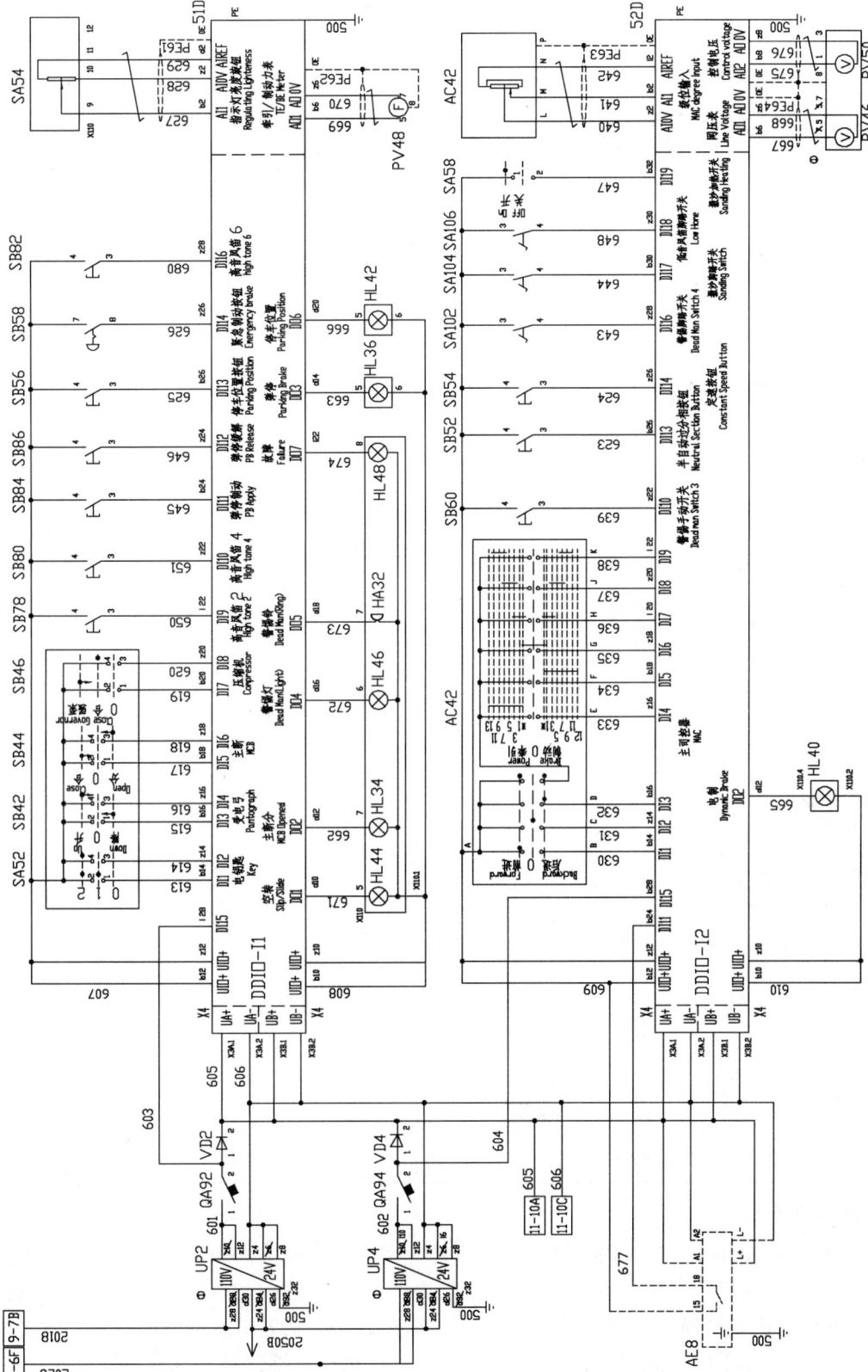

图 6.23 Ⅱ端司机室司机指令控制电路

1. 司机钥匙

司机钥匙开关 SA51（SA52）设三位，"0"位、"1"位和"2"位。

0 位：微机控制系统断电，钥匙可以拔出。

1 位：微机系统得电，操纵端司机室未被确定，钥匙不可以拔出。

2 位：微机系统得电，操纵端司机室被确定，钥匙不可以拔出。

机车重联运行时，主机钥匙放 2 位，补机钥匙放 1 位。司机电路及其说明见表 6.25。

表 6.25 司机电路及其说明

电　路	说明（参数）
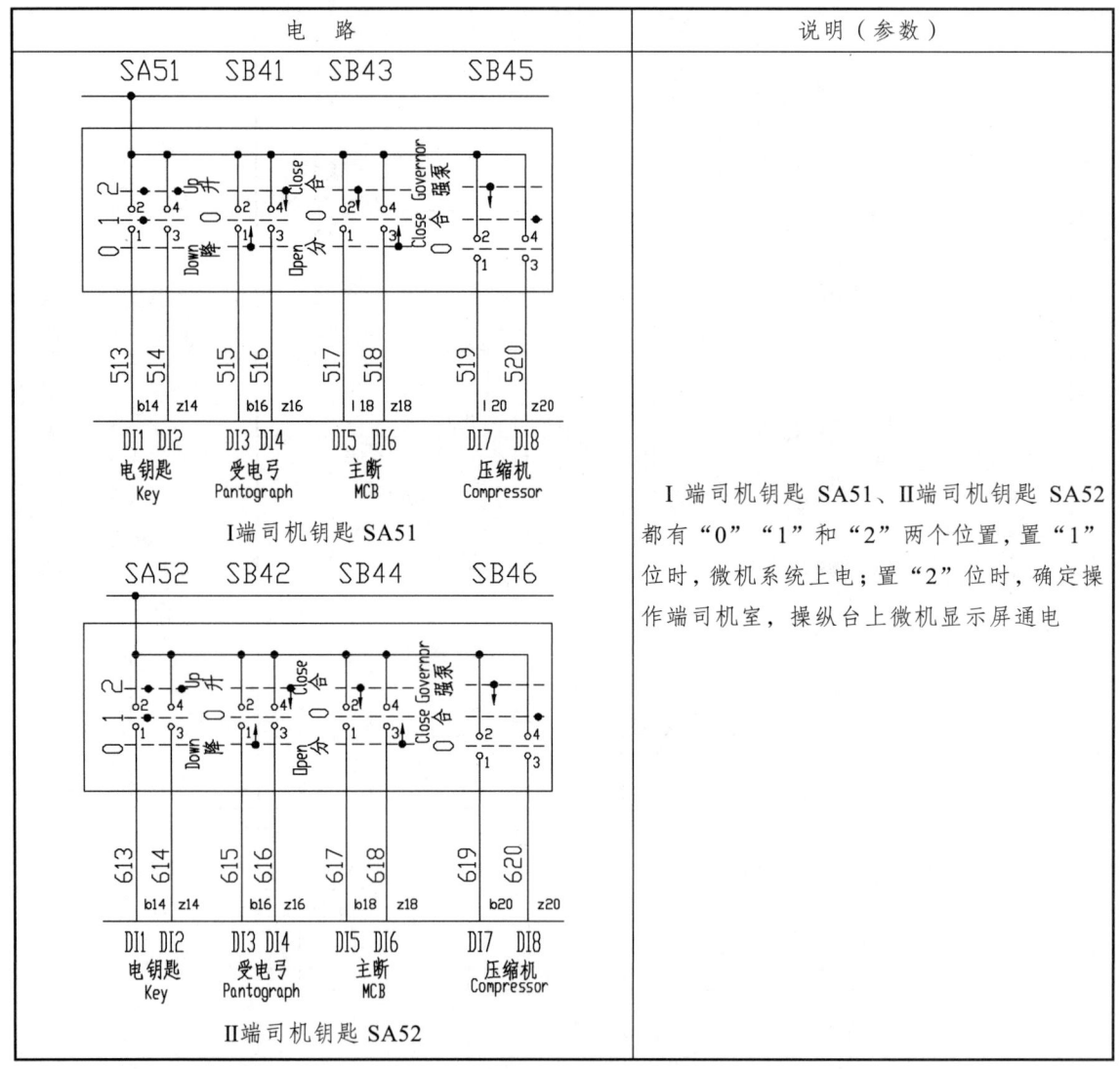	Ⅰ端司机钥匙 SA51、Ⅱ端司机钥匙 SA52 都有"0""1"和"2"两个位置，置"1"位时，微机系统上电；置"2"位时，确定操作端司机室，操纵台上微机显示屏通电

2. 司机控制器

司机控制器 AC41（AC42）（简称司控器）有两个手柄：方向手柄和调速手柄。方向手柄有"向前""0""向后"三个位置，调速手柄可以提供牵引级位*～13级，制动级位*～12级。两个手柄之间设有机械联锁：当调速手柄在"0"位时，方向手柄方可进行方向转换；方向手柄在"0"位时，调速手柄只能移动，只能在"0"位。司机控制器电路及其说明见表 6.26。

表 6.26 司机控制器电路及其说明

电　路	说明（参数）
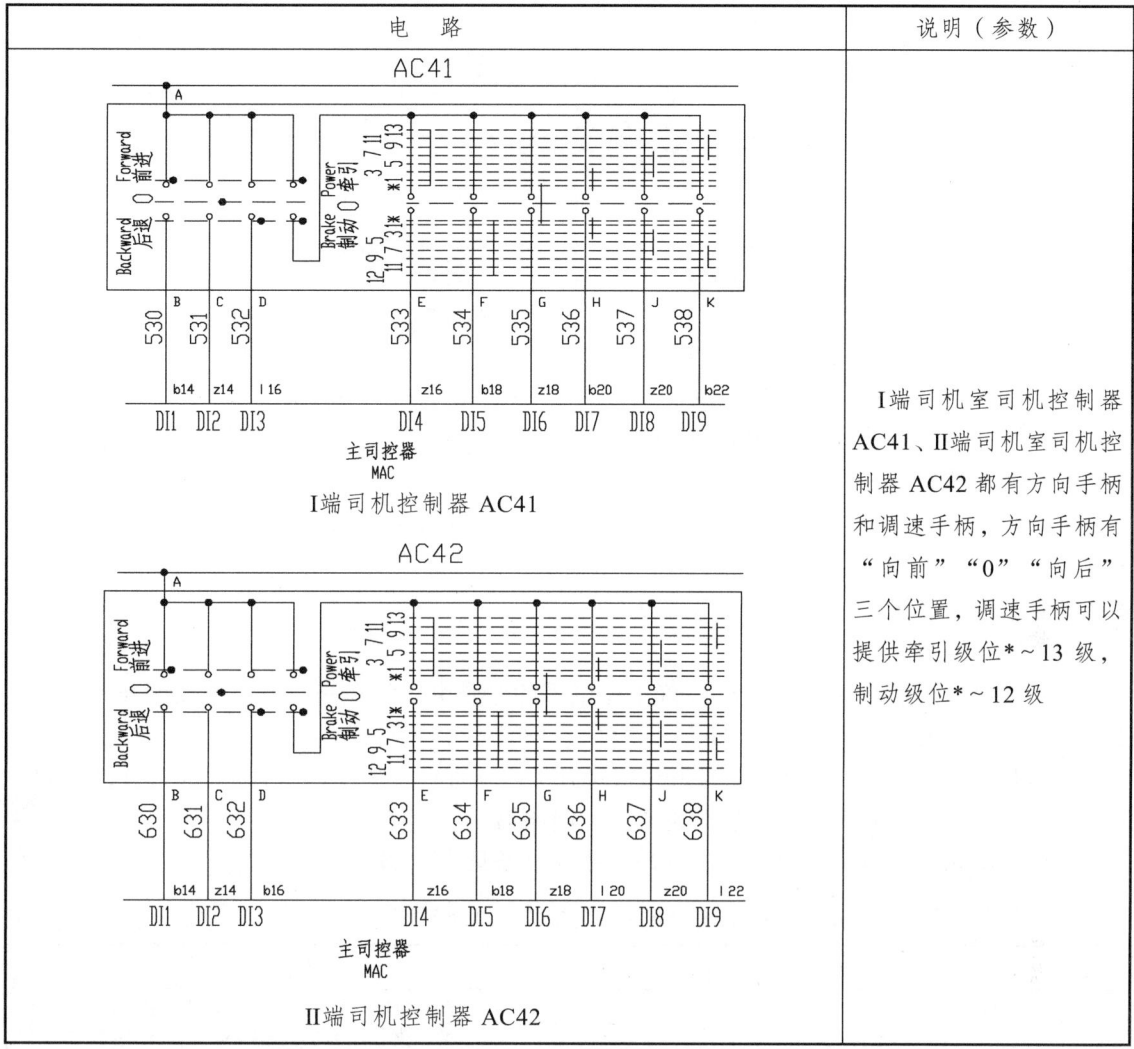　I端司机控制器 AC41　　II端司机控制器 AC42	I端司机室司机控制器 AC41、II端司机室司机控制器 AC42 都有方向手柄和调速手柄，方向手柄有"向前""0""向后"三个位置，调速手柄可以提供牵引级位*~13级，制动级位*~12级

司机控制器正常情况下，采用模拟量输出，开关量信号备份；当司机控制器的电位器故障时，执行备份信号操作模式，调速手柄可实现0、2、4、6、8、12几个挡位的调节，实现机车的冗余控制，备份信号的逻辑闭合表见表 6.27。

表 6.27　司机控制器开关量输出闭合表

级位	A	B	C	D	E	F	备份模式级位
13	■						13
12	■					■	12
10						■	12
8	■				■		8
6	■						6
4	■			■			4
2	■			■			2

续表

级位	A	B	C	D	E	F	备份模式级位
*							*
0							0
*							*
2							2
4							4
6							6
8							8
10							12
12							12

3. 受电弓扳键开关

机车装有2个受电弓（PG1、PG2），分别设置在机车两端，由受电弓扳键开关SB41（SB42）控制。机车正常运行时只升后弓，当其中一个受电弓出现故障时，可以通过高压隔离开关将其隔离，机车可继续使用另一个受电弓继续牵引。

（1）升弓控制。

受电弓通过压缩空气升起，升起/降下受电弓的命令由安装在操作台上的扳键开关给出。受电弓的扳键开关设有"升弓""0"和"降弓"3个位，为自复式。

机车升弓有两种控制方式：① 按升弓扳键开关；② 直接按主断闭合开关，通过软件控制，保证机车先升弓，待监测到网压后，再闭合主断路器。

升弓控制相关电路及其说明见表6.28，主要设备见表6.29。

表6.28 升弓控制相关电路及其说明

电　　路	说明（参数）
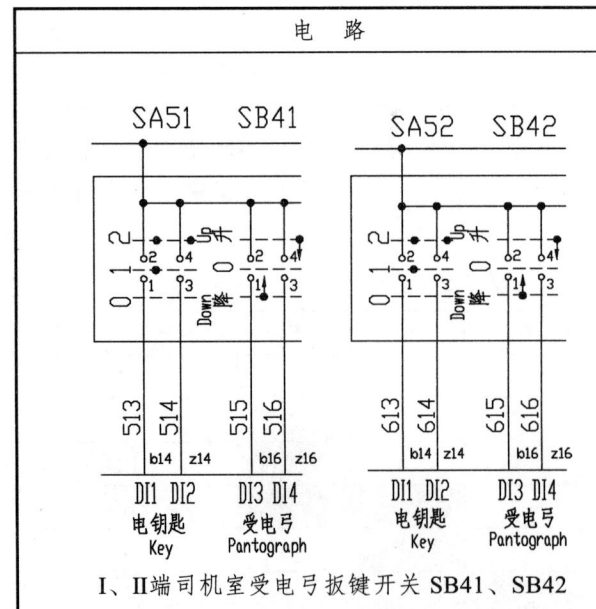 Ⅰ、Ⅱ端司机室受电弓扳键开关SB41、SB42	Ⅰ端司机室受电弓扳键开关SB41、Ⅱ端司机室受电弓扳键开关SB42都有"升""0"和"降"三个位置，其中置"升"或"降"后自复回"0"。 受电弓预选"自动模式"： Ⅰ端司机室受电弓扳键开关SB41置"升"位，制动柜上蓝钥匙闭合，升弓钥匙阀U99打通升弓气路，制动柜数字量输入输出模块15M的DI5接口和16M的DI5接口得到信号传输给微机控制系统TCMS。当升弓风缸高于450 kPa时，受电弓风缸压力开关KP93常开触点闭合，高压柜数字量输入输出模块17M的DI1接口和18M的DI1接口得到信号，通过微机控制控制系统TCMS判断，高压柜数字量输入输出模块17M的DO6接口和18M的DO6接口输出，高压隔离开关QS2在闭合位，其常闭触点闭合，Ⅱ端升弓电磁阀YV94得电，Ⅱ端受电弓升弓。

续表

电 路	说明（参数）
升弓钥匙阀 U99 受电弓风缸压力开关 KP93、KP94　　I端受电弓升弓电磁阀 YV93、II端受电弓升弓电磁阀 YV94	II端司机室受电弓扳键开关 SB42 置"升"位，制动柜上蓝钥匙闭合，升弓钥匙阀 U99 打通升弓气路，制动柜数字量输入输出模块 15M 的 DI5 接口和 15M 的 DI5 接口得到信号传输给微机控制系统 TCMS。当升弓风缸高于 450 kPa 时，受电弓风缸压力开关 KP93 常开触点闭合，高压柜数字量输入输出模块 17M 的 DI1 接口和 18M 的 DI1 接口得到信号，通过微机控制控制系统 TCMS 判断，高压柜数字量输入输出模块 17M 的 DO5 接口和 18M 的 DO5 接口输出，高压隔离开关 QS1 在闭合位，其常闭触点闭合，I端升弓电磁阀 YV93 得电，I端受电弓升弓

表 6.29 升弓控制主要设备

序号	设备	代号（缩写）	型号与规格	数量	位置	备注
1	升弓钥匙阀	U99		1	制动柜	
2	制动柜数字量输入输出模块	15M、16M	DCX2200A	2	制动柜	
3	受电弓风缸压力开关	KP93,94		2	制动柜	
4	高压柜数字量输入输出模块	17,18M	DCX2220A	2	高压电器柜	
5	高压隔离开关	QS1,2	BT25.04	2	高压电器柜	
6	升弓电磁阀	YV93,94		2	升弓气源阀板	

（2）受电弓的预选及高压隔离开关的控制。

在微机显示屏上设置有受电弓预选开关如图 6.24 所示，通过对高压隔离开关的控制，完成受电弓的预选。在 TCMS 显示屏上，电弓的预选模式设有 5 类，具体如下：

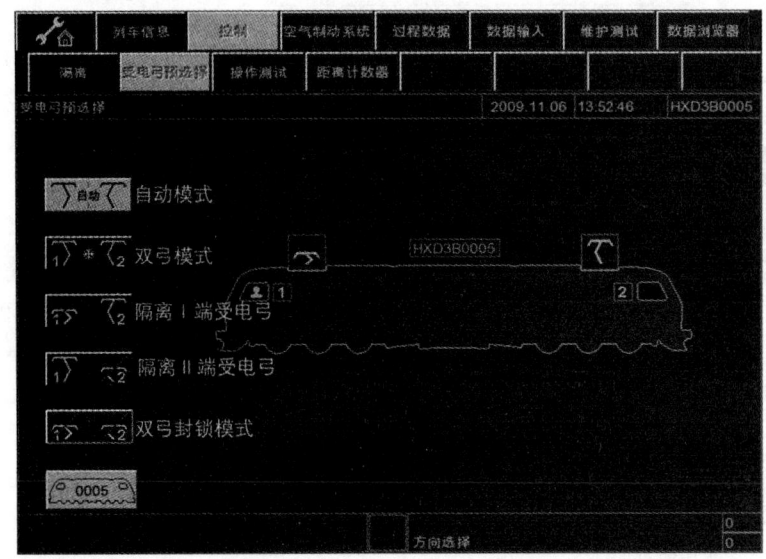

图 6.24 受电弓的预选界面

自动模式：表示微机控制系统将自动控制受电弓高压隔离开关 QS1 和 QS2 均处于闭合位；并预选非操纵端司机室的弓，即后弓，当司机发出升弓指令时，微机控制系统将自动控制后弓升起。机车正常运行时，一般将选择开关置"自动"位。该模式下，机车进入停车位置状态，机车将自动升起双弓，直到停车位置模式解除，机车又保持升后弓的状态。

双弓模式：高压隔离开关 QS1 和 QS2 均处于闭合位，司机发出升弓指令时，PG1、PG2 同时升起，该模式一般用于接触网的除霜，通过显示屏选择此模式时需要输入密码。

隔离I端受电弓：表示微机控制系统将自动控制受电弓高压隔离开关 QS1 处于隔离位，QS2 处于闭合位，并预选 PG2。当司机发出升弓指令时，受电弓 PG2 升起。一般在受电弓 PG1 出现故障需要隔离时，选择此模式。

隔离II端受电弓：表示微机控制系统将自动控制受电弓高压隔离开关 QS2 处于隔离位，QS1 处于闭合位，并预选 PG1。当司机发出升弓指令时，受电弓 PG1 升起。一般在受电弓 PG2 出现故障需要隔离时，选择此模式。

双弓封锁模式:即微机控制系统将自动控制受电弓高压隔离开关QS1和QS2处于隔离位,即使司机发出升弓指令,两个受电弓也均不升起。一般机车进行静态试验确认高压隔离开关动作正常与否及多机重联时,有可能选择此模式。

4. 主断路器扳键开关

司机通过操纵主断路器扳键开关SB43(SB44),可以实现对主断路器的控制。主断路器扳键开关设有"合""0"和"分"三个位置。"合"位为自复式。

"合"位:闭合主断路器。

"分"位:断开主断路器。

"0"位:维持主断路器的当前状态。

(1) 主断路器控制。

主断路器扳键开关电路及其说明见表6.30。主断控制电路如图6.25所示,主要设备见表6.31。

表6.30 主断路器扳键开关电路及其说明

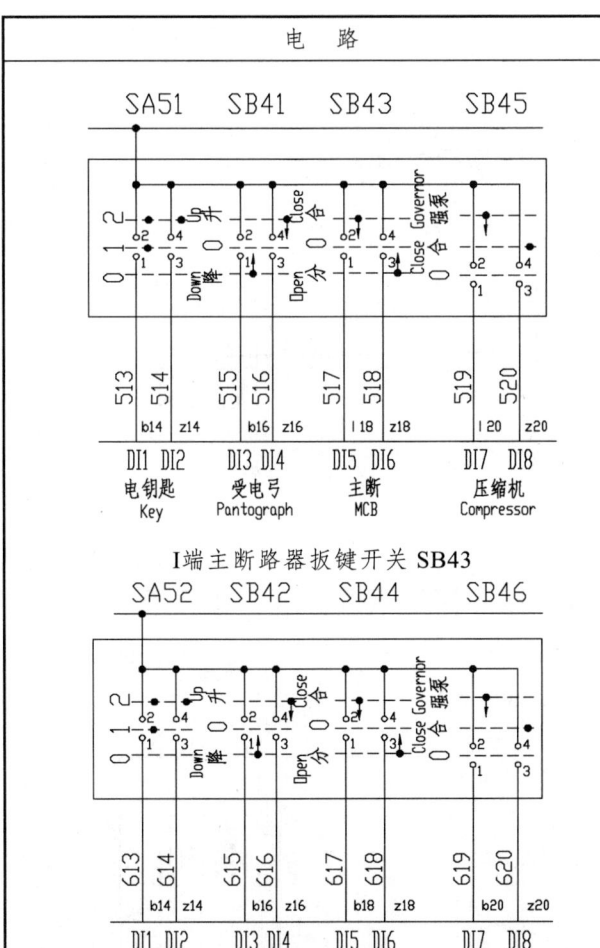

电　路	说明(参数)
I端主断路器扳键开关SB43 II端主断路器扳键开关SB44	主断扳键开关SB43(SB44)置"合"位后,经DDIO1-I1模块将信号输入到微机控制系统TCMS中。 第一条支路是5组电器的依次串联,这5组分别是变流器控制单元DCU1与高压柜数字量输入输出模块18M的DO1接口并联、DCU2与17M的DO1接口的并联、DCU3与17M的DO2接口的并联、AMP1与18M的DO2接口的并联、AMP2与17M的DO3接口的并联,最后输出给主断控制继电器KE1、KE2。 第二条支路是紧急制动按钮SB57、SB58常闭触点串联上主断控制继电器KE1、KE2各自两个串联再并联的常开触点,输出给真空断路器MCB。如果紧急制动按钮SB57、SB58在"正常"位,并且第一条支路使主断控制继电器KE1、KE2得电,则真空断路器MCB得电,主断路器合闸。 按下紧急制动按钮SB57、SB58,机车将实施紧急制动,同时紧急制动按钮SA103、SA104常闭触点断开,真空断路器MCB失电,主断分闸

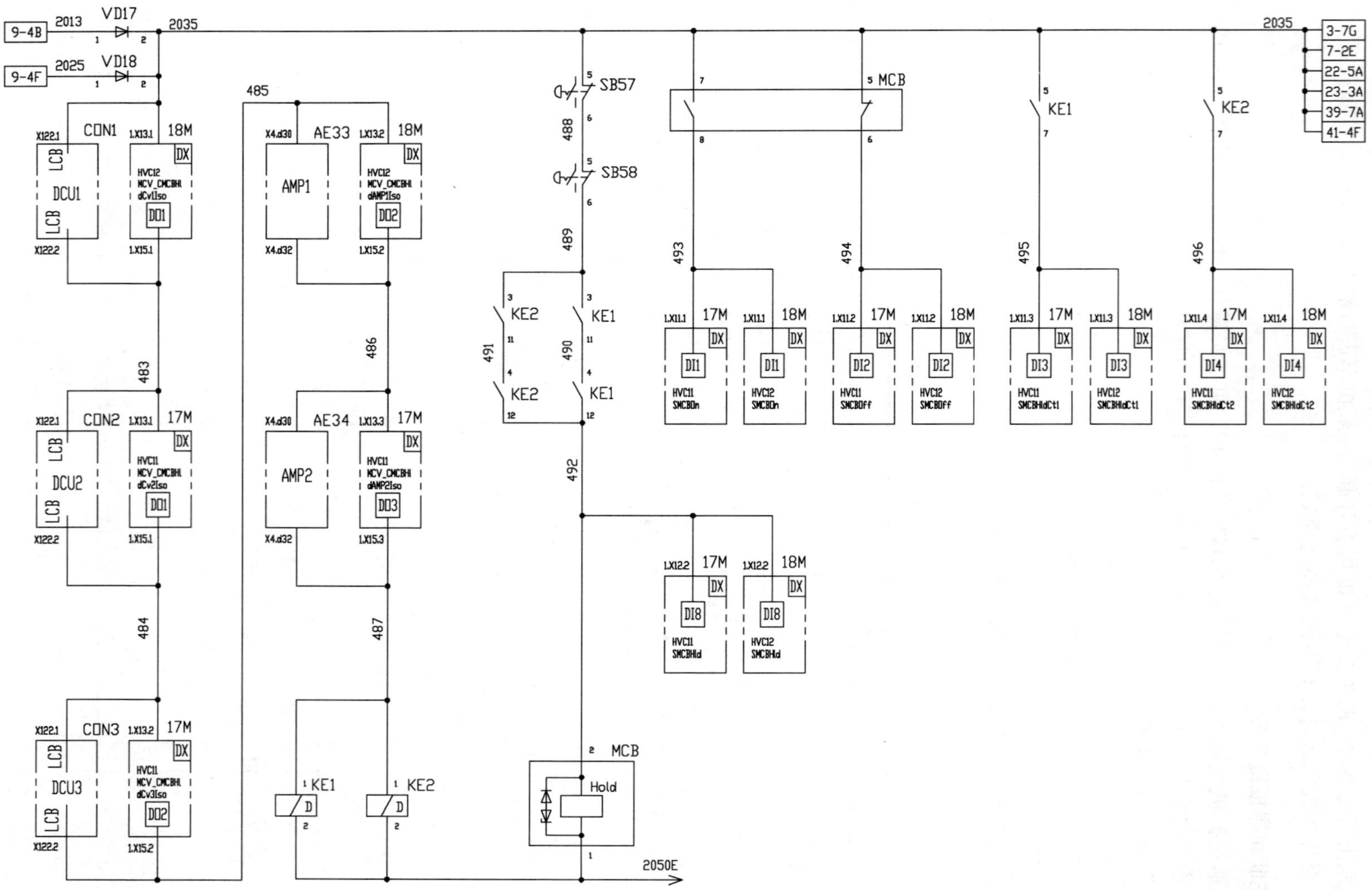
9-4B
2013
VD17
9-4F
2025
VD18
2035
CON1
DCU1
CON2
DCU2
CON3
DCU3
AMP1
AE33
AMP2
AE34
SB57
SB58
KE1
KE2
MCB
Hold
2050E
DX
DO1
DO2
DO3
DI1
DI2
DI3
DI4
DI8
3-7G
7-2E
22-5A
23-3A
39-7A
41-4F

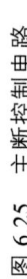

图 6.25　主断控制电路

表 6.31 主断控制电路主要设备

序号	设备	代号（缩写）	型号与规格	数量	位置	备注
1	电源二极管	VD17, 18	SKKD46	2		
2	高压柜数字量输入输出模块	17, 18M	DCX2220A	2	高压电器柜	
3	变流器控制单元	DCU1~3		3	变流柜	
4	模拟量检测保护模块	AE33, 34（AMP）	UA C253 A01	2	高压电器柜	
5	主断控制继电器	KE1, 2	D-U204KLC, 110V, 10A	2	控制电器柜	
6	紧急制动按钮	SB57, 58	S403MRZ-H（2/2）	2	操纵台	
7	真空断路器	MCB	22CBDP1	1	高压电器柜	

（2）手动断主断路器有两种控制方式：

① 将主断扳键开关置断开位。

② 将受电弓扳键开关置断开位，通过微机控制，保证机车先断主断路器，再降弓。

（3）主断路器保护作用。

① 司机按下紧急按钮时主断路器断开。

② 当机车发生原边过流、主辅变流器故障时主断路器断开。

（4）主断路器粘连识别。

机车设有主断粘连识别功能，即在主断闭合条件下，如果控制系统已发出断开主断的命令，但是持续一定时间（3 s）后主断仍处于闭合状态，控制系统将判断主断发生粘连并立即执行降弓指令，相应的诊断信息如变流器停止运行、主断路器断开和受电弓降下等信息将会产生。

（5）变流器预充电电阻保护。

机车控制系统设置了 15 分钟内主断路器可最多 3 次分断的保护功能（主断路器分断后，变流器中间电压降低到 1 480 V 以下记为一次，中间电压降到 1 480 V 前闭合主断路器，该次分断不计数）。限制时间内第三次分断主断，再次闭合后，变流器无输出，直到限制时间失效为止，显示屏右下角将弹出提示信息"变流器预充电电阻过热，等待*分钟"。

5. 压缩机扳键开关

压缩机扳键开关 SB45（SB46）设有三个位置，分别为"0""合""强泵"位。"强泵"位为自复式。压缩机扳键开关相关电路及其说明见表 6.32，主要设备见表 6.33。

"0"位：压缩机停止工作。

"合"位：压缩机根据总风压力开关 KP1 和 KP3 的状态投入工作。

"强泵"位：强制主控机车的两台压缩机投入工作，受控机车的主压缩机投入工作。

将压缩机扳键开关 SB45（SB46）置于"合"位，当总风缸压力低于（680±20）kPa 时，主压缩机 MA15 和副压缩机 MA16 依次投入工作；当总风缸压力（680±20）kPa<P<（750±20）kPa 时，主压缩机 MA15 投入工作；当总风缸压力升至（900±20）kPa 时，压缩机自动停止工作。将压缩机扳键开关置于"强泵"位，两组压缩机依次启动，此时不受总风缸压力开关的控制，待总风缸压力升至（950±20）kPa 时，高压安全阀动作并连续排气，此时应使扳键开关离开"强泵"位。

表 6.32 压缩机扳键开关相关电路及其说明

电 路	说明（参数）
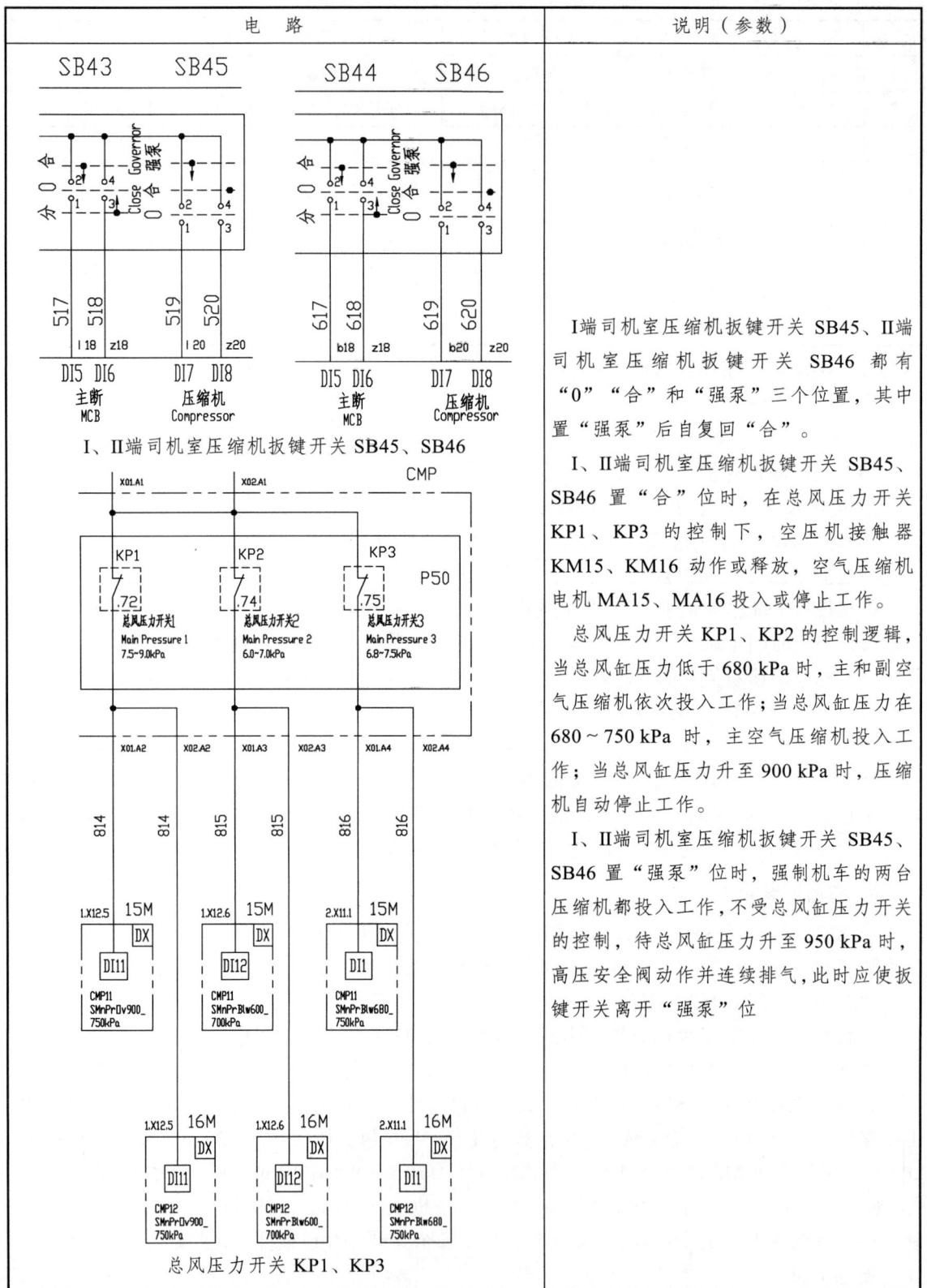 I、II端司机室压缩机扳键开关 SB45、SB46 总风压力开关 KP1、KP3	I端司机室压缩机扳键开关 SB45、II端司机室压缩机扳键开关 SB46 都有"0""合"和"强泵"三个位置，其中置"强泵"后自复回"合"。 I、II端司机室压缩机扳键开关 SB45、SB46 置"合"位时，在总风压力开关 KP1、KP3 的控制下，空压机接触器 KM15、KM16 动作或释放，空气压缩机电机 MA15、MA16 投入或停止工作。 总风压力开关 KP1、KP2 的控制逻辑，当总风缸压力低于 680 kPa 时，主和副空气压缩机依次投入工作；当总风缸压力在 680～750 kPa 时，主空气压缩机投入工作；当总风缸压力升至 900 kPa 时，压缩机自动停止工作。 I、II端司机室压缩机扳键开关 SB45、SB46 置"强泵"位时，强制机车的两台压缩机都投入工作，不受总风缸压力开关的控制，待总风缸压力升至 950 kPa 时，高压安全阀动作并连续排气，此时应使扳键开关离开"强泵"位

续表

电 路	说明（参数）
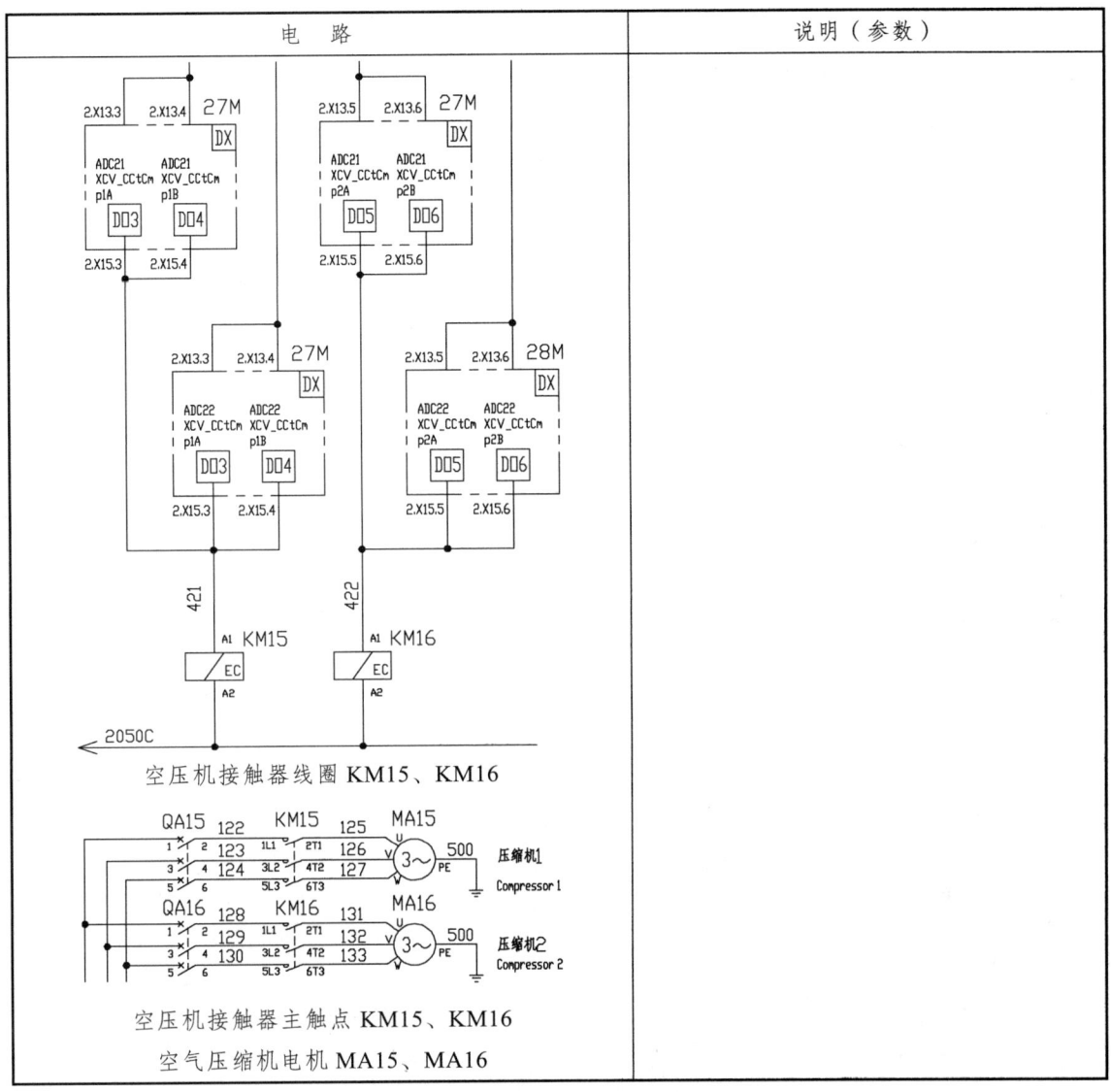	

表6.33 压缩机扳键开关主要设备

序号	设备	代号（缩写）	型号与规格	数量	位置	备注
1	压缩机扳键开关	SB45, 46		2	操纵台	
2	制动柜数字量输入输出模块	15M、16M	DCX2200A	2	制动柜	
3	控制电器柜数字量输入输出模块	27, 28M	DCX2200A	2	控制电器柜	
4	总风压力开关	KP1	7.5~9.0 kPa	1	总风缸	
5	总风压力开关	KP2	6.0~7.0 kPa	1	总风缸	
6	总风压力开关	KP3	6.8~7.5 kPa	1	总风缸	
7	空气压缩机用自动开关	QA15, 16	3VL2710-1AB33	2	控制电器柜	
8	空气压缩机用接触器	KM15, 16	AF110B-30	2	控制电器柜	
9	空气压缩机	MA15, 16	SL20-5-102	2	空气压缩机组	

6. 停车位置按钮

为了方便机车换端操纵及机车在非操纵模式下能保证制冷、加热、通风、制动及控制系统的正常运行，专门设置了停车位置按钮 SB55（SB56）。停车位置按钮相关线路及其说明见表 6.34，主要设备见表 6.35。

表 6.34　停车位置按钮相关线路及其说明

电　路	说明（参数）
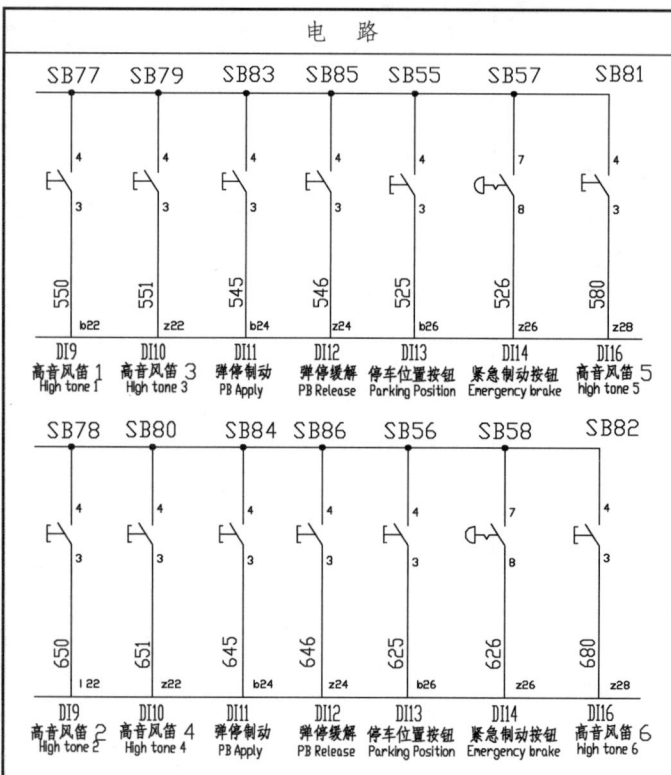 Ⅰ、Ⅱ端司机室停车位置按钮 SB55、SB56 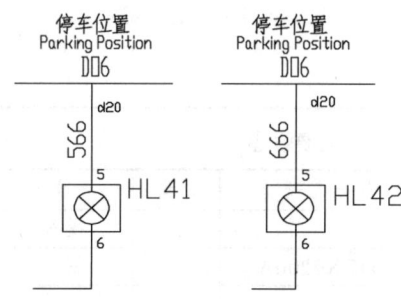 Ⅰ、Ⅱ端司机室停车位置灯 HL41、HL42 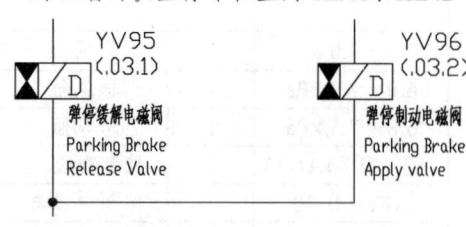 弹停制动电磁阀 YV96、弹停缓解电磁阀 YV95	机车设置停车位置按钮 SB55、SB56，便于在不断主断、不降弓的状态下进行换端操作。进入"停车位置"状态的前提是： ① 操纵端司机室被设定； ② 受电弓升起，主断闭合； ③ 主司机控制器置"0"位； ④ 机车速度为零； ⑤ 机车一切正常。 满足以上条件时，按下"停车位置"按钮 SB55、SB56，机车进入"停车位置"模式。机车在"停车位置"工况下具备以下特点： ① 机车控制系统自动投入弹停制动； ② 机车牵引变流器禁止功率输出； ③ 机车 CVCF 辅助变流器继续保持运行； ④ 同时机车控制系统将发出升双弓的指令，机车升起双弓，满足换端需求。 在 3 分钟内，机车钥匙可以拔出，微机控制系统继续有电，当司机进入另一司机室，插入钥匙，并置于"2"位，此时司机按动"停车位置"按钮，可解除"停车位置"模式，机车自动选择后弓，另一个弓自动降下，弹停制动仍然保留，需要司机手动解除。如果 3 分钟内，司机没有进行换端操作，超过规定时间后，微机控制系统发出断主断、降弓指令，然后微机控制系统自动失电。

按下停车位置按钮 SB55（SB56），机车进入"停车位置"模式，首先机车控制系统自动投入弹停制动，机车牵引变流器禁止功率输出，同时机车控制系统将发出升双弓的指令，机车升起双弓，满足司机换端要求。在 3 分钟内，机车钥匙可以拔出，微机控制系统继续有电，当司机进入另一司机室，插入钥匙，并打至"2"位，此时司机按动"停车位置"按钮，可解除"停车位置"模式，机车自动选择后弓，另一个弓自动降下，弹停制动仍然保留，需要司机手动解除。如果 3 分钟内，司机没有进行换端操作，超过规定时间后，微机控制系统发出断主断、降弓指令，然后微机控制系统自动失电。

表 6.35 停车位置按钮主要设备

序号	设备	代号（缩写）	型号与规格	数量	位置	备注
1	停车位置按钮	SB55, 56	S405D-W, 24V	2	操纵台	
2	换端指示灯（停车位置）	HL41, 42		2	操纵台	
3	弹停缓解电磁阀	YV95		1	制动柜	
4	弹停制动电磁阀	YV96		1	制动柜	

停车位置按钮按下时，停车位置指示灯（白色）HL41（HL42）开始闪烁，当机车实施了"停放制动"后持续亮，表示机车进入了"停车位置"状态。

如果机车不能进入"停车位置"状态，微机显示屏将显示故障原因，停车位置指示灯闪烁 10 s。

当机车处于"停车位置"状态时，机车前后弓都升起，电钥匙可以拔出，但机车各系统仍然处于工作状态，此时司机可进行换端操作。

此时，如果电钥匙处于"2"位，指示灯和显示处于激活状态；微机显示屏能够显示当前发生的故障信息；机车部分控制有效，包括紧急制动按钮、停车位置按钮、风笛按钮及脚踏开关和空气制动控制。此时，如果电钥匙处于"1"位，除停车位置指示灯、弹停指示灯和网压表以外，其他大部分指示灯和显示处于未激活状态；微机显示屏能够显示当前发生的故障信息；只有紧急制动按钮、风笛按钮及脚踏开关处于有效状态。

7. 停放制动（弹停制动）控制

为了防止机车在停放状态下发生溜车事故，设置了弹簧停车功能。该功能相关按钮有：停放制动按钮 SB83（SB84），停放缓解按钮 SB85（SB86），均为自复位按钮。

停放制动按钮：机车进入"停放制动"状态，"停放制动"指示灯 HL35（HL36）亮。
停放缓解按钮：机车退出"停放制动"状态，"停放制动"指示灯 HL35（HL36）灭。
停放制动（弹停制动）控制相关电路及其说明见表 6.36。
弹停制动电磁阀 YV96、弹停缓解电磁阀 YV95、弹停压力开关 KP5 如图 6.26 所示，主要设备见表 6.37。

表 6.36 停放制动（弹停制动）控制相关电路及其说明

序号	电路	说明（参数）
1	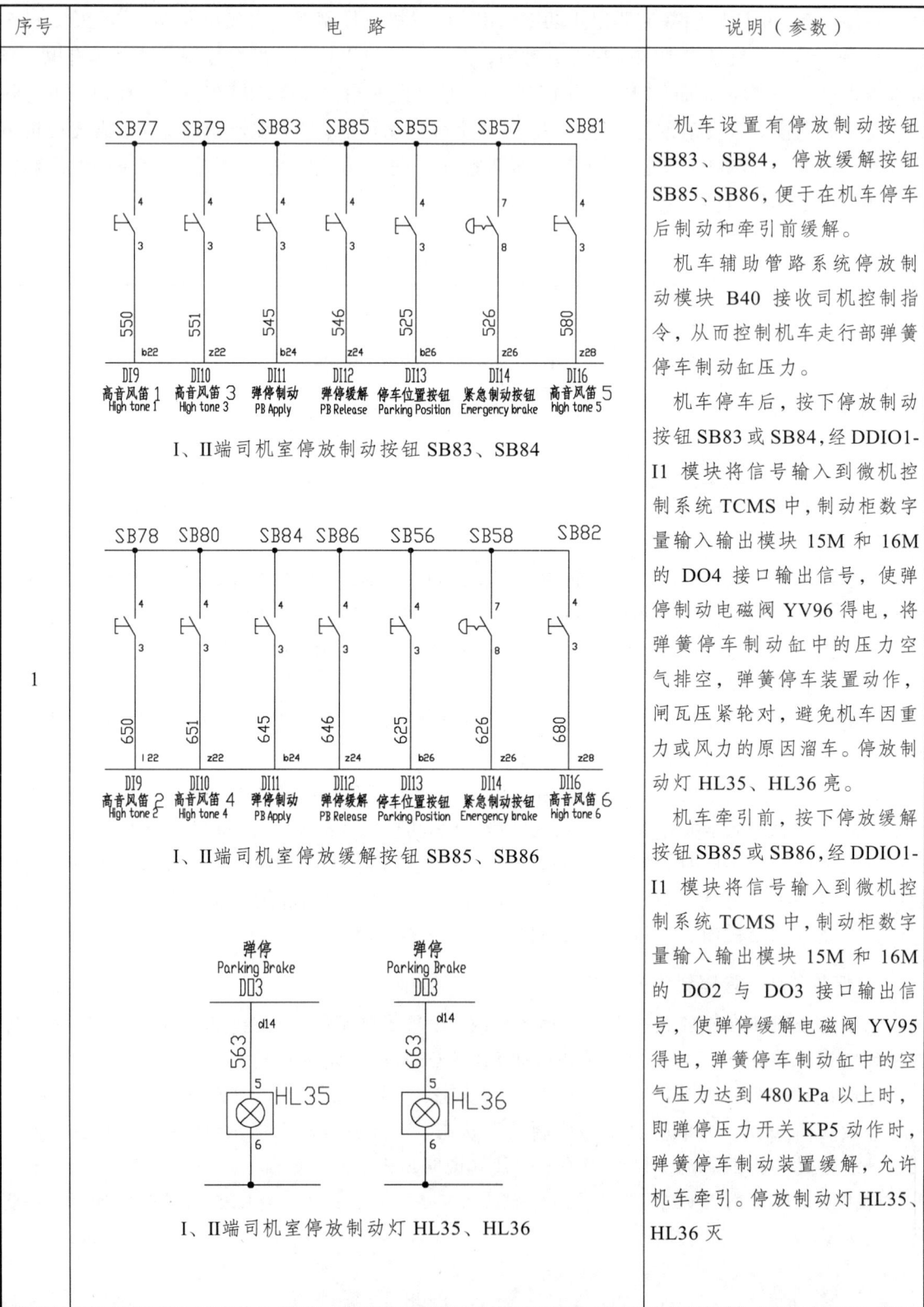 I、II端司机室停放制动按钮 SB83、SB84 I、II端司机室停放缓解按钮 SB85、SB86 I、II端司机室停放制动灯 HL35、HL36	机车设置有停放制动按钮 SB83、SB84，停放缓解按钮 SB85、SB86，便于在机车停车后制动和牵引前缓解。 机车辅助管路系统停放制动模块 B40 接收司机控制指令，从而控制机车走行部弹簧停车制动缸压力。 机车停车后，按下停放制动按钮 SB83 或 SB84，经 DDIO1-I1 模块将信号输入到微机控制系统 TCMS 中，制动柜数字量输入输出模块 15M 和 16M 的 DO4 接口输出信号，使弹停制动电磁阀 YV96 得电，将弹簧停车制动缸中的压力空气排空，弹簧停车装置动作，闸瓦压紧轮对，避免机车因重力或风力的原因溜车。停放制动灯 HL35、HL36 亮。 机车牵引前，按下停放缓解按钮 SB85 或 SB86，经 DDIO1-I1 模块将信号输入到微机控制系统 TCMS 中，制动柜数字量输入输出模块 15M 和 16M 的 DO2 与 DO3 接口输出信号，使弹停缓解电磁阀 YV95 得电，弹簧停车制动缸中的空气压力达到 480 kPa 以上时，即弹停压力开关 KP5 动作时，弹簧停车制动装置缓解，允许机车牵引。停放制动灯 HL35、HL36 灭

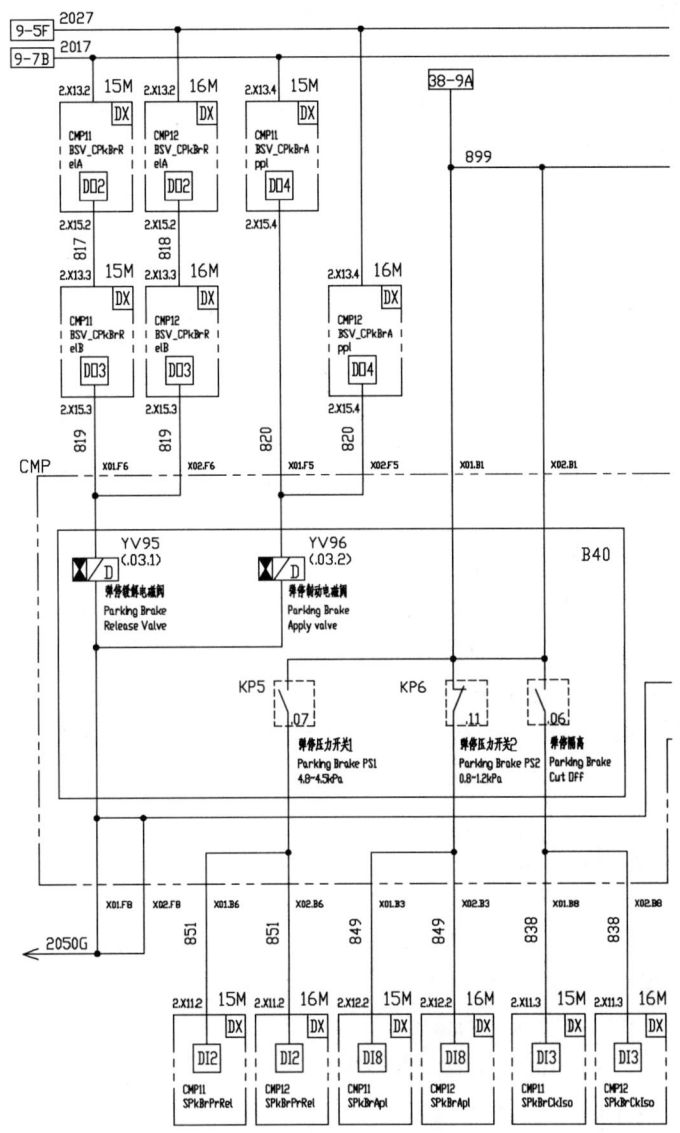

图 6.26 停放制动电路

表 6.37 停放制动电路主要设备

序号	设备	代号（缩写）	型号与规格	数量	位置	备注
1	弹停制动按钮	SB83, 84	S405D-H	2	操纵台	
2	弹停缓解按钮	SB85, 86	S405-L	2	操纵台	
3	弹停指示灯（停放制动）	HL35, 36		2	操纵台	
4	弹停缓解电磁阀	YV95		1	制动柜	
5	弹停制动电磁阀	YV96		1	制动柜	
6	弹停压力开关	KP5	4.8~4.5 kPa	1	制动柜	
7	弹停压力开关	KP6	0.8~1.2 kPa	1	制动柜	
8	制动柜数字量输入输出模块	15M、16M	DCX2200A	2	制动柜	

8. 无人警惕控制

机车运行时，如果司机出现打瞌睡、离岗或因紧急伤病等情况丧失操控能力时，无人警惕功能将主动实施停车，保证行车安全。该功能是通过微机控制系统来实施，并在操纵台上设有声光报警和信息提示，直至实施惩罚制动。

（1）无人警惕模式。

当机车速度超过 3 km/h 且司机控制器的手柄离开零位时，机车安全警惕功能被投入，并通过微机控制系统内的时间记录器开始记时，具体采用以下两种模式：

① 警惕脚踏开关或警惕按钮一直被按下：60 s 内如果司机没有释放该指令同时也没有发出其他复位指令，警惕功能将顺序投入相应保护：首先是光加声音报警，并进行信息提示，如果司机没有复位，延时 10 s 后，微机控制系统将发出惩罚制动指令（常用制动最大减压量），并实施牵引封锁，此时机车将实施电制动，后面的车辆将投入空气制动。安全警惕功能投入后，司机如果在惩罚制动前发现并发出复位指令，微机系统将切断声光报警，同时时间记录器清零，重新开始计时。

② 警惕脚踏开关或警惕按钮没被按下：60 s 内如果司机一直没有踩下警惕脚踏开关或按下警惕按钮同时也没有发出其他有效指令，警惕功能将顺序投入相应保护：首先是光加声音报警，并进行信息提示，如果司机没有复位，延时 10 s 后，微机控制系统将发出惩罚制动指令（常用制动最大减压量），并实施牵引封锁，此时机车将实施电制动，后面的车辆将投入空气制动。安全警惕功能投入后，司机如果在惩罚制动前发现并发出复位指令，微机系统将切断声光报警，同时时间记录器清零，重新开始计时。

（2）无人警惕复位。

机车设有专用的警惕按钮 SB59（SB59）和警惕脚踏开关 SA101（SA102）来复位无人警惕，两端司机室的其他的一些主令电器在操作同时也可兼做复位无人警惕用。

I端司机室（见图 6.27）的下列任何操作均可复位无人警惕功能：

警惕开关：包括警惕按钮 SB59 和警惕脚踏开关 SA101。

高音风笛按钮：SB77、SB79、SB81。

低音风笛脚踏开关：SA105。

撒砂脚踏开关：SA103。

司控器 AC41 的调速手柄级位转换。

EBV 制动手柄的移动。

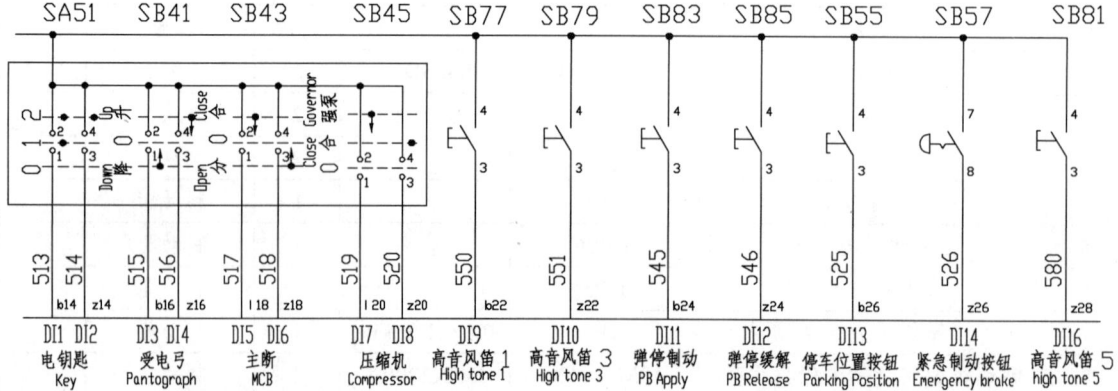

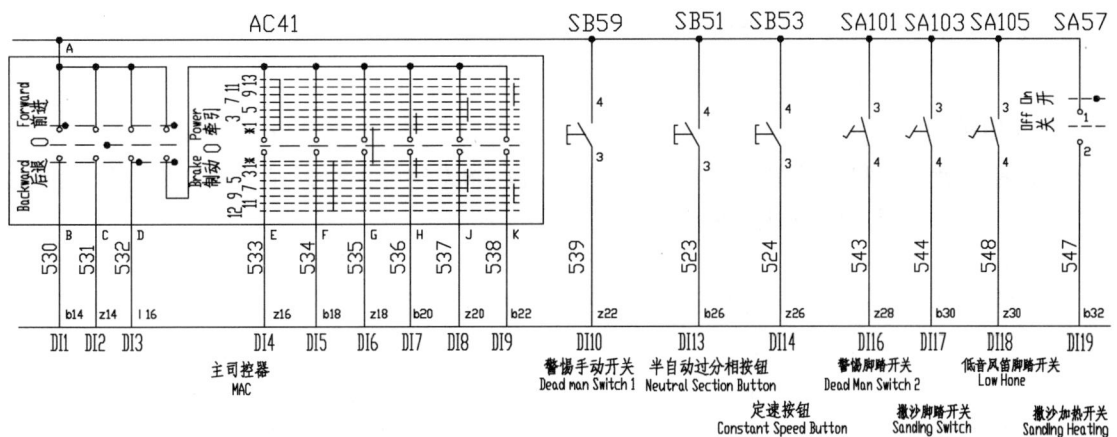

图 6.27　Ⅰ端司机室主令电器

Ⅱ端司机室（见图 6.28）的下列任何操作均可复位无人警惕功能：

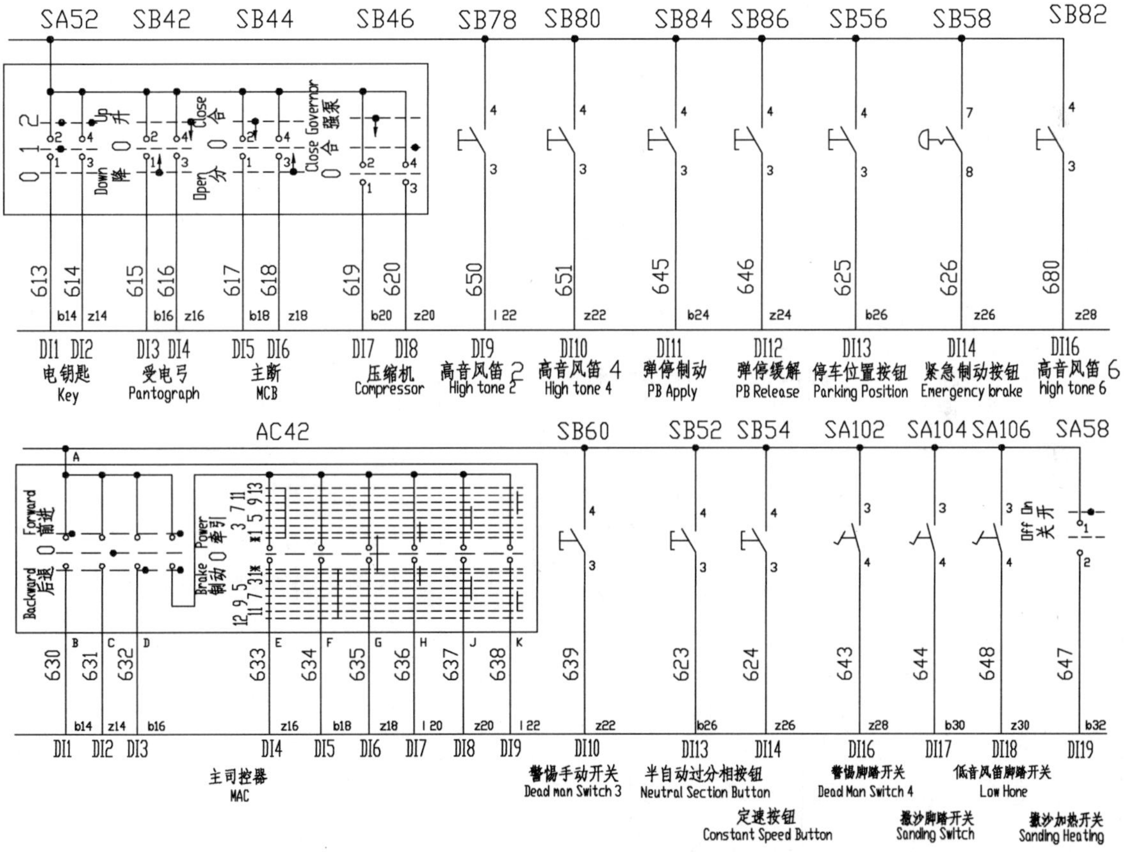

图 6.28　Ⅱ端司机室主令电器

警惕开关：包括警惕按钮 SB60 和警惕脚踏开关 SA102。

高音风笛按钮：SB78、SB80、SB82。

低音风笛脚踏开关：SA106。

撒砂脚踏开关：SA104。

司控器 AC42 的调速手柄级位转换。

EBV 制动手柄的移动。

9. 定速控制

定速控制就是司机不操纵司控器，由机车微机控制系统参照目标速度和机车实际速度，自动调整机车运行工况，实现机车在目标速度下的恒速运行。

机车设有定速控制按钮 SB53、SB54（电路及其说明见表 6.38），当司机按下定速控制按钮，此时机车的实际速度就是机车定速控制下的目标速度。进入定速模式后，可以通过显示屏上的按钮增加或减小目标速度值，如图 6.29 所示。

表 6.38　Ⅰ、Ⅱ端司机室定速控制按钮 SB53、SB54 电路及其说明

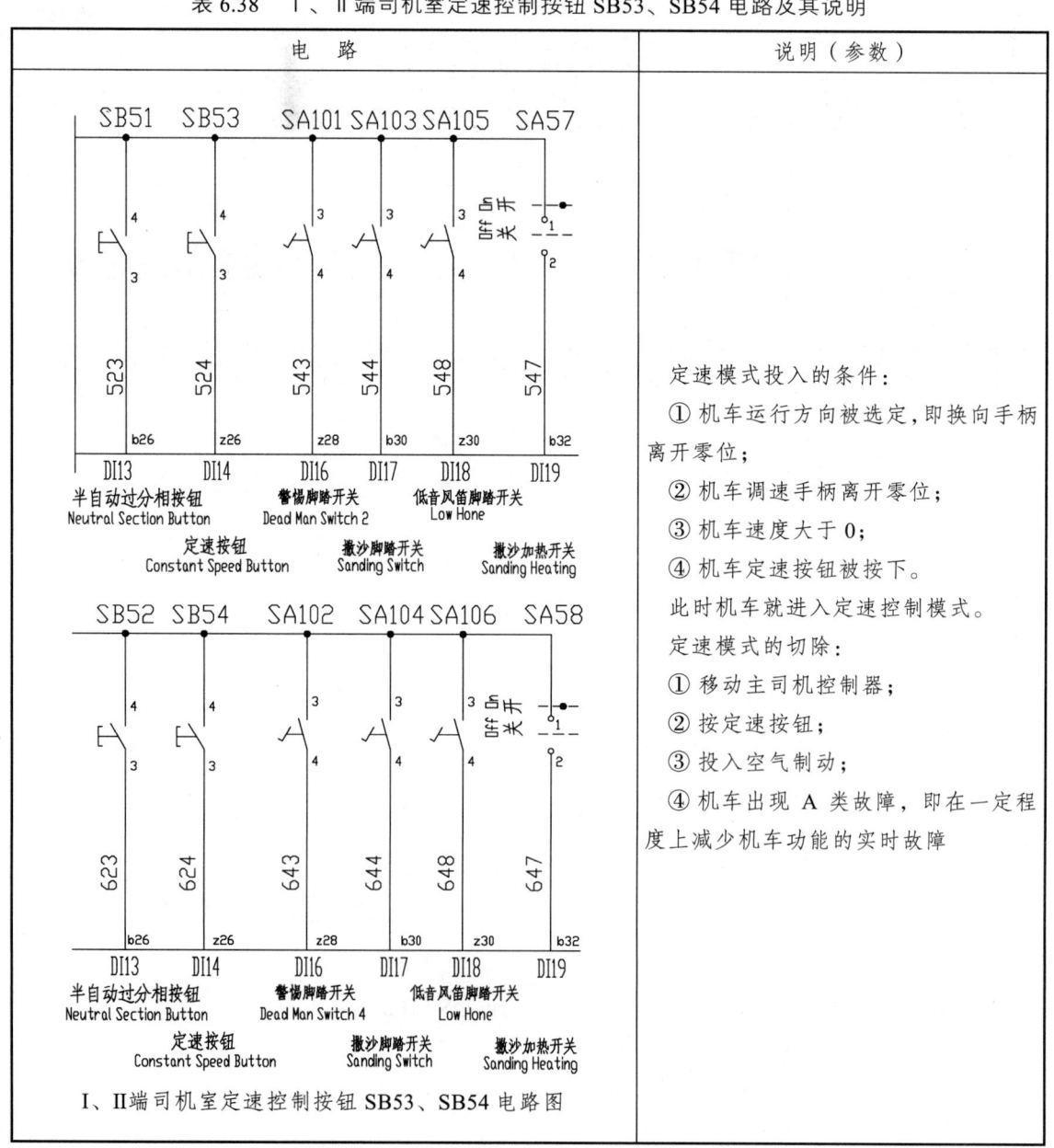

电　路	说明（参数）
Ⅰ、Ⅱ端司机室定速控制按钮 SB53、SB54 电路图	定速模式投入的条件： ① 机车运行方向被选定，即换向手柄离开零位； ② 机车调速手柄离开零位； ③ 机车速度大于 0； ④ 机车定速按钮被按下。 此时机车就进入定速控制模式。 定速模式的切除： ① 移动主司机控制器； ② 按定速按钮； ③ 投入空气制动； ④ 机车出现 A 类故障，即在一定程度上减少机车功能的实时故障

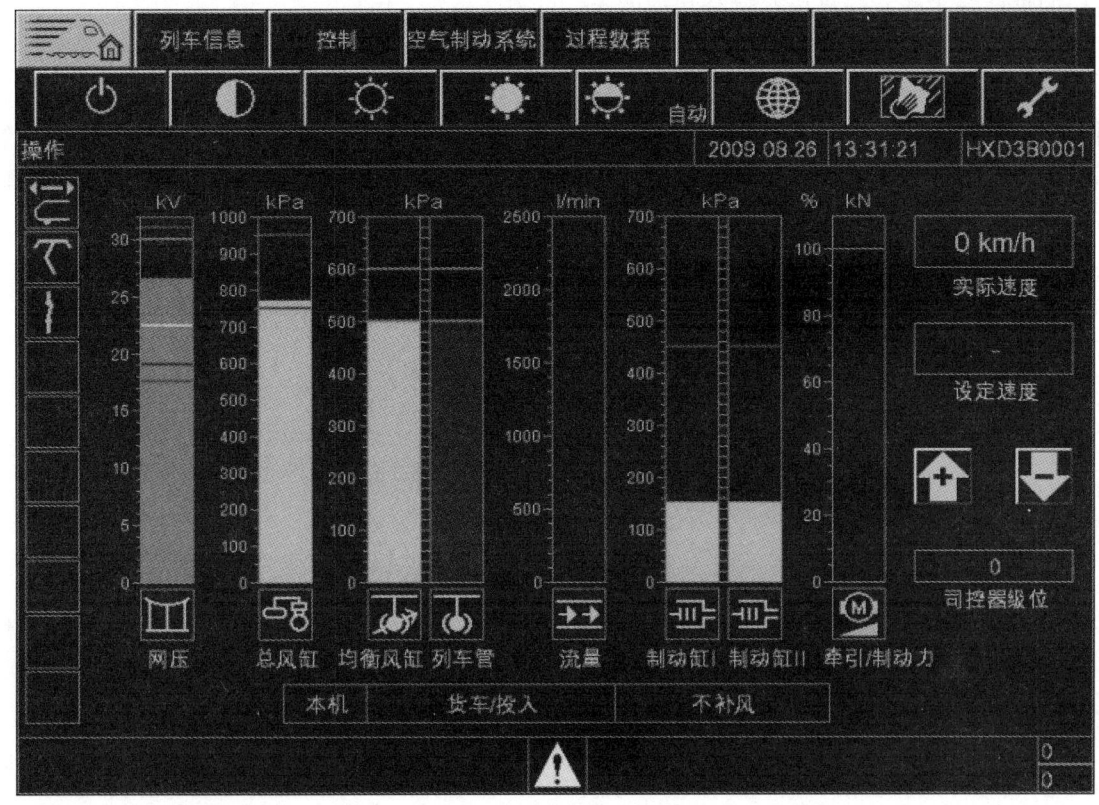

图 6.29　微机显示屏定速按钮

机车微机控制系统采用闭环控制方式,通过对机车实际速度和目标速度的监测和比较实施定速控制:司机按下定速按钮取得定速模式下的目标速度,并通过对机车实际速度的监测确认机车实际加速度,将机车实际速度与目标速度比较确认机车目标加速度,通过对机车目标加速度和实际加速度的比较,确定机车是牵引模式还是制动模式或惰行模式,并确定具体的牵引或制动力。

在定速模式下,机车控制系统通过调整牵引/制动力的输出,使机车速度维持在所允许的目标速度范围内。

由于采用加速度方式进行定速模式控制,因此机车在平直道上无论是重车还是轻车或单机,均可实现平稳运行;但是在坡道上运行时,机车在重车模式下最好不要使用定速模式控制,由于牵引制动转换频繁,存在断钩的风险。

10. 过分相控制

机车可以采用三种方式通过分相区:全自动方式、半自动方式和手动方式。微机显示屏对全自动方式和半自动方式进行信息显示。

(1) 全自动方式。

运行线路的分相区段安装有自动过分相装置的信号感应装置,才能以此方式通过分相区。通过检测地面埋设的信号来判断分相区的位置,并将处理后的信号传送给机车控制系统 TCMS,由 TCMS 分别完成机车过分相区前的牵引/制动力自动降为零及分主断,并控制机车通过分相区后的自动合主断及恢复机车过分相前的运行状态。

（2）半自动方式。

当机车接近分相区时，按下过分相按钮 SB51（SB52），机车控制系统 TCMS 自动降低牵引/制动力至零，然后分主断路器。机车受电弓滑过接触网，待机车通过分相区后，机车控制系统重新检测到网压，自行完成合主断、起动辅助变流器、主变流器，恢复机车过分相区前的运行状态。

（3）手动方式。

当机车接近分相区时，司机手动执行卸载、分主断操作。待机车通过分相区后，手动执行合主断、加载等操作。

第五节　微机网络控制系统

HX$_D$3B 型电力机车微机网络控制系统基于 TCN 网络标准结构形式，通过 MVB 车辆总线连接车上各相关设备，重联机车之间采用 WTB 列车总线连接，机车的牵引控制系统是由多微机环境组成，包括列车控制级、机车控制级和驱动控制级，系统如图 6.30 所示，主要设备见表 6.39。

列车及机车级功能的处理由机车控制单元 VCU 实现，驱动控制级功能由驱动控制单元 DCU 实现，外围设备信号输入及输出由分散的 I/O 模块完成，CCB-II制动系统由 IPM 集成处理模块完成，行车安全装置由其自带的微机网络系统完成。预留的 LOCOTROL 系统，其微机控制系统将与 CCB-II制动系统共用一套微机系统 IPM，软件需要升级，与机车控制系统之间采用 MVB 网络进行信息交换。

一、机车微机网络控制系统的特点

（1）采用先进的分布式微机网络控制系统，其通信方式基于 MVB、WTB 和 Ethernet（以太网）。MVB 是为了实现机车的控制而进行信息传递，WTB 是为了实现重联机车之间的信息交换，Ethernet 主要用于软件下载、信息采集、程序调试及 VCU 与显示屏之间的信息传递。

（2）车内各电子控制设备采用基于 TCN 网络标准的结构形式，通过 MVB 车辆总线实现相关设备之间的信息传递，由 TCMS 柜去往各设备之间通过星型适配器采用光缆连接，柜内设备之间采用双绞屏蔽电缆连接，以提高其电磁兼容性能。

（3）为提高系统的可靠性，MVB 被分割成 3 段，设为第一段、第二段及第三段，三段传递的信息是相同的，对于不具备冗余的重要设备采用双段信息输入，当某一段 MVB 通信故障时，其他两段仍可实现信息传递，从而确保机车的安全可靠运行。

（4）机车控制单元 VCU、网关 TCN-GW、电缆切换开关、SC 星型适配器及输入输出模块（I/O）均采用冗余配置模式，从而提高了机车微机网络控制系统的可靠性，实现了机车的冗余控制。

（5）重联机车之间采用 WTB 列车总线联接，实现机车的重联控制。

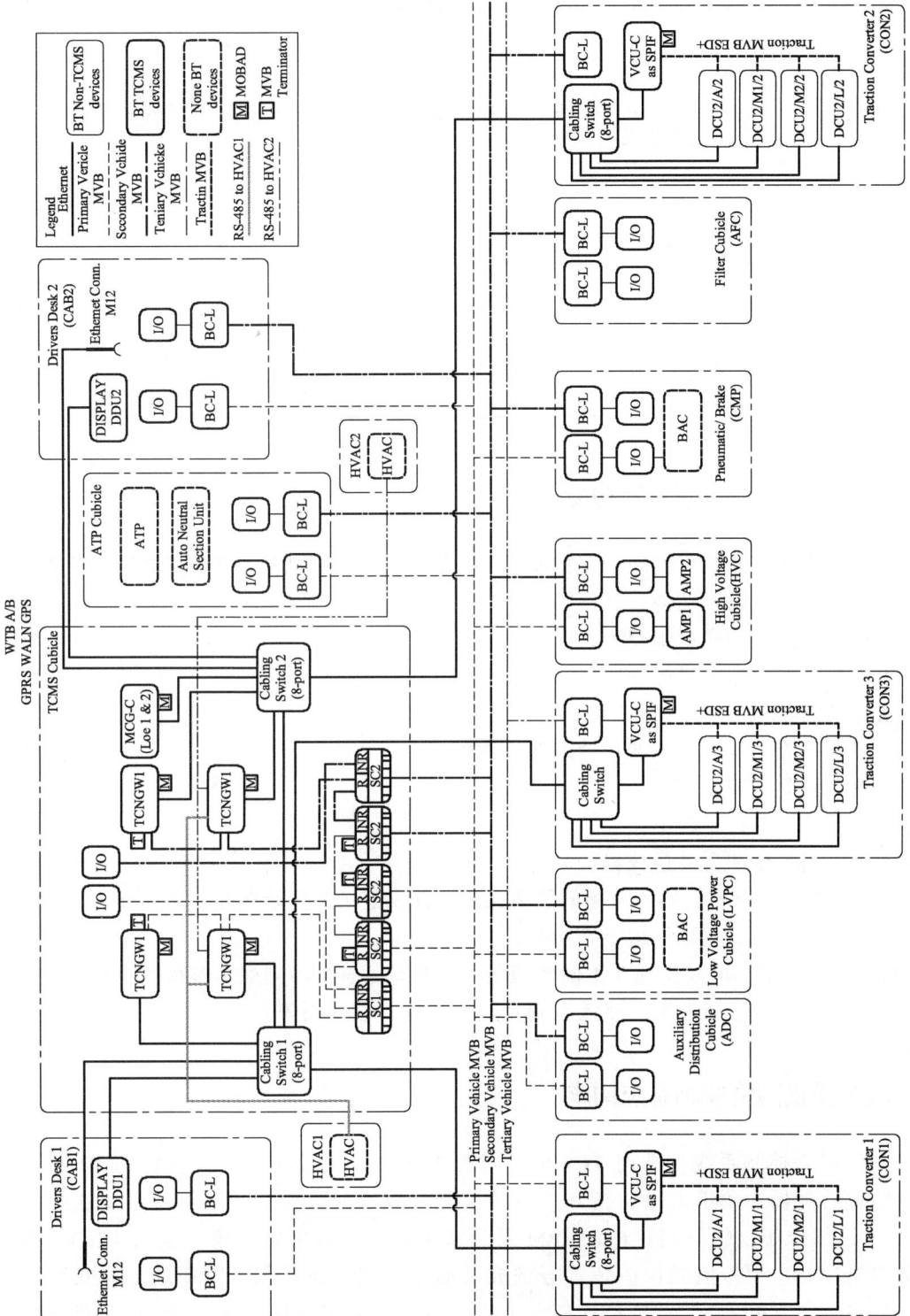

图 6.30 机车微机网络控制系统

表 6.39　机车微机网络控制系统主要设备

序号	简称	设备	序号	简称	设备
1	CAB	司机室	8	TCMS	微机柜
2	CNP	空气压缩机机组	9	HVAC	空调机组
3	TMB	牵引电机通风机	10	ATP	行车安全柜
4	HVC	高压电器柜	11	ADC	控制电器柜/辅助配电柜
5	LVPC	低压电源柜	12	WC	卫生间
6	CON	变流柜	13	AFC	辅助滤波柜
7	CLT	冷却塔	14	CMP	制动柜/空气管路柜

二、机车微机网络控制系统功能

机车微机网络控制系统可实现列车控制级、机车控制级及驱动控制级的功能。其核心任务就是根据司机指令完成以下功能：

（1）机车各部件的顺序逻辑控制；
（2）传动系统的时序逻辑控制；
（3）机车牵引/再生制动特性控制；
（4）网侧变流器、电机变流器和辅助变流器的控制；
（5）空电联锁制动控制；
（6）机车重联控制；
（7）无人警惕控制和自动过分相控制等；
（8）显示机车运行状态，具备完整的故障保护、故障记忆及显示功能，并具有一定程度的故障自排除、自动切换和故障处理指导功能；
（9）机车黏着控制，可以实现在不同轨道条件的自动适应、不同列车载荷的自动适应、最佳控制参数的自动设定、转差率的有效限制及轮径差的补偿控制等。

三、机车微机网络控制系统构成

机车微机网络控制系统主要由 TCMS 柜内的 2 组 VCU 控制单元、2 组网关 TCN-GW、5 组 SC 星型适配器、2 组电缆切换开关以及位于司机室的微机显示屏、位于变流柜内的 DCU 控制单元、位于空气管路柜内的 IPM 及分布于各个电器柜内的输入输出（I/O）模块和高压柜内的 AMP 模拟监测保护装置等构成，通过这些设备实现了整车的分布式网络控制，如图 6.31、表 6.40 所示。HX_D3B 型电力机车电气线路原理图第 24～31 页为机车微机网络控制系统。

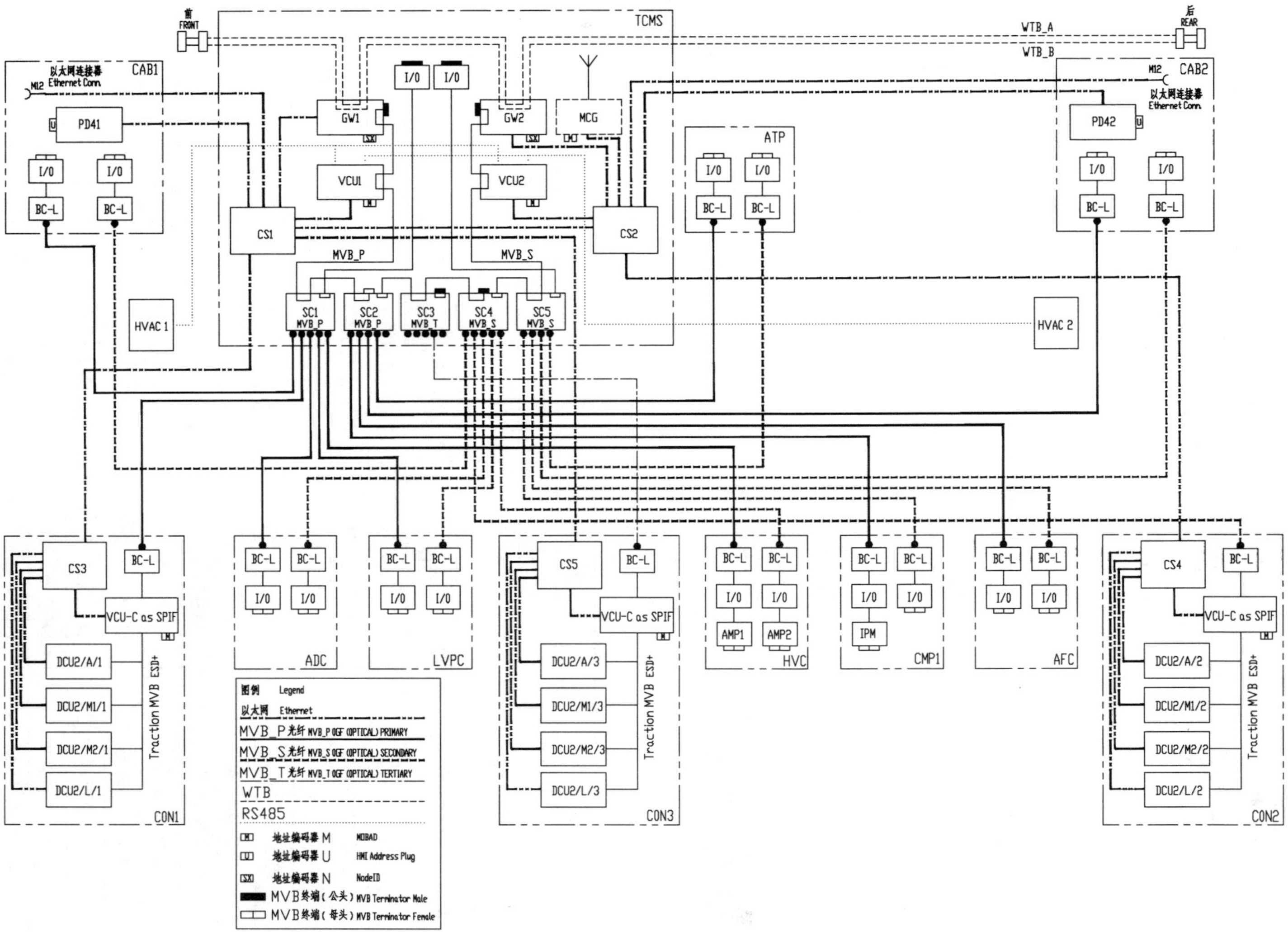

图 6.31 机车微机网络控制系统

表 6.40　机车微机网络控制系统主要设备

序号	设　备	代号（缩写）	型号与规格	数量	位置	备注
1	配电柜数字量输入输出模块	11，12M	DCX 2220A	2		
2	光纤适配器	11~20M.X1	JF C229 A01	10		
3	安全柜数字量输入输出模块	13，14M	DCX 2200A	2		
4	MVB 终端	13，14M.X2	XV C 220 A02	2		
5	制动柜数字量输入输出模块	15，16M	DCX 2200A	2		
6	MVB 终端	16M.X2	XV C 220 A02	1		
7	高压柜数字量输入输出模块	17，18M	DCX2220A	2		
8	电源柜数字量输入输出模块	19，20M	DCX2000A	2		
9	MVB 终端	20M.X2	XVC 220 A02	1		
10	微机柜数字量输入输出模块	21，22M	DCX 2200A	2		
11	滤波柜数字量输入输出模块	23，24M	DCX 2200A	2		
12	MVB 终端	23，24M.X2	XV C 220 A02	2		
13	配电柜数字量输入输出模块	27，28M	DCX 2200A	2		
14	MVB 终端	27，28M.X2	XV C 220 A02	2		
15	电源柜模拟量输入输出模块	31A	DCA 200OA	1		
16	MVB 终端	31A.X2	XV C 220 A02	1		
17	微机柜模拟量输入输出模块	33，34A	DCA 2000A	2		
18	滤波柜模拟量输入输出模块	35，36A	DCA 2000A	2		
19	MVB 终端	33，34A.X1	XVC 220 A01	2		
20	操纵台输入输出模块	41，42D	DCA 0020B	2		
21	光纤适配器	41D.X1A，B	UF C229 A01	2		
22	MVB 终端	42D，X2A，B	XV C 220 A02	2		
23	操纵台输入输出模块	51，52D	DCA 0020B	2		
24	光纤适配器	51D.X1A，B	UF C229 A01	2		
25	MVB 终端	52D.X2A，B	XV C 220 A02	2		
26	机车控制单元	AE31，32	DCY 1150A	2		
27	地址编码器 M	AE31，32.X3	DCA 0030A	2		
28	MVB 终端	AE33.34.XC	XV C 220 A02	2		
29	TCN 网关	AE35.36	DCY 1203A	2		
30	MVB 终端	AE35，36.X1	XV C 220 A01	2		
31	地址编码器 S	AE35，36.X3	12 SX 02	2		
32	光纤适配器	AFC.X10，11	UF-C229-A01	2		
33	光纤适配器	CON1~3.X10	UF C229 A01	3		
34	地址编码器 M	CON1~3.X23	DCA 0030A	3		
35	地址编码器 D	CDN1~3，X24		3		
36	以太网交换机	CS1~5	P-CS8-IP20	5		

续表

序号	设 备	代号（缩写）	型号与规格	数量	位置	备注
37	双波段合路器	DBC	78210264	(1)		
38	GPS 信号放大器	GPSA	86010069	(1)		
39	MVB 终端	IPM.J8	XV C 220 A02	1		
40	移动通信网关	MCG	DCY 1420A	1		
41	地址编码器 M	MCG.X3	DCA 0030A	1		
42	微机显示屏	PD41, 42	HMI-10-24-MF-E-Linux kit	2		
43	地址编码器 U	PD41, 42.X8	USB-MOBAD-IP20	2		
44	以太网连接器	SAP1, 2		2		
45	星型适配器	SC1～5	UF_C037_A01	5		
46	MVB 终端	SC2.X1	XVC 220 A02	1		
47	MVB 终端	SC3, X4	XVC 220 A01	1		
48	MVB 终端	SC4.X2	XV C 220 A01	1		
49	DC24V 电源模块	JP1～4	PB0793	4		
50	移动通信天线	W6	87010003	1		

1. TCMS 微机柜

TCMS 微机柜是 TCMS 微机网络控制系统的核心，它由中央处理器 VCU（AE31、AE32）、WTB 总线与 MVB 总线转换网关 GW（AE35、AE36）、星型适配器 SC1～SC5、数字量输入输出单元 DIO（21M、22M）、模拟数字量转换单元 AD/DA（33A、34A）、以太网交换机（CS1、CS2）构成，如图 6.32 所示。

图 6.32 TCMS 微机柜

2. 中央处理器

中央处理器 VCU（AE31、AE32）既可以完成 MVB 网络的总线管理功能，也可以完成 TCN 网络控制系统的中央处理功能，实现车辆控制功能，其外形与接口如图 6.33 所示。

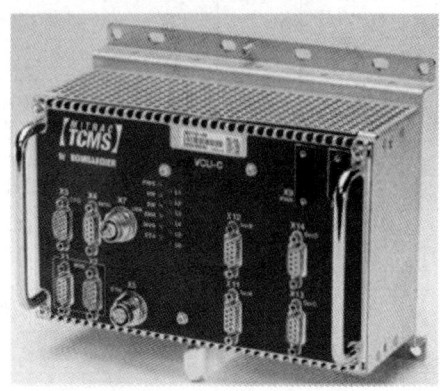

图 6.33 中央处理器 VCU

在正常情况下，VCU1 作为主控单元，负责管理和监测网络通信和各设备状态，VCU2 热备冗余；在 VCU1 故障的情况下，VCU2 自动接管主控单元功能。切换过程中除 VCU1 本身故障外任何数据无损失，不会引起其他设备故障。

（1）VCU（AE31、AE32）串行口连接。

MVB 接口：X1 接 TCN 网关（AE35、AE36）；X2 接星型适配器 SC1-SC5；X11.12 接空调。

以太网接口：X5 接以太网交换机 CS1、CS2。

（2）VCU（AE31、AE32）工作状态指示。

VCU 工作状态指示参见表 6.41、表 6.42。

表 6.41 VCU 工作状态指示 1

Label 标识	State 状态	Meaning 意义
FOW 电源	On 亮	Input Power present, HW in normal operation 输入电源接通，硬件正常工作
	Off 灭	No input poewr 无输入电源
	Flash 闪烁	HW shut down 硬件关段
HW 硬件	On 亮	HW Ok 硬件正常
	Cff 灭	HW Error 硬件故障
SW 软件	Cn 亮	SW triggers Watchdog 软件触发看门狗计数器
	Cf 灭	SW Error 软件故障

续表

Label 标识	State 状态	Meaning 意义
ERR 错误	On 亮	HW LED is of or SW LED is off or ERR LED is not turned of by SW after start up or Forced on by SW. HW 灯灭或 SW 灯灭或启动后 ERR 灯没有被软件熄灭或软件强制亮
	Cff 灭	The unit is working 设备正常运行

表 6.42　VCU 工作状态指示 2

Label 标识	Meaning 意义
MVB	Activity on MVB　MVB 激活
ETH	Activity on Ethernet　以太网激活
L1	Free to use by software；not defined yet　软件自由使用，未定义
L2	Free to use by software；not defined ye　软件自由使用，未定义
L3	Free to use by software；not defined yet　软件自由使用，未定义
L4	Free to use by software；not defined ye　软件自由使用，未定义
L5	Free to use by software；not defined yet　软件自由使用，未定义
L8	Free to use by software；not defined yet　软件自由使用，未定义

3. GW 网关

GW 网关（AE35、AE36）为 WTB 和 MVB 之间的通信接口，符合 TCN（列车通信网络）IEC61375 标准，如图 6.34 所示。

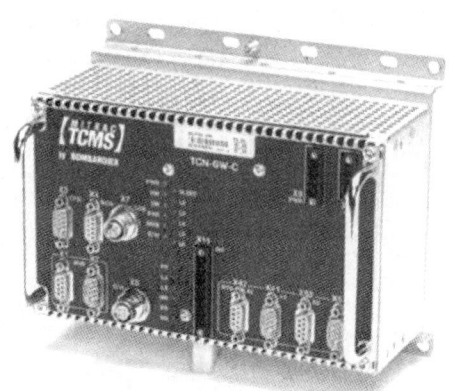

图 6.34　GW 网关

（1）特性。

GW 网关内含微处理器 CPU，其电源为 DC 24~110 V（宽范围），标准功能：

① WTB-MVB（TCN）网关。

② WTB-以太网网关。

（2）接口及通信连接。

MVB 网络接口：X1、X2、X3、X4。

以太网接口：X5。
WTB 网络接口：X41、X42、X51、X52。

4. 星型适配器

星型适配器（SC1～SC5）实现 MVB 总线网络信息传输的多路转换，实现信息传输介质的光电转换，如图 6.35 所示。

星型适配器（SC1-SC5）接口：
① ESD+双绞屏蔽线接口 X1、X2，接 MVB 总线；
② 光纤（OGF）接口 X6~X15，接各电气柜控制管理单元。

图 6.35 星型适配器

5. 数字量输入/输出单元

在 TCMS 柜、高压柜、司机室柜、辅助滤波柜、辅助配电柜、低压电源柜、空气管路柜均设有数字量输入/输出（DIO）单元，如图 6.36 所示，负责控制各自逻辑类的电器的工作及信息传递。

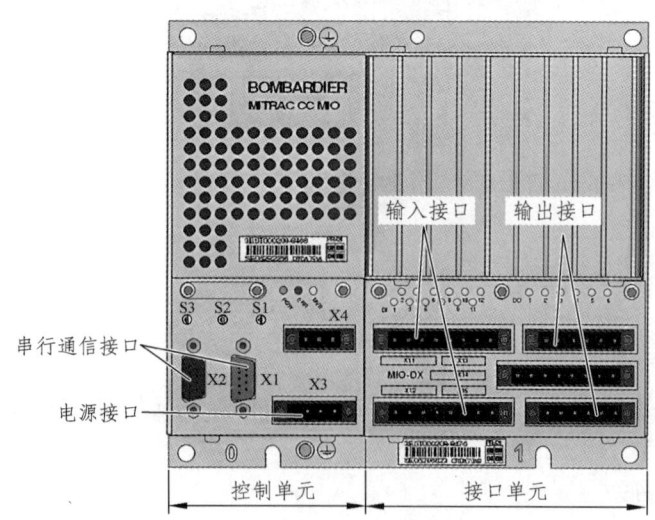

图 6.36 数字量输入/输出（DIO）单元

6. AD/DA 转换单元

在 TCMS 柜、高压柜、司机室柜、辅助滤波柜，均设有 AD/DA 转换单元（33A、34A），如图 6.37 所示，负责控制各自模拟类的电器的工作及信息传递。

AD/DA 转换单元拥有 4+1 路模拟输入，2 路模拟输出，12 位分辨率（精确到 1%~2%），还有 NTC 和 Pt100 所有的输入通道。

AD/DA 转换单元接口：

MVB 接口：X1、X2。

AD/DA 接口：X3、X4。

图 6.37　AD/DA 转换单元

7. 以太网交换机

以太网交换机（以太网网关）用于软件下载、信息采集、程序调试及 VCU 与显示单元之间的信息传递。交换机主要实现通信模式的转换及信息的多路传输。

四、机车微机网络控制系统工作状态监控检测

司乘、检修、整备人员通过 TCMS 显示屏对机车微机网络控制系统工作状态进行监测，如图 6.38 所示。

在操作 TCMS 显示屏的维护画面点按：过程数据→网络控制→进入 TCMS 网络控制系统的管理界面，此画面列出了各控制管理单元的操作框图，在框图内，点按相应的软开关，即调出该管理单元的实时工作状态。

例如：点按 CAB1 框图中的 41Dn（41Dr）软开关即显示第一司机室控制网络工作状态，如图 6.39 所示，图中在数字电量输入端 41Dn、41Dr 为绿灯表示司机室管理控制单元与 TCMS 系统通信正常，513、514、520、503 表示电钥匙、空压机有指令逻辑信号输入，QA91 断路器以闭合。

同理，点按控制电器柜 ADC 软开关即显示辅助配电柜电路工作状态，如图 6.40 所示。

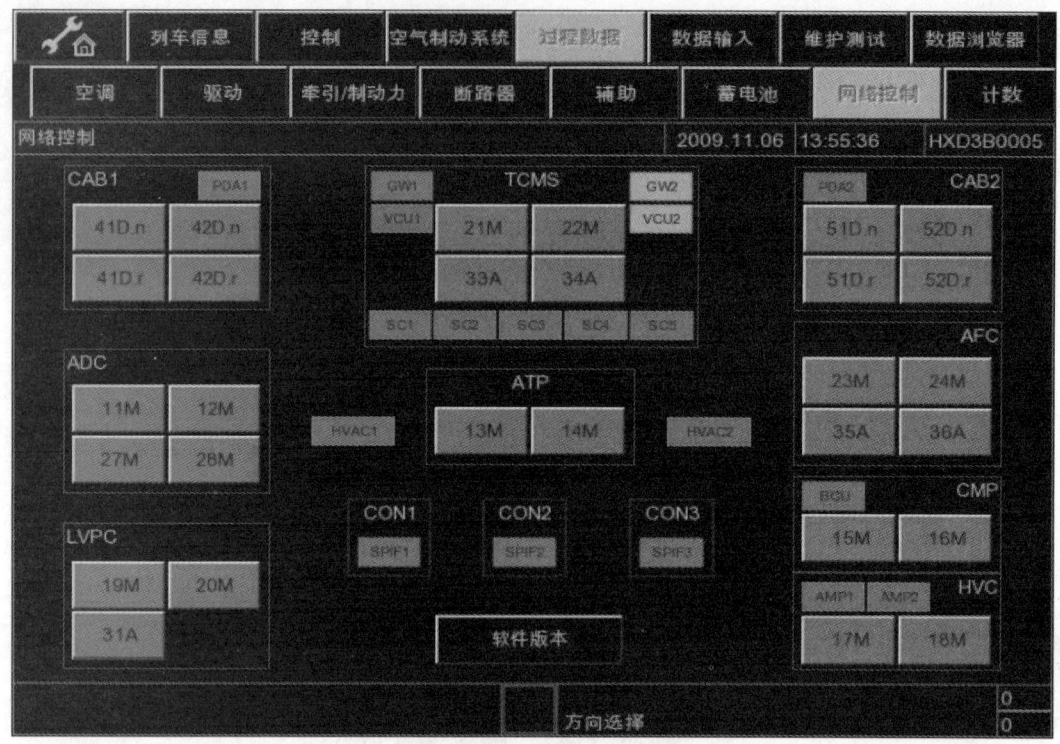

图 6.38　TCMS 网络控制系统的管理界面

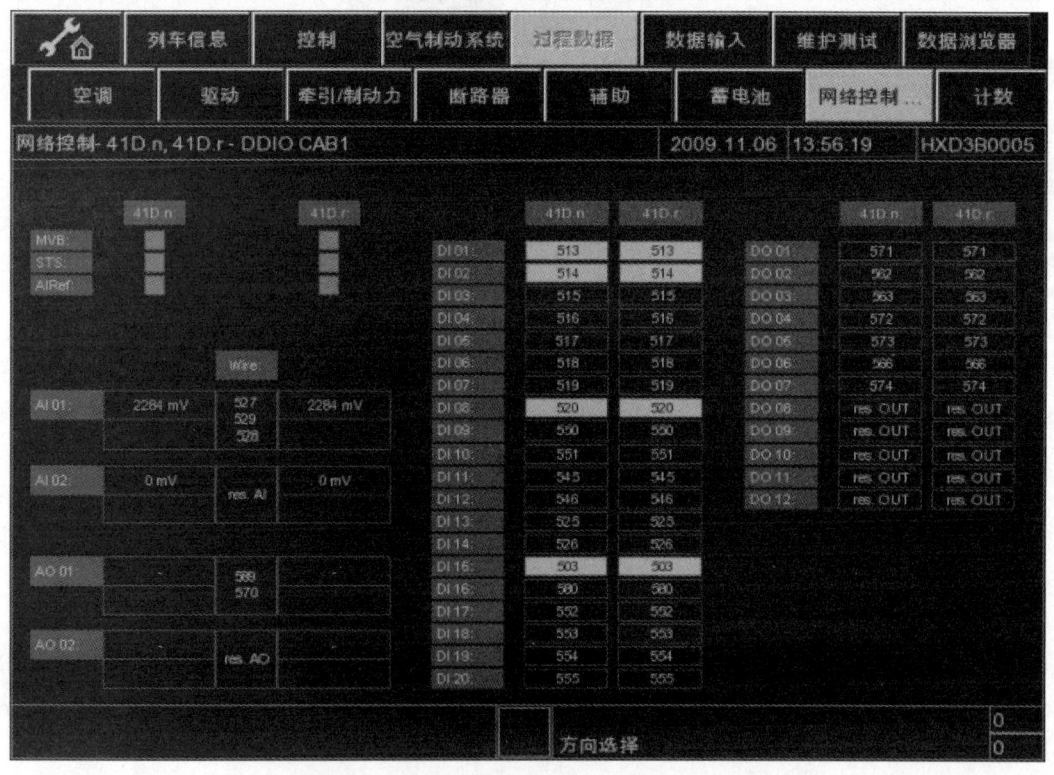

图 6.39　第一司机室控制网络工作状态界面

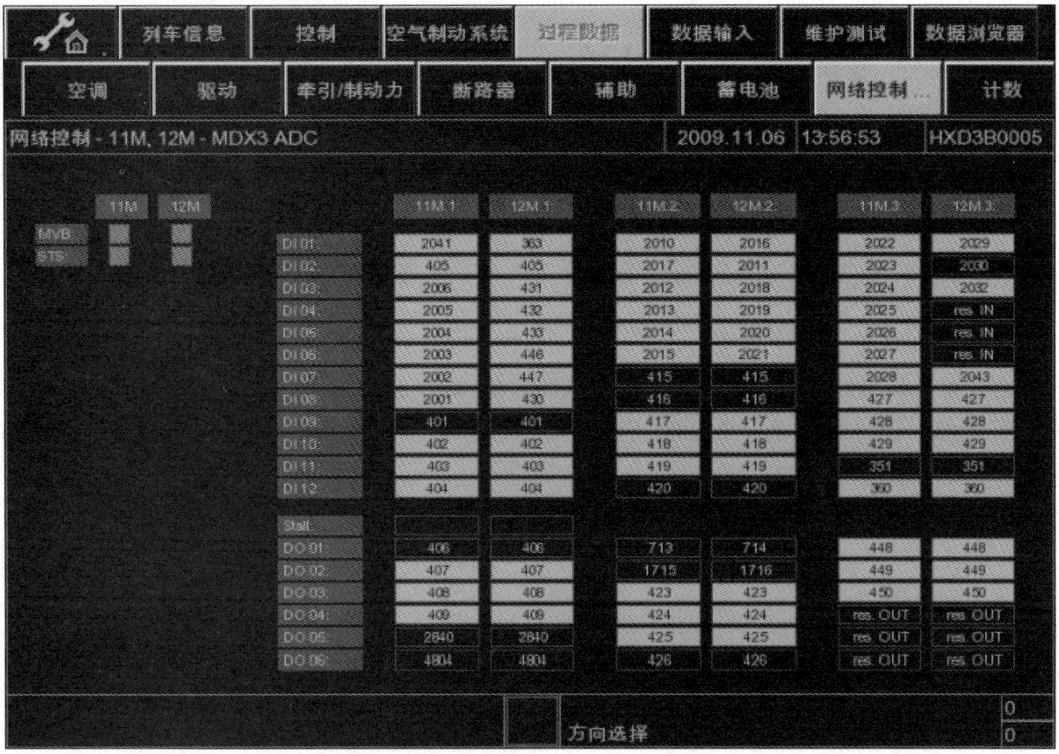

图 6.40　控制电器柜控制网络工作状态界面

第七章　HX$_D$3B 型电力机车电气试验

一、准备工作

（1）在无电情况下，对高压电器柜、低压电源柜、变流器柜、TCMS 柜、行车安全柜、控制电器柜、辅助滤波柜、制动柜，各种设备紧固、连接状态、锁闭状态进行外观检查，各接地开关在工作位，蓝、黄、绿、黑、白钥匙在正常位，电源选择开关 SW1 在自动位，司机室操纵台各开关、按钮、接线状态良好。

（2）确认总风缸压力在 450 kPa 以上。

（3）确认主手柄"0"位，换向手柄"0"位，机械联锁良好。

（4）闭合蓄电池自动开关 QA80 及相关单元上的自动开关，插入电钥匙 SA51（SA52）转至"1"位，机车 TCMS 自检，自检完毕后操纵台控制电压表显示蓄电池电压＞94 V。状态指示灯一栏"故障"灯熄灭。

（5）手动微机显示屏触摸开关检查屏内其他"画面"有无异常及故障信息。

（6）将 SA51（SA52）转至"2"位，操纵台状态指示灯自检后"主断"灯亮。

二、电气试验

（一）辅助压缩机试验

（1）按下辅助压缩机启动按钮 SB87，KMC1 接触器吸合，辅助压缩机开始泵风，松开按钮后辅助压缩机停泵。

（2）直接操纵 SB41（SB42）置"升"位，升弓风缸风压不足 450 kPa 时辅助压缩机应自行启动泵风，将 SB41（SB42）置"降"位后，辅助压缩机停泵。

（二）受电弓试验

（1）微机屏上预选受电弓控制方式"0"模式。

（2）将受电弓扳键开关 SB41（SB42）置"升"位，5.4 s 后，机车前、后受电弓均不应升起，操纵台网压表显示为"0"kV，确认 QS1、QS2 高压隔离开关均处于隔离位。

（3）在微机显示屏上将升弓控制方式选为"弓 1"位模式，合升弓扳键开关，前受电弓 5.4 s 内升起，操纵台网压表应有当前网压显示。确认 QS1 闭合，QS2 被隔离。将受电弓板键开关置"降"位，4 s 内前受电弓应降下。

（4）在微机显示屏上将升弓控制方式预选为"弓 2"位模式，合升弓扳键开关，后受电弓 5.4s 内升起，操纵台网压表应有当前网压显示。确认 QS1 被隔离，QS2 闭合，将受电弓扳键开关置"降"位，4 s 内后受电弓应降下。

（5）在微机显示屏上将升弓控制方式预选为"自动"位模式，合受电弓扳键开关，操纵端对应的后受电弓 5.4 s 内升起，操纵台网压表应有当前的网压显示。

（三）主断路器试验

（1）将主断路器扳键开关 SB43（SB44）置"合"位，听主断路器的吸合声，看操纵台状态指示灯"主断"灯灭，微机显示屏显示"主断"合，变流器中间电压 2 800 V 左右，"辅助变流器3"开始运行，变流器水泵、变压器油泵等泵类电机投入工作，蓄电池充电模块工作后，控制电压上升至 DC 110 V。

（2）将主断路器扳键开关 SB43（SB44）置"分"位，听主断路器的断开声，操纵台状态指示灯"主断"灯亮，微机显示屏显示"主断"分，辅助变流器停止运行，各辅助电机运转停止。

（3）再将主断路器扳键开关 SB43（SB44）置"合"位。

（四）空压机试验

（1）将空压机扳键开关 SB45（SB46）置"合"位，当总风压力低于（680±20）kPa 时，接触器 KM15、KM16 相继吸合，主、副空压机依次投入工作。当总风缸压力升至（900±20）kPa 时，接触器 KM15、KM16 断开，空压机停泵。当总风缸压力（680±20）kPa<P<（750±20）kPa 时，只有主空压机投入工作。

（2）强泵试验，将 SB45（SB46）扳键开关置于"强泵"位，空压机接触器 KM15、KM16 相继吸合，两台空压机依次投入工作，当总风缸压力升至（950±20）kPa 时，总风缸高压安全阀开始喷气。

（3）将 SB45（SB46）置于"合"位。

（五）换向手柄试验

（1）将换向手柄置于"前"位，辅助变流器 1、2 开始工作，复合冷却通风机 1、2，牵引通风机 1、2 应开始运转。

（2）将换向手柄回"0"位，辅助变流器 1、2 停止工作，复合冷却通风机和牵引通风机均停止运转。

（3）换向手柄后位试验内容与前位相同。

（六）机车"停放制动"状态下，变流器功率输出封锁试验

（1）将微机显示屏切换到牵引工况画面。

（2）单阀全制位，确认制动缸压力 300 kPa。

（3）按下操纵台"停放制动"按钮 SB83（SB84），操纵台"停放制动"指示灯亮，确认机车"停放制动"良好。

（4）将换向手柄置"前"位，主手柄移置小"星"位，观察微机显示屏，确认电机变流器无功率输出。

（5）将主手柄回"0"位，换向手柄置"0"位。

(七）警惕装置解锁试验

在微机显示屏"操作测试"界面，点击"无人警惕测试"，警惕装置将被激活。60 s后，操纵台右侧状态指示灯"警惕"灯将闪烁，此时，测试者可按规定解锁方式进行解锁操作，解锁应有效。测试正常后，测试者应再次点击"无人警惕测试"字样，退出解锁试验。

参考文献

[1] 甘永双,李秀超,张洋洋. 机车电机电器[M]. 成都:西南交通大学出版社,2022.

[2] 《和谐型交流传动机车技术丛书》编委会. HX_D3D型电力机车[M]. 北京:中国铁道出版社,2021.

[3] 《和谐型交流传动机车技术丛书》编委会. HX_D3B型电力机车[M]. 北京:中国铁道出版社,2021.

[4] 张喜全. 电力牵引传动及控制[M]. 北京:中国铁道出版社,2012.

[5] 中车大连机车车辆有限公司. HX_D3D型交流传动快速客运电力机车使用说明书[Z]. 2012.

[6] 中车大连机车车辆有限公司. HX_D3B型电力机车[Z]. 2009.